汕尾市城区年鉴

SHANWEISHI CHENGQU YEARBOOK

2014

汕尾市城区地方史志编纂委员会办公室编

方志出版社
Publishing House of Local Records

图书在版编目（CIP）数据

汕尾市城区年鉴. 2014 / 汕尾市城区地方史志编纂委员会办公室编. -- 北京 ： 方志出版社， 2015.1

ISBN 978-7-5144-1551-3

Ⅰ. ①汕… Ⅱ. ①汕… Ⅲ. ①区（城市）-汕尾市-2014-年鉴 Ⅳ. ①Z526.53

中国版本图书馆 CIP 数据核字（2015）第 019194 号

汕尾市城区年鉴（2014）

编　　者：汕尾市城区地方史志编纂委员会办公室
责任编辑：李　静

出 版 人：冀祥德
出 版 者：方志出版社
　　　　　地址　北京市朝阳区潘家园东里 9 号（国家方志馆 4 层）
　　　　　邮编　100021
　　　　　网址　http://www.fzph.org
发　　行：方志出版社发行中心
　　　　　电话（010）67110500
经　　销：各地新华书店
印　　刷：深圳市佳润隆印刷有限公司

开　　本：889×1194　1/16
印　　张：20　插页：22
字　　数：597 千字
版　　次：2015 年 1 月第 1 版　2015 年 1 月第 1 次印刷
印　　数：0001~1000 册

ISBN　978-7-5144-1551-3/K·1277　定价：260.00 元

汕尾市城区行政区划图

参考比例尺 1：127 000

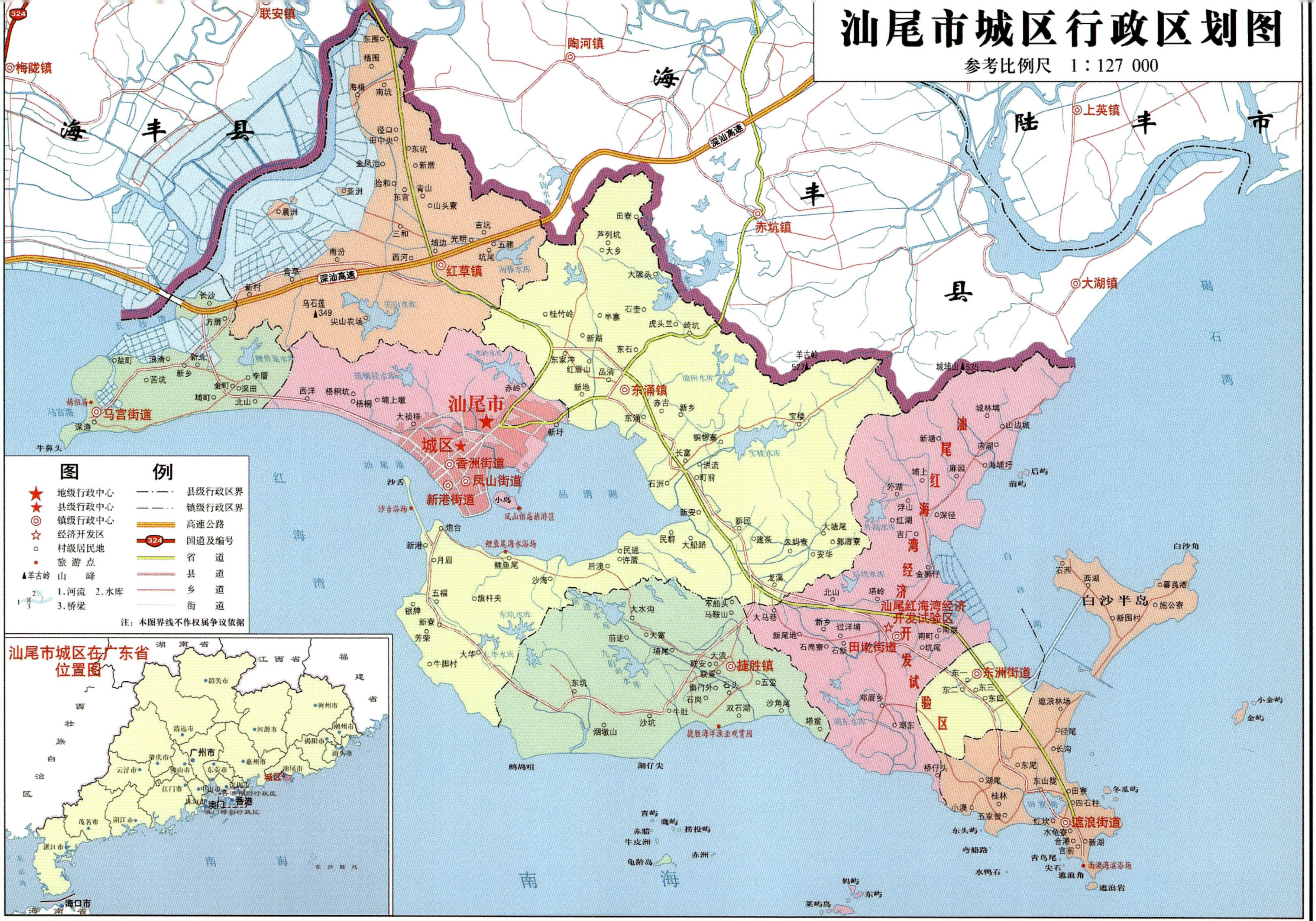

本图资料截至2007年12月

本图由广东省地图院提供 审图号：粤S（2012）042号

汕尾市城区交通图

参考比例尺 1∶185 000

本图资料截至2007年12月

本图由广东省地图院提供　审图号：粤S（2012）042号

汕尾市城区地势图

参考比例尺 1：185 000

本图资料截至2007年12月

本图由广东省地图院提供 审图号：粤S（2012）042号

汕尾新区规划示意图

新区发展定位：

1、我市实现振兴发展的新引擎；

2、珠三角与粤东协同发展的首要门户；

3、广东海洋经济发展新增长点；

4、宜居宜业宜游的现代化滨海新区。

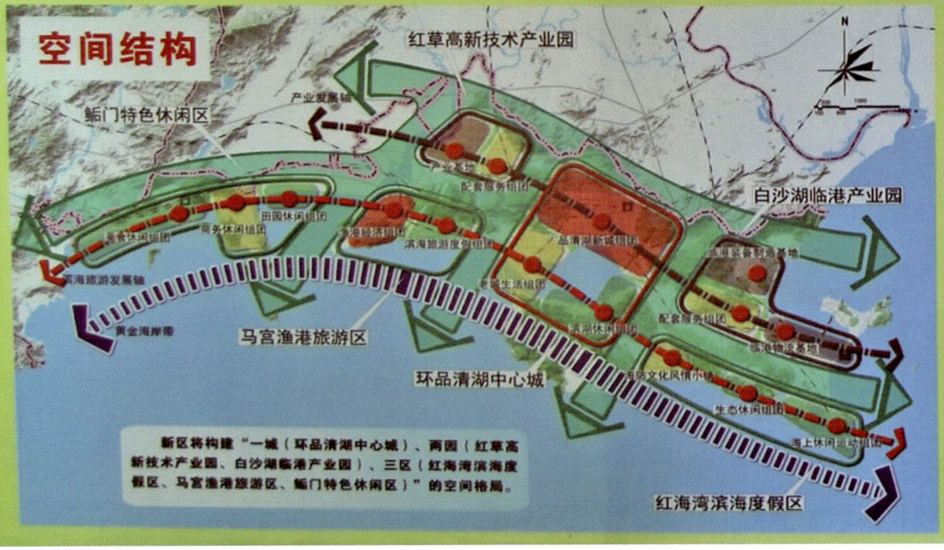

“四大功能片区”（东片商贸物流聚集区、南部养生旅游休闲区、西部旅游度假和海洋经济产业区、北部高端产业聚集区），“一中心”（环品清湖宜居中心）规划图　（照片由区委办提供）

中国共产党汕尾市城区第七届委员会第三次全体会议召开　（区档案局）

汕尾市城区第七届人民代表大会第三次会议召开　（区档案局）

市委常委、区委书记、区人大常委会主任陈少荣作人大常委会工作报告 （区档案局）

区人民政府区长刘闪星作政府工作报告 （区档案局）

中国人民政治协商会议第四届汕尾市城区委员会第三次会议召开 （区档案局）

中国共产党汕尾市城区第七届纪律检查委员会第三次全体会议召开 （区档案局）

2013 年 8 月 28 日，汕尾市委书记温国辉（左二）在汕尾市委常委、区委书记陈少荣（中）陪同下视察马宫渔港。 (孙彦修摄)

2013 年 7 月 13 日，省委常委、深圳市委书记王荣，深圳市长许勤到东涌镇对口帮扶。 (孙彦修摄)

2013 年 5 月 7 日，区人民政府区长刘闪星在汕尾市城区“文化惠民活动月”启动仪式上讲话。
(陈春杰摄)

2013 年 9 月 27 日，区人民政府区长刘闪星视察渔排受“天兔”台风损坏后复产情况。
(照片由区海洋与渔业局提供)

2013 年 10 月 23 日，汕尾市城区党政机关办公自动化（OA）系统正式开通启用。
(陈春杰摄)

汕尾市五丰水产食品有限公司海洋大楼 （何夏逢摄）

雅泰隆食品实业有限公司生产车间 （何夏逢摄）

农业产业化国家重点龙头企业国泰食品有限公司厂房　　（照片由国泰食品有限公司提供）

美顿食品有限公司厂房　　（照片由美顿食品有限公司提供）

2013 年 6 月 27 日，区农业局在红草拾和村村委会举办农业安全生产宣传咨询活动。　（照片由区农业局提供）

2013 年 10 月 17 日，区农业局在农田保护区进行重金属污染取土样。　（照片由区农业局提供）

城区南美白对虾高位池养殖基地一角　　（照片由海洋与渔业局提供）

万亩养蚝基地一角，图中立柱俗称蚝柱。　　（何夏逢摄）

南海船舶修造厂——南海渔船

（照片由区海洋与渔业局提供）

海蟹 （何夏逢摄）

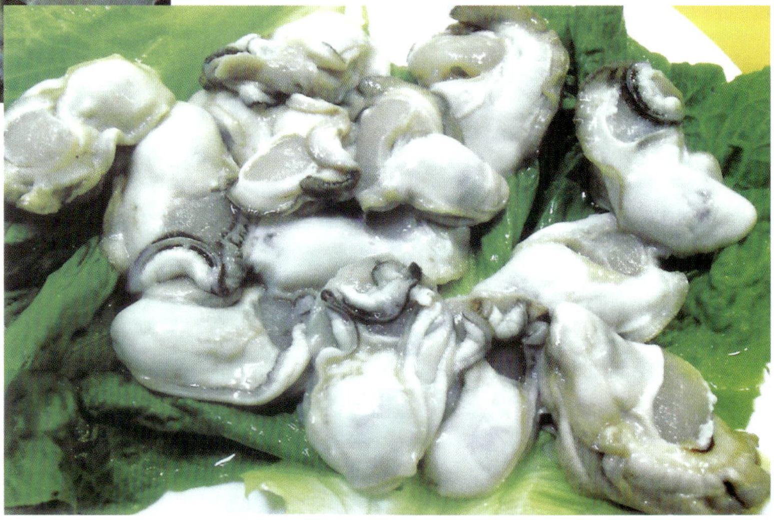

蚝肉 （何夏逢摄）

海马干 （何夏逢摄）

鱿鱼干 （何夏逢摄）

虾米 （何夏逢摄）

石斑鱼　（何夏逢摄）

海胆　（何夏逢摄）

对虾　（何夏逢摄）

龙虾　（何夏逢摄）

2013 年 12 月 10 日，区人民政府副区长郑新钦带领区经信局有关负责人到市区永昌农贸市场检查指导肉品质量安全工作。（由区经信局提供）

生猪屠宰管理宣传活动（由区经信局提供）

2013 年 1 月 1 日，城区生猪屠宰管理成员单位工作人员对市区肉食市场进行检查。（由区经信局提供）

以上图片为万盛广场及广场内一角　　　　　　　　　　　　　　（由区经信局提供）

以上图片为信诚商场及商场内一角　　（由区经信局提供）

以上图片为根德电器商场及商场内一角　　　　　　　　　　（由区经信局提供）

品清湖整治前状况

（城区海洋与渔业局提供）

品清湖整治后新貌　（城区海洋与渔业局提供）

湖滨大道品清湖畔新貌 (何夏逢摄)

火车站外省道 S241 (何夏逢摄)

金湖路休闲绿化带 (何夏逢摄)

奎山河畔新姿 (何夏逢摄)

市区金湖路 (何夏逢摄)

银湖商住小区一角 (何夏逢摄)

市区碧桂园 (何夏逢摄)

市区轮渡一角 (陈春杰摄)

汕尾火车站（汕尾站）大楼　　(何夏逢摄)

火车站售票厅　　（陈春杰摄）

乘客正在检票口检票进站 （陈春杰摄）

列车进站 （陈春杰摄）

铜鼎山森林（郊野）公园 （照片由区旅游局提供）

金町湾 （照片由区旅游局提供）

得道庵 （照片由区旅游局提供）

龟龄岛 （何夏逢摄）

黎明洞 (照片由区旅游局提供)

品清湖 (照片由区旅游局提供)

铜鼎山 （照片由区旅游局提供）

小岛 （照片由区旅游局提供）

银龙湾 （照片由区旅游局提供）

凤山祖庙旅游区

凤山祖庙旅游区位于汕尾市区东南面，品清湖西部，2013年1月14日被广东省旅游质量评定委员会评定为国家3A级旅游景区。旅游区包括凤山、鼎盖山、屿仔山及环绕三山的品清湖的部分水域，陆地总面积0.532平方公里。区内有凤山祖庙、古戏台、天后阁、钟鼓楼、天后圣母石雕像、妈祖文化广场、凤仪台、相思园、凤仪牌坊、柴铺井园、辛亥革命纪念碑、中山纪念亭、革命烈士纪念陵园等景观。目前，凤山祖庙已成为粤东地区妈祖文化传播中心、粤东旅游黄金海岸的重要景点之一，是中华妈祖文化交流协会常务理事单位，广东省妈祖文化研究基地和民俗文化研究会会员单位，广东省中华文化传承基地，广东省文明单位，汕尾市爱国主义教育基地和文物保护单位。

凤山祖庙旅游区国家3A级景区揭牌仪式，市委常委、区委书记陈少荣（左二），省旅游局副局长张震林（右二），副市长李贤谋（右一），市政协副主席、市旅游局局长吕珠龙（左一）等领导参加揭牌仪式。（何夏逢摄）

凤山祖庙旅游区每年举办丰富的民俗文化活动——广东省非物质文化遗产《凤山妈祖庙会》。该活动以妈祖文化、渔家文化、海陆丰戏剧文化为载体，每年春节初五迎春祈福活动；正月十五民间闹元宵、采花枝、猜灯谜、求灯标灯活动；三月廿三妈祖诞的民俗祭典活动、民间文化艺术巡游、凤山祖庙炮会活动、演大戏、中华妈祖文化节大型活动等。每次活动，数以万计的港澳台同胞和海外侨胞慕名而至，活动盛况非凡。

凤山祖庙旅游区领导班子在研究工作（何夏逢摄）

凤山祖庙旅游区国家3A级景区揭牌仪式现场（何夏逢摄）

凤山祖庙旅游区 （何夏逢摄）

凤山祖庙妈祖石雕像（何夏逢）

天后阁 （何夏逢）

凤山祖庙 （何夏逢摄）

凤仪牌坊 （何夏逢摄）

汕尾渔家风情馆 （何夏逢摄）

妈祖圣迹馆 （何夏逢摄）

海陆丰戏曲脸谱园 （何夏逢摄）

辛亥革命纪念碑　　（何夏逢摄）

革命烈士纪念陵园　　（何夏逢摄）

络绎不绝游客　　（何夏逢摄）

凤山祖庙旅游区管理处主任张昌富在 2013 年汕尾凤山祖庙炮会上致辞　　（何夏逢摄）

2013 年汕尾凤山祖庙炮会会场　　（何夏逢摄）

2013 年汕尾凤山祖庙炮会活动的巡游队伍。　　（何夏逢摄）

燃放“炮头”。　　　　(何夏逢摄)

凤山祖庙民俗祭拜活动。　　　　(何夏逢摄)

汕尾市城区供电局

——奋力抢修抗“天兔”

2013年9月22日19时40分，19号超强台风“天兔”正面袭击汕尾市城区，造成该区域内供电全部陷入瘫痪状态，22条10千伏主线路受损，出现故障跳闸，受灾情况尤为严重，千家万户的人身财产安全受到威胁。灾情就是命令。城区供电局紧紧按照市、区党委和政府的部署，该局领导班子心系灾情，心系民生，立即动员部署抗灾抢修工作，由管理人员、技术骨干组成抢修队伍，制定抢修实施方案，在交通大面积瘫痪、天气条件恶劣、冒着生命危险的情形下，带领城区供电全体抢修人员第一时刻奔赴第一线进行抢修受损供电线路，连续5天作战，无所畏惧，克服困难，排除险阻，在供电兄弟单位佛山局、河源局、韶关局等的大力帮助支援下，仅5天时间完成了城区全部供电线路的抢修任务，全面恢复全区正常供电，为城区人民群众正常生产生活和城区灾后救灾复产作出了积极贡献！

9月23日，城区供电局局长陈家存主持召开该局班组长以上干部会议，研究部署灾后抢修工作。（照片由城区供电局提供）

9月24日，城区供电局配电抢修开关柜。（陈小平摄）

现场检查倒下设备　　（照片由城区供电局提供）

9月23日配电人员清除树障　　（照片由城区供电局提供）

清除落叶　　（陈小平摄）

9月23日下午佛山局现场组织抢修预案　　（陈小平摄）

9月24日物质支援车辆及时到场　　（照片由城区供电局提供）

9 月 23 日城区红草线倒杆 （陈小平摄）

台风括倒红草 10KV 电杆 （照片由城区供电局提供）

9 月 24 日城区局配电抢修加固线路导线 （陈小平摄）

9 月 24 日城区供电局配电抢修 （陈小平摄）

编辑说明

一、《汕尾市城区年鉴》是中共汕尾市城区委、城区人民政府组织编纂的地方性综合年鉴，属信息性资料工具书。由《汕尾市城区年鉴》编纂委员会组织实施，城区地方史志编辑委员会办公室、《汕尾市城区年鉴》编辑部编辑。

二、《汕尾市城区年鉴（2014）》是继创刊号后的第二次出版。其宗旨是系统、翔实地反映全区政治、经济、文化和社会生活的基本面貌及发展情况，为各级领导决策提供依据，为广大读者了解和研究汕尾市城区的社会状况提供服务，同时也为续修《汕尾市城区志》积累史料。“城区”本是每个城市的市区域泛称，而本鉴的城区是汕尾市辖下的一个区域名称。

三、《汕尾市城区年鉴》采用按部类分篇。结构采用类、篇、章、节、目五个层次的结构形式。不同层次的标题，在字体、字号和版式设计上都有明显区别，书中的“目”标题最多，统一用黑体字加“【】”号表示，个别“目”内容较多，则分段表述。

四、本年鉴所刊内容为2013年1月1日至2013年12月31日全区社会状况，设有特载、特辑、大事记、汕尾市城区概况、政治、武装、法治、经济管理、农·林·水、工业、国土资源、交通·通信·城乡建设、经贸流通、财政·金融、教育、旅游·科技·文化·体育、医疗·卫生、社会生活、建制镇（街道）概况、荣誉奖项等20篇，共50多万字。同时还组编了部分彩色图片，进行直观地宣传记载。

五、本年鉴稿件由市直、区直各有关单位、各镇（街道）提供，并标示撰稿人姓名，经年鉴编辑部编辑和初审，后由各撰稿单位领导审核，并经年鉴编委会领导终审定稿。所用统计数字由于来源与统计口径的不同，数据可能不一致，使用时以区统计局公布的数据为准。

六、本年鉴的编纂工作得到区委、区政府和市直、区直各有关单位的支持和协助，各撰稿人的辛勤劳作。谨此，表示真诚的感谢。由于年鉴编纂工作涉及面广，个别单位资料缺失，编印中难免出现纰漏之处，敬请读者批评指正，以便今后改进。

汕尾市城区年鉴编纂委员会

主　　任：刘闪星（区政府）

常务副主任：郑新钦（区政府）

执行副主任：刘泽扬（区政府办）　黄汉家（区委办）

委　员（排名不分先后）：陈展科　陈嘉涛　黄思平　吴小臻　张宏文　张水武　卢立对　陈美初　蔡汉章　陈小凯　李映慧　余鸿群　张祥文　游建雄　黄　超　林泽树　叶凯旋　吴秋业　卓红钻　刘留芳　刘克涛　黎炳林　庄雄升　庄厚樛　叶庆雄　张家瑶　陈建文　曾向平　吴沛峰　许争荣　林文省　翁金荣　罗覃呈　黄贤锐　陈伦庭　曾昭好　陈昌利　刘宗棍　詹胜聪　彭少华

汕尾市城区年鉴编辑部

2013 数字城区

国内全区生产总值（GDP）	104.62 亿元
规模以上工业总产值	186.01 亿元
农业总产值	24.39 亿元
社会消费品零售总额	74.16 亿元
固定资产投资	35.08 亿元
城镇以上	28.95 亿元
公共财政预算收入	5.22 亿元
外经贸出口	18770 万美元
实际利用外资	488 万美元
市区居民年人均可支配收入	20804 元

目录

CONTENTS

法　治

经济管理

农·林·水

工业

国土资源

交通·通信·城乡建设

经贸流通

财政·金融

教育

旅游·科技·文化·体育

医疗·卫生

社会生活

建制镇（街道）概况

荣誉奖项

特 载

TE ZAI

汕尾市委常委城区委书记陈少荣在区委七届三次全会上的报告

同志们：

现在，我代表区委常委会向全会做工作报告。

一、2013 年的主要工作

2013 年，我们在市委、市政府的正确领导和大力支持下，认真贯彻落实党的十八大精神，按照省、市的工作部署，紧紧围绕扩容提质、振兴发展目标，团结带领全区人民和党员干部，抢抓机遇，狠抓落实，推动全区经济社会稳步协调发展。

（一）狠抓第一要务，经济保持平稳增长。

我们坚持经济发展第一要务，贯彻落实省委、省政府和市委、市政府关于进一步促进粤东西北振兴发展的决策部署，突出以项目建设、招商引资为重点，落实领导责任，有力地促进了全区经济平稳增长。

2013 年全区实现地区生产总值 104.6 亿元，比增 12.6%；规模以上工业增加值增长 21.3%；固定资产投资增长 16%；社会消费品零售总额增长 12.4%；公共财政预算收入增长 13.8%；城乡居民收入分别增长 12.9%和 13.1%。

全区确定的 26 个重点项目中，高瞻实业冷冻厂、环兴塑胶制品、信诚物流配送中心、碧桂园等项目完工或正在加快推进，累计投资达 4.3 亿元，完成年度计划 49%。真金店金银珠宝城、凤山妈祖文化产业园等项目已进入招标阶段；火车站片区、红草工业园区等项目正在落实征地或报批手续，还有汽车城、信利光电等 20 多个项目正在洽谈或签约，经济发展势头较好。

（二）实施新区规划，扩容提质加快推进。

我们坚持规划先行，积极实施汕尾新区规划，以规划引领城区的扩容提质。

发展规划不断完善。利用省委、省政府批准汕尾新区规划的契机，通过学习借鉴深莞惠三市先进经验，对东片商贸物流聚集区、西片旅游度假海洋经济区、南片养生旅游休闲区、北片高端产业聚集区和环品清湖旅游宜居商贸中心的“四功能片区一中心”规划进行调整完善，使“四功能片区一中心”规划与新区规划充分融合对接。同时，制定并完善交通规划、旅游规划、教育规划、文化规划。其中，邀请省专家组对品清湖旅游开发规划进行论证、评审，获得省专家组的一致通过。

片区载体项目扎实推进。把火车站片区、金町湾滨海旅游区、红草工业园区作为“四功能片区一中心”规划的重要载体来抓，在积极细致做好群众工作的基础上，对于一些漫天要价、抢种抢建的行为，敢于碰硬，集中全力依法依规强势推进。目前，三大项目建设扎实推进，被市定为新区建设的起步区。

城市管理逐步加强。以创建省卫生城市和文明城市为契机，全力抓好城市建设管理工作，大力整治“脏、乱、差”现象，城市宜居环境逐步改善。正式移交市区环卫作业给广州市开物物业管理有限公司负责，发布实施《市区“门前三包”管理办法》，市区环境卫生有所改善。扎实推进市政道路修建，基本完成 11 条市政道路建设。大力整治乱搭、乱建、乱占行为，对大鹏山 11 条违法占地建设石灰窑进行依法拆除。创新品清湖整治和管理办法，一年来组织清理 20 多次，有效地保护了品清湖生态环境，品清湖整治管理工作列入“省创新社会管理观察项目”。

（三）推进平安建设，全区社会总体稳定。

我们始终坚持稳定压倒一切、稳定第一责任，落实好属地管理责任和“谁管、谁负责”的主管责任，全力保城区平安。

做好信访维稳工作。坚持多还旧账、不欠新账，一周一排查、10 天一督查一通报，全力调处矛盾纠纷和信访积案，妥善处理了东涌村事件以及龙溪村与红海湾马巷村、梧围与海丰仙石村因土地权属争议引发的矛盾纠纷。特别在东涌村事件中，我们始终站稳群众立场，深入做好群众工作，解决群众合理诉求，全部收回被私卖土地归村集体管理，同时坚持依法依规，敢于张扬法制，对违法卖地的村干部及事件的组织、煽动、策划的违法人员，挑头分子依法严厉打击，不仅使东涌村事件得到妥善处置，而且产生了良好的社会效应。2013年到市上访批次和人次同比分别下降19.9%和75.5%，其中集体访批次和人次同比分别下降61.3%和86.4%。省交办的信访积案和信访案件按时办结。

严厉打击各项违法犯罪行为。保持严打高压态势，部署开展“百日行动”、“雷霆扫毒”、“打盗抢、保平安”，以及村（社区）“两委”换届前的打击“村匪街霸”等专项行动，从重从快从严打击各类刑事犯罪活动，社会治安秩序较好。全区没有发生严重暴力犯罪案件，没有发生涉疆等案件；完成市下达的毒品破案指标的105.4%，完成市收戒任务124.1%。

着力抓好安全生产。落实安全生产“一岗双责”，加强对安全生产重点部位、重点区域的防控和整治，全区没有发生重大安全生产事故，安全生产形势平稳。

此外，推进依法治区，加强普法工作，着力解决群众反映集中的执法、司法突出问题，被评为“全国创建依法治区先进单位”。加强党管武装工作，推动国防和后备力量建设。

（四）坚持民生为本，社会事业全面进步。

我们把保障和改善民生放在更加突出的位置，大力发展社会民生事业，促进社会民生事业全面进步。

社会保障不断完善。全区城镇新增就业5103人，城镇登记失业率2.49%，新增转移农村劳动力6675人；企业和机关养老保险人数完成率98.33%；城乡居民养老保险人数完成率96.84%；城乡医疗保险、失业保险、工伤保险、生育保险任务完成率分别为98.21%、98.31%、78.16%和88.59%。

科教文卫等工作有新进步。科技专利申请、获授权数量分别增长106%和425%。新港、凤山、东涌、红草以及捷胜镇的综合文化站建设基本完成；建成农家书屋58家，通过了省新闻出版局的验收；广播电视“户户通”、“渔船通”工程建设任务全面完成，“村村通”工程被省评为“优秀奖”。凤山祖庙创建国家“4A”旅游景区通过专家组审核即将授牌；汕尾渔歌申报国家级非遗项目已通过省专家组的评审，正上报国家文化部审批；捷胜泥塑海陆丰脸谱连续三年在广东省民间工艺精品展上获“铜奖”。马宫、新港被列入市教育创强镇，全区33所义务教育规范化学校建设通过评估工作，完成市下达的任务。基层医疗卫生机构综合改革取得阶段性成效，逸挥医院肿瘤防治中心完成报建，区妇幼保健院已动工建设，全区没有发生重大传染病疫情。人口计生、殡改工作成效得到巩固，较好地完成各项目标任务。

扶贫、救灾复产工作扎实推进。全区4个贫困村实现与深圳市四套班子办公厅对口帮扶，2个贫困村与市直单位挂钩帮扶，全年共筹集帮扶资金1767.8万元，其中深圳对口帮扶投入资金1345万元。积极抗击超强台风“天兔”，迅速组织开展救灾复产工作，抚平灾痕，募集了赈灾资金1157万元，修复水毁设施20座，给予全倒户每户补助资金3.5万元，重建倒塌房屋263间，全倒户在春节前全部完成入住。

（五）抓基层打基础，党建工作不断加强。

我们坚持把基层组织建设作为党建工作的重中之重，以开展“敢担当”及普法教育活动为载体，促进全区党建工作水平不断提升。

及早推进村（社区）“两委”换届选举工作。在摸清情况，制订方案、预案，加强法制宣传教育，做足准备的基础上，坚持及早谋划，率先推进，村（社区）“两委”换届选举工作进展顺利。

逐步规范村务管理。全面深入开展村账镇代管、村务公开和村账审计工作，在全区农村建立“三资”清理台账，通过公开栏、电子触摸屏、简报等平台向群众公开，全区各村（社区）村务、财务、党务公开综合发布率达92%以上。对排查出来的14宗涉土、涉财违法违纪行为进行严肃查处。

加强干部思想建设和实践锻炼。组织党员干部认真学习党的十八届三中全会和习近平总书记一系列重要讲话精神，深入学习贯彻省委、市委全会和全省进一步促进粤东西北振兴发展工作会议精神，武装党员干部头脑。选派一批干部下基层，协助做好火车站片区、红草工业园区、金町湾滨海旅游区的征地工作，以及协助处理东涌村事件等突发问题，进一步增强了各级干部队伍的战斗力和执行力。

深入贯彻落实“八项规定”。大力整治“四风”问题，通过加强明查暗访，开展机关作风整顿及“敢担当”、普法教育活动，狠抓干部作风建设，干部队伍组织纪律性和落实力明显增强。2013 年全区共查处违法违纪案件 31 宗，结案 23 宗，受党政纪处分 23 人。

一年来，区委加强对人大、政协工作的领导，支持人大、政协依法履行职责，发挥统一战线和工青妇等人民团体作用，形成了区委统揽全局、协调各方、大家合力干事的大好局面，有力地推动了城区的扩容提质、振兴发展。在此，我代表区委常委会对全区各级党组织、广大党员干部和人民群众表示衷心的感谢！

在取得成绩的同时，我们也清醒地认识到，我区经济社会发展仍然存在一些问题和困难，主要是大部分项目进展缓慢，缺乏大项目、大企业支撑，工业经济乏力问题依然突出；随着城市化进程的加快和换届选举工作的推进，涉及历史征地的留成地和容积率等遗留问题较多，成为社会最主要的不稳定因素，可能激发群体性上访，维稳工作压力较大；我们的干部思想不够解放，担当意识和执行力不强，工作缺乏主动性，等等。这些问题，我们必须切实加以解决。

二、2014 年的工作安排

2014 年是贯彻落实党的十八届三中全会精神，全面抓好改革发展稳定决策部署落实的重要一年；也是汕尾新区规划实施，城区扩容提质、振兴发展的关键一年。城区发展已处于一个非常重要的节点，既面临着新区规划获得省批准、厦深高铁开通的重大历史机遇，又面临体制机制不顺、项目建设中征地难、财政收支矛盾依然突出等前所未有的压力和挑战。但总体上看，机遇与挑战并存，机遇大于挑战。特别是随着“四功能片区一中心”规划中被市定为新区起步区的金町湾滨海旅游区、火车站片区、红草工业园区等重大项目扎实推进，城区发展的蓝图正在一步一个脚印地变成现实，加速发展、振兴发展的势头已经显现。只要我们因势利导，顺势而为，齐心协力，抢抓机遇，就一定能够战胜困难，实现目标。我们一定要进一步坚定信心和决心，增强扩容提质、振兴发展的责任感和紧迫感，全力推进工作落实。

根据党的十八届三中全会及省委、市委全会精神，结合我区实际，2014 年我区工作的总体要求是：进一步解放思想，以奋发有为、担当实干的工作作风，迎接高铁，融入新区，紧紧抓住扩容提质、交通基础设施建设和工业园区建设“三大抓手”不放松，牢牢守住社会稳定和生态文明“两条底线”不旁移，加大改革力度，全力推进城区扩容提质、振兴发展。

（一）突出抓手，全面落实新区规划建设。

在落实新区规划、推进城区振兴发展中，关键要牢牢把握扩容提质、交通基础设施建设、工业园区建设“三大抓手”。

1. 要以扩容提质为抓手，更好更快融入新区。

一是要做好规划对接。新区规划中提出，要打造“一城、两园、三区”六大城市功能区，其中环品清湖中心城、红草高新技术产业园和马宫渔港旅游度假区是重点，这几乎涵盖了整个城区，对城区的规划和发展至关重要。要加强对新区规划的研究，特别要研究找准我区“四功能片区一中心”规划与“一城、两园、三区”的对接点，在城市空间区域、产业布局、项目布点等方面实现有序衔接。

二是要加快推进起步区建设。根据规划，汕尾新区建设将分“三步走”，近期（即到 2017 年）发展重点是起步区建设。在新区规划的四个起步区中，火车站片区、红草高新技术工业园和金町湾滨海旅游区三个落在我区。对于这些起步区的建设，市已明确由一位市领导牵头负责，带领一个工作班子抓落实。我区必须尽快成立相应领导机构，与市委、市政府对接协调，并落实好征地补偿、群众工作等有关工作，使火车站片区、金町湾滨海旅游区及红草工业园区三个起步区建设加快推进。

三是要突出抓好项目建设。重点项目是推进扩容提质的主抓手。要进一步落实领导干部重点项目建设分工负责制，加强服务和跟踪，加快推进新区规划及扩容提质规划相关项目。坚持站稳群众立场，敢于碰硬，依法依规推进征地补偿工作。今年要重点抓好环品清湖旅游地产开发、火车站片区、红草工业园区及金町湾滨海旅游区等项目建设。

2. 要以交通基础设施建设为抓手，构建内外连接顺畅交通网络。

一是要加快对外交通高速化。借助厦深铁路通车的良好势头，配合好兴宁至汕尾高速公路及广州至汕尾、龙川至汕尾铁路等对外交通设施项目的征地拆迁工作，促进项目尽快上马。

二是要加快与周边地区连接。抓紧加强与市直有关部门沟通协调，加快推进城区至红海湾内湖至海丰大湖至陆丰上英、乌坎、金厢的沿海景观路，以及城区至陆丰、城区至深汕特别合作区、城区至陆河的城际快速干道规划建设。要抓好海汕公路扩建工程和深汕高速公路长沙湾往东出口的开通工程。

三是要加强对市区交通路段改扩建。以城市新中轴线新湖大道、汕尾大道和站前路为主干，重点改造建设红海西路、金鹏路、工业大道中西段，扩建马宫至长沙湾高速口至埔边为一级公路，争取尽快修通城北路，规划建设过海通道（隧道），延伸城区凤飞山至捷胜国防公路建设，与过海通道（隧道）出口连接；规划续建环品清湖路，并延伸至东涌、捷胜和新港的芳荣、新港村。

3. 要以工业园区建设为抓手，加快产业集聚发展。

一是要加快推进红草工业园区建设。利用好已获批准的省市共建循环经济产业基地牌子；对已申报省级高新技术开发区、省级转移园区的工作，要加强跟踪落实。坚持走市场化道路，统筹好土地储备、规划、开发和建设的关系，抓紧建立园区投融资平台，加大土地储备融资力度，规范园区土地一级开发市场。要成立园区管委会，全面启动园区建设。

二是要抓好园区招商。坚持走出去招商引资，面向珠三角、面向全国各地，面向国内及省内500强企业，找准目标，主动对接，力争引进电子信息、渔船卫星导航、高端机械制造、水产品精深加工、生物制药等高端产业，以好项目、大项目带动产业集聚发展。加强跟踪联系，争取信利集团光电项目及上下游企业、广新集团信息公司、省建工集团盾构机项目、汽车城等大企业、大项目落户工业园区。学习惠州仲恺高新区管理体制，放权园区，简化办事程序，落实引进优质项目优惠政策、让利措施，实行“直通车”服务，从立项、规划、报建、建设至验收等各个环节都在园区内办结，强化园区招商引资的吸引力和竞争力。

（二）守住底线，走可持续发展道路。

坚持可持续发展，强化底线思维，落实好中央、省委、市委关于“守住底线、突出重点、完善制度、引导舆论”的要求，夯实社会基础。

1. 要坚持稳定压倒一切。

要突出镇（街道）一线守护和区综合守护的职责，镇（街道）党政一把手要切实履行维护稳定第一责任人职责，对信访维稳突出问题，坚持亲自包案、亲自面对、亲自督办。各级各部门要按照职能职责分工，坚持一周一排查、10天一督查、10天一研判，对禁毒、信访维稳工作实行常态化管理，及时掌握动态、化解问题。要在站稳群众立场，切实解决群众合法诉求的同时，依法依规打击涉毒、涉稳、涉土、涉访、涉舆情及“两抢一盗”等突出问题。要敢于担当责任，敢于采取果断措施严厉打击，深入开展打击“村匪街霸”及黑恶势力的专项行动，全力营造安定和谐环境。要把握宣传舆论工作的主导权、主动权，淡定应对网络舆论，坚决打击网络造谣传谣，妥善处理舆论事件。要更加注重从源头上化解矛盾，维护稳定，全面推进依法治区、文化建设、教育创强、就业社会保障、医疗卫生服务、扶贫开发、计生殡改等各项社会民生事业，切实解决好民生问题。政法部门和公检法司机关要把维护社会大局稳定作为基本任务，深化司法体制改革，坚持严格执法、公正司法，促进社会公平正义，保障人民安居乐业。

2. 要牢牢守住生态“红线”。

坚持既要发展快，又要环境好。在引进项目中，要更加注重提高环保门槛，切实引进一批科技含量高、市场前景好、带动能力强、低污染、低能耗的大项目、好项目。对于新引进的入园项目，要坚持集约用地，节约资源，集中治污。要加强品清湖日常管理，实行动态监控，保护好湖中良好的生态环境，加快推进“名镇名村”和“千村千园”建设，广泛开展环境生态文明村创建活动，实施美丽乡村建设工程。

（三）强化城市管理，全面提升城市形象。

要深入开展形象提升行动，大力整治城市“脏、乱、差”现象。

1. 要提升城市规划管理水平。

严格执行新区规划进行规划建设，按照城市功能分区，编制分区规划，对局部地区的土地利用、人口分布、公共设施、城市基础设施的配置等方面完善细化。在老城改造和新区建设中，坚持以人为本，规划配置好垃圾中转站、公厕、农贸市场、货运站场、停车场、公交运输站场、公共汽车停靠点、园林绿地、城市广场等与人民群众生活息息相关的基础设施，真正发挥规划的龙头作用，引领城市发展。

2. 要突出抓好环境综合整治。

加强环境卫生整治，完善城市卫生市场化运作的监管水平，提高城市保洁的效率和水平，特别是加强对卫生死角的监控。配合市职能部门大力整治主干道两侧、重要通道两侧、居民小区内和城乡结合部的乱搭乱建等问题。敢于出“重拳”，对违章建筑要做好取证工作，对多次做工作不能自行拆除的，要与市组成联合执法队伍，强制拆除，真正起到震慑作用，刹住乱建违建歪风。

3. 要强化市民城市意识。

广泛开展社会公德、职业道德、家庭美德、个人品德等普法宣传教育活动；加强卫生城区、文明城区、法治城区、园林城区和悠闲城区创建；加强对群众特别是外来人口的教育引导，增强市民对城市的认同感和归属感，杜绝乱扔垃圾、乱闯红灯、乱摆乱放等不良行为及损坏公共设施、乱搭乱建等违法行为，在生活中自觉融入现代城市文明，改善城市整体形象。

（四）坚持问题导向，解决制约城区发展的突出问题。

中央和省委已对全面深化改革作了部署，市委也将对全市改革工作作具体安排，我们一定要按照上级要求认真抓好落实。区委将成立以区委书记为组长的全面深化改革领导小组，专题研究部署组织全区改革工作。当前，对于城区而言，必须强化问题意识，以重大问题为导向，什么问题突出就改革解决什么问题，全力破解制约发展的瓶颈。

1. 要创新管理体制。

要坚定地依靠市委、市政府的领导，加大改革力度，按照“条块结合、以块为主”，一级政府一级事权的属地管理原则和要求，争取和实现中心城区的管理重心和管理权限下移。在落实新区规划中，要以问题为导向，与市建立协调机制。要对在城市规划、建设、管理过程中遇到的矛盾、问题，依靠市、区协调机制，合力妥善解决。要建立机关部门限时完成工作任务责任制，并对协调的问题和矛盾建立台账制度及通报制度。要建立完善城乡一体化体制机制，扎实推进农村综合改革，完善集体林权确权发证，开展农村土地承包经营权确权登记颁证试点，探索农村土地使用权流转办法，探索征地制度改革，探索外来农民工入户制度。

2. 要优化政务服务环境。

按照“能放则放、能减则减、能快则快”的总体要求，全力推进行政审批改革。进一步优化办事流程，减少办事环节，压缩办事时限，提高办事效率，开辟“绿色通道”，在服务企业，服务项目等方面，做到特事特办、急事急办。加快推进电子政务建设，推进网上审批和电子监察工作，建成覆盖全区网上办事大厅。进一步落实好各项服务制度，落实好首问负责制、一次性告知制、限期办理制、公开承诺制，提高行政效能。推进政务公开工作，强化行政效能监察，切实改进机关作风，完善投诉机制、“行风热线”、“网络问政”等平台，进一步优化政务服务环境。

3. 要进一步改善营商环境。

大力推进价格、要素市场和商事登记制度改革，积极推进社会信用体系和市场监管体系建设，严厉打击制假、售假、欺行霸市等扰乱市场秩序的违法犯罪行为，优化金融生态环境。

4. 要创新融资平台。

在落实新区规划及扩容提质工作中，无论是征地拆迁，还是基础设施、工业园区、几个功能片区的建设，都需要大量的资金来支撑。必须创新工作思路，积极搭建一个适合城区发展的融资平台，按照重点项目及发展需要，分类型、分区域，运用BT、BOT等融资方式，大力筹集建设资金。

（五）加强党的建设，为扩容提质、振兴发展提供坚强组织保障。

坚持从严治党，全面加强党的建设，进一步提高干部队伍执行力和落实力。

1. 要全面开展群众路线教育实践活动。

按照省委统一部署，加强统筹安排，全面开展党的群众路线教育实践活动。结合市开展的“千名党代表走基层”等活动，坚持领导带头，深入基层调查研究、了解情况，带队到村（社区）走访党员代表、群众代表，倾听群众心声、意见建议，了解社情民意，采取现场办公等方式，帮助群众解决关系切身利益的重难点问题，增强活动实效性。

2. 要深入开展“敢担当”和送法下乡活动。

重点继续加强对村（社区）干部特别是新当选农村干部在土地、村务、财务管理等方面的普法教育和岗位培训，增强农村干部的法制观念。更加注重在重点项目、重点工作和突发事件等各个主战场培养、锻炼和任用干部，增强干部担当意识，解决好干部精神不足、不敢担当、执行不力的问题。

3. 要全面推进村 (社区) “两委”换届选举工作。

紧紧围绕“两个80%左右”的目标，落实换届选举工作责任制，明确“一把手”责任和相关部门工作责任，依法依规推进村（社区）“两委”换届选举工作。重点抓好问题村（社区）换届选举工作，集中精干力量，落实一村一策、一村一预案，严肃处理各种不正当手段拉票、贿选、假借选举人从事非法活动的行为，全面攻克重难点村（社区），绝不容许一个村（社区）出现换届不成功的情况，绝不容许出现一起因换届工作不到位而出现群体性事件，全力确保全面完成选举任务。要以这次换届选举为契机，加强基层治理机制建设，下大力气抓好基层组织的班子建设和干部队伍建设，充分发挥基层组织在农村工作中的一线作用。

4. 要加强队伍作风建设。

以贯彻落实“八项规定”及整治“四风”作为切入口，继续开展以整治“庸懒散奢”为目的的机关作风明查暗访工作，处理并曝光一批作风典型案例，切实解决群众反映强烈的作风问题。要严格落实规范公务接待及办公用房标准等有关规定，全面落实领导干部工作责任制和责任追究制度，切实转变干部队伍作风，以廉洁务实的党风政风树立形象，以担当实干的精神强化落实保障。

与此同时，要切实加强党对人大、政协工作的领导，支持人大、政协依法履行职能。要推动人民代表大会制度与时俱进，推进协商民主广泛多层制度化发展。

同志们，今年是城区全面推进扩容提质、振兴发展的关键年、机遇年，机不可失，时不再来。让我们紧密团结在以习近平同志为总书记的党中央周围，在省委、省政府和市委、市政府的正确领导下，奋发有为，担当实干，把握机遇，狠抓落实，为迎接高铁，融入新区，全面推进城区扩容提质、振兴发展而努力奋斗！

区长刘闪星在汕尾市城区第七届人民代表大会第四次会议上的政府工作报告

各位代表：

我代表区人民政府向大会作政府工作报告，请予审议，并请政协各位委员和其他列席人员提出意见。

2013 年工作回顾

2013 年，区政府在市委、市政府和区委的正确领导下，在区人大和区政协的监督支持下，以邓小平理论、“三个代表”重要思想、科学发展观为指导，严格按照中央、省、市的各项部署，深入贯彻落实党的十八大和十八届三中全会以及省委《关于进一步促进粤东西北地区振兴发展的决定》精神，紧紧围绕建设“高端产业创新区，宜居城市后起新秀”的目标，努力推进城区扩容提质，不断提高经济发展质量，促使经济社会又好又快发展，较好地完成各项目标任务。

一、积极应对经济下行压力，经济保持平稳增长

突出以项目建设、规模以上工业、招商引资为重点，落实领导分工责任制，狠抓各项工作落实，促进经济实力不断壮大。受强台风“天兔”袭击的影响，经济增长速度比年初既定目标有所放慢，但仍然保持稳步增长。全年全区实现地区生产总值 104.62 亿元，同比增长 12.6%；完成规模以上工业总产值 186 亿元，比增 22.2%；规模以上工业增加值 47.06 亿元，比增 21.3%；农业总产值 24.39 亿元，比增 4.5%；固定资产投资 35.08 亿元，比增 16.0%；公共财政预算收入 5.22 亿元，比增 13.8%；外贸出口总额 1.88 亿美元，比增 39.3%。

二、推进产业转型升级，现代产业体系不断完善

产业结构不断优化，三次产业结构由 2012 年的 15.1∶49.8∶35.1 调整为 14.5∶51.7∶33.8。工业经济发展壮大。高技术产业产值占规模以上工业产值 19.2%。农业产业化加快发展。全年粮食播种面积 54639 亩，总产 16245 吨。新增农民专业合作社 11 家，总数达 41 家。全区现有农业龙头企业 9 家。全区渔业总产量 18.94 万吨，产值 18.54 亿元，分别增长 1%、4.9%。改造渔船 600 多艘、新造钢质大功率渔船 4 艘。新增高位池养殖近 1000 亩，各类水产养殖合作社发展到 17 家。启动省级人大议案项目捷胜龟龄岛东南生态公益型人工鱼礁建设。红草开源养殖有限公司获国家农业部授予健康养殖示范场称号。第三产业迅速发展。商贸物流业繁荣，全区社会消费品零售总额 74.16 亿元，比增 12.4%。凤山祖庙创建国家“AAAA”旅游景区通过专家组的审核即将授牌。全年接待外来游客近 113.5 万人次，创旅游收入 6.8 亿元，分别比增 16.8%和 18.3%。

三、扎实推进重点项目建设，经济发展活力进一步增强

坚持把项目建设作为扩容提质工作的主抓手，在依法依规和积极做好群众思想工作的基础上，敢于碰硬，使项目征地拆迁工作得到顺利推进。全年项目建设完成投资 4.3 亿元，马宫 110 千伏变电站建设项目和 5 宗重点小（一）型病险水库除险加固工程 2 个项目已竣工；高瞻实业冷冻厂、环兴塑胶制品、展辉新湖工业厂房、信诚物流配送中心、逸挥基金医院肿瘤防治中心、妇幼保健院综合楼、铜鼎山森林（郊野）公园等 16 个项目完工或动工建设；红草工业园区启动区、宝楼灌区节水改造工程等 3 个项目正在落实征地或报批手续。此外，金町湾旅游度假城、火车站片区、碧桂园二期等项目征地工作较好推进。

四、畅通维稳信访渠道，社会大局稳定和谐

坚持创新社会管理，全面启动“平安城区”创建活动，严厉打击黑恶势力、制毒贩毒、私卖土地等各种违法犯罪行为。落实属地责任，深入开展矛盾纠纷排查调处活动。依法妥善处置“东涌村问题”，有力维护了社会大局稳定，得到省委维稳办高度肯定，并作为成功经验在全省推广。全年到市上访批次和人次同比分别下降19.9%和75.5%，其中集体访同比批次和人次分别下降61.3%和86.4%；到区上访批次和人次同比分别下降32.1%和72.8%。按时办结了省交办的信访积案和信访案件，没有发生群众进京到省非正常上访，没有发生严重暴力犯罪案件，社会总体较为稳定。安全生产、食品安全、消防安全形势持续稳定。城市信用合作社已完成撤销清算工作，退出市场，历史遗留问题得到妥善解决。

五、发展以民生为重点的社会事业，民生福祉不断改善

社会保障水平逐步提高。全年城镇新增就业5103人，新增转移农村劳动力6675人，职业技能培训8430人，促进创业280人，城镇登记失业率2.49%，城镇下岗失业人员实现再就业人数2134人。提高低保、五保供养标准，调整养老保险待遇，落实百岁老人津贴。全年征收各项社保基金12506万元，城乡居民参加医疗保险283552人，医疗保险的报销比例大幅度提高，最高报销限额从2012年的12万元提高到30万元，参加养老保险82310人，其中领取待遇30031人，我区被省政府确定为城乡居保示范区。省、市十件民生实事和区八件民生实事工作扎实推进，人民群众得到更多实惠。

教育创强工作取得成效。全区33所义务教育规范化学校建设通过评估工作，全面完成目标任务；全区中小学实现多媒体电教平台进教室；田家炳中学、香洲中学新校区建设加快推进；普通高考又创佳绩，3A以上入围人数1419人，入围率45.44%，本科以上入围人数640人，入围率20.49%，一本入围人数75人，入围率2.4%，被市教育局授予“高考优胜奖”的称号。

计生医疗服务不断完善。紧紧围绕巩固“国优”、保“一类”，认真落实人口计生基础性工作，全员人口信息库覆盖率98%，计划生育各项优惠政策落实率100%。全区7所基层医疗机构已全面实施国家基本药物制度，覆盖率达到100%；汕尾逸挥医院肿瘤防治中心、区妇幼保健院已开工建设，汕尾市全科医生培训中心、儿童诊疗中心加紧筹建。加强传染病管理，继续做好重大疾病防控，突出抓好不明原因发热、人感染H7N9禽流感、流感、手足口病等重大传染病防控工作，全年没有发生重大传染病疫情。我区畜牧兽医局在粤东四市动物防疫技术比武大赛中获得团队第一名，个人一等奖1名，个人二等奖2名。

科技文化事业稳步提升。党政领导推动科技进步工作顺利通过国家科技部考核，科技项目申报量明显增多，申报省、市级科技计划项目1项；专利申请数量144项，获授权数量88项，分别增长78%和144%。加快推进公共文化设施建设，基本完成新港、东涌、凤山、红草、捷胜5个综合文化站建设；完成27个村（社区）文化室建设，建成农家书屋58家，通过了省新闻出版局的验收；完成广播电视“户户通”、“渔船通”工程，“村村通”工程被省评为优秀奖；《汕尾市城区志》（1988–2007）完成出版发行，《汕尾市城区年鉴（2013）》创刊号完成出版审稿。开展了一系列文化惠民活动，举行“美丽汕尾”盛大文艺晚会、春节民俗祈福、元宵妈祖灯会、纪念妈祖诞辰等大型的民俗文化活动；创作排演汕尾渔歌剧《默娘》。

扶贫开发工作扎实开展。扶贫开发在全省总考核验收中获得优秀等次。新一轮扶贫开发工作正式启动，4个贫困村实现与深圳市四套班子办公厅对口帮扶，2个贫困村与市直单位挂钩帮扶。全年共筹集帮扶资金1767.89万元，其中深圳市对口帮扶投入资金1345万元。全区农村低收入住房困难户住房改造任务405户，已全部完成。

救灾复产工作有力推进。受台风“天兔”袭击，我区受灾49048户、人口218146人，直接经济损失约29.8亿元，灾情十分严重。我区组织干部群众迅速开展救灾复产工作，清理路障杂物，紧急维护堤围堤坝和供电供水设施，恢复学校秩序及企业生产秩序，尽量减少群众损失。募集了赈灾资金1157万元，修复水毁设施20座，重建倒塌房屋263间237户。

六、加强政府自身建设，行政效能进一步提高

进一步美化城市环境。市区环卫作业已正式移交广州市开物物业管理有限公司，制定了《环境卫生验评标准》和《环境卫生验评办法》，《市区“门前三包”管理办法》已发布实施，市区环境卫生有所改善。扎实推进市政道路修建，基本完成了市区掇鸟街、大马路至三马路段、凤照街口、园林中街、翠园路等10条市政道路建设。对大鹏山11条违法占地建设石灰窑进行依法拆除。建设完成铜鼎山森林（郊野）公园，进一步加强对品清湖巡查和监管力度，全年共组织清理20多次，有效地保护了品清湖生态环境，品清湖整治管理工作列入省级创新社会管理观察项目。

进一步优化政务环境。深化政府自身建设，坚持用“责任、督查、奖罚”三大机制推动重点项目和重点工作的落实，不断增强干部执行力。开通OA办公自动化系统，提升城区党政机关管理水平和行政效能，进一步加强了政府信息化建设。突出规划引领，编制完成红草工业园区总规和控规、城区旅游发展总体规划和环品清湖旅游概念性规划。认真推进网上办事大厅建设，稳步推进行政审批改革，调整行政审批事项58项；加快推进政务信息公开，增强了决策的科学性和政府工作的透明度。我区被全国普法办授予“全国法治县（市、区）创建活动先进单位”的殊荣。

此外，林业、殡改、监察、双拥、统计、审计、人事、台务、海防与打私、物价、粮食、普法、妇女儿童、老龄、工商联、外事侨务、档案、地方志、体育、工会、青年、残联、侨联、民族宗教等工作也取得新成绩。全区各项工作协调并进，营造了和谐有序的发展环境，持续保持社会大局稳定。

各位代表！过去的一年，我们在应对挑战中大胆探索，在负重破难中砥砺前行，取得这样的成绩来之不易。这是市委、市政府和区委正确领导的结果，是区人大、区政协监督支持的结果，是各位人大代表、政协委员履职尽责、依法监督的结果，是全区广大干部群众共同努力的结果。值此，我代表区人民政府，向关心支持我区发展的各界人士和广大人民群众致以崇高的敬意！向长期关心支持我区发展的港澳台同胞、海外侨胞表示衷心的感谢！

在肯定成绩的同时，我们也清醒地认识到，我区经济社会发展仍然存在一些问题和困难，主要有：一是经济运行质量效益不高。经济总量较小，结构不够合理，特别是受投资需求减弱、重点项目投资放缓及房地产开发投资大幅下降等因素影响，投资拉动经济增长较为乏力，缺乏重大生产性企业的重要支撑。二是财政收支矛盾仍然突出。特别是在推进征地工作中尚未得到财税收益，区级可支配财力有限，负担辖区内教育、医疗、卫生、社会保障等各项民生支出不断增加，导致财政状况入不敷出，干部职工工资及基本政权运转出现困难。三是受机构设置及财政体制的制约，影响了财税收入、项目征地、项目报批、招商引资等重点工作的推进。四是社会管理不尽到位。在治安管理、市场监管、土地管理、公共服务等缺乏相应的管理权限，影响了城市建设管理工作特别是扩容提质工作的推进。对此，我们必须高度重视，采取有效措施，认真加以解决。

2014年工作安排

2014年是深入贯彻落实十八届三中全会精神的一年，是推进城区扩容提质、振兴发展的关键之年。当前，我们虽面临着严峻的形势和挑战，但面临的机遇也前所未有，省委提出进一步促进粤东西北地区振兴发展的决定，市委着力实施汕尾新区规划建设，把主中心城区建设放在更加突出的位置。随着“四片区一中心”扩容提质规划的深入实施和厦深铁路汕尾火车站的建成通车，我区作为全市中心的地位和优势将更加凸显。所有这些，为我区科学跨越发展提供难得的历史机遇。为此，我们要克服困难，把握机会，坚定信心，振奋精神，奋力开创我区经济社会全面协调发展新局面。

2014年政府工作的总体要求是：全面贯彻落实党的十八大、十八届三中全会、全省进一步促进粤东西北地区振兴发展工作会议精神，按照区委七届三次全会的部署，把改革创新贯穿于经济社会发展各个领域各个环节，深入开展市委市政府提出的“四大行动”，全面融入汕尾新区建设，着力发展高铁经济，全力推进城区扩容提质、振兴发展，把我区建设成为高端产业创新区、商贸物流集聚区、人海和谐发展示范区。

2014年，全区经济社会发展的预期目标是：地区生产总值增长14%，人均生产总值增长13%，规模以上工业增加值增长24%，农业总产值增长5%，公共财政预算收入增长16%，社会固定资产投资增长16%，外贸出口总额增长18%，社会消费品零售总额增长12%。城镇登记失业率控制在2.5%以内，城镇居民人均可支配收入增长13%，农民人均纯收入增长12%，节能减排约束性指标完成市下达年度计划。为此，必须着力抓好八项工作：

一、推进城区扩容提质，融入汕尾新区建设

汕尾新区发展总体规划建设，为城区扩容提质带来新的发展机遇和发展空间。要根据新区规划，进一步对“四片区一中心”规划进行调整完善，使城区扩容提质规划与汕尾新区规划互相融合。要着力推进三个新区起步区的建设，充当好新区建设的“发动机”。

抓好中央商务区起步区。包括厦深高铁汕尾站及其周边地区，重点发展城区商业贸易、物流配送等主导产业，加快建设火车站国际商贸物流城，建设高铁站交通综合体，完善站前路、站前广场等基础设施，高水平建设教育、医疗、文化体育等公共服务设施。抓紧抓好火车站片区二期地上物补偿工作，加快碧桂园二期项目的动工建设。

抓好金町湾滨海旅游区起步区。重点发展滨海度假、滨海游乐等项目，加快建设滨海旅游城，完善酒店、游艇中心等旅游服务设施配套。抓紧抓好金町湾片区征地拆迁工作，促进旅游项目早日落地建设。

抓好红草高新技术产业园区起步区。重点发展新能源汽车及汽车零配件、高端电子信息和海洋生物医药等产业，逐步建设成为循环经济、高新技术、产业转移的重要基地。抓紧抓好红草工业园区征地工作，争取部分项目入园建设。

二、大力发展主导产业，构建现代产业体系

培育发展具有发展潜力和地方特色的主导产业，全力推动产业转型升级，不断增强发展内生动力，促进经济加快发展。

大力发展高新技术产业。重点抓好电子二极管、三极管、卫星导航仪、渔船航海仪器通导设备等高新技术项目，扶持培育一批核心竞争力强、产品市场占有率高的高新技术产业龙头企业。以红草工业园区为载体，充分发挥信利、德昌等电子信息产业龙头企业的带动作用，吸引更多的电子信息生产企业和相关产业到我区发展，加快电子信息产业基地建设，形成和完善电子信息产业链。以五丰水产品、国泰水产品等企业为龙头，建设以五丰胶原蛋白肽等产品为重点的食品加工基地。加大中小微型企业扶持力度。对接省战略性新兴产业发展规划，推进生物制药、半导体照明、新能源汽车下游产业链条、新型高端电子信息等国家新兴战略性产业发展，打造新的经济增长点。

大力发展商贸物流产业。依托城市中心、临港工业、交通枢纽和港口资源，发挥汕尾火车站集散作用，加快国际商贸物流城、火车站枢纽物流中心、粤东水产品物流中心、家具广场等项目建设，打造一批高端商贸综合体，把我区建设成为粤东与珠三角地区的物流中转基地。积极扩大消费需求，引导城乡居民扩大在居住、交通、通讯、教育、文化和保险等服务领域的消费。大力推进“万村千乡”市场升级改造、农超对接和平价商场建设，培育农村流通合作服务组织，促进城乡商贸互动、共同繁荣。

大力发展滨海旅游产业。利用好海滨城市的丰富自然旅游资源和历史人文资源，突出滨海休闲主题，进一步优化旅游发展空间布局，推进旅游基础设施和景点景区建设，启动建设国家级海洋公园和国家级AAAAA景区的论证规划建设。加强对品清湖、银龙湾、金町湾等自然资源的开发建设，推进“凤山妈祖文化产业园”的建设工作，积极招商启动品清湖游艇休闲旅游项目，培育一批竞争力强、影响力大的旅游品牌，延伸旅游产业链，打造珠三角旅游目的地。重视旅游地产的发展，走休闲度假旅游与房地产联合开发两者相互促进的发展路子，面向珠三角，服务珠三角，融入珠三角，以满足来自珠三角游客的需求为目标，积极发展生态、健康、休闲、度假、旅游地产。

三、突出重点项目建设，推进招商引资工作

狠抓重点项目建设不动摇，以项目促转型、增后劲。强化“抓项目就是抓发展，抓发展必须抓项目”的责任意识，当好项目建设的“推土机”。

抓好重点项目建设。2014年，城区安排重点项目25个，年度计划投资10.58亿元。要大力推进火车站片区、金町湾片区、红草工业园区征地拆迁工作。要加快红草工业园区申报省级高新区和产业转移工业园区工作。跟踪落实信利集团光电项目及下游企业显示器检测项目、广新信息有限公司安全防伪溯源示范基地、海达舍阁药业、汽车城、建工集团盾构机组装等项目。积极配合市推进火车站站前广场及周边道路、市区金湖路东段、新湖大道南段、金鹏路及文德路北段、工业大道西段等重点市政工程建设。要进一步完善重点项目建设领导分工负责制，加强对项目建设进度的检查督促，确保重点项目建设顺利推进。

积极争取和筹措建设资金。利用省促进粤东西北地区扩容提质、振兴发展、新区建设以及产业园区扩

能增效等优惠政策，争取上级项目资金。寻求企业利用BT方式合作开发，积极盘活土地资源，推进工业园区建设，为高新技术类企业前来投资落户提供良好载体。

加大招商引资工作力度。进一步创新招商引资工作机制，落实招商引资工作责任制，创新招商引资方式，转变招商引资理念，重点瞄准一批高科技、高附加值、辐射力强的大型企业，尤其是国有、民营大中型企业，国内500强甚至世界500强企业。注重打造战略平台，推动市、区联合招商。加强引导服务，鼓励重点企业增资扩产。大力推进“乡贤反哺工程”，争取更多的城区籍企业家回乡投资发展。

四、转变农业发展方式，推动农业现代化和农村发展

加快转变农业发展方式，提高农业综合生产能力、抗风险能力、市场竞争能力。不断增强农业农村发展活力，力促农业增效、农民增收、农村稳定。

加快现代渔业转型升级。切实抓好马宫、捷胜渔港建设，加强水产品交易市场管理，畅通水产品流通渠道。整顿农副产品市场，加快转型升级，擦亮渔业品牌，扩大渔业生产。大力发展远洋捕捞业，进一步提高远洋捕捞在渔业中的地位和比重，推进马宫现代海洋渔业产业园区建设，创建“南国渔都”。

加快发展现代农业。高标准建设现代农业示范园、农业科技园和种养殖业示范园。加快绿色生态、观光休闲农业发展。推进名镇名村示范村建设，改善农村人居环境。加快高标准基本农田、“百里海堤爱海工程”和农田水利工程建设。抓好11宗小（二）型水库除险加固工程、红草马宫堤围海梧加固工程建设。

扎实推进村级换届选举工作。认真贯彻落实省、市工作部署，严格依法按程序做好选举工作，努力实现“两个80%”的工作目标，确保全面完成村、社区“两委”换届选举工作任务。

五、全面建设宜居城乡，推进生态文明建设

坚守生态保护底线，促进绿色、循环、低碳发展，全面开展“广东省文明城市”创建活动，着力打造环境优美、特色鲜明的现代化宜居宜业宜憩新城区。

大力推进城镇化建设。加强城镇规划、建设和管理，大力发展特色专业镇。提高城镇产业集聚发展水平和人口承载能力，促进农村富余劳动力向非农产业有序转移，农村人口向城镇集聚，向承载能力较强的中心村靠拢，构建田园型城镇与新型农村社区。统筹城乡基础设施建设，推动城市基础设施向农村延伸，加大农业和农村公共基础设施建设，努力形成城乡衔接的公共交通、供水供电、邮电信息等基础设施网络，改善农民生产生活条件。加强农村集体“三资”管理。按照集约用地、合理用地原则，充分利用省、市“三旧”改造优惠政策，促进城镇产业升级、环境更新和新农村建设。

加强环境综合整治。坚持保护与治理并重、管理与教育结合，严格实施环境规划，加强重点流域、区域的环境整治，控制环境污染。加强市容环境综合整治，全面推进市区“门前三包”责任制的落实。建立城乡统一的垃圾转运及处理系统，探索全区垃圾分类及无害化处理路径。做好农村卫生保洁工作，确保环境卫生整洁。

加强生态文明建设。把生态文明作为城市建设的基础和根本，广泛宣传生态文明，切实提高群众的资源环境意识。加快创建“生态区”工作，推进生态景观林带、森林碳汇、森林进城围城三大重点生态工程建设。做好市区“一湖二路三点”绿化美化工程建设规划，美化绿化汕尾市区。做好深汕高速公路城区段14公里景观林带及对面海景观林带的抚育补种工作，确保生态景观林带建设取得成效。发挥品清湖管理机构职能，加强巡逻检查，实施品清湖24小时动态监管，大力推进以品清湖为重点的“美丽港湾”建设。

六、着力改善民生民计，促进社会和谐进步

按照“保住基本、突出重点、完善制度、量力而行”的要求，从解决群众最关心、最直接、最现实的利益问题出发，扎实办好民生实事，让改革发展成果更多更公平惠及全区人民。

加强公共服务建设。统筹推进城乡公路、公交、电信、信息、邮政、供水等基础设施建设，缩小城乡之间的“空间差距、时间距离、设施落差”。推进城乡公共服务均等化，加大城市人才、智力、资金等对农村的支持，推动城乡科技教育、医疗卫生、文化体育等社会事业共同发展，促进公共服务向农村覆盖。大力发展文化事业，促进文化遗产的保护、传承和发展，做好第一次全国可移动文物普查工作。努力完成

创建教育强镇的任务，推进田家炳中学新校区、香洲中学新校区和教育实验园区的规划和建设工作。

健全社会保障体系。实施积极的就业政策，加强农村劳动力技能培训和转移工作，利用发展的办法增加就业岗位，促进就业与再就业。完善工伤、失业、养老及住房等社会保障制度，不断扩大社会保障覆盖面。加强社会保障基金的征缴和管理，提高社会保障水平。全面开展退役士兵免费职业技能培训，做好军转干部、退伍军人安置工作。关心残疾人事业，分期分批将重度残疾人列入低保，落实城乡最低生活保障制度。巩固完善新农合制度，不断提高农村合作医疗保障水平。加强保障性住房建设，积极发展社会福利和慈善事业，广泛开展为困难群众送温暖、献爱心活动，逐步形成全社会帮弱、助残、扶贫、济困的良好氛围。

做好新一轮扶贫开发工作。积极主动加强与深圳市对口扶贫单位的交流联系，做好智力扶贫、产业扶贫、项目扶贫等工作。认真落实扶贫综合性措施，着力增强贫困村、贫困户“造血”功能。从本地实际出发，建立长远脱贫机制，为贫困村建设产业扶持项目，以产业项目带动集体经济发展，使贫困群众脱贫致富有较好的前景和希望。要突出针对性和有效性，加强农民技能培训，使贫困村每个劳动力懂得一门技术，掌握一项技能，推动致富本领，拓宽就业致富途径。

完善计生医疗卫生服务。创新人口计生服务和管理机制，巩固“国优”、保“一类”；实施优生健康惠民工程，健全优质服务保障机制，切实稳定低生育水平，提高出生人口素质。推进医药卫生体制改革，以提高人民群众健康水平为根本出发点，建设覆盖城乡的基本医疗卫生制度，完善医疗服务体系、公共卫生服务体系和基本药物供应保障体系，健全以区级医疗机构为依托、乡镇卫生院和村卫生站为基础的农村医疗卫生服务网络。加快汕尾逸挥基金医院肿瘤防治中心、城区妇幼保健医院、东涌卫生院新建项目的建设进度，促进全区医疗卫生服务上新水平。加强基层医疗卫生队伍建设，增强镇村卫生院（站）预防保健和公共卫生管理功能。实施农村妇女“两癌”筛查项目。加强全民卫生健康教育，进一步改善农村环境卫生条件。

同时，注重解决民生突出问题，重点办好八件民生实事。（见附表）

七、加快体制改革步伐，全面发展社会事业

改革是加快转变发展方式的强大动力，必须以更大决心和勇气全面推进各领域改革，进一步调动各方面改革积极性，推进社会各项事业全面发展。

深化财税金融改革。改进预算管理制度，深化税收征管改革。全面推行商事登记改革，促进工商注册便利化。深化投资体制改革，支持信利光电等大型企业改制上市，促进民营经济进一步发展。坚持依法征税，强化征管，持续加大税收稽查力度，打击各种偷逃骗税行为，优化税收环境。进一步压减一般性支出，牢固树立过紧日子的思想，集中财力保工资、保民生、保重点。

深化行政体制改革。进一步转变政府职能，推进行政审批制度改革，深化政府机构改革，推进机构和职责整合。深化富区强镇、简政强镇事权改革和事业单位改革，依靠市委、市政府的领导，理顺解决区与市之间体制机制不顺、职责关系不清、管理服务职能不到位等问题。扎实做好卫生和计划生育局机构改革、食品药品监督管理体制改革，以及公共资源交易体制改革工作。

全力维护社会稳定。坚持“稳定压倒一切，责任重于泰山”，切实当好社会稳定的“稳压器”。深入开展创建平安城区活动，进一步建立健全社会管理机制和矛盾纠纷排查调处、旬会研判、领导包案、领导接访等各项制度，整合公安巡警队、便衣队、治安联防队、调解员和维稳信息员五支队伍，不断完善区、镇街综治信访维稳中心以及村（社区）工作站建设，形成横向到边、纵向到底的群防群治网络，构建大平安体系。加强信访维稳工作，依法妥善处置矛盾纠纷和信访维稳突出问题，确保社会稳定。加强社会治安综合治理，严厉打击走私、传销、制假售假、黑恶势力及各类违法犯罪活动，提高人民群众的安全感和幸福感。

做好殡改、安全生产等各项工作。坚决执行遗体火化“一刀切”政策不动摇，巩固和扩大殡改工作成果；加快镇公益性公墓山（骨灰楼）、芦列坑公墓园等殡葬设施建设，提高殡葬基本公共服务水平。坚决落实安全生产“党政同责、一岗双责、齐抓共管”，加大安全隐患排查整治力度，预防和遏制重特大事故。做好国防动员、双拥、优抚安置工作和海防建设，巩固军政军民团结。此外，要继续做好审计、统计、物价、人防、对台、民族宗教、外事侨务、商业、供销等工作。

八、着力建设法治城区，打造高效廉洁政府

按照“为民、务实、清廉”的要求，扎实开展群众路线教育实践活动，全面履行政府职能，创新行政管理方式，依法行政，切实加强政府自身建设，当好人民群众的“服务器”。

*加强民主法治建设。*自觉接受人大的法律监督和政协的民主监督，自觉接受舆论监督和群众监督。创新行政决策机制，推进政府决策的科学化、民主化、法制化。完善行政执法程序，规范行政执法行为。支持关工委工作，推进关心下一代事业的发展。切实关心老干部，促使老有所乐。加强基层民主建设，完善政务公开、厂务公开、村务公开、校务公开。大力做好双拥优抚工作，密切军政军民团结。扎实推进依法治区工作，加强法制宣传和建设，维护社会公平正义。

*进一步改善政务环境。*坚持把优化政务环境作为我区扩大开放的突破口，按照“为民、务实、清廉”的要求，扎实开展群众路线教育实践活动，全面履行政府职能，规范政府行为，实行严格的部门首办责任制和高效、优质、公开、公平、公正、规范的限时办结制，落实责任追究制，增强服务意识，提高办事效率和管理水平。完善网上办事大厅以及电子行政审批监察系统，发展电子商务。加强审计工作，逐步扩大党政领导干部同步审计，推进经济责任审计与其他专项审计的统筹结合。

*加强干部队伍作风建设。*改进机关作风，严纠“四风”，大力整治“慵懒散奢”等不良风气。严格落实防腐倡廉和厉行节约各项规定，认真开展收送“红包”礼金、小金库、违规使用专项资金、公务用车、违规修建楼堂馆所和办公用房等专项清理，严格控制“三公”消费和一般性支出。加强政府机关工作人员的廉洁从政教育和廉政文化建设。强化权力运行制约和监督，继续采取明查暗访等有效措施，全面推进廉政风险防控。

各位代表！幸福美丽城区的宏伟蓝图已经绘就，扩容提质、振兴发展的号角已经吹响，让我们更加紧密地团结在以习近平同志为总书记的党中央周围，在市委、市政府和区委的正确领导下，紧紧团结和依靠全区人民，坚定信心，开拓进取，齐心协力，扎实工作，为把城区建设成为高端产业创新区、商贸物流集聚区、人海和谐发展示范区而努力奋斗！

表 1

汕尾市城区 2013 年八件民生实事及分工责任表

序号	事项名称	具体内容	责任单位
一	提高底线民生保障水平	提高城镇低保、农村低保平均补贴水平和农村五保供养标准。	区民政局
二	提升就业社保水平	促进创业、失业人员再就业，新增城镇就业、转移农村劳动力就业人数，扩大城乡居民医保、养老保险覆盖面。建设区人力保障资源和社会保障综合服务中心。基本实现社会保障卡户籍人口全覆盖，以社会保障卡为载体推进政府公共服务“一卡通”。	区人社局
三	推进城乡教育协调发展	完成凤山、香洲、捷胜等镇（街道）的教育强镇（街道）和教育强区的申报工作。抓好高中阶段教育基础设施建设，重点发展 7 所高中阶段学校；加快中职教育发展，使普通高中和中职学校协调发展。加快推进镇（街道）中心幼儿园建设，规划建设 7 所规范化幼儿园。	区教育局
四	加强医疗卫生服务	全区实施艾滋病、梅毒和乙肝感染孕产妇及所生婴儿接受免费干预服务，比例达到 80%。新增农村妇女“两癌”检查补助经费。卫生院在编专技人员岗位津贴补贴。人均基本公共卫生服务专项经费从 2013 年 30 元提高到 35 元。为乡镇卫生院配备救护车、全自动生化仪、心电图仪、X 光机、B 超机。加快逸挥基金医院肿瘤防治中心、区妇幼保健院综合楼、东涌镇卫生院门诊住院综合楼建设。	区卫生局 逸挥基金医院
五	优化文化体育设施	建设镇（街道）综合文化站 2 个、村文化室 9 个。做好明代墩下城城墙遗址保护修护工作。	区科技文体局 香洲街道
六	改善农村生产生活条件	建设 25 公里农村硬底化公路。	区交通局
		建设 2000 亩高标准基本农田。	区农业局
七	加强住房保障	改造 450 户农村低收入住房。	区扶贫办
八	抓好防灾减灾工程建设	建设 11 个小二型除险加固水库工程。	区水利局

特辑

TE JI

城区被全国普法办授予“全国法治县（市、区）”创建活动先进单位

2009~2013年，城区坚持把法治城市、法治县（市、区）创建活动作为法治建设的重要工作，摆在重要议事日程上，精心组织，周密部署，成立以区委书记为组长的创建活动领导小组，制定《汕尾市城区开展法治城区、法治镇（街道）创建活动实施方案》，制定开展法治城区法治镇街道创建工作责任分工，召开全区动员大会，确定创建活动试点，落实经费、人员保障机制，确保创建活动深入开展，取得了阶段性成效。是年，“党委领导、人大主导、政府实施、部门联动、全民参与”的工作局面逐步形成，依法执政、依法行政、公正司法、维护社会稳定、完善基层民主政治建设、深入普法等各项工作得到大力推进，行政环境、司法环境，经济环境和社会环境进一步优化。

一、坚持法律至上，深化法治理念

牢固树立“法律至上”的理念，注重从思想入手，充分发挥“三个”平台作用，进一步强化领导干部依法决策、依法办事的意识。

1. *发挥领导学法平台作用*。建立党委中心组学法制度，定期举办领导干部法制讲座，组织领导干部开展学法用法经验交流和理论研讨，组织新任领导干部的法律培训，多途径提高领导干部尤其是区委班子领导成员的法律知识水平和依法办事能力，区人大常委会对区委提名任命的领导干部进行了任前法律考试。多年来，区委理论学习中心组每年至少安排2场法律法规专题学习。

2. *发挥普法教育平台作用*。2009~2013年，结合法治城区创建和“五五”普法活动，确定以领导干部、公务员、青少年、企业经营管理者和农民为重点对象，区别不同对象的不同普法需求，采取不同对象的不同普法方式，组织开展法律进机关、进乡村、进社区、进学校、进企业、进单位“六进”普法活动，以喜闻乐见、生动活泼的形式，把法制宣传教育工作开展得更加丰富、更加深入、更有成效，使依法治区的价值理念逐步深入人心，全民的法律意识和法律素养进一步提高。“五五”普法期间，全区开展各类专题普法活动125场次、开展法律咨询活动150场次、举办法制讲座、辅导课450场次、举办法制图片展20场次、设立固定宣传栏96个、出动宣传车250辆次、印发法制宣传资料15万份、张贴标语25000条。

3. *发挥政策宣传平台作用*。是年，继续针对项目建设中村干部和涉及群众对征地拆迁政策法规不了解的情况，利用重点项目这个平台，采取群众工作、政策宣传、法制工作“三合一”的办法，在做群众思想工作中，着重宣传征地拆迁政策法规，通过向群众发放政策法规宣传手册、编写“致村民一封信”以及进村入户做群众思想工作等方式，使广大群众对项目建设的意义以及相关的政策法规有深入的了解，使他们在表达诉求、争取利益中更加懂法、守法，依法依规。

二、坚持依法行政，建设法治政府

不断加快转变政府职能，加强法治政府建设，服务型法治政府建设和经济社会发展形成良性互动。

1. 认真贯彻落实国务院《关于加强市县政府依法行政的决定》（国发〔2008〕17号），采取有效措施，强化依法行政，着力提高政府公共服务和社会管理水平。出台了《汕尾市城区人民政府重大行政决策听证制度》（汕市区府办〔2009〕34号）和《汕尾市城区行政决策程序暂行规定》（汕市区府〔2009〕35号），建立健全依法决策体系，做到重大行政决策必经调查研究、听取民意、专家咨询、合法性论证。

2. 实行行政首长问责制，出台了《汕尾市城区人民政府部门行政首长问责实施办法》（汕市区府〔2009〕35号），加强行政过错责任追究，促进了行政首长恪尽职守、依法行政，提高行政效能，防止和减少行政过错。

3. 提高行政审批效率，加强行政效能监察。是年，政府及其职能部门不断提高公共服务水平，把18个行政审批单位117项行政审批事项纳入电子监察系统，简化审批环节、优化服务流程、压缩办事时限。

4. 认真贯彻落实《中华人民共和国政府信息公开条例》（中华人民共和国国务院令第492号），积极拓展社会公示和与现代经济社会发展相适应的政务公开方式和渠道，加强政务公开工作，努力建设法治政府。

三、坚持依法管理，积极维护社会稳定

坚持稳定第一责任，切实采取有效措施，确保社会和谐稳定。

1. 加强矛盾隐患排查调处。建立完善党政领导接访日制度，深入开展区委书记、区长大接访活动及“信访积案化解年”活动，抓好三级综治信访维稳中心建设，落实信访领导责任包案销案制度，及时调处化解了各种矛盾纠纷和信访突出问题，第一时间组织人员处置，及时把矛盾化解在萌芽状态。在重大节庆及广州“亚运”等特别防护期以及省、市、区重大活动期间，没有发生群众越级集体上访、非正常上访及群体性事件。

2. 完善群防群治网络。进一步完善“三位一体、四方联动”的群防群治网络，提高“见警率”和“管事率”，加大治安重点地区和突出问题的集中整治，严厉打击“双抢一盗”、毒品犯罪及黑恶势力，努力消除治安隐患，群众的安全感不断提升，成为全省最为安全的地区之一。

3. 大力推进“三打”活动。把“三打两建”活动作为检验各级党政领导干部党性、执行力和各级党委政府执政能力的试金石，大力宣传，重拳出击，组织开展了打击专项行动，有效地打击了一批制假售假、欺行霸市、商业贿赂行为，缴获一批假冒伪劣电器配件、假酒假烟、过期农药，查处贿赂案件3宗，使“三打”行动取得了明显成效。

4. 依法推进城市管理。如在实施重点项目的征地拆迁过程中，严格执行国家和省有关征地法律法规，规范征地程序，实行公平、公正、公开的“阳光作业”，认真落实“两公告一登记”（征用土地公告、安置补偿方案公告、征地补偿登记）制度，确保征地拆迁赔偿依法依规进行。2013年，在明代遗址墩下城违章建筑拆除中，敢于弘扬法治、敢于较真碰硬。成功拆除了建设面积2万多平方米142套商品房，有效保护了历史文物。整个过程没有出现任何群众过激行为。在品清湖养殖区清理工作中，坚持做好群众工作与依法处置相结合，清拆了20多年来无法拆除的湖内非法养殖设施，并实现了和谐清拆，共清理违法养殖设施面积达1万多亩。

四、坚持法治为民，维护群众利益

坚持以人为本，将法治建设始终贯穿于为民、惠民、利民、便民之中，切实维护好群众利益。

1. 促进公正司法。在开展创建活动中，全区政法机关结合自身实际，认真开展“整肃作风、提高执行力”的主题教育活动，坚持社会主义法治理念教育，加强司法规范化建设，完善各项管理制度，推行高效运行的司法机制，进一步强化阳光检务、阳光审务、阳光司法等措施，切实转变工作作风，着力推进公正司法、维护公平正义。全区政法机关不断加强队伍建设、职业道德建设与执法规范化建设，提高了政法队伍的综合素质、执行力和廉洁执法水平，为推动城区社会稳定和经济发展提供强有力的司法保障。

2. 提供法律援助。按照“哪里有不公平，哪里就有法律援助；哪里有弱势群体，哪里就有法律援助”的原则，以服务人民群众为出发点，进一步加大与工、青、妇、残、老等弱势群体的援助力度，多渠道公开法律援助案件受理、办理、办结以及案件补贴情况，有力地保障了困难群众的合法权益。“五五”期间，全区共受理法律援助105宗。

3. 努力改善民生。落实法治惠民方针，抓住人民群众最关心、最现实、最突出的利益问题，大力改善民生，让人民群众在参与法治城区建设中得到更多的实惠。是年，城区100%的行政村通有线电视、通程控电话、通电、通邮、通自来水和通广播电视，在全市率先实现了行政村道水泥化；全区城镇居民医保覆盖面不断扩大，农村合作医疗覆盖率100%，成为全省第二批新农合试点；逸挥基金医院成为全市首家三级医院和粤东唯一的全省心血管临床重点专科医院；全区完成45所危薄学校改造工程和31所学校的新建扩建工程；全区18个贫困村实现脱贫335户，占贫困总户数的95%。

五、坚持抓好基层，夯实法治基础

是年，在创建活动中，注重加强对基层自治组织的指导，推动基层民主政治建设，提升基层组织建设水平。

1. 完善基层民主管理机制。进一步完善村民会议、村（居）民全体会议、村民代表会议议事规则、村（居）务公开、财务公开等民主管理制度，着力推进基层自治组织规范化、法律化、民主化管理。

2. 加强基层组织建设。按时保质全面完成94个村、社区“两委”换届选举任务，连带解决了一批村（社区）历史遗留问题，为全区发展打通了关节。同时，制定《关于加强镇（街道）、村（社区）基层建设的实施意见》，组织开展以敢于负责、敢于吃亏、敢于创造、善于履职为主要内容的“敢担当”活动，编制村（社区）党务、村务、土地、社会等管理法律法规的《村社政语》工作手册，加强基层干部培训，整顿基层软弱涣散现象，提高村（社区）“两委”干部的整体素质，增强执行力、战斗力、凝聚力、民主管理能力，加快社会主义新农村建设，更好地服务城区经济社会发展。

3. 完善基层民主法治载体。是年，认真开展“民主法治村（社区）”和“诚信守法企业”等创建活动，进一步提高基层组织法治水平，健全民主管理制度，完善和规范管理机制，强化行业道德，规范行业行为，提高行业服务质量。

（黎明静）

抗击“天兔”台风，救灾复产成效显著

2013年9月22日，城区受强台风“天兔”正面袭击，全区受灾49048户、218146人，9人死亡、259人受伤。直接经济损失约24.35亿元，间接经济损失约6亿元。农业、林业、渔业等遭受毁灭性打击，水利、卫生、教育系统等公共设施均遭受较大损坏，工业企业受损情况严重。灾后，城区及时成立了救灾复产工作领导小组，落实领导分工，全面推进灾后复产工作。主要体现在八个方面：

一．及时救治伤员及做好死者家属善后工作

区政府为部分急需抢救的人员先行垫付资金，不惜一切代价抢救每位伤员。特别在中铁十一局工人遇难后，区协助市铁路办做好死伤者的善后处置工作，稳定遇难人员家属情绪，理妥赔偿。

二．妥善安排好灾民生活

对于受灾群众，区及时下拨救灾应急资金73.8万元；下拨棉被350床，大米3000公斤，蛋黄派367件，牛奶30件；落实安置点120个，食品等救灾物资一批，妥善安置灾民，保障灾民基本生活。

三．全面动员干部群众清除路障杂物

全区以区直机关及镇（街道）为单位，组织发动干部群众，联合海训部队及124师官兵，并出动各类运输车辆，集中清扫市区残留路障，确保市区交通顺畅，城市面貌整洁。

四．全面排查各项安全隐患

各地和相关部门组织专门队伍，针对在台风中受损的危房、校舍、市场、仓库等建筑物的安全隐患进行地毯式大排查，重点排查、抢修水毁堤防、水库、涵洞、渠道、渔港等水利设施，以及市区主要干道、公路、村道等交通设施，有效防止次生灾害，保障市民生命财产安全。

五．全面组织恢复生产

全力恢复灾区各类农业、渔业生产，积极帮助企业恢复生产。投入农业救灾复产资金20多万元，改种补种粮食作物1.05万亩、经济作物0.75万亩，修复大棚430亩、农机库房1030平方米。投入渔业复产资金约1.52亿元，全区受灾养殖面积8万亩中，已全面恢复生产；受损渔船64艘，全部修复，全区纳入数据库管理的渔船1081艘，全部正常出海生产。工业企业自筹修复资金8000万元，并已全面恢复生产。

六．做好灾区卫生防疫工作

由区卫生、防疫部门派出21个医疗队40多人下乡，帮助受灾地方做好消毒工作，使用漂白粉等消毒药品600多公斤，有效防止了灾后疫情发生。

七．维护社会治安稳定

公安部门加强治安巡查，维护好社会治安秩序，稳定受灾群众情绪，确保社会稳定，保障群众安心恢复生产。同时，加强舆情收集分析，及时准确向社会发布情况，组织正面宣传报道，正确引导社会舆论，营造了万众一心、众志成城救灾复产的良好氛围。

八．及时组织救灾重建资金

积极与省、市有关部门沟通联系，引导各地各有关部门积极收集情况，如实向上申报，争取上级的项目及资金支持。全区各界人士踊跃参与灾后复产募捐活动，募集资金1157万元，重建倒塌房屋263间237户。全区各地各行各业灾后社会治安稳定，群众生产生活正常有序。

城区开展整治庸懒散奢等不良风气工作情况

为认真贯彻落实中央《关于改进工作作风、密切联系群众的八项规定》和省《关于开展整治庸懒散奢等不良风气切实改进工作作风的意见》（粤纪发[2013] 4号）文件精神，区委、区政府及区纪委监察局结合城区实际，积极开展整治庸懒散奢等不良风气切实改进工作作风的活动，按分级负责原则，认真落实责任，精心组织。

一、整治庸懒散奢等不良风气工作情况

2013年4月1日，城区召开全区领导干部大会，开展整治机关作风活动，动员全区各级党政和广大党员干部要进一步解决当前干部职工队伍中存在的“庸懒散奢”等不良风气，并对区直18个行政行局38个重点股、室（队）进行行风政风评议活动，切实改进工作作风，提升工作效率和服务水平，优化城区发展环境。

（一）领导重视，成立机构

为切实加强对干部职工作风整治活动的领导，成立城区开展整治机关作风活动领导小组，区委副书记任组长，区委常委、组织部长、宣传部长、纪委书记、区委办主任任副组长，区纪委监察局、区委办、区府办、区委组织部、区委宣传部、区委政法委、区人社局、区直工委、区财政局、区审计局、区物价局、城区公安分局等为成员。领导小组下设办公室（简称区整治办），办公室负责全面组织、协调工作，牵头开展干部职工作风整顿督办检查；各相关成员单位各司其职，区委宣传部负责牵头宣传教育、营造氛围、典型引导、违纪曝光等；区公安分局负责牵头对赌博等行为的查处；区纪检监察机关负责日常检查督办、不定期开展明查暗访及违纪案件查处；区委组织部和区人社局负责违纪干部职工的组织人事处理；其他职能部门负责管辖范围内的检查工作。

（二）精心部署，制订方案

制定、下发了《城区开展整治机关作风活动实施方案》（汕市区委办[2013] 9号），将专项活动分为学习动员、自查自纠、对照整改、检查总结四个阶段，要求全区各级单位和部门，明确治庸转能、治懒转勤、治散转严、治奢转俭的各个阶段工作目标任务和措施，落实责任追究，做到早谋划、早部署、早行动。全区各地各部门领导均高度重视，成立了整治机关作风活动领导小组和办公室，落实工作责任，制订实施方案，细化整顿内容，强化措施，层层抓落实，推进整治机关作风活动的深入开展。同时，制订了明查暗访工作方案。

（三）大力宣传，营造氛围

运用多种形式，开展思想动员，广泛宣传中央、省、市开展整治庸懒散奢等不良风气切实改进工作作风意义、要求，通过召开动员大会，层层落实责任，明确各职能部门的工作任务。全区各单位都能及时召开动员大会，通过召开座谈会、专题学习会、支部会等形式，组织全体党员干部加强学习，开展警示教育，传达贯彻上级有关精神，提高了参与整治机关作风的自觉性。区纪委、国税局、区人社局等单位都加大宣传力度，设置了宣传栏，将学习心得体会上墙。各单位建立了开展整治庸懒散奢等不良风气举报和通报制度，设立举报电话、举报信箱，完善监督机制。在城区党政信息网设置宣传专栏，制作信息20条，在《汕尾日报》刊登15期，下发简报8期，通报2期，召开整治庸懒散奢等不良风会议189场次，开展警示教育121场次，参加3705人次，形成了浓厚的宣传氛围。

（四）扎实开展，稳步推进

一是突击检查。区整治办于是年4月18日至20日，采用突击检查的形式，对全区7个镇（街道）和70个区直单位开展整治机关作风活动第一阶段“学习动员”的情况进行了督查。各地各单位能够按照区委、区政府的统一部署和要求，把这次整治机关作风活动摆上重要位置，及时组织动员部署，成立领导机构，落实专人负责，结合单位实际制订活动方案，取得了阶段性良好成效：1. 加强领导，认真组织部署。2. 全区及时召开动员大会和工作会议，及时传达学习。3. 完善工作制度，促进作风建设；特别是一些重点执法部门和窗口服务行业，进一步转变了服务态度，提高了服务质量和服务水平。区财政局不断完善工作机制，进一步完善各股室的规章制度，落实岗位负责制。4. 加强舆论宣传，营造浓厚氛围。5. 各单位通过认真扎实的调查摸底上报单位实有人员名册，定岗位、定职责。二是开展明查暗访。根据整治办的工作部署，制订明查暗访工作方案，成立明查暗访检查监督组，具体分为2小组。对全区各机关单位、镇（街道），每个星期明查一次，每半个月暗访一次。明查暗访采取明查和暗访相结合的方式开展，主要通过现场检查、实地暗访、电话暗访（回访）、听取汇报等多种途径，分组到各机关单位、镇（街道）、行政服务窗口、办事大厅、执法现场等进行明查暗访。6月27日，区整治办组织检查组，采用明察暗访及录像的形式，对区公安分局及个别街道等10个部门（单位）及下属窗口部门进行了突击检查，检查总体情况较好，自城区开展整顿机关作风活动后，广大干部职工的精神面貌、服务意识和工作纪律有了明显改善和提高。8月21至22日,城区整治办组织了督查组，按照“查学习、查纪律、查作风、查效率、查廉政”等内容，对区审计局等21个单位及窗口单位进行突击督查，现场进行录像，并将督查情况向全区通报。9月10日，城区整治办全体人员召开会议，汇报前段时间明查暗访的情况，部署“中秋”、“国庆”两节明查暗访的工作。9月11日，城区整治办采用突击检查的形式，针对区粮食局、区残联、区劳动就业服务中心、区城乡居民医保中心、区公证处、区司法局、区计生局等7个单位及窗口进行突击督查。对全区各单位开展整治庸懒散奢等不良风气活动的情况进行了督查45次，检查面达100%。

各单位认真开展自查自纠工作，组织开展意见建议征集活动，据统计，全区组织开展意见建议征集活动150场，发现问题336个，已落实了整改措施，作出公开承诺364项，同时，做到边查边纠，注重实效。在是年开展的“庸懒散奢”专项整治活动中，共处理6宗，其中，逸挥基金医院严肃查处了2名严重违反劳动纪律的医生,医生黄某某受到警告处分并通报全院、张某某受到辞退处理；东涌中学教师邱某某受到行政开除处分；区政府办公室黄某某受到开除党籍处分及辞退处理；东涌镇人民政府副镇长黄某某受到辞退处理；汕尾市工商局城区分局注册大厅工作人员陈某某，在系统内进行通报批评同时调离工作岗位。对陈某某该局还要求当事股室作深刻检讨。

结合整治庸懒散奢等不良风工作，自8月5日至11月11日，城区纠风办组织区行评团对区农业局、林业局、水利局等18个区直（驻区）单位及其部分设有办事大厅（窗口）和属下的36个重点股室开展政风行风评议活动，召开评议会议等36场、各阶层群众代表座谈会46场次，发放征求意见表1500多份，编印行风评议工作简报等25期，民主评议查出问题345个，督促被评议单位制定整改措施345条。并向行评单位进行了反馈。区整治办要求各单位要针对存在问题、意见和建议，逐一对照检查，分析原因，查找根源，制定针对性的措施，认真落实整改，做到条条有回音、件件有着落；要贯彻落实中央八项规定，着力整治党员干部中存在的不良风气，切实解决群众反映强烈的作风问题，在狠刹“四风”上下功夫，推进政风行风建设；要不断加大政风行风工作力度，建立长效机制，以实实在在的成效取信于民，使群众切实受惠，树立务实清廉的良好形象。

是年，在开展整治督查情况中，发现了一些不足和存在问题。主要表现为：一是个别单位的领导思想上重视还不够，思想发动、工作部署不及时；二是一些单位还未设立学习心得体会或宣传专栏，宣传氛围不够浓；三是个别单位的干部职工存在上班迟到、早退，上班玩游戏和办公室无人等现象；四是个别单位上报材料不及时。在督查中，督查组与所在单位的负责人就督查情况进行了交流，并对开展活动存在的问题提出了意见和建议。

（区开展整治机关作风活动领导小组办公室）

大事记

DA SHI JI

2013 年城区大事记

1 月

9 日 区党政领导班子以“学习贯彻十八大精神”，坚持“以人为本执政为民”理念为主题，召开 2012 年度民主生活会。会上，区党政班子成员开展了批评与自我批评，认真查找了问题，深入剖析了原因，同时提出了整改方向。市委副书记陈央、市委组织部副部长林甦等到会指导。

10 日 汕尾市城区人民政府打击走私综合治理办公室更名为“汕尾市城区人民政府海防与打击走私办公室”。

11 日 区委、区政府在香港召开乡情通报会。市委常委、区委书记、区人大常委会主任陈少荣，区长刘闪星等区领导向港、澳及广州等在港乡贤通报 2012 年城区经济社会发展情况，共商发展大计。

15 日上午 区人大召开第 15 次主任（党组）会议。常务副主任陈镜炉主持会议，会议上半场讨论人事事项；下半场讨论 2013 年度区人大常委会工作安排和第九次常委会有关事项。

是日 区政府与中国电信汕尾分公司签订《城区党政机关办公自动化系统合作协议》，推进党政机关全面无纸化办公。

18 日 区人大机关党支部进行换届选举，选出支部成员：罗辉南、黄思平、何秀泉、胡小军、陈丽玲。罗辉南任支部书记，黄思平任副书记。

是日 城区公安分局部署从 2 月底至 12 月，开展打假专项行动，此次行动重点打击以下五类犯罪的生产窝点、批发团伙：一是制售假冒伪劣“名牌产品”、“专利产品”、“高新技术产品”等危害创新发展的犯罪；二是制售假冒伪劣日化、家电、日用消费品等危害扩大内需和职工就业的犯罪；三是制售假冒伪劣食品、药品、妇幼用品等危害人民群众生命健康的犯罪；四是制售假冒伪劣汽配、机电、消防器材等危害生产生活安全的犯罪；五是制售假冒伪劣种子、农药、化肥等危害粮食安全和农民利益的犯罪。

21 日 全面启用新版常住人口信息管理系统（简称人口信息系统）

22 日 区人大常委会召开第九次会议。会议议程：1. 听取和审议区政府关于 2012 年普法情况和 2013 年普法计划报告；2. 讨论通过 2013 年常委会工作要点；3. 补选高火君为市六届人大代表；4. 任命冯振炯为常委会办公室副主任、陈海生为检察院副检察长。

23 日 区政协主席吴大集前往广州列席省政协十一届一次会议。

是日 20 时至 24 日 24 时 在全区组织开展“粤安 13”第一次集中统一行动。

31 日 区召开党政联席会议，要求各地各部门把贯彻落实“八项规定”与做好节日期间有关工作结合起来，深入基层和困难群众，千方百计为群众排忧解难；教育和引导广大党员弘扬艰苦奋斗、勤俭节约作风，本着简约、俭朴原则安排节日期间各种活动。

2 月

1 日 区人大常委会召开第 16 次主任（党组）会议。会议议程：关于罢免陈增新、黄希捷汕尾市六届人大代表的有关事项。

是日 区七届人大常委会召开第十次会议。会议议程：罢免陈增新、黄希捷市六届人大代表职务。会议决定罢免陈增新、黄希捷市六届人大代表职务。

2 日 市政协副主席吕珠龙到城区开展 2013 年政协委员献爱心送温暖慰问活动，区政协主席吴大集、副主席邵银洲等参加了献爱心送温暖慰问活动。

4 日 区委召开七届二次全会，全面贯彻落实中共十八大、中央经济工作会议、习近平总书记视察广东重要讲话和省委、市委全会精神，总结 2012 年工作，分析当前形势，部署 2013 年工作，动员全区上下齐心协力，担当实干，全面推进城区扩容提质。市委常委、区委书记、区人大常委会主任陈少荣代表区委常委会做工作报告，区长刘闪星作关于经济工作的讲话。会议提出：一要全力推进扩容提质；二要着力打造幸福宜居环境；三要努力破解发展瓶颈；四要大力提高党的建设科学化水平。

20 日 区人大组织驻区市代表参加市六届人大三次会议。2 月 21 日下午，市委书记、市人大常委会主任郑雁雄参加城区团讨论，勉励城区明确“一个愿景”、“两条腿走路”（“一个愿景”就是要把港口、海洋作为发展依托，将市区和红海湾融合在一起发展。“两条腿走路”就是一条腿要大胆去想去规划，画最美最新的宏图；另一条腿就是务实地一步一步地做好城市硬件建设和城市管理工作)。

21日 市委书记郑雁雄在参加市六届人大三次会议城区代表团讨论时指出，城区要扩容提质，必须建设好“六个中心”，加大市区中心区的辐射带动作用，形成招商引资的城市依托，形成城市的核心凝聚力。

25日 区委理论学习中心组召开学习会，贯彻学习省、市“两会”以及市委书记郑雁雄在参加市六届人大三次会议城区代表团讨论时的讲话精神，研究部署了三点贯彻意见：一要领会精神实质，进一步坚定扩容提质的决心和信心；二要以“从容建设，稳健发展”的理念大胆谋划扩容提质工作；三要高扬担当实干精神，切实负起责任，确保各项工作落到实处。

27日 区公安机关依法抓获涉嫌在东涌问题中多次组织、煽动和参与妨碍公务、堵塞公路、冲击打砸政府机关的犯罪嫌疑人，并对其刑事立案、拘留审查。至此，东涌问题得到成功处置，事态基本平息。

3月

5日 区纪委召开七届三次全会，传达学习中央、省和市纪委全会精神，总结2012年城区党风廉政建设和反腐败工作，部署2013年工作任务。区委常委、区纪委书记张淑娟作题为《扎实推进反腐倡廉建设为城区扩容提质提供有力保障》工作报告。市委常委、区委书记、区人大常委会主任陈少荣出席会议并作讲话。

7日 全国普及法律常识办公室下发文件《全国普法办公室关于通报表扬“全国法治城市 法治县(市、区) 创建活动先进单位”的通知，授予城区全国第二批法治县（市、区）创建活动先进单位称号。

是日 区委、区政府召开扩容提质座谈会，听取各界意见建议，共商发展大计，助力扩容提质。区几套班子主要领导，城区的省、市、区人大代表、政协委员及各界人士参加会议。市委常委、区委书记、区人大常委会主任陈少荣主持会议。

是日 全国普法办授予城区“全国第二批法治县（市、区）创建活动先进单位”称号。

12日 区委组织部被中组部授予“干部人事档案一级达标单位”。

15日 区人大常委会召开第17次主任会议，会议议程：1. 听取区发改局关于2012年国民经济和社会发展计划执行情况及2013年计划草案编制情况的报告；2. 听取2012年财政预算执行情况及2013年预算草案和部门预算草案编制情况的报告；3. 讨论通过区人大常委会工作报告；4. 讨论通过区七届人大三次会议主席团成员和秘书长名单；5. 讨论通过列席和邀请列席区七届人大三次会议人员名单。

18日 区人大常委会召开第十一次会议。会议议程：1. 讨论通过关于召开区七届人大三次会议的决定；2. 讨论通过关于邀请列席人员的决定；3. 讨论通过区人大常委会工作报告。

22日 省公安厅党委委员、副厅长郑东在汕尾市副市长、市公安局长马伟灵，省厅治安局政委邹文强，省厅禁毒局政委邱伟，省厅督导组成员，市局党委副书记、常务副局长陈宇铿，市局班子成员，市局相关科所队负责人及创建办工作人员的陪同下莅临我区检查督导“百局千所”立体化治安示范单位创建行动工作。

25日 市委、市政府制定《促进汕尾市城区扩容提质行动纲要》，明确了城区扩容提质的本质、目的和目标要求。

26日至28日 区政协四届三次会议召开。会议审议通过了区政协常委会工作报告，表彰了2012年度优秀提案和承办提案先进单位。

27日 城区副区长、城区公安分局党委书记、局长郑海陆带领城区公安分局副局长陈雪锋、陈业伟、陈健华等到新湖派出所，检查指导“百局千所”立体化治安示范单位创建工作。

27日至29日 区七届人大三次会议召开。会议听取和审议了区人大常委会、区政府、区法院、区检察院的工作报告，审查和批准了区计划执行情况报告和财政工作报告。补选了3名区人大常委会委员。

27日至29日 区七届人大三次会议召开。会议议程：1. 听取和审议区政府工作报告；2. 审查和批准区2012年国民经济和社会发展计划执行情况与2013年计划草案报告；3. 审查区2012年预算执行情况和2013年预算草案报告，批准区2013年预算执行情况报告和2013年区本级预算；4. 听取和审议区人大常委会工作报告；5. 听取和审议区法院工作报告；6. 听取和审议区检察院工作报告；7. 选举事项。选举胡小军、黄春波、谢晓云为区人大常委会委员。

29 日　区委办出台《城区开展整治机关作风活动实施方案》，进一步深化机关作风建设，解决当前干部职工队伍中存在的“庸、懒、散、奢”等不良习气，提升工作效率和服务水平，优化城区发展环境。

4 月

1 日　召开全区领导干部大会。区委、区人大、区政府、区政协领导班子成员，区纪委副书记，区直各单位副科级以上干部，各镇（街道）党政领导班子成员，各村（社区）支部书记、居委会主任共 400 多人参加会议。会议要求，各级党政和广大党员干部要深入贯彻全市领导干部大会精神，认真整顿机关作风，担当实干，狠抓各项工作的落实，为城区扩容提质、建设“六个中心”打好基础。

2 日　区人大机关部署机关作风整治工作，常务副主任陈镜炉作动员讲话。

是日　区几套班子领导成员率区直各单位、各街道主要领导和“两纵”联谊会老同志、干警、学生、干部群众代表，前往市区鼎盖山革命烈士纪念碑扫墓。

是日　区政协召开机关作风整治工作动员会议，全体政协机关干部职工参加，区政协主席吴大集传达了全区开展机关作风整治工作动员大会精神，对本单位开展机关作风整治工作进行动员和部署，并提出了五点意见。

9 日　区政府召开“城市管理年”活动动员大会，加快推进城区扩容提质，营造干净整洁、井然有序的城市环境。

12 日　区国税局举办“道德讲堂”建设现场观摩会，区直有关部门负责人和区国税系统干部职工聆听道德讲座并观看了宣传片。市委宣传部副部长、市文明办主任邱锦鸿，区委常委、区委宣传部长刘元海出席活动并作讲话。各镇（街道）文明办主任、区直各文明单位代表参加了活动。

18 日　市委书记郑雁雄到城区开展扩容提质调研，实地考察了铜鼎山郊野公园、马宫中心渔港、翡翠湾商业街、凤山妈祖旅游区等地。

是日，区委、区政府制定出台《关于加强机构编制管理严格控制机构编制的若干意见》。

19 日　区委召开理论学习中心组（扩大）学习会，专题学习传达贯彻市委书记郑雁雄到城区调研时的讲话精神，强调要解放思想，增强担当意识；要全力以赴，齐心协力讲发展。

22 日　省人大常委会到城区开展立法调研。省人大常委会委员、政法委副主任陈伟雄一行在市人大副主任吴友深陪同下到城区红草美顿糖果公司、凤山街道奎山社区等进行实地考察并召开座谈会。

23 日　第五届“书香城区”全民读书活动启动仪式暨《南海渔唱》首发式在区党政办公大楼门口举行。

24 日　区委、区政府在慈云山公园广场举行全区公民道德素质宣传教育活动启动仪式。市委副书记陈央，市委常委、区委书记、区人大常委会主任陈少荣，市委宣传部、市文明办、市交警支队等有关单位负责人及全区干部群众共 1500 多人参加启动仪式。活动还举行“携手同行，践行文明”集体签名、“增强城市意识，提高道德素质”专题论坛，并现场颁发《汕尾市城区市民行为规范宣传手册》，向全区人民发出倡议。

25 日　区委组织部、区委党校联合在马思聪文化艺术中心举办全区基层干部法律知识培训班。区长刘闪星作动员讲话并作题为《农村与法治》辅导报告。全区各镇（街道）全体干部职工、村（社区）“两委”干部共 1000 多人参加。

是月　市人才工作领导小组审议确定，城区新城中学校长文学荣、陈小青、陈华平三人入选汕尾市拔尖人才，徐如德等六人为市优秀农村实用人才。

5 月

2 日　区委、区政府在凤山妈祖文化广场举行 2013 年凤山祖庙炮会。区几套班子领导成员，港澳台同胞、海外华侨、社会各界人士 20000 多人参加庙会活动。

6 日，城区公安分局部署从 2013 年年底至 2022 年年底，汕尾市城区公安机关开展创建平安城区工作。通过开展创建平安城区工作，着力解决影响社会和谐稳定的基础性问题，实现“一强二升三降”（群众安全感不断增强；破案率上升，人民群众对公安工作的满意度上升；重大刑事案件下降、重大群体性事件下降、重大安全事故下降）的目标。

7日　区委、区政府在市图书馆举行文化惠民活动月启动仪式。市委常委、区委书记、区人大常委会主任陈少荣等区几套班子领导成员，市委宣传部、市文广新局、市文联等有关部门领导，各镇（街道）、区关工委、区直副科以上单位、区教育系统师生、区机关诗书画协会会员等500多人出席仪式。

10日　区政协开展整顿机关作风活动，重点整顿解决“腐、懒、散、奢”等不良习气。1. 征集改进机关作风的合理化建议；2. 制定出整改方案，明确整改的内容、措施、时间表和责任人；3. 召开整改落实会；4. 对照问题，进一步建立健全各项规章制度，如继续完善考勤制度，建立改进机关作风建设的长效机制，做到常抓不懈。

14日　区人大常委会召开第18次主任会议，研究如何更好开展监督工作。

15日~17日　区人大常委会常务副主任陈镜炉、副主任庄惠娥、洪浩波、邝文泉参加在石家庄市裕华区召开的“全国十省市、十二县（市、区）人大工作研讨会”，研讨会主题是《加强人大自身建设》。

16日　市政协主席莫英群带队就城区扩容提质工作及如何更好地促进城区政协工作到城区进行调研。市政协副主席余红和市政协办公室、经济委有关负责人陪同调研，并在城区召开座谈会，市委常委、区委书记陈少荣就城区开展扩容提质工作向市政协领导们做了汇报；区政协主席吴大集汇报了区政协工作情况。

23日　区委、区政府在市马思聪艺术中心举行“美丽汕尾”文艺晚会。区干部职工和群众1100多人观看演出。

是日，城区公安分局制定《汕尾市公安局城区公安分局治安灾害事故应急处置预案》。

24日　区委理论学习中心组举办“社会主义核心价值观的培育与践行”专题辅导报告会，市关工委副主任、教育专家黄沧海作专题讲座。

30日　市长吴紫骊、副市长邹广到城区就重点项目建设和征地工作进行调研，要求城区加快征地拆迁工作，保证重点项目建设进度。

31日　市委常委、区委书记、区人大常委会主任陈少荣在区委常委、办公室主任许昌林和区教育局、区妇联等部门负责人陪同下，到城区机关幼儿园、奎山小学慰问，为小朋友送上“六一”祝福。

6月

3日　省公安厅督察总队副总队长陈锦汉在市公安局督察支队支队长陈秋英等部门负责人的陪同下，到城区公安分局督导维稳及社会面防控工作。

5日　区人大常委会召开第19次主任（党组）会议。会议议程：1. 听取区政府关于《区人大常委会关于发展学前教育审议意见》落实情况的报告；2. 听取区政府关于逸挥基金医院肿瘤防治中心建设的情况报告；3. 研究决定区人大常委会第12次会议有关事项；4. 人事任免事项。

7日　区政府召开扶贫开发“双到”工作会议，总结过去三年来扶贫开发“双到”工作，表彰扶贫开发“双到”先进单位和个人，部署新一轮扶贫开发“双到”工作。

10日　区委办出台《关于在全区开展“千名党代表走基层”活动的意见》，要求区直属机关党代表走基层，做到思想上牢记群众、工作上深入群众、作风上亲近群众，大办利民惠民实事，密切党与群众的“鱼水情”。

14日　区人大常委会召开第十二次会议。会议议程：1. 听取和审议区政府关于文化建设及文物保护的情况报告；2. 听取和审议区政府关于2012年度新保基金执行情况的报告；3. 人事任免（法院）；4. 其他事项。

18日　市首场“优秀共产党员”陈小平先进事迹报告会在马思聪艺术中心举行。是年，5月13日市委追授红草镇原党委委员、副镇长陈小平为“优秀共产党员”，号召全市广大党员干部向陈小平学习。

20日　区委召开加强党外干部培养和使用工作座谈会。会议提出，注重在“选、管、育”三个方面上下功夫，加强培养党外干部；党外干部要不断加强自身建设，提高政策理论水平和工作能力。

21日　区委举行“共筑中国梦”百姓宣讲教育报告会。区几套班子领导成员及区直单位副科级以上干部共300多人参加报告会。

24 日　政协汕尾市委员会、汕尾市公益事业促进会、政协汕尾市城区委员会、广东省吴远溪慈善基金会、真彩文具股份有限公司在城区联合举办“政协委员情系学子——2013 年大学新生奖学助学活动颁奖仪式”。原防化学院副院长黄旦群少将、市、区有关方面的领导莫英群、陈少荣、刘概、李远贞、吴城鑫、刘闪星、吴大集、邱海航、罗光钊、黄英钦、何平、许昌林、曾向勤、邵银洲、郑前军、黄义丞、刘明光，省政协委员、真彩文具股份有限公司董事长黄小喜以及市政协委员和区有关单位的负责人共 36 人出席颁奖仪式并在主席台就座，来自市区获奖受助大学新生、三所中学的高三师生共 200 人也参加仪式。吴大集主持仪式，刘概代表市政协讲话，黄小喜代表捐赠单位发言，许昌林代表市城区致感谢辞，王丽娜代表获奖受助学生发言。市区 18 名大学新生获得奖学金，69 名大学新生获得助学金，市政协发放奖学助学金 34.8 万元。

25 日　区人大机关组织召开机关干部职工、部分区人大代表捐资扶贫座谈会。截至 6 月 30 日，区人大机关干部职工、人大代表共捐资 28.84 万元。

是日　区政协在区党政办公大楼九楼会议室开展全体委员“扶贫济困助教，献爱心募捐仪式。仪式由邵银洲主持，吴大集做了动员讲话，100 多位政协委员及政协领导领导班子、党组成员、机关干部职工参加了活动。吴大集在讲话中指出：6 月 30 日是“广东扶贫济困日”，区委、区政府倡议我们要通过这一奉献爱心的便捷平台，发扬乐施好善、扶贫济困的慈善精神，伸援手，献爱心，行上善，积厚德，迅速参与到捐款活动中来，慷慨解囊，纾困解难，共建美好城区。现场募得善款 6 万多元。

26 日　区禁毒办决定在汕尾中学大操场举行汕尾市城区“6·26”国际禁毒日公开宣判大会。

是日　城区政协组织机关全体人员前往海丰县与海丰县政协开展党日联谊活动。该活动由区政协主席吴大集带队。受到海丰县政协主席冯月琴以及海丰县政协的其他领导的热情接待。一起参观彭湃故居，红宫红场和文天祥公园，缅怀革命先烈的丰功伟绩，近距离接受革命传统和爱国主义教育。

是日　区委、区政府举行“6·26”国际禁毒日公开宣判大会，市委常委、区委书记、区人大常委会主任陈少荣，区长刘闪星等区领导，禁毒委成员单位负责人，政法机关全体干警以及市区各中学师生等 3000 多人参加宣判大会。

27 日　副省长邓海光一行到红草镇慰问困难党员和老党员。

28 日　区委、区政府召开全区政法工作会议。会议要求，迅速把思想统一到省委和市委的决策部署上来，进一步明确维稳职责使命，铁腕治理涉稳涉毒问题，全力维护城区和谐稳定。

7月

1 日　由省人大常委会委员、财经委副主任潘力带队的省人大常委会第四调研组到城区开展保障底线民生情况调研。市、区领导陈少荣、施胜章、刘闪星、陈镜炉、余汉生、何秀滔陪同调研。

2 日　由省人大代表、市人大常委会代主任杨青带队的省人大代表调研组第一小组到城区开展城市防洪排涝抗灾专题调研。市、区领导陈少荣、刘雪真、陈镜炉、庄惠娥、陈建新、何秀滔、李振坚陪同调研。

3 日　为了积极响应市局和区委、区政府发出的以“扶贫济困助教，奉献爱心”为主题的“广东扶贫济困日”募捐活动的号召。城区公安分局组织广大民警及后勤服务人员踊跃捐款 22380 元。

9 日　汕尾市城区政协副主席、区委统战部长黄义丞率领指导组一行深入城区东涌镇、红草镇、马宫街道等非公有制经济企业开展理想信念教育实践活动示范点调研，了解企业在倡导爱国、诚信、守法、创新、责任理念和引导广大非公经济人士自觉践行社会主义核心价值体系，开展圆“中国梦”大讨论等方面的教育实践情况。

10 日　城区政协主席吴大集、副主席卓孝义等政协领导和区人大常委会常务副主任陈镜炉、副主任邝文泉等人大领导一行参观指导城区公安分局的治安联防执勤点。

12 日　省人大常委会副主任肖志恒率省部分全国人大代表到城区开展海洋经济发展专题调研。市、区领导吴紫骊、陈少荣、刘雪真、刘闪星、陈镜炉、罗辉南等陪同调研。

13 日　城区公安分局侦破了“7·07”伤害致死

案，侦查人员在和顺村佛兰首饰厂抓获搭载两名嫌疑人、涉嫌窝藏的男子陈某某（男，31岁，四川开江人）。次日上午8时许，在市局技侦部门的大力协助下，获知其中一名涉嫌伤害致死的嫌疑人付某某（男，26岁，重庆开县人）准备从深汕高速公路后门服务区乘车逃回老家，专案组立即驱车前往拦截，成功将其抓获。

15日　区人大在区九楼会议厅举办区七届人大代表教育培训班，邀请市人大副主任吴友深和区委党校叶君玉为代表讲授关于《中华人民共和国各级人民代表大会常务委员会监督法》《中华人民共和国全国人民代表大会和地方各级人民代表大会代表法》等方面的知识。

18日　区委召开理论学习中心组学习会，学习贯彻中央、省委和市委关于开展党的群众路线教育实践活动精神，研究部署相关工作，为明年初全区开展党的群众路线教育实践活动打好基础。

21日至31日　城区共有45个村（社区）被评为“全区民主法治示范村（社区）”，其中荣获“广东省民主法治示范村（社区）”称号的有9个，全区基层民主法治创建达标率近50%。

22日　区人大常委会召开第20次主任（党组）会议。会议议程是：1. 人事任免事项（副区长陈少华任职、区法院增加陪审员、补选市代表）；2. 听取区政府关于城镇居民健康档案信息化建设情况报告；3. 研究决定召开区七届人大常委会第十三次会议事项；4. 听取区公安分局关于案件受理和办理的情况报告。

24日　公安部三局通过电视电话会议的形式举办2013年“治安大讲堂”第十三期讲座。城区公安分局分管治安工作的局领导和治安大队主要领导及相关民警，派出所所长及一名办案民警，在城区公安分局六楼会议室收看。

30日　市委常委、区委书记、区人大常委会主任陈少荣率慰问团前往驻马铃山部队、驻捷胜海训部队开展“八一”拥军慰问活动。

8月

1日　市人大常委会副主任刘雪真等到城区开展《中华人民共和国森林法》执法检查。

2日　城区政协领导班子成员、政协委员和政协机关人员组成学习考察团，在主席吴大集的带领下，前往惠州开展学习考察活动。得到惠州市惠城区政协和惠州市汕尾商会的热情接待。参观了惠州市市容市貌和惠州市汕尾商会会长郭耀名名下企业光耀集团的“全球候鸟度假地”，并听取惠州市汕尾商会叶华炎监事长有关惠州市汕尾商会创办、成立、发展的全过程。

5日　区委、区政府提出《关于城区扩容提质的实施意见》。

6日　区政协牵头香港海丰林归丰家族联谊会在城区香洲街道梧桐村举行村道修建捐款仪式，区政协主席吴大集、区政协常委林义鸿、香洲街道党工委书记吴城池等参加。

是日　区七届人大常委会召开第十三次会议，常务副主任陈镜炉主持会议。会议进行了人事任免，决定接受郑海陆的辞职请求，决定任命陈少华为区政府副区长；会议听取和审议了区政府关于2013年上半年经济社会工作情况报告；听取和审议了区2013年上半年国民经济和社会发展计划执行情况报告；听取和审议了区2013年上半年财政预算执行情况报告。

7日　区人大常委会机关副科以上干部参加全区2013年度纪律教育学习月活动动员会。

是日　区委召开以“严纪律、正作风、促廉洁”为主题的纪律教育学习月活动动员大会。会议强调，要深化思想认识，严明党的纪律，狠抓作风整治，筑牢拒腐防变防线。

8日　区人大机关召开2013年度纪律教育学习月活动动员会，区人大常委会副主任罗辉南主持会议。

13日　市政协主席莫英群率市政协调研组一行50人，到城区开展“中心城区扩容提质”专题调研活动，城区四套班子主要领导陪同调研。莫英群在实地考察东涌火车站片区和听取区委、区政府有关领导的情况汇报后指出，城区的扩容提质对全市的发展具有重要意义，鼓励城区要克服当前面临的困难和问题，进一步加强与市相关部门的协调配合，充分发挥重大项目的支撑拉动作用，为城区经济快速发展注入强大动力。

14日　区政协机关开展纪律教育学习月活动，并制订实施方案，先后召开学习动员会，学习讨论会、民主生活会、联系实际开展批评与自我批评，确保纪律教育工作思想到位，措施到位，取得实效。

15日 市人大常委会副主任吴友深率市依法治市有关人员到城区评估法治城区建设实施情况。市评估组在区领导罗光钊、陈镜炉、邝文泉等陪同下到区法院、区人社局进行了检查，并在区党政办公大楼7楼会议室召开座谈会，听取城区关于《法治城区建设实施方案（2011—2015）》中期评估工作情况汇报。

19日 汕尾市城区社会治安综合治理委员会更名为“汕尾市城区社会管理综合治理委员会”。

是日 由区委、区政府组织编写的村社干部普法教育读本《法治村社》印制出版。

20日 区委印发《关于在村级换届前加大基层组织建设力度的通知》。

22日 区委召开组织工作会议，学习贯彻中央、省、市组织工作会议精神，研究部署全区党的建设和组织工作。会议强调，要坚持科学的选人用人导向，凝心聚力，担当实干，进一步提高党的建设和组织工作科学化水平，为扩容提质、振兴发展提供坚强的组织保障。

23日 品清湖整治管理工作项目升级列入“省社会创新试点项目”。

9月

2日 江苏省无锡市崇安区政协考察团一行8人在副主席王鹤忠的带领下，到城区考察完善协商民主制度和工作机制的探索实践情况。区政协主席吴大集以及领导班子全体成员陪同考察团参观了市容市貌，并召开座谈会，共同就政治协商制度建设情况、政治协商探索实践情况、发挥政协委员主体作用的做法和成果、提高提案办理协商实效的做法和成果等政协工作开展交流，达成共识。

5日 区委办出台《汕尾市城区开展党的群众路线教育实践活动前期工作方案》，成立了以区委书记陈少荣为组长的领导小组，扎实做好实践活动各项前期工作。

11日 城区政府副区长、市公安局党委委员、城区公安分局局长陈少华在指挥中心主任李梓群的陪同下，到刑侦大队调研指导工作，并召开该大队全体民警座谈会。

13日 区人大常委会召开第21次主任会议，听取选联工委关于村（居）委换届选举工作的调研报告；讨论《听取和审议区政府组成部门负责人履职情况报告的实施方案》；讨论召开区七届人大常委会第十四次会议的时间及议程。

17日 区七届人大常委会举行第十四次会议，常务副主任陈镜炉主持会议。会议进行了四项议程：一是听取和审议区政府关于做好学校安全防范工作情况报告；二是听取和审议区政府关于环卫管理及环卫体制改革情况报告；三是听取和审议区检察院关于加强诉讼监督工作情况报告；四是讨论通过了区人大常委会关于听取和审议区政府组成部门负责人履职情况报告的决定。

19日至20日 城区公安分局派出55名警力，开展中秋安全保卫工作。

21日 区长刘闪星主持召开防御超强台风“天兔”紧急会议。

22日 区人大常委会副主任陈建新、罗辉南赴重庆市涪陵区参加全国十省（市）十二县（市、区）人大工作研讨会。

是日 17级（1319号）强台风“天兔”在汕尾沿海登陆，致使城区受灾49048户、人口218146人，29106人被安全转移到120个安置点。造成死亡9人，受伤259人（重伤2人）。多处房屋倒塌、树木折断倾倒、供电线路断落短路、道路交通受阻等灾害。经济损失达30.35亿元（直接经济损失约24.35亿元，间接经济损失约6亿元）。区委、区政府组织各地积极抗击台风“天兔”，迅速开展救灾复产工作。

23日 区委召开常委会（扩大）会议，通报城区强台风“天兔”受灾情况及布置善后工作。24日上午，区召开灾后核产工作会议，听取各地灾后工业、农业受灾情况，部署灾后复产问题。下午，区委、区政府组织5000多名干部群众开展市区道路清障，缓解了灾后群众出行难题。25日，区召开全区灾后复产工作会议。26日上午，区委、区政府举行抗“天兔”赈灾捐款活动，当天共募款149902.4元。下午，全区灾后复产工作会议召开。28日，区政府召开全区“全倒户”工作会议。

24日 区政协领导班子成员分为3个小组，带领政协机关干部职工实地察看企业遭“天兔”台风损坏情况。区政协主席吴大集、党组成员刘明光一行先后到汕尾营通水泥制品厂、展辉实业有限公司、捷胜镇新雅地毯公司、嘉伦国际贸易公司等委员企业，详细了解了企业受灾及灾后生产经营情况。据了解，新雅地毯公司、汕尾营通水泥制品厂、展辉实业有限公司在此次台风中损失较惨重，厂房、部分机器受损严重，鼓励企业增强信心，尽快走出困境，恢复灾后生产。区政协副主席邵银洲、郑前军先后走访了红海船舶服务有限公司、万聪实业有限公司、南湖渡假村及埔町养鸡场等，详细察看了灾情，南湖渡假村及埔町养鸡场的受损情况较严重，鼓励大家迅速行动，清理残垣，开展生产自救。区政协副主席黄义丞、卓孝义走访了美顿食品有限公司、万盛针织厂、快捷通导设备有限公司、德昌电子有限公司、岭峰印刷厂等企业，每到一处，都详细询问台风造成的损失情况，并鼓励企业尽快恢复生产，最大限度减少灾后损失。

28日　区政协主席吴大集、副主席郑前军前往凤山祖庙旅游景区察看受灾情况，区政协办、区旅游局、凤山祖庙旅游区管理处有关领导陪同。据介绍，旅游区遭受台风袭击直接损失620万元，其中创建AAAA级景区的一些配套设施也遭受损害，整个景区满目疮痍，损坏严重，区旅游局、凤山祖庙旅游区管理处和凤山祖庙理事会团结一致、积极组织生产自救。吴大集要求，旅游区管理部门以及全体干部职工，要发扬自力更生的精神，积极主动，组织力量，尽快消灭灾痕，力争在国庆节前恢复开放景区。同时，要将灾情及时形成材料上报省、市旅游管理部门，争取支持和帮助，不要中断创建AAAA级工作，早日完成创建AAAA级的工作任务。

30日　城区举办“救灾复产”银企座谈会，牵头市、区各家银行和受灾严重的中小企业对接，向他们提供重建复产信贷支持。城区委、区政协、区直相关单位、20家受灾严重的企业和市6家金融单位的领导参加座谈，区政协主席吴大集主持，市委常委、城区委书记陈少荣出席。城区民营企业代表黄光生、养殖户陈昌民介绍这次“天兔”超强台风受灾损失情况。市人行负责人要求各家商业银行，要派人到受灾企业做好上门服务，为企业解困排忧解难，共渡难关；要积极向上级行反映情况，争取落实灾后优惠贷款政策。市工行、农行、中行、建行和城区农信社的领导也作了表态：要竭尽全力，支持城区受灾企业开展灾后重建复产工作。

是月　新港街道中心小学被教育部关工委授予“全国优秀家长学校实验基地”称号。

是月　陈少荣对各家银行雪中送炭，支持城区企业复产表示感谢。并提出三点要求和希望：一是城区成立协调服务组，下设外经、内经、农业和渔业4个小组，对口分工服务企业。二是受灾企业要树立信心，克服困难，积极自救，争取早日复产，减少损失。三是希望各家金融单位在信贷上落实优惠政策，手续上能简则简,抵押能免则免,利息能低则低,只要政策许可，尽可能开绿灯。

10月

1日　区政府印发《关于汕尾市城区转变政府职能事项目录的通知》，这是城区第一批转变政府职能事项目录。

8日　区召开党政班子联席会议，对全区救灾复产工作进行再部署，要求各地要尽快复产保障群众利益。

9日　区人大常务副主任陈镜炉率人大机关有关人员到慈云山玉台山公园参加全区“南粤幸福活动周”启动仪式。

是日　区委、区政府在慈云山公园广场举行以“和谐、文化、健康、幸福”为主题的“南粤幸福活动周”启动仪式。市委副书记陈央宣布活动仪式启动。市委常委、区委书记、区人大常委会主任陈少荣及区几套领导班子成员，各镇（街道）干部职工、中学师生、青年志愿者等1500多人参加。

12日　城区公安分局转发省公安厅《转发公安部关于印发三项纪律的通知》，组织全体民警学习《转发公安部关于印发三项纪律的通知》和《公安部三项纪律》这两个文件。

16日　市委书记温国辉率团到马宫街道党代表联络工作室，开展“千名党代表走基层”接待党员群众活动。

18日　中共汕尾城区委常委、政法委书记卓江广在市局派出驻城区公安分局纪检组长，城区公安分局党委委员、纪委书记彭晓君的陪同下，先后深入城区公安分局新区派出所、新港派出所和新湖派出所调研指导工作。调研活动中，各派出所的负责人分别作了工作汇报。

19日　区委、区政府制定出台《关于创建广东省教育强区的决定》。

23日　区人大常委会召开第22次主任会议，听取区交通局关于全区交通公路建设情况报告，研究决定召开第十五次常委会会议有关事项。

24日　区委召开宣传思想工作会议，贯彻全国、省、市宣传思想工作会议精神，部署当前和今后一个时期的宣传思想工作。

29日　由区委、区政府主办，区委宣传部承办的汕尾市城区“道德讲堂”在市广播电视大学多媒体教室举行，中南财经政法大学古远清教授应邀作题为《加强道德建设，树立好城市形象》专题讲座。区几套班子领导成员，区直副科以上领导，中小学校长参加了活动。

是日　副区长、市局党委委员、城区公安分局党委书记、局长陈少华在城区公安分局七楼为全体党员民警讲授了题目是《以十八大精神为引领，做“忠诚、为民、务实、清廉”的公安卫士》的党课。

31日　区七届人大常委会召开第十五次会议，常务副主任陈镜炉主持会议。会议进行了三项议程：1. 听取和审议区政府关于2012年区级财政决算草案的报告；2. 听取和审议区政府关于2012年区级财政预算执行和其他财政收支的审计工作报告；3. 听取和审议区科技文体局局长郭乃坎、区住建局局长卓红钻、区外经贸局局长黎炳林、区民政局局长黄超履职报告。

是日　城区政协主席吴大集率领政协视察调研组一行16人，到城区公安分局专题视察调研平安城区建设工作。区委常委、政法委书记卓江广，副区长、城区公安分局局长陈少华，区政法委副书记张水武等领导以及城区公安分局领导班子成员陪同调研。

是月　新港街道中心小学被团中央、教育部、全国少工委授予“全国优秀少先队集体”称号。

11月

7日　城区公安分局印发了《关于组织开展取保候审突出问题专项督察第二轮集中督察有关事项的通知》。

是日　区公安分局刑警大队侦破一起发生在10月11日的强奸未成年少女案。

11日至20日　市委组织部、市人力资源和社会保障局将在市委党校举办汕尾市在职公务员全员培训。城区公安分局有250名（公务员）民警参加第一期至第十二期培训班。

15日　区几套班子领导和区直副科级以上部门负责人在城区分会场收听全省传达学习贯彻中共十八届三中全会精神电视电话会议。19日，区委召开理论中心组（扩大）学习会，传达学习中共十八届三中全会精神。会议要求，全区上下要认真学习贯彻好中央全会精神，以指导全区工作实践，更快更好地推进城区振兴发展、扩容提质。

19日　区委制定出台《汕尾市城区镇党代会年会制实施办法（试行）》。

22日　区政府召开落实“门前三包”动员大会，研究部署市区落实“门前三包”责任制工作。随后，发出《致汕尾市区市民的一封信》，呼吁全体市民立即行动起来，认真履行做好“门前三包”（包秩序良好、包环境卫生、包绿化管理）。

是日　区政协召开学习会议，传达学习中共十八届三中全会精神，吴大集就学习贯彻落实中共十八届三中全会精神，推进区政协各项工作进行安排部署。要把学习贯彻中共十八届三中全会“精神”摆上政协工作重要议事日程，作为当前和今后一个时期的重要政治任务，并结合工作实际，推进政协各项工作上新台阶。

29日　区人大常委会召开第23次主任（党组）会议，听取区政府关于红草马宫堤围海梧段加固工程建设情况汇报；听取区灾后复产重建工作情况汇报；研究补选市代表和任免事项；确定召开第十六次区人大常委会会议的时间议程。

12月

4日　区政府举行《汕尾市城区志（1988~2007）》首发式。

5日　区委、区政府召开村（社区）“两委”换届选举工作会议。会议决定，2014年5月底之前，高质量、高标准地推选农村“当家人”，选出素质优良、结构合理和群众认可的新一届村级组织班子。

9日　区人大常委会召开第十六次会议。会议议程：1. 补选市六届人大代表；2. 人事任免事项；3. 听取和审议区政府关于2013年区级财政预算调整草案的报告；4. 听取和审议区政府关于“十二五”规划实施情况的报告及关于调整2013年国民经济部分发展计划指标的报告；5. 听取和审议区政府关于办理区七届人大三次会议代表议案、建议、批评和意见的情况报告；6. 听取和审议区政府关于禁毒工作的情况报告；7. 其他事项。

10日　市委书记温国辉在魏友庄、李庆新等市领导的陪同下，到城区开展调研。下午，市委书记温国辉还出席指导城区党政领导班子专题民主生活会，推动教育实践活动深入开展。

12日　深圳市政协主席王穗明带领市政协主席班子、各专委会负责人、农业和渔业专家以及市政协委员代表，到汕尾市城区捷胜镇沙角尾村进行扶贫“双到”调研，市、区领导陈少荣、刘概、刘闪星、吴大集、何秀滔、邵银洲和捷胜镇、沙角尾村有关领导参加调研活动，深圳市政协主席班子与汕尾市、区、镇领导共同商议对口扶贫“双到”项目，表示扎实把帮扶工作做好。

20日　经政协第四届汕尾市城区委员会第九次常委会议审议通过，决定增补吴小臻、陈楚涛、黄一鹏、黄枝监、黄惠泉、许东震、邱海洲、林文俊、汤爱明、陈寤生、吴本立、王伟、江秀德等13人为政协第四届汕尾市城区委员会委员。因工作变动，谢楚林辞去政协汕尾市城区第四届委员会委员、常委职务。苏木荣辞去政协汕尾市城区第四届委员会委员职务。

是日　市委宣讲团到城区宣讲中共十八届三中全会精神，市委宣讲团成员黄亿丰作专题辅导报告。

23日下午　区人大常委会常务副主任陈镜炉、办公室主任黄思平参加市人大召开的主任座谈会。座谈会主题是2013年人大工作经验和贯彻中共十八届三中全会情况及2014年的工作计划。

24日上午　区人大组织驻区的市人大代表开展集中专题视察活动。视察内容关于城区公路建设及市区道路占道经营情况。

26日　城区委中共十八届三中全会精神宣讲团分赴各镇（街道）、区直有关单位开展宣讲活动。

31日　区政府召开全区第三次全国经济普查工作会议。

是月　城区被广东省城乡居保领导工作小组评为“广东省城乡居民社会养老保险示范县区”。

是年　全区生产总值104.62亿元，人均生产总值25471元，工业总产值210.2亿元，全社会固定资产投资总额35.08亿元，外经贸出口总值18770万美元，地方财政一般预算收入5.22亿元，城镇居民人均可支配收入20804元，农民人均纯收入11614元，社会消费零售总额74.16亿元。

汕尾市城区概况

SHAN WEI SHI CHENG QU GAI KUAN

建制沿革

汕尾市城区（简称城区）是1988年1月7日经国务院批准设立的县级区，同年3月29日，区委、区政府正式挂牌办公。城区是中共汕尾市委、汕尾市人民政府的所在地，汕尾市的政治、经济、文化中心。

1988年1月，国务院批准在海丰、陆丰两县区域设立汕尾市，从海丰县东南沿海析出汕尾、马宫、红草、东涌、捷胜、田墘、遮浪等7个镇设置城区。1989年2月，撤销汕尾镇建制，设置凤山、香洲、新港等3个街道。1992年12月省政府批准从城区析出田墘镇、遮浪镇，设立汕尾市红海湾经济开发试验区。此后城区辖马宫、红草、东涌、捷胜等4个镇和凤山、香洲、新港等3个街道。2002年马宫镇改为马宫街道，2005年正式挂牌。至2013年12月未变。

自然地理

【位置·范围·面积】 城区位于广东省东部，汕尾市的东南部，东北与海丰县赤坑镇接壤，东南与红海湾经济开发试验区相邻，西北和西沿黄江河南岸至长沙湾与海丰县联安镇、梅陇镇隔河相对，南濒南海的红海湾，北与海丰县陶河镇毗邻。地理坐标为北纬22°36′~22°54′，东经115°10′~115°29′。城区水陆交通方便，深汕高速公路和建设中的厦深铁路横穿全境，陆路西距广州317公里，距深圳200公里，往东距汕头208公里，水路至香港81海里，至澳门120海里。城区设置时区域面积为401.05平方公里，析出田墘镇、遮浪镇后为302.11平方公里。2013年，市区面积24平方公里，海岸线长98公里。区内的汕尾港处于粤东沿海中心位置。海域内有岛屿10多个、海湾2处、较大的海湖6处。

【地质】 城区范围的地质属中生代以来隆起的剥触构造区。地质大部分为海相沉积物。断裂构造发育，褶皱构造不发育。北东向有宝楼山断裂，其配套断裂有规模较小的东涌断裂，市区有一条自西北向东南的小型断裂，从境内西北角（石脚桶）附近伸向红海湾到新港地带。境内未曾有过大地震的记载，但有小震级地震，多数以震群形式出现。

【地貌】 城区属东南沿海丘陵半岛地形。山地占地面积较广，海拔200米以上的山峰13座，最高峰为东涌镇与海丰赤坑镇交界处的羊牯岭山峰，海拔527.6米；滨海平原狭窄。东西南三面多港湾和海湖，海域中岛屿众多。海湾有长沙湾、红海湾；海港有汕尾港、马宫港、捷胜港；海湖主要有品清湖、沙坑湖、东坑湖、双石湖、石狗湖等；岛屿主要有龟龄岛、江牡岛、屿仔岛、金屿、菜屿、礁石屿等。城区沿海湖连海，港接湾，岛屿错落，是典型的滨海地貌。

【河流】 城区境内无大江河注入，境内河溪多发源于小山区，源近流短，流域面积10平方公里的溪流共12条，经湾、港、湖等注入南海。

【气候水文】 2013年城区平均气温在22.8℃之间，较常年偏高0.3℃，年平均降雨量2588毫米，较常年偏多3成。开汛日为3月26日，比常年偏早14天。“龙舟水”属偏少年景，汛期降水季节分布不均。是年，共有8个热带气旋影响城区（6月中旬南海热带低压、1036号“温比亚”、1037号“苏力”、1308号“西马仑”、1309号“飞燕”、1311号“尤特”、1312号“潭美”、1319号“天兔”），带来特大暴雨降水过程。对城区造成影响。

是年，主要天气气候特点：

冬季冷空气影响频繁 1月至2月中旬，平均气温与常年相比偏低1℃左右，先后共受7次冷空气过程影响，以1月下旬前期的冷空气过程为最强。恰逢春节期间，强降温天气伴随小雨降水，天气特别湿冷。

11月至12月，受频繁南下的冷空气影响，出现持续大半月的阴雨天气，气温持续走低；12月底，受强冷空气影响，出现大范围的低温天气，中北部地区已达到寒潮标准（最低气温北部地区2.4℃，中南部地区3.7℃）。

潮湿多雾天气 2月中下旬开始，冷空气活动仍频繁，海洋暖湿气流也愈发强盛，冷空气影响过后，暖湿气流涌上，带来多雾潮湿天气，即“回南天”天气。“回南天”出现时，空气湿度大，地面和墙壁到处是湿漉漉的景象，且多大雾天气。2月21日~24日，部分地区能见度不足500米。据统计，随着城市和工业发展，近年来城区雾霾天数有逐渐增加趋势。

前汛期强对流天气频发 4月份开始，偏南暖湿气流逐渐占据主导地位，冷空气势力犹存，冷暖气流交汇，多发生剧烈的强对流天气。4月份和5月份共发生9次强降水过程，伴随短时雷雨大风、强雷暴等强对流天气，对公众生活产生诸多不利影响。是年，城区发布4次最高级别的红色预警信号。

热带气旋影响偏重 2013年共有8个台风影响城区，其中1308号强热带风暴“西马仑”、1309号台风“飞燕”和1311号台风“尤特”带来了强降雨天气过程。特别是9月22日受超强热带风暴“天兔”影响(最大风力17级)，城区出现一次特大暴雨降水过程，且受灾严重。

盛夏高温天气突显 6~9月，受副热带高压和台风外围下沉气流的影响，出现多晴热高温天气。8月2日，城区极端最高气温35.5℃。

夏秋连旱 6月份开始，降水呈现偏少态势，尤其是8~9月份，各地降雨偏少达6~9成，气候干燥，土壤墒情较差，农业用水日趋紧张。

自然资源

【土地资源】 2013年，全区土地面积仍为302.11平方公里，耕地面积保有量为2972.2公顷，比建区初期减少1475.2公顷。城区属东南沿海半岛地形，是隆起的剥蚀构造地区，地质大部分为海相沉积物，土壤主要为洪积冲积土属和赤红砂土，适宜水、旱耕作，适种范围广。

【海洋资源】 城区面临南海，海岸线长98公里，海域面积3.5万平方公里，其中渔场近2万平方公里，主要是尖担渔场、盖苏文渔场、外脚渔场和内脚渔场。沿海多湖港海湾和岛屿及滩涂，海湖主要有品清湖、东坑湖、石狗湖；海港有汕尾港、马宫港、捷胜港；海湾有长沙湾、红海湾；海岛主要有龟龄岛、江牡岛、菜屿岛、金屿岛、石澳岛。海滩涂面积2446.7公顷，是养殖开发的优良场所。

海产品有10类85科860多种。鱼类主要有蓝园鲹、金色沙丁、鲐鱼、带鱼、银鲳、灰旗鱼、海鳗、大黄鱼、小黄鱼、断斑石鲈、海鸟、马鲛、勒鱼、鲥鱼、海鲶、石斑等。虾类有长额仿对虾、鹰爪虾、中华管鞭虾、墨吉对虾、长毛对虾、宽勾对虾、龙虾等。藻类有紫菜、江蓠、石花菜和海人草等。贝壳有鲍鱼、海胆、青蛤、牡蛎（蚝）等。沿海海水含盐浓度年平均32.7‰，是广东生产海盐的基地之一。海洋波浪是可开发的能源资源。

【旅游资源】 城区旅游资源十分丰富，得天独厚，素有“粤东旅游黄金海岸”之称。主要有“三山一湖”（鼎盖山、凤山、屿仔山、品清湖）景区和“二湾”（红海湾、金町湾）旅游区、捷胜得道庵旅游区、龟龄岛旅游区等。区内的凤山祖庙旅游区为国家“AAA”级旅游景区，品清湖面积为23平方公里，是天然滨海潟湖。

【其他资源】 *矿产* 城区境内探明的矿产有锡、钨、铜、锆镆石、硫铁矿、玻璃砂等。锡矿分布于金町村、东涌村、芦列坑村、大华半岛和西洋村等地；钨矿分布于芳荣山和新地村等地；铜矿分布于石厝村；锆碛沙分布于捷胜镇等地；硫铁矿分布于马宫镇牛尾山；玻璃砂分布市区、捷胜镇海滩。境内有或露或藏的大量花岗岩。

金町、东涌、芦列坑等地的锡矿均属C2级储量，计有锡金属储量2590.3吨，锡的品位均在1%~1.5%之间，条数多且集中。

沿海岸线的风力资源是可供风力发电的再生能源。

水 2013年，区域内建有中型水库1座，小（一）型水库12座，小（二）型水库44座，山塘32座，总蓄水量6521.9万立方米。区域内年平均降雨量1917.2毫米，地下水源丰富。此外，还有公平水库、赤沙水库的灌渠贯穿境内。市区建有新地自来水供水厂，日供水5.4万立方米。全区水资源（含地下水）总量3.67亿立方米。

生物 粮食作物主要有水稻、番薯。经济作物中，蔬果类有蔬菜、花生、大豆、芝麻、南药、甘蔗、荔枝、龙眼、黄皮、柑、橘、橙、香蕉、青梅、油柑、杨桃、梨、芒果、李仔、桃、枇杷及花卉等。木本植物有枱、松、红椎木、稠木、荷木、木麻黄、台湾相思树、梓、柳、苦楝、油桐、橡树等。家养动物有鸡、鸭、鹅、牛、羊、狗、兔、猫等。陆生野生动物有数量较少的穿山甲、白鹤、苏门羚、猴鹰、蟒蛇、山猪、豺狗、鸢苍鹰、雀鹰、松雀鹰、鹫、响尾

鹞、游隼、鸦鹃、草鹗、鹧鸪、斑鸠、夜游鹤、海鹅、岸鹅、山鸡、水鸭、银蛇、广蛇、索蛇、大壁虎、青蛙等。

环境质量

【空气环境】 SO_2、NO_2、PM_{10}和降尘 2013年市区环境空气质量继续保持优良水平。空气中二氧化硫(SO_2)、二氧化氮（NO_2）年日均值分别为0.010毫克/立方米、0.01毫克/立方米，可吸入颗粒物（PM_{10}）年日均值为0.046毫克/立方米。与2012年相比，SO_2上升25%、NO_2下降25%、PM_{10}下降2.1%。以上三项指标均达到国家规定的《环境空气质量标准》（GB3096-1996）二级标准，并且SO_2、NO_2二项污染物年日均值均优于国家一级标准；降尘月均值为4.57吨/平方公里·月，达到省推荐标准（8吨/平方公里·月），与2012年5.31吨/平方公里·月相比下降5.4%。全年API平均值为46，小于或等于50的天数为223天，占61.10%；API大于50小于或等于100的天数为142天，占38.80%。

SO_2、NO_2、PM_{10}和降尘四项指标污染综合指数为1.34，较2012年（1.40）下降4.3%，4项指标污染负荷分别为12.7%、10.5%、34%和42.5%。

城市降雨 2013年，市区实测降雨总量1917.2毫米。全年降水pH值范围为6.05~7.41，pH值年均值为6.75，电导率均值为23.0微西/厘米，SO_4^{2-}均值为1.293毫克/升，NO_3-N均值为0.362毫克/升。没有出现酸雨。

【声环境】 市区声环境噪声平均等效声级质量保持较好水平；道路交通噪声平均等效声级为60.3分贝，与2012年相比下降了1.2分贝（首次开展监测）。

区域环境噪声：2013年汕尾市区昼间区域环境噪声平均等效声级为56.2 分贝；夜间为46.7分贝（首次开展监测）达到国家规定标准，昼间与2012年相比上升了0.3分贝。

功能区噪声：2013年汕尾市区功能区噪声全年监测四次（每季度监测1次）：5个监测点分别为1类区（居民文教区）、2类区（混杂区）、3类区（工业区）、4类区（交通干线两侧），2013年4个季度监测结果除第一季度1类区夜间略超1.4分贝；其余超标值出现在交通干线两侧，4类区监测点2夜间超标4.4分贝；第二季度4类区监测点1夜间超标1.1分贝；4类区监测点2夜间超标4.1分贝；第三季度4类区监测点2夜间超标3.8分贝；第四季度4类区监测点2夜间超标0.6分贝，其余监测结果均达到功能区噪声标准。

【饮用水环境】 2013年度监测结果表明汕尾市水环境质量水质达标率为100%。

城市集中式饮用水源地主要是赤沙水库（2个监测点每月监测1次），其次是琉璃径水库、赤岭水库在出水口各设1个监测点（1月、4月各监测1次，5月份开始每月监测1次），每次监测67项，其中6月全分析监测114项。同时作为汕尾市乡镇集中式饮用水源地、汕尾市湖泊水库类别进行监测。2013年监测结果表明所监测全部项目均符合国家《地表水环境质量标准》（GB3838-2002）Ⅲ类标准，水质状况优良。

人口·民族·语言

【人口】 2013年，城区总户数79416户，户籍人口395465人，其中农业人口153660人，渔业人口45567人，非农业196238人。是年出生8604人，死亡704人。

【民族】 城区有多民族散杂居住。2013年，户籍人口除汉族外，还有23个少数民族，人口共486人，占全区总人口的0.12%，其中居住城市的269人，居住农村的217人。分别是壮族244人、苗族66人、土家族33人、侗族32人、彝族21人、瑶族20人、蒙古族12人、土族11人、回族10人、布依族6人、满族6人、朝鲜族5人、毛南族4人、黎族3人、畲族2人、维吾尔族2人、仡佬族2人、白族2人、锡伯族1人、佤族1人、水族1人、羌族1人、傣族1人。另有流动少数民族人口约200人。

【语言】 全区使用的语言有福佬语（属闽南方言）、粤语、潮汕语、客家语、普通话，以福佬语为主。

（郑和悦）

行政区划

【概况】 城区区域面积302.11平方公里。2013年，辖凤山、新港、香洲、马宫4个街道，红草、东涌、捷胜3个镇，共7个乡镇级政区。其中，市区内3个街道的陆地面积51.13平方公里，海岸线长41.4公里。全区35个社区居委会，59个行政村。人民政府驻地市区香城路中段。区号0660，邮政编码516600。

（城区民政局）

2013年汕尾市城区行政区划简表

表2

街道（镇）	面积（平方公里）	行政村、社区数（个）	行政村、社区（委）名称	村（居）民小组数（个）
凤山街道		社区11 行政村3	联兴社区居委会	19
			文亭社区居委会	6
			凤照社区居委会	19
			安美社区居委会	7
			凤翔社区居委会	4
			凤苑社区居委会	6
			滨海社区居委会	6
			盐町头社区居委会	3
			奎山社区居委会	2
			香洲社区居委会	4
			新林社区居委会	2
			小岛村委会	2
			芦列坑村委会	2
			革新村委会	3
香洲街道		社区 12 行政村 2	东兴社区居委会	3
			后径社区居委会	无设居民小组
			城西社区居委会	2
			新兴社区居委会	3
			中区社区居委会	无设居民小组
			园林社区居委会	无设居民小组
			新瑶社区居委会	2
			新区社区居委会	无设居民小组
			城南社区居委会	无设居民小组
			新城社区居委会	无设居民小组
			西兴社区居委会	1
			兴祥社区居委会	无设居民小组
			梧桐村委会	无设居民小组
			西洋村委会	无设居民小组

续表 2

街道（镇）	面积（平方公里）	行政村、社区数（个）	行政村、社区（委）名称	村（居）民小组数（个）
新港街道		社区 5 行政村 5	海滨社区居委会	5
			金海社区居委会	6
			新园社区居委会	5
			海港社区居委会	5
			立新社区居委会	5
			红卫村委会	12
			芳荣村委会	7
			新港村委会	6
			东风村委会	7
			前进村委会	5
马宫街道	22.63	社区 1 行政村 6	马宫社区居委会	6
			长沙村委会	3
			新北村委会	2
			金町村委会	12
			浪清村委会	2
			盐町村委会	2
			深渔村委会	3
红草镇	69.73	社区 1 行政村 14	红草社区居委会	6
			梧围村委会	15
			海梧村委会	7
			径口村委会	4
			拾和村委会	7
			青山村委会	4
			光明村委会	2
			五雅村委会	4
			埔边村委会	6
			三和村委会	2
			西河村委会	4
			南汾村委会	8
			新村村委会	3
			晨洲村委会	6
			亚洲村委会	1

续表 2

街道（镇）	面积（平方公里）	行政村、社区数（个）	行政村、社区（委）名称	村（居）民小组数（个）
捷胜镇	49.48	社区 4 行政村 14	东门社区居委会	9
			西门社区居委会	6
			南门社区居委会	7
			北门社区居委会	8
			联星村委会	11
			联安村委会	13
			大流村委会	20
			埔尾村委会	4
			前进村委会	9
			东坑村委会	16
			沙坑村委会	5
			牛肚村委会	3
			石岗村委会	8
			石头村委会	6
			南门外村委会	7
			五爱村委会	9
			沙角尾村委会	3
			军船头村委会	9
东涌镇	103.58	社区 1 行政村 15	东涌社区居委会	无设居民小组
			东涌村委会	8
			品清村委会	6
			新地村委会	7
			新湖村委会	9
			东石村委会	3
			赤古村委会	9
			洪流村委会	8
			石洲村委会	6
			宝楼村委会	7
			新安村委会	9
			新民村委会	3
			民群村委会	9
			民进村委会	8
			龙溪村委会	6
			安华村委会	7

汕尾市城区年鉴 2014

SHANWEISHI
CHENGQU
YEARBOOK

政治

ZHENG ZHI

中共汕尾市城区委员会

城区委领导成员名单

书　记：陈少荣
副书记：刘闪星
　　　　罗光钊
常　委：陈少荣
　　　　刘闪星
　　　　罗光钊
　　　　余汉生
　　　　卢学军
　　　　刘元海
　　　　张淑娟
　　　　许昌林
　　　　卓江广
　　　　曾向镇
　　　　周宏森

机构设置

【概况】 区委机构设置纪律检查委员会机关（区监察局与其合署办公）、办公室、组织部（与直属机关委员会合署办公）、宣传部（挂区精神文明建设委员会办公室牌子）、统一战线工作部（与区委台湾工作办公室与其合署办公）、政法委员会（区维护稳定及社会治安综合治理委员会办公室）、区机构编制委员会办公室（既是区委的工作部门，又是区政府的工作机构）7个工作部门。

区委辖5个党组：区人大、区政府、区政协、区检察院、区法院。

区委下辖9个基层党（工）委：东涌镇、红草镇、捷胜镇、马宫街道、凤山街道、香洲街道、新港街道、区直属机关、逸挥基金医院党委。

区委办公室内设秘书股、综合股、督办股、信息股、政策研究室、机要局、区委保密委员会办公室（区国家保密局）。属下设立信息管理中心、区党政总值班室。区委党史研究室挂靠区委办公室。

重要会议

【区委七届三次全会】 2014年1月25日，区委召开七届三次全会。会议的主要内容是：认真贯彻落实中共十八届三中全会、习近平总书记系列重要讲话、省委及市委全会精神，总结2013年工作，部署2014年工作，动员全区上下共同努力，强化“三种意识”，当好“三个角色”（即：强化大局意识，当好新区建设的发动机；强化责任意识，当好项目建设的推土机；强化底线意识，当好社会稳定的稳压器），全力推进城区扩容提质、振兴发展。市委常委、区委书记陈少荣代表区委常委会作工作报告，区委副书记、区长刘闪星作经济工作讲话。会上表决通过了增补温国辉、乔平（女）、杨志明3位为市第六次党代表大会代表。

全会要求，全力推进城区扩容提质、振兴发展，必须突出抓手，全面落实新区规划建设。关键要牢牢把握以扩容提质为抓手，更好更快融入新区。要做好规划对接，加快推进起步区建设，突出抓好项目建设。要以交通基础设施建设为抓手，构建内外连接顺畅交通网络。要加快对外交通高速化，加快与周边地区连接，加快对市区交通路段改扩建，要以工业园区建设为抓手，加快产业集聚发展。要加快推进红草工业园区建设，抓好园区招商；必须守住底线，走可持续发展道路。要坚持稳定压倒一切，牢牢守住生态“红线”。必须强化城市管理，全面提升城市形象。要提升城市规划管理水平，要突出抓好环境综合整治，要强化市民城市意识。必须坚持问题导向，解决制约城区发展的突出问题。要创新管理体制，优化政务服务环境，进一步改善营商环境，创新融资平台；必须加强党的建设，为扩容提质、振兴发展提供坚强组织保障。要全面开展群众路线教育实践活动，深入开展“敢担当”和送法下乡活动，全面推进村（社区）“两委”换届选举工作，加强队伍作风建设。

全会强调，抓好新一年工作的落实，既要有奋发有为、担当实干的斗志和作风，更要找准城区定位，紧紧围绕服务好汕尾发展大局，依靠市委、市政府的坚强领导，进一步强化“三种意识”，当好“三个角色”，加快城区扩容提质、振兴发展。

【领导干部大会】 2013年4月1日，区委、区政府召开全区领导干部大会。区四套班子领导班子成员，区纪委副书记，区直各单位副科级以上干部，各镇（街道）党政领导班子成员，各村（社区）支部书记、居委会主任共400多人参加会议。会议要求，各级党政和广大党员干部要深入贯彻全市领导干部大会精神，认真整顿机关作风，担当实干，狠抓2013年各项工作的落实。要坚定以发展海岸经济推进扩容提质，加快融入珠三角；要坚定以维护稳定创造良好环境；要坚定以整顿作风提升执行力。

【常委（扩大）会议】 7月12日，区委召开常委（扩大）会议，听取关于红草工业园区和重点工作进展情况汇报，研究通过了《汕尾市城区2013年普通高考奖励方案》《2012年度汕尾市城区镇（街道）经济社会发展目标考核结果》《汕尾市城区2013年秋季基础教育职业教育招生工作意见》等。

9月23日，区委召开常委（扩大）会议，通报城区强台风“天兔”受灾情况及布置善后工作。

【党政联席会议】 2013年1月31日，区召开党政联席会议，要求各地各部门把贯彻落实“八项规定”与做好春节期间有关工作结合起来，深入基层、深入群众，为群众排忧解难；要弘扬艰苦奋斗、勤俭节约作风，本着简约、俭朴原则安排节日期间各种活动。

10月8日，区召开党政班子联席会议，听取有关领导关于救灾复产工作的情况汇报。对全区救灾复产工作进行再部署，要求各地各单位要进一步做好救灾复产工作，尽快抚平灾痕。

【区委理论学习中心组学习会】 2月25日，区委理论学习中心组召开学习会，学习贯彻省、市“两会”以及市委书记郑雁雄在参加市六届人大三次会议城区代表团讨论时的讲话精神，研究部署贯彻意见：一是领会精神实质，进一步坚定扩容提质的决心和信心；二是以“从容建设，稳健发展”的理念，大胆谋划扩容提质工作；三是发扬担当实干精神，切实负起责任，确保各项工作落到实处。

4月19日，区委召开理论学习中心组（扩大）学习会，专题学习贯彻市委郑雁雄书记4月18日到城区调研时的讲话精神，强调要解放思想，增强担当意识；要全力以赴，齐心协力讲发展，要强力推进扩容提质，推动产业发展，加快重点项目建设，大力维护稳定。要自加压力，咬紧牙关讲实干，通过深入开展“敢担当”和作风整顿活动，进一步增强干部的担当意识和执行力。

5月24日，区委理论学习中心组举办“社会主义核心价值观的培育与践行”专题报告会，邀请市关工委副主任、教育专家黄沧海作专题报告。

7月18日，区委召开理论学习中心组学习会，学习贯彻中央、省委和市委关于开展党的群众路线教育实践活动有关会议精神，研究部署相关工作，为2014年初全区开展党的群众路线教育实践活动打好基础。

11月19日，区委召开理论中心组（扩大）学习会，传达学习贯彻中共十八届三中全会精神。会议要求，深刻领会全会精神实质，把思想和行动统一到中央全会精神上来，要精心组织学习贯彻，迅速掀起热潮。要联系实际，抓好当前各项工作，以指导全区工作实践，更快更好地推进城区振兴发展、扩容提质。

12月20日，市委宣讲团到城区宣讲中共十八届三中全会精神，市委宣讲团成员黄亿丰作专题辅导报告。

重要决策和活动

【十八届三中全会精神学习贯彻】 2013年，区委把学习贯彻十八届三中全会精神作为首要政治任务，专门发出通知，要求深入学习贯彻十八届三中全会精神，迅速兴起学习热潮。区委理论学习中心组带头学习贯彻，邀请市委宣讲团到城区宣讲，组建区委宣讲团到各镇（街道）和区直有关单位宣讲，组织开办学习贯彻十八届三中全会培训班，出版开设全会宣传专栏，营造浓厚舆论氛围。紧密联系实际抓好各个层面的理论学习，把学习贯彻十八届三中全会精神引向深入。

【创新城市管理工作】 2013年，区委、区政府以创建省卫生城市和文明城市为契机，大力整治“脏、乱、差”现象，加强城市建设管理，城市宜居环境逐步改善。正式移交市区环卫作业给广州市开物物业管理有限公司负责，发布实施《市区“门前三包”管理办法》，市区环境卫生有所改善。扎实推进市政道路修建。大力整治乱搭、乱建、乱占行为。创新品清湖整治和管理办法，品清湖整治管理工作项目升级列入“省社会创新试点项目”。

【“两委”干部中开展普法教育】 2月4日，为进一步提高村（社区）管理科学化、法治化水平，增强村（社区）“两委”干部法制观念和依法办事、推动发展、化解矛盾、维护稳定的能力，区委、区政府制定出台《关于在全区村（社区）“两委”干部中开展普法教育的实施意见》，内容包括：指导思想、目标要求、活动内容、方法步骤、组织措施五部分。

【机构编制管理】 4月18日，区委、区政府就进一步加强机构编制管理，严格控制机构编制，切实维护机构编制法律法规的严肃性和权威性，确立机构编制源头地位，制定出台《关于加强机构编制管理严格控制机构编制的若干意见》，主要内容：充分认识加强机构编制管理的重要意义；坚持机构编制集中统一管理；严禁“条条干预”；规范职能管理；加强和规范机构管理；创新和完善编制管理；建立健全部门间协调配合机制；严格编制（职数）使用制度；加大机构编制监督检查力度。

【加大基层组织建设力度】 8月20日，为进一步加强村级基层组织建设，为2014年换届选举工作打好基础，区委印发《关于在村级换届前加大基层组织建设力度的通知》，主要内容包括加大村级班子建设力度、加大普法教育力度、加大村账镇代理和审计工作力度、加大村（居）务公开力度、加大基层维稳工作力度五方面。

【教育强区创建】 10月19日，区委、区政府为深入实施科教兴区和人才强区战略，加快城区教育现代化建设，全面提高教育综合实力，为城区经济社会科学发展、加快发展提供强有力的人才支撑和智力支持，把城区打造成全市教育中心，制定出台《关于创建广东省教育强区的决定》，主要内容包括战略意义、指导思想和工作目标、主要任务、保障措施。

【镇党代会年会制】 为贯彻落实中共十八大提出的“落实和完善党的代表大会代表任期制，试行乡镇党代会年会制”要求，11月19日，区委根据《中国共产党章程》《中国共产党全国代表大会和地方各级代表大会代表任期制暂行条例》和党内有关规定，结合城区实际，制定出台《汕尾市城区镇党代会年会制实施办法（试行）》，主要内容包括指导思想、主要职责、召开原则、会议程序、提案工作、表决方式、决议实施、保障措施。

（李映慧）

附　区委办领导名单

主　任：许昌林

副主任：王海寅

林惠雄

黄汉家

党史工作

【概况】 2013年，区委党史研究室在区委的正确领导和上级党史部门的指导下，落实科学发展观，坚持把以史为鉴、资政育人作为根本任务，围绕中心，服务大局，齐心协力，真抓实干，努力推进党史研究、资料征编、党史宣传和党史队伍建设工作，为推进城区扩容提质、振兴发展提供智力支持。

【深化地方党史研究和征编】 搜集整理城区重要党史人物、著名英烈及文献、档案资料，为有关部门提供资讯参考，并开展研究工作。

【党史教育宣传】 为新闻媒体等宣传部门提供有关党史宣传资料，进一步加大党史宣传工作和党史知识普及力度。

【2013年城区党史大事记】 按照真实、可靠、准确和摘其大事、疏而不漏、要而不繁的要求，完成了2013年区党史大事记。

【城区申报参照中央苏区政策待遇】 在多年挖掘、积累城区党史资料的基础上，又进行了认真的专题调研与增补完善，到海丰县查阅原始档案、文献、报刊资料，多方寻访历史当事人，对城区历史进行深入、细致、翔实的研究考证，为城区申报参照中央苏区政策待遇做好充分的材料准备。

（李映慧）

政策研究

2013年，区委政研室在区委的正确领导下，落实科学发展观，围绕区委的中心工作和全区的工作大局，根据城区发展中碰到的新情况、新问题和群众普遍关心、关注的社会热点难点问题，深入开展调查研究，形成一批较有价值、有影响的调研成果，为区委、区政府提供决策咨询和参考。2013年，重点完成：关于党的群众路线实践与思考、关于加强和改进城市管理工作、关于城区发展海岸经济情况、关于城区发展民营经济情况、关于城区强化党对全面深化改革领导的实践与思考、关于城区教育工作情况、关于统筹城乡发展一体化发展、关于加快城区扩容提质、关于创新品清湖管理方式等课题的调研。参与区委重要文件、文稿、领导讲话和会议材料的起草工作；圆满完成省、市委政研室和上级部门交办的各项工作任务。

（谢维拉）

保密工作

【加强保密领导】 区委及时调整区委保密委成员，区委副书记罗光钊兼任区委保密委主任。各地、各单位也相应调整充实保密组织机构，明确一名领导亲抓，落实有关人员负责日常管理工作，切实加强对保密工作的领导。

【保密工作会议】 2013年4月17日，区委保密委召开保密工作会议，传达省、市保密工作会议的精神，总结2012年的保密工作并部署2013年保密工作。区委副书记、区委保密委主任罗光钊出席会议并作了重要讲话。区政府副区长、区委保密委副主任郑新钦主持会议。会议还审议通过《城区委保密工作要点》。

【保密教育】 城区各地、各单位认真开展保密教育。一是做好《保密工作》杂志和有关保密法律法规的征订工作。以“学刊用刊”活动为载体，将保密知识纳入理论学习内容之中，强化干部职工的保密意识。二是开展保密培训教育。对全区保密干部进行保密工作岗位业务培训。三是开展保密责任教育。针对各类考试，保密部门与各考试主管部门密切配合，通过学习培训、签订《保密责任书》，对运送、交接、保管、领发等环节的保密工作人员进行保密责任教育。四是认真开展保密法纪宣传教育。各地、各单位结合纪律教育学习月开展保密法纪宣传教育活动，通过多种形式加强对干部职工的保密教育，取得较好的宣传教育效果。

【保密管理】 一是做好定密情况统计分析工作。二是做好涉密考试的保密管理。参与高考、中考、成考、自学考等考试保密管理工作，确保各类考试的顺利进行和国家秘密的安全。三是做好计算机保密管理。对城区的涉密计算机开展不定期检查，要求安装防插错端口。加强了内部局域网的管理，防止涉密信息上网。认真做好区直机关单位互联网接入情况统计工作。对涉密计算机信息实行专机使用、专人管理、专人负责制度，并实行责任追究制。四是做好重要会议的服务工作。五是对全区保密组织和专兼职保密员注册登记，实行备案管理。

【保密工作督查】 为消除泄密隐患，提高保密防范能力，保密部门积极发挥职能部门作用，加强保密督查工作。一是开展高考、中考保密监管工作。全区高考、中考顺利进行，实现万无一失。二是做好专项保密检查工作。区保密局及时成立检查小组对城区公安分局出入境管理大队进行专项保密检查，针对存在问题，督促落实整改措施。三是做好网络清理检查工作。区保密局成立清理小组，抽查了9个区直单位10台涉密计算机和20多台非涉密计算机，检查了8个单位网站及文件管理等情况，均未发现失、涉密事件。四是做好“回头看检查”工作。针对一些单位存在问题整改情况，区保密局组织“回头看”检查，确保整改落实到位。

（廖海娜）

附　城区国家保密局领导名单

局　长：廖海娜

组织工作

【概况】 区委组织部是区委主管组织和干部工作的职能部门。内设秘书股、组织股、干部股、干部监督股、调研室、党代表联络工作室、人才工作股和电教中心。2013年，城区组织工作坚持以邓小平理论、“三个代表”重要思想和科学发展观为指导，认真学习贯彻中共十八大、十八届三中全会精神，下大力气抓好基层组织、党员干部队伍和组织部门自身建设。是年，区委组织部被中组部授予“干部人事档案一级达标单位”。年底，全区有党员10549人，其中：35岁以下的青年党员3201名，占党员总数的30.34%；女党员2727人，占党员总数的25.85%。设有3个镇党委和1个逸挥基金医院党委，4个街道工委和1个区直工委，党的基层组织413个，其中：基层党委4个，党总支13个，党支部397个。全区有公务员712人，其中区直机关公务员634人，女公务员174人。

【党的基层组织建设】 *基层党建工作*　一是村级基层组织建设得到加强。印发《汕尾市城区贯彻<广东省加强村级基层组织建设五年行动计划>实施意见》，进一步规范基层组织运作，提高基层组织运转水平；印发《关于做好2013年后进村和问题突出村整顿工作的通知》，协调做好8个后进村和1个问题突出村的整顿转化工作，9个后进村（问题突出村）的问题得到了较好的解决；印发《关于调整区领导和区直单位挂驻联系帮扶镇（街道）、村（社区）的通知》，改变以前多头挂驻、分散帮扶的现象，进一步整合资源，加大对镇（街道）、村（社区）的指导帮扶力度，合力推动基层发展；开展村级“两委”干部待遇问题专题调研，形成调研报告，并提出意见建议，为区委提供决策参考；组织开展农村基层组织工作经费保障落实情况自查，通过了市委组织部的专项检查，同时，协助财政部门落实上级下拨农村基层组织工作经费；核准申报3名村（社区）“两委”正职享受省政府奖励津贴人员情况；完成2013年大学生村官的招录工作，有18名考生分配进入各个村（社区）任职；组织上报村（社区）办公楼和党员电化教育设备受风灾、雨灾损毁情况，积极争取上级帮助。二是“书记项目”工作有效推进。在去年的基础上，通过以书记抓项目带动全区党建工作整体水平推进。是年，全区共上报书记项目14个，其中区级项目3个，镇级及区直机关项目11个。一年来，各个项目推进有序、有效。三是机关、国有企事业单位党建工作进一步落实。加强基层党建力量的统筹整合，落实《关于进一步加强机关企事业单位党建工作的意见》，充分发挥机关工委、群团组织的作用，着力构建上下联动、条块结合、整体推进的机关企事业党建新格局。四是基层服务型党组织建设更加强化。在巩固创先争优活动成果的基础上，创新载体，丰富内容，推行群众事务党员代办制、党员和党代表志愿服务等，涌现了新港街道红卫村党支部、德昌电子有限公司党支部、逸挥基金医院党委等服务型党组织，红卫村党支部还在全市纪念建党92周年座谈会上作经验介绍。

村级基层组织换届选举准备工作　2013年，着眼于明年村级组织换届选举，坚持抓早抓主动，提前谋划各项工作。一是抓调研摸底。从8月~11月，联合区人大、区民政等相关职能部门先后两次到各镇（街道）开展调研，对各村（社区）换届选举的情况进行了全面摸底调查，并对全区94个村（社区）的情况进行分析研判、分类排队，初步列出“好”的村（社区）46个、“一般”的村（社区）29个、“重难点”村（社区）19个，同时，按照一村一策的要求，形成《2014年汕尾市城区村（社区）换届选情一览表》，为明年村级换届选举打好基础。二是抓班子调整。指导各镇（街道）及时对相关村（社区）班子进行调整，可以劝退的劝退，该充实的充实，要交流的交流。是年共调整充实村（社区）“两委”干部28名。三是抓组织协调。发挥牵头抓总作用，先后制定发出《关于在村级换届前加大基层组织建设力度的通知》《关于规范村级组织换届前和换届期间党员组织关系接转工作的通知》，组织召开全区农村基层组织建设工作座谈会、全区村（社区）“两委”换届选举工作会议，

促使村务审计、“三务”公开、民主评议、基层维稳等相关工作全面铺开，并正式启动村级“两委”换届办公室的日常工作。

普法教育活动 组织实施区委、区政府《关于在全区村（社区）“两委”干部中开展普法教育的实施意见》，把普法教育作为“敢担当”活动第二年的主要内容，围绕打造“三型”村级组织（守法型、为民型、担当型），开展“四查”活动（查自身法律知识的掌握情况好不好、查日常工作中有没有按章办事、查“三务”公开是否及时透明、查工作中是否存在违规违法行为），落实“六个一”活动（上一堂法制课、开展一次“送法下乡”活动、编写一套法制教育资料、举办一期法律知识培训班、每周发送一条普法短信、每月开展一次检查督促），取得良好成效。全年，全区共召开各类学习讨论会160多场次，其中“送法下乡”讲座16场次，共3000多名干部群众参加；有89名镇级班子成员到挂驻村（社区）为“两委”干部、村（居）民小组长和群众代表上课共170多场次；发出普法短信30000余条；出版活动专题简报26期；继去年编发《村社政语》之后，是年，又组织编写了村（社区）干部普法教育读本《法治村社》；查找存在问题169个，制定整改措施260多条。通过活动，使全区村（社区）“两委”干部法制观念和依法办事能力普遍增强，一些土地和财务管理混乱、违规操作的问题得到有效整改，村（社区）各种事务管理规范化、法制化。同时，村（社区）“两委”干部干事创业的热情得到激发，全区94个村（社区）共为民办好事实事215件，投入资金3700多万元，其中捷胜镇18个村（社区）投入资金900多万元，为民办好事实事70件，为群众解决了一大批“发展难”“行路难”“休闲难”等问题，得到群众的好评。中国基层党建网、《广东组工信息》等国家、省级报刊网站均作了报道。

“两新”组织党建工作 按照省、市委组织部的有关要求和部署，成立区“两新”组织党工委，并印发区“两新”党工委工作和委员单位工作制度，明确委员单位的职能分工，形成区委统一领导、组织部门牵头抓总、“两新”党工委直接指导、各镇（街道）和行业职能部门齐抓共管的全区“两新”组织党建工作机制。在2012年开展“两新”组织党组织“百日攻坚行动”的基础上，到市、区工商部门调取了市区范围内各类非公企业的有关信息，并在区统战、经信、外经贸、建设、工商联等相关单位的配合下，对上述非公企业进行了初步筛选，挑选出人数较多、规模较大、经营较为正常的部分非公企业作为重点摸查组建对象，按照线条管理和属地管理相结合的原则，将任务分解到各镇（街道）和相关职能部门，分类、分头进行摸查和组建。截至年底，共摸查非公企业854家，排查发现“口袋党员”52名，新组建“两新”组织党组织14家。同时，把开展“两新”组织党建工作示范点创建作为加强全区“两新”组织党建工作的重要抓手，制定了全区“两新”组织党建工作示范点创建活动方案，安排区“两新”党工委委员单位挂驻联系10个“两新”组织党组织，按照“五个好”“五个一”的目标要求落实工作责任，倾斜工作资源，集中力量抓好示范点创建，通过发挥示范点典型引路和示范带动作用，促使全区其他“两新”组织党组织逐步规范管理，发挥应有作用。按照省、市的有关要求，将“两新”组织党建经费转拨到各“两新”党支部，并完成党建经费绩效评价相关材料的上报，通过省的考核。组织开展了“百千进百企”试点工作，把“两新”党建工作和开展党的群众路线教育实践活动结合起来，安排区“两新”组织党工委委员单位挂钩联系2个还没有建立党组织的“两新”组织，通过组织党员干部走进“两新”组织。

党代表联络工作室工作 完善党代表工作室管理、代表履职等配套制度，成立区委党代表工作室约谈事项督办督查工作领导小组，组织开展“千名党代表走基层”活动，全年通过党代表工作室开展活动139次，接待党员群众463人次，收集意见建议117条，帮助解决的问题有62件，解决了一些基层矛盾问题。

【党员教育】 一是发展党员工作进一步规范。制定2013年全区发展党员工作计划，对年度发展党员的数量、结构做了细化要求，加强对发展党员工作的管理，并及时做好每月的监测上报工作。全区全年发展党员计划数为210名，到11月底为止，各党（工）委批准发展党员193人。同时，制定《关于进一步严格党费收缴和管理有关工作的通知》，进一步规范党费收缴比例和管理程序。二是党员教育工作进一步强化。组织全区广大党员参与新《党章》和十八大报告、十八届三中全会决议学习，进一步增强党员干部政治思想觉悟和政策理论水平，共下发各类学习资料4000余册。依托区委党校和全区99个远教站点，落实领导带学、评比促学等活动，不断提升党员教育效果。全年共组织党员干部群众通过各终端站点收看远教课件20多个，收看场次2456场，并对全区99个站点远程教育工作进行了不定时的督查。据统计，是年全区远程教育终端站点每月开机率都达到100%，按时按量完成目标任务。三是党内关爱工程进一步落实。认真做好全区2013年度党内“三大工程”工作，加大对病、困党员的关爱和帮扶力度，核准上报639名“三老”人员，发放“三老”人员生活补贴19.65万元；“七一”期间，协调做好上级领导和区几套班子领导走访慰问困难党员、老党员和先进党员工作，为他们送去党的关怀和温暖，增强党员归属感。另外，还认真做好全区10549名党员的信息统计和上报工作。

【干部管理工作】 组织部按照科学发展观的要求，坚持原则、拓宽渠道、公平公正选干部、配班子。一是干部信息管理系统逐步完善。对干部名册进行了动态调整、充实，对科级干部进行了比较详细的分类统计。二是干部考察任免管理工作切实加强。是年，区委召开讨论人事任命常委会2次，共提拔科级干部20名，其中副科提任正科12人，股级提任副科8人，提任职务2人，任免组织干事、办公室主任和股级非领导职务干部9人，调配干部14人；共办理退休科级干部9名，对18名试用期满的区管干部和6名部管干部进行了试用期考核，并办理了试用期转正手续；股级干部任免备案25人，协助区人大做好补选3名区人大常务委员会委员的选举工作；配合市委组织部做好2012年县处级党政领导班子及领导干部年度考核和干部选拔任用工作“一报告两评议”的有关工作。三是后备干部队伍建设得到强化。完善全区后备干部队伍人才库，加大了对后备人才培养锻炼力度，落实年轻公务员到区委组织部跟班学习制度，每期两个月，全年共有6人完成跟班学习。四是公务员招录工作顺利完成。根据《中华人民共和国公务员法》的有关规定和区乡镇缺编的情况，是年全区共招录公务员13名，其中，乡镇公务员2名，从优秀工人、农民中公开选拔的基层公务员2名，法院办事员4名，检察院办事员3名，编办办事员和统战部办事员各1名，使镇（街道）、区直机关单位的公务员得到了一定程度的充实。

【干部教育培训】 以学习贯彻十八大、十八届三中全会精神为主线，发挥组织部门牵头抓总的作用，以区委党校为主阵地，着力创新培训手段，增强培训效果，提高了各级领导班子和广大党员干部的思想素质和业务能力，坚定了理想信念。2013年，举办各类干部、人才培训班30期7730余人次；安排、选送市管干部（处）和镇（科）级干部参加省、市举办的各种研讨班、培训班18期120人次。此外，还大力支持区老干部局和区关工委开展工作，发挥了老干部局、关工委的作用。

【干部监督工作】 贯彻落实干部选拔任用考察预告制、任用公示制等各项制度，增强干部选拔任用工作的透明度，认真落实群众对选拔任用领导干部工作的知情权、参与权、选择权和监督权。是年共预告干部考察、公示干部提拔任用科级干部2批次20人，股级干部5批9人次。继续落实干部离任审计和任期经济责任审计制度，进一步健全干部监督联席会议制度，做好公职人员出国（境）政审、审批工作等。强化股级干部选拔任用工作监督，对股级干部的任免从申请职位到民主推荐、考察等程序进行全程的跟踪和监督。

【人才工作】 一是做好拔尖人才选拔工作。是年，经市人才工作领导小组审议，确定城区文学荣、陈小青、陈华平三人入选为汕尾市拔尖人才。二是做好汕尾市城区优秀农村实用人才的选拔工作。是年，经市人才工作领导小组审议，城区确定市优秀农村实用人才6名。三是做好全区符合条件的各类人员信息采集工作，建立汕尾市城区人才信息库。此外，扎实做好区级项目人才计划工作，编写并申报城区“蓝色崛起千名人才”工程申报书，并组织人员赴广州参加广东省“扬帆计划”项目申报答辩。

【信息调研工作】 是年，编印《城区组工通讯》5期，刊发组工文章74篇，刊发《城区组工信息》33期，其中被《中国组织人事报》《广东党建》《广东组工通讯》《广东组工信息》、中国基层党建网等省级以上报刊、网站采用28篇（则），被《汕尾组工通讯》《汕尾组工信息》《东岸》等市级刊物采用36篇（则），均名列全市各县区前茅。

【档案管理工作】 集中力量，优化管理，共收集、追补干部档案材料2000多份，整理副科级干部档案245份，并于是年3月12日，以94.3分的优异成绩通过了省委组织部代表中组部档案检查验收组的检查验收，被中组部授予“干部人事档案一级达标单位”。

【人秘工作】 2013年，共接待党员干部群众来信来访5人次，已办结3件；收到中央、省、市、区文件640多份，接转党员组织关系630多人次，满意率达100%。

【组织部门自身建设】 组织部按照“三服务、两满意”和全市组织系统开展“心、行、醒、信”作风建设主题实践活动的要求，进一步加强和改进组织部门自身建设，使组织工作更好地服务于全区发展大局，打造高效、贴心、优秀的“三型”（学习型、服务型、模范型）组工。继续开展“上一堂课、写一篇文章、学一门技术”的“三个一”学习活动，形成人人讲学习、个个有提高的良好氛围。积极开展一张笑脸相迎、一把椅子让座、一杯茶水暖心、一个满意答复的“四个一”优质服务活动，满腔热情地为党员干部群众排忧解难。开展以比谁“党性最强、学习最勤、业务最精、成绩最好、形象最佳”为主要内容的“五比”活动，每位组工干部从日常工作做起，带头下基层联系群众、带头讲党性遵守纪律、带头求实效改进工作作风、带头讲大局参与中心工作。如抗击超强台风“天兔”救灾复产工作、碧桂园二期征地工程等，发挥了组工干部的带头模范作用。

（江力航）

附 区委组织部部长、副部长名单

部　长：卢学军

副部长：卢立对

潘楚辉

余鸿群（兼）

庄永富（兼）

宣传工作

【概况】 2013年，区委宣传部高举中国特色社会主义伟大旗帜，以科学发展观为指导，深入学习贯彻中共十八大以及十八届三中全会精神，认真按照中央、省、市、区宣传思想文化工作会议要求，紧紧围绕区委、区政府工作中心，大力推进社会主义核心价值体系和文化强区建设。为城区加快扩容提质，振兴发展提供强大的智力支持、舆论氛围和文化支撑。

【抓好理论学习】 2013年，重点抓好区委中心组理论学习。制订区理论学习计划《区委中心组2013年理论学习专题安排表》，对区委理论学习中心组工作进行全面的安排，严格执行坚持每月至少一次集中学习（包括报告会）要求，区委理论学习中心组共开展集中学习14次，学习程度得到进一步增强，学习效果明显，学习机制进一步完善，学习氛围浓厚。紧紧围绕中央、省、市、区的政治形势和工作重点，邀请中南财经政法大学教授古远清以及黄沧海等省、市专家学者为全区干部职工作《社会主义核心价值观的培育与践行》《共筑中国梦百姓宣讲教育报告会》等专题报告会4场，听课人员2000多人次。宣讲内容注重理论与实际相结合，坚持时效性，富有针对性，有力的指导工作实践。下基层宣讲活动扎实有效推进，组织区委宣讲团深入基层开展“中共十八届三中全会精神”宣讲活动，区委常委、宣传部长刘元海担任团长，副部长陈美初、党校常务副校长叶君玉担任副团长，其他人员组成成员，开展宣讲活动12场次，听课人员达3000多人次。征订学习资料《十八大报告学习辅导百问》《中国梦我们的梦》《新党章学习读本》《党建》《学习活页文选》等，共500多册。

【下发学习资料】 4月23日，在城区政府党政办公大楼前举行了2013“书香城区”全民阅读活动启动仪式，并在全区广泛开展第四届“书香城区”全民读书活动，区委宣传部借助这一契机下发各类学习资料到各镇（街道）、区直各单位。学习资料包括《十八大报告学习辅导百问》《中国特色社会主义学习读本》《南海渔唱》、中国名著、世界名著、各种刊物读本等，共200多册。

【服务区委区政府中心工作】 2013年，重点是围绕区委、区政府中心工作和中共十八届三中全会、“中国梦”，组织开展宣传教育活动，力求做到贴近生活、贴近实际、贴近群众，收到成效。宣传城区扩容提质、振兴发展工作，大力做好学习贯彻十八大精神、学习贯彻三中全会精神，宣传“中国梦”教育实践活动，宣传创建“平安城区”活动，宣传各地各部门开展活动的先进典型和经验，宣传全区开展整治“庸懒散奢”活动，开展“身边好人”推荐评选活动，宣传创建广东省卫生城市等事关民生领域的宣传报道工作。群众性文化项目规模进一步增大，始终坚持宣传教育工作服务大局和正确的舆论导向，充分发挥宣传部门的核心作用，协调、指导各新闻单位做好宣传，利用一切可以利用的载体，及时、准确、规范、有序地开展宣传报道工作，形成报纸、广播、网络联动，且覆盖社会各阶层的主体宣传格局。整个宣传教育工作有声色，起到了服务大局、服务中心的作用。

【宣传中共十八届三中全会、“中国梦”】 重点宣传三中全会精神、“中国梦”。十八届三中全会召开期间，联合汕尾电视台、《汕尾日报》，组织《今日城区》、区党政信息网开设宣传报道专栏，形成有分量的新闻报道，大力宣传、解读、评论、研讨中共十八大精神及意义，全面学习、贯彻、落实中共十八届三中全会精神。大力开展“中国梦”宣传活动，加大“中国梦”的宣传力度。确保“中国梦”深入人心，并得到广泛认同，成为全体市民的共同精神追求。

【外宣工作】 2013年，对外宣传工作围绕区委、区政府的中心工作，大力推进文化强区建设，配合报道、拍摄各类节目，组织专题报道，取得了好成绩。

【文化成果】 区宣传部联合有关部门举办各类文化惠民活动月7场次，《今日城区》采编人员以及通讯员在全国、省、市等新闻媒体发表新闻稿件800多条。认真协助广东电视台《广东沿海行》《今日关注》、湖南长沙电视台政法频道《X档案》栏目组到城区采访拍摄工作，进一步推介城区良好形象。传统西秦戏剧《观音得道》《棋盘会》《妈祖》《渔歌大联唱——娶新娘》《渔家新婚曲》，新创作了白字戏作品《海瑞平冤》《明宫双太子》等。《品清潮》书画报创办并出版了12期报刊；区机关诗书画协会会员陈古入展全国首届书法临帖展、获纪念袁崇焕诞辰428周年“袁崇焕杯”全国书法大赛优秀奖、获“云海杯”山西省第九届书法篆刻作品展三等奖、获“建水紫陶杯”中国回族书画大赛参展奖。何世新入展正立阳光—第二届“希望·圆梦”杯全国书画作品展，获纪念梁启超140周年诞辰“聘园艺轩杯”广东省书法作品展优秀奖。周雄获全市首届电视书法大赛一等奖。城区文艺工作较以往有了新的提高。

【专题报道】 联合汕尾电视台、《汕尾日报·城区版》专题报道城区贯彻落实十八届三中全会精神及开展“中国梦”教育实践活动，组织《今日城区》、党政信息网开设专题专栏，报道城区开展的一系列活动。

（罗其乐）

附 区委宣传部领导名单

部 长：刘元海

副部长：陈美初

吕业群

精神文明工作

【概况】 2013年，精神文明办以科学发展观为指导，深入学习贯彻中共十八大以及十八届三中全会精神，根据2013年度汕尾市城区精神文明建设工作要点，以精神文明创建这一主线为重点，围绕中心，服务大局，深入、扎实开展工作，为城区加快扩容提质，振兴发展提供良好的社会环境和强大的精神动力。

继续做好社会道德风尚培育工作。一是组织“身边好人”推荐评选活动。致力弘扬社会美德，全面发掘身边好人好事，树立先进典型，以身边人身边事教育和引导广大市民，营造良好社会道德风尚。推荐了一批先进道德典型参与第四届全国、广东省道德模范暨首届汕尾市道德模范评选表彰活动的角逐。城区居民林孟德、林晓良、何建如等人分别获得“广东好人”，首届“汕尾市道德模范”荣誉称号；二是组织开展公民道德素质宣传教育活动。进一步增强市民对城市的认同感和归属感，切实提高广大市民素质和社会责任感。三是大力开展学雷锋志愿服务活动。四是以开展“我们的节日”系列活动为抓手，不断丰富群众精神文化生活。五是扎实推进开展“道德讲堂”建设工作。六是深入开展“讲文明树新风”公益广告宣传活动。

继续加强未成年人思想道德建设。一是组织未成年人开展“网上祭英烈”活动，进一步引导广大未成年人积极参与爱国主义教育活动，继承弘扬革命先烈优秀品质。二是着力做好乡村学校少年宫建设工作。三是组织专家学者到基层校园采风活动，创作未成年人喜闻乐见的文学作品和文艺作品。四是开展送文艺进校园活动，进一步丰富广大教师、学生的精神文化生活。五是配合市文明办做好“童心向党”歌咏等工作。

（罗其乐）

统战工作

【概况】 2013年，区委统战部坚持以“三个代表”重要思想和科学发展观为指导，贯彻落实中共十八大精神和各级党委有关统战工作精神，坚持党的群众路线，在城区统一战线各领域工作中，为城区扩容提质、经济转型升级、建设“高端产业创新区、宜居城市后起新秀”，实现跨越发展提供广泛的力量支持，做出积极的贡献。

【民主党派工作】 2013年，按照上级关于加强党外人士队伍建设的有关精神，区委高度重视党外人士队伍建设，印发了《中共汕尾市城区委关于加强党外代表人士队伍建设的实施意见》；6月20日，区委召开了“党外干部培养和使用座谈会”，市委常委、区委书记陈少荣出席了会议；10月28日，区委组织部、统战部、党校联合举办了党外干部培训班，有55名党外干部参加了培训班的学习；区委组织部、统战部紧密联系、共同研究，并对一些优秀的党外干部制定了培养计划。在2013年区“两会”期间，区党外代表中的政协委员共提交了18件议案提案。其中有《趁机发力把凤山祖庙旅游区建成国家AAAA景区》、《整洁农村卫生环境，建设宜居乡村》等8个提案被评为优秀提案，许多提案被各有关部门采用，并有效落实。

【非公有制经济工作】 2013年，贯彻落实中央统战部、全国工商联关于开展非公有制经济人士理想信念教育实践活动工作会议精神。建立了万盛、美顿、德昌、国泰、汕港等5个学习活动示范点，指导非公企业突出活动特色，发展企业文化，共编制活动简报26期,进一步增强了非公有制经济人士的信念、信任、信心；9月超强台风“天兔”正面登陆汕尾市，城区许多非公有制企业损失惨重，区委统战部积极协助区委、区政府召开了银企座谈会，邀请了市人行等五家银信部门的行长（负责人）与非公有制企业代表面对面沟通，各银行部门均表态将争取上级更多政策支持，给予城区企业最大力度支持，帮助他们尽快复产。10月18日，召开了纪念区工商联成立22周年座谈会，邀请了创建工商联的部分老领导和会员代表参加，总结经验,为今后的工作指引了方向。据统计一年来，共组织开展非公经济企业人士各类培训5次，培训177人；城区非公经济企业代表在履行社会责任，为社会福利、扶贫济困、助学等方面捐款捐物达105万元；为社会民生、经济建设等社会“热点”和“难点”问题，在省、市、区各级“两会”期间共提交了23件提案和议案。

【港澳台联谊工作】 2013年，积极探索城区与港澳台合作交流新平台，坚持把拓展港澳台、海外统战工作领域为重点突破口，努力争取人心，强化人文交流，开展多形式的宣传工作。认真协助区委、区政府召开乡情通报会；利用春节、清明节、中秋节期间，港澳台同胞回乡探亲、祭祖等机会，主动与他们联系，共接待港澳台同胞和海外侨胞共18批，1800多人次。坚持主动走出去，应香港汕尾市同乡总会、香港海流保健协进会、香港长洲惠海陆同乡有限公司等爱国爱港进步社团组织的邀请，参加他们的换届理监事就职等庆典仪式。10月，各爱国爱乡进步社团组织为城区救灾复产共筹集善款1535万元。其中香港汕尾市城区商会捐款1140万元，广州汕尾城区商会筹备组捐款310万元，惠州汕尾市商会捐赠物资价值50万元，广东省企业家协会、顺德海丰商会对口帮扶东涌镇东涌村捐款35万元。

【统战干部队伍建设】 2013年，区委统战部按照中央统战部提出的“人格好、人缘好、形象好”的要求，做好几件工作。一是坚持抓好统战干部队伍建设。结合区委安排组织开展的整顿机关作风活动、纪律教育学习月、保密知识等专题活动，坚持每周一午为政治学习时间，重点组织学习中共十八大、十八届三中全会精神、习近平总书记在“七一”重要讲话精神、“八项规定”、“52个不准”等内容。二是坚持抓党组织建设。进一步健全和完善党支部“三会一课”制度，充分发挥了民主集中的良好风气，坚持重大事务会议决定；在民主生活会上，都能够围绕“反对四风”查摆问题，在务实为民清廉等方面，按照“照镜子、正衣冠、洗洗澡、治治病”的总要求，深刻剖析自己存在问题与不足，认真地开展批评与自我批评，增进了同事之间的团结与互助，更好地发挥了领导班子的战斗堡垒核心力量。三是密切党群、干群关系。组织党员干部与驻点村（社区）的贫困户建立一对一帮扶关系；不定期的走访慰问群众。尤其在抗击强台风“天兔”工作中，主要领导亲自带队，组织党员干部深入驻点村（社区）协助做好抗灾；台风过后，连续三天组织了24人次参加清理市区路障。

【扶贫“双到”工作】 2013年，省委、省政府授予区委统战部为广东扶贫“双到”先进单位，刘若铸被省委、省政府评为优秀驻村干部。区委统战部在连续三年的扶贫“双到”工作方面成绩突出，帮助民进村筹集引入资金累计共556.96万元，为群众做了大量好事实事。其中：1.筹资88万元，为民进村购买2处养殖池共61亩，每年可增加集体收入6万元；2.筹资327万元，完成民进路段主干道7.9公里硬底化建设项目；3.争取省台办支持项目资金19万元，解决该村饮水困难；4.帮助筹资66.6万元，建设黄竹坑文化室；5.筹资12万元修建许厝村无公害环保公厕；6.筹资14.8万元建许厝村排污管320米；7.筹资1.6万元用于铺装村委会大院地坪；8.投资2.5万元完成沙海村堤围建设项目；9.兴办“农家书屋”和公共文体设施项目；10.佛教界筹善款3.6万元举办“佛子感恩·回报”献爱心扶助民进村活动等。

（林映杰）

附　区委统战部领导名单

部　长：黄义丞

副部长：朱锦城（2013.9改非）

　　　　郑和悦

区委台湾工作办公室领导名单（区人民政府台湾事务办公室）

主　任：黄义丞

区编制办

【概况】 2013年，区机构编制工作按照中共十八大和十八届三中全会精神及省、市机构编制工作的总体要求，围绕区委、区政府的工作目标，继续深化行政体制改革，强化机构编制管理，注重加强部门自身建设，不断提高机构编制工作水平，为城区扩容提质和建设“高端产业创新区”提供体制机制保障。

【深化行政体制改革工作】 行政审批制度改革工作。按照省、市有关行政审批制度改革的文件和会议精神，区委、区政府高度重视，成立专门的组织机构——汕尾市城区转变政府职能决策咨询委员会及其办公室，由刘闪星区长任主任，成员由区委办、纪委、区府办、编办、法制局、发改局等12个单位组成，委员会负责落实区委、区政府转变政府职能的有关政策，制定改革意见，审议有关方案，推进政府职能转变和行政审批制度改革，承担行政体制改革决策咨询工作。行政审批制度改革由区编办牵头负责。根据省委省政府《关于加快转变政府职能深化行政审批制度改革的意见》和市委《关于加快转变政府职能深化行政审批制度改革工作方案》要求，区编办在本次改革中从多个方面进行突破，明确了相关部门责任和方式方法。通过对各机关单位上报的行政审批事项清查清理、梳理审核，最终形成《汕尾市城区转变政府职能事项目录（送审稿）》。

2013年9月18日，区长刘闪星主持召开汕尾市城区转变政府职能决策咨询委员会会议，审议通过了《汕尾市城区转变政府职能事项目录（送审稿）》，按程序报区政府审批。

《目录》经区政府第七届20次常务会议审议通过，并于10月1日公布实施。《目录》共调整行政审批事项58项，其中取消事项57项，委托事项1项。

网上办事大厅建设工作。根据省、市网上办大厅建设的文件精神和《广东省网上办事大厅汕尾市城区分厅建设工作方案》的部署，区编办在梳理审核各单位的上报的服务事项后组织制定了《汕尾市城区网上办事大厅服务事项目录》。经区编委会领导同意，已公布第一批网上办事大厅服务事项目录，全区共294个服务事项。2013年，城区网上办事大厅已建成基础资源数据库。

行政体制工作。围绕省、市关于行政体制改革的精神，区编办扎实做好卫生和计划生育局机构改革、食品药品监督管理体制改革以及公共资源交易体制改革工作，先后多次深入相关部门调研，不断磨合改革办法，最终形成相关实施方案，包括《卫生和计划生育局主要职责、内设机构和人员编制规定》《关于改革完善食品药品监督管理体制的实施方案》《食品药品监督管理局主要职责、内设机构和人员编制规定》等，截至2013年年底，相关的改革工作已基本完成。

事业单位分类改革工作。按省关于事业单位分类改革的要求，根据《汕尾市城区事业单位分类改革实施方案》的工作安排，完成全区事业单位分类改革扫尾工作。据统计，已完成全区事业单位分类改革286个，其中行政类事业单位10个，公益一类事业单位247个，公益二类事业单位23个，公益三类事业单位6个。

【机构编制管理工作】 全面完成机构编制核查工作，迎接省工作组检查考核。区编办在2012年机构编制核查工作的基础上，2013年上半年认真做好收尾工作，完成对全区91个行政机构、290个事业单位的实地核查工作。3月18日，省机构编制核查工作组一行6人到城区进行机构编制核查工作实地抽查和考核评估，核查期间，工作组听取了城区机构编制核查工作情况汇报，核对了机构编制实名制系统信息，从组织领导、工作部署、单位自查、制度建设、实地抽查等方面，对城区机构编制核查工作进行了全面考核评估，选取了香洲街道等基层单位进行实地抽查。核查结束后，省工作组对城区机构编制核查工作给予了充分肯定。据统计，全区共381个机关事业单位全部完成核查，完成核查编制7184名，完成实有人员信息核查6668人。

建立机构编制协调配合机制。区委、区政府在出台了《汕尾市城区机关事业单位机构编制实名制管理实施意见》、区编委会相应出台了《汕尾市城区机关事业单位机构编制实名制管理暂行办法》后，区委、区政府在2013年又制定出台了《关于加强机构编制管理严格控制机构编制的若干意见》，对加强和完善全区机构编制管理作出了规定。明确了组织、机构编制、人社、财政部门之间密切配合，各负其责，共同把关的协作配合工作机制。重点建立了财政预算与编制配备、空编使用机制，规范相关审批流程，完善机构编制管理制度。

加强机构编制实名制管理。区编办着力抓好实名制管理系统数据库建设，在2012年机构编制核查的基础上，进一步核准完善人员信息、强化实名制系统的可用性和可操作性，全面实现全区机关事业单位机构编制、人员信息全部入库管理。区直各机关事业单位定期上报实名制系统的信息数据，区编办指定专人负责审核、录入，确保机构编制和人员信息的真实、完整和及时。据统计，全区共有381个机关事业单位、7184名编制、6668名人员纳入实名制管理。

加强事业单位登记工作。一是认真做好事业单位法人设立登记与变更登记工作。截止至2013年12月31日，区直事业单位法人设立登记共160个单位，事业单位法人变更登记共28个单位。二是做好事业单位法人年检取消后续工作，在省、市取消事业单位法人年检，推行法人登记网上办结服务后，区编办积极采取措施，及时将有关文件转发至各事业单位，全面介绍年检取消后的新系统操作方法、换证程序、年度报告书的提交等管理事项，督促各单位认真做好事业单位法人年检取消后的监管和换证工作，确保后续监管工作有效衔接。截止至2013年年底，全区网上登记事业单位法人160个，其中应参加2013年度检验事业单位法人159个，实际参加年检64个，年检率41%，参检的年检合格率100%。三是加快推进事业单位法人治理结构建设试点工作。根据省编办《印发广东省事业单位法人治理结构建设试点工作实施方案的通知》、市编办《印发〈汕尾市市直事业单位法人治理结构建设试点工作实施方案〉的通知》工作要求，各县区每年选择1~2个不同类型的事业单位法人为试点，先行先试，逐步推广。区编办精心组织，确定汕尾逸挥基金医院为试点单位。是年，试点工作全面加紧实施。

（韩冬敏）

附　区编办领导成员名单

主　任：王惠民

副主任：郑作锋

区直属机关工作委员会

2013年，区直工委在区委的正确领导下和区委组织部有关部门的指导配合下，坚持以邓小平理论、“三个代表”重要思想和科学发展观为指导，紧紧围绕区委中心工作，认真做好机关党建各项工作。在提高机关党员思想素质，夯实基层党组织基础，发挥党支部战斗堡垒作用等方面，均取得了一定的成绩。

年初，举办了一期区直机关入党积极分子培训班，参训人员共186名。是年，区直工委审批入党积极分子161名，确定为发展对象的有134名，吸收为预备党员的有50名，预备党员转正的有40名。

区直机关工委针对是年机关党建工作所面临的新形势、新任务和新特点，着力提高机关党务干部的综合素质。举办了一期区直机关组织委员培训班，通过集中学习培训，有效地提高了组工干部的综合素质，增强了组工干部的服务意识，强化了组工干部的党务知识。按照完善党内基层民主选举的要求，是年区直机关、企事业单位党支部的换届选举，已推行党员直接选举书记、副书记的做法。据统计，是年共有任期届满31个党（总）支部进行换届和补选。在全党深入贯彻中共十八大精神过程中，区直工委充分结合区全民读书月和其他党建活动，根据区委的统一安排，积极组织区直113个党支部和近2500名党员参与《十八大知识竞赛》和《新党章知识竞赛》的活动。

（黄冬琪）

附　区直机关工作委员会领导名单

书　记：罗智冰（2011.8~）

副书记、纪工委书记：刘瑜（2011.8~）

武装部长：庄雪峰(2005.4~)

老干部工作

【概况】　2013年，中共城区委老干部局（简称区老干局）紧紧围绕区委、区政府工作部署，以树立“老干部工作无小事”的观念，开展老干部相关工作。认真组织和引导老干部政治理论学习，关注及落实老干部的政治待遇、生活待遇，坚持探访慰问制度，开展相关文艺活动，使老干部继续为社会经济发展、和谐稳定、关心青少年成长工作等发挥积极作用。同时，还认真做好“扶贫双到”工作。全区2013年有离休干部48名。

【落实老干部政治待遇】　区老干局除继续坚持组织老干部集体学习制度外，还采取送学上门、座谈讨论等多种方式，扩大学习普及面。为使老干部及时了解时事政治、政策法规，区老干局为全区离休干部每人订阅一册《秋光》杂志，并发文通知要求各单位为副科以上退休干部订阅《秋光》杂志，确保老干部学习需要。2013年，老干局还为本局离退休干部订阅《秋光》杂志8份，《人民日报》和《南方日报》报刊、《党风》和《南方》杂志及各种党建学习资料等多份。

【落实老干部生活待遇】　检查离休费发放情况　区老干部局深入了解老干部生活，确保离休费能满足老干部生活正常所需。同时积极争取上级领导和财政部门的支持，保证了财政资金足额到位。

保证离休干部基本医疗　离休干部处于“双高期”(年龄高、疾病高发期)，八十岁高龄以上的离休干部有46名，其中九十岁高龄以上的离休干部有4名。城区委老干部局高度重视，确保离休干部基本医疗费到位，并积极与区财政联系，保证了离休干部医疗费的补助。是年共计落实老干部基本医疗费127万元。

发放已故离休干部配偶补助 执行上级文件精神，关心已故离休干部配偶补助，于2013年7月份和12月份，分两次共发放已故离休干部配偶补助110448元，惠及已故离休干部配偶29名。

关心老干部健康 坚持做好节日期间对老干部的探访慰问工作，在老年节，春节等重大节日期间，局领导亲自带领该局干部职工，上门或到医院探访慰问。全区是年探访老干部123人次，发放慰问金4.4万元。

开展文艺活动 2013年6月，结合老干部兴趣爱好，围绕广东省25届老人节暨汕尾市建市25周年，汕尾市老干部局与各区、县委老干部局组织“颂我中华，爱我汕尾”为主题的老干部摄影比赛活动，城区老干局积极组织老干部参与活动，参与摄影作品十余幅，其中何夏逢、叶绿洲、黄本南等的十幅作品获奖并在市图书馆展览。

（黄赞润）

附 城区委老干部局局长、副局长名单

局　长：庄永富

（2012年8月6日兼任区委组织部副部长）

副局长：邓　光（2012年6月26日任）

关工委工作

【关工委相关事记】 2013年1月16日，市城区关心下一代工作委员会（以下简称区关工委），进行了换届，并调整了关工委领导和工作人员。新一届关工委结合实际，理清思路，认真当好党委政府培养、教育青少年的参谋和助手，承前启后，建立健全制度建设，开展社会公益活动，发动社会各界人士、法人或其他组织，资助家庭困难学生完成学业。修订《区关工委工作制度》，制定《2013年关工委工作要点》，科学统筹工作安排，切实将年度计划各项工作落到实处。

2013年第二季度，先后会同有关成员单位，组织清明节扫烈士墓，对青少年开展革命传统和爱国主义教育；在红草镇第一中学和东涌中学举办法制讲座，开展普法教育活动。

8月1日，东莞市凤岗镇团委、关工委组织社会热心人士，大学生代表等到汕尾市城区开展“爱心访贫助学”活动，一次性助学24位贫困生，每人发给助学金500元及文具用品；访问12位贫困户，每户一次性发给慰问金800元，并在汕尾中学举行助学活动仪式，举行两地学生座谈会，东莞凤岗大学生代表与汕尾受助贫困生交流。8月27日，黄国平到汕尾市城区开展“爱心助学”活动，在区政府大楼举行发放仪式，一次性资助10名大学贫困生，每人3000元。

11月，组织一次对青少年社区矫正工作的调研。由关工委副主任曾昭群带队，到相关部门单位开展细致调查，通过了解城区青少年社区矫正工作现状、经验和问题，形成“关于汕尾市城区青少年社区矫正工作的调研报告”。做好社区矫正工作的建设性建议意见，敦促有关方面加大社区矫正工作力度，促使青少年矫正对象悔过自新，回归社会。

（谢觐光）

附 城区关工委领导名单

主　任：周妈罢（2013年1月16日离任）

石建平（2013年1月16日任）

副主任：马世全（2013年1月16日离任）

郑惠声（2013年1月16日离任）

黄昭宏（2013年1月16日离任）

吴声鑫（2013年1月16日离任）

陈汉儒（2013年1月16日离任）

曾昭群（2013年1月16日任）

王　琼（2013年1月16日任）

党校教育

【概况】 2013年，中共城区委党校（以下简称党校）充分发挥党校干部培训主阵地、主渠道作用，全面贯彻中共十八大和十八届三中全会精神，紧紧围绕城区“扩容提质、率先发展”的战略目标，加强对党的基础理论的教育培训。全年共举办基层干部法律知识培训主体班以及区内联合办班等各类培训班共7期，参加培训干部学员7000多人次。圆满完成了区委下达的干部培训任务，为促进城区经济社会又好又快发展作出了积极的贡献。

【干部培训】 确立“聚焦城区发展战略，做优干部培训，做实干部培养”的功能定位。紧紧围绕区委、区政府干部教育培训工作中心任务，明确培训重点，加大干部培训工作力度，坚持学以致用、急用先训，把提高培训质量和效益摆在更加突出的位置，积极推进教育培训改革创新，完成各级各类干部培训任务，取得了良好的效果。是年共举办各级各类培训班7期，其中基层干部法律知识培训班1期，共有1300多名镇、村党员干部参加；专业技术人员培训班3期、共有4700多人参加；党外干部培训班1期，共有党外干部和党外人士55人参加；公务员培训班1期，共有近800名公务员参加；入党积极分子培训班1期；共有200多名入党积极分子和预备党员参加；政策理论宣讲7场次，参与的党员干部和群众近千人。2013年，党校常务副校长受邀在区人大举办的人大代表培训班授课《增强履职能力　发挥代表作用》；党校骨干教师受邀分别在市委党校和海丰县委党校举办的女干部培训班、科级干部培训班、党外干部培训班授课《心灵和谐与社会和谐》《干部的人格魅力与领导力》《互联网知识与网络舆情》。

一是在培训的教学理念上，围绕中心，坚持按需施教　党校紧盯区委、区政府重点工作，树立“以人为本、按需施教”的理念，加强需求调研，把党的需求、城区发展需求和干部需求有机结合起来，使党校的教育培训贴近五委要求、贴近城区实际、贴近学员需求，有针对性地开设专题培训班。在基层干部法律培训班中，紧贴城区基层发展过程中存在的土地、财务管理不规范、不依法等重难点问题开设课程。牢牢把握理论武装和党性教育这个根本，坚持党性锻炼为主课，以党性教育锤炼打造城区党员干部队伍。

二是在培训的教学内容上，注重实效，提高培训的服务性　按照质量立校的要求，不断深化教学改革，优化课程设置、丰富教学内容。对培训内容进行了优化调整，牢牢把握理论武装和党性教育这个根本，适当增加能力提升、知识拓展和法制教育方面的培训内容，初步形成了理论武装、党性教育、能力提升、知识更新、法制教育“五大教学模块”。根据不同层次、不同类别设计不同的教学内容，使培训内容更符合干部的实际需求。在基层干部法律培训班中，开设了《农村与法治》《村（社区）“两委”干部职务犯罪预防》等课程；在党外干部培训班上，开设了《中国梦》《使命与职责》等课程；在公务员培训班上，开设了《为民务实廉洁》等课程；深入各镇（街道），宣传解读中共十八届三中全会精神。在培训班和宣讲活动中，较好的将理论教育与培训对象的工作实际有机结合，增强了干部教育培训内容的时代性、针对性和实效性。

三是在培训的教学方式上，力求创新，提高培训的针对性　创新培训形式，提高干部教育培训的质量和效果。针对不同对象、不同专题和不同内容，党校采取灵活多样的培训方式，注重理论与实践的结合，增强了教育培训的实效性。除了开展研究式教学，探索现代培训方法，采用案例式教学、专题研讨等方法外，还将现场考察、播放警示片、学员论坛等方式纳入培训过程中，改变了原有“满堂灌”的被动式培训，激发学员参与培训的积极性，提高培训质量。在基层干部法律知识培训班中，采取放映警示片《村官犯罪警示录》的形式；在党外干部培训班中，组织学员对城区建设进行现场考察。树立开放式办学方式，积极组织骨干教师走出党校，面向基层一线开展政策形势主题宣讲，充分发挥“流动党课”“义务送教”宣讲作用，扩大党校教育的覆盖面。在活动中做到“报纸有印记、媒体有影像、基层有声音、实践有行动”。

【教学科研】　牢牢把握科研工作为大局服务、为教学服务、为提升党校核心竞争力服务的方向，坚持以教学为中心，科研为基础，紧紧围绕区委区政府中心工作和本地发展热点开展教研活动。一是撰写调研、教研文章。党校教师积极参与市委党校重点课题《关于红海西路改造工程的困境与对策研究》调研，并合作撰写了《红海西路建设对汕尾市城区“扩容提质”的意义》文章，该文在《东岸》第33期刊登发表。还在城区《组工通讯》发表理论文章多篇，其中，有《以党校正能量　助推城区扩容提质》《推动“扩容提质”必须坚持走群众路线》《以“四个牢牢抓住”强化机关作风整治》《群众路线之我谈》等，积极发挥城区党校在智库建设中的功能作用。二是科学拟定教学计划。按照省、市、区关于干部培训的文件精神，制定详细、科学、实际的全年教学计划，使干部教育培训工作有理有序的开展。三是积极开展学习、教研实践活动。根据市委、区委统一部署，按照“规定动作做到位、自选动作显特色”的工作要求，开展了“群众路线大家谈”“科学办校”“扩容提质”“解放思想”大讨论等主题活动。以理论学习、传统文化学习和时事学习等为主要内容，通过“两周一课”、召开座谈会以及民主生活会的形式加强干部职工的学习。据统计，是年全校教职工共开展各类专题学习19次，学习座谈会、民主生活会等12次，全年单位学习风气浓厚，教职员工素质能力明显提升，队伍战斗力、凝聚力有效加强。同时，一方面积极参与基层法治教育读本《法治村社》的编发，为基层干部学习运用法律法规提供方便。另一方面积极开展“送书下乡”“送法下乡”等活动，一年来，共送出包括《村社政语》《法治村社》在内的各种农村法治教育读本1000多本，共开展送法下乡活动7场次，参加人数达600多人。

（黄雪玲）

附　中共汕尾市城区委党校、中共汕尾市委党校城区分校、汕尾市行政学院城区分院领导名单

校　长：卢学军（兼）

常务副校长：叶君玉

纪检·监察

【概况】 1988年3月，经国务院批准，汕尾建市设区，同年3月24日，经中共汕尾市委批准，成立了中共汕尾市城区纪律检查委员会，属副处级建制单位。1988年11月，汕尾市城区监察局正式挂牌。1994年4月，经区委、区政府批准，中共汕尾市城区纪律检查委员会与汕尾市城区监察局合署办公，实行两块牌子一套人马，履行纪检监察两项职能。

城区纪委监察局2013年有人员30人，其中班子成员7名。内设办公室、宣教室、党廉室、检查室、信访室、执法室、审理室、综合室8个室；派驻纪检组5个。

重要会议

2013年3月5日，区纪委七届三次全会召开，区几套班子党员领导干部及全区直单位副科以上领导干部200多人参加。会议总结了2012年城区反腐倡廉情况，部署2013年工作。区纪委书记张淑娟作了《扎实推进反腐倡廉建设为城区扩容提质提供有力保障》的工作报告，市委常委、区委书记陈少荣作重要讲话，对城区加强反腐倡廉建设和作风建设提出了新要求。

主要工作

【概况】 2013年，区纪委监察局认真落实《贯彻落实省<贯彻落实中央建立健全惩治和预防腐败体系2013~2017年工作规划实施意见>的实施方案》，履行《中国共产党章程》及监察法规所赋予的职责，重视抓好领导干部廉洁自律工作，严肃查办违法违纪案件，开展纠风专项治理和党风廉政教育，从源头上预防和治理腐败，全面落实“收支两条线”管理规定，推行政府采购制度，落实党风廉政建设责任制，加强纪检监察队伍建设，各项工作深入开展，党风廉政建设和反腐败工作取得新的成效。

【领导干部廉洁自律工作】 2013年，执行中央、省、市关于廉洁从政的各项规定，结合区内实际，针对领导干部思想作风、工作作风、领导作风和生活作风方面存在的问题，认真抓好廉洁自律工作。

落实责任制　印发了《关于全区有关单位落实2013年党风廉政建设和反腐败工作任务分工的通知》，召开责任单位分工会议，将工作任务分解落实到具体单位。对2012年全区责任制落实情况进行考核，全区应参加考核单位74个，领导干部264名，考核面达到100%。

检查督促　严格执行贯彻落实中央“八项规定”和省、市改进作风有关规定。检查内容包括：领导干部重大事项报告制度、党政机关企事业单位组团外出参观学习考察报告制度、领导干部任前廉政谈话制度、领导干部超标准超编制配备小汽车等情况进行监督，对党的政治纪律、组织纪律、经济工作纪律和群众工作纪律落实情况的监督检查。

廉洁自律　建立完善领导干部重大事项报告制度，有6名领导干部向区纪委报告喜庆事项，区纪委向其发放廉政贺卡，给予温馨提醒。落实党政机关企事业单位组团外出参观学习考察报告制度，纠正公款旅游，有7个单位外出学习考察向区党廉办备案。实行领导干部任前廉政谈话制度，是年，对新提任的20名领导干部进行任前廉政谈话。

开展整治机关作风活动　制定《城区开展整治机关作风活动实施方案》，着力整治干部队伍中庸懒散奢等问题。在《汕尾日报》和城区党政信息网上广泛宣传。开展明查暗访。对全区各机关单位、镇（街道）干部作风，每个星期明查一次，每半个月暗访一次。全区召开整治庸懒散奢等不良作风会议189场次，开展警示教育121场次，参加3705人次。通报违规问题3次17个，查处违纪违规6宗。全区组织开展意见建议征集活动 150场，发现问题336个，已落实了整改措施，作出公开承诺364项。

【查办案件】　2013年共受理群众来信来访等各类信访举报46件（其中业务范围外13件，重复的4件）。来信来访涉及副科级以上干部19人，一般干部8人，农村干部16名，涉及其他人员3人。全区查处各类违纪案件共29宗，结案21宗。纪委机关自办案件17宗，结案9宗；7个乡镇（街道）纪委办案共12宗，结案12宗。发挥联合办案的作用，与区检察院联合查处5宗案件。提前于是年2月底消灭乡镇办案的“空白点”。全区7个镇（街道）共立案12宗，结案12宗。

【加强纠风执法，维护群众利益】　2013年，继续认真开展纠正行业不正之风工作。

检查教育收费　学校开学后，根据市有关规定，对所辖中小学收费情况进行检查，处理违规收费5宗，共清退违规金额13.9万元，对其中一名校长立案调查，给予党政纪处分。对个别学校违规向没有中标厂家订购校服和教师私自订购教辅材料的行为进行了纠正。

群众维权工作　全区受理劳动争议案件2宗，案外调解3宗；涉及劳动者3人，涉及金额4.3万元，接待来访32人次。受理群众来信来访82宗次，其中，通过及时调解，处理了劳资纠纷45宗，为农民工追回被拖欠工资82.91万元，涉及人数138人。参与安全责任事故调查12宗。

工程建设领域突出问题专项治理　以林业、水利建设等领域为重点，坚决整治围标串标、转包和违法分包、质量管理等关键环节的突出问题。组织检查4次，纠正问题10个。

政风行风评议　对18个区直（含驻区单位）单位和16个区直单位的办事大厅（窗口）以及有审批、审核、执法等职能的38个重点股室进行政风行风评议。召开评议会议等36场、各阶层群众代表座谈会46场次，发放征求意见表1500多份，编印行风评议工作简报等25期，民主评议查出问题345个，督促被评议单位制定整改措施345条。在区殡改、供气开展政风行风活动评议“回头查”工作中，纠正了一些“窗口单位”存在“吃拿卡要报”和“人难找、门难进”等不正之风。

【源头上预防和治理腐败】　一是政府采购工作不断完善。通过加强监管，是年，城区共组织汽车购置、汽车保险、维修、办公系列等政府采购43宗，采购预算额671.65万元，实际中标采购金额422.66万元，节约政府资金26.36万元，节约率8.53%。二是加强行政效能监察。强化对城区行政审批电子监察系统平台的落实情况监督检查，对涉及有行政审批的19个单位，146项行政审批事项进行实时在线的监督。至11月止，办理的审批业务总量为1228笔，办结业务1220笔，监察状态为预警的业务有57笔，提前办结率为95.35%。加强对工程建设领域项目信息和信用信息公开平台的落实情况监督检查，信息发布33条。加强对城区农村党风廉政信息公开平台的落实情况监督检查，督促各镇（街道）、有关行局落实录入、审批、发布等工作，至11月底，信息公开平台的录入率为96.98%，发布率为92.21%，比年初提高了70多个百分点，位于全市前列。

【行政监察工作】　加强对城区网上办事分厅建设工作专项效能监察。目前已公布了《汕尾市城区网上办事大厅服务事项目录》，开始组织培训，为确保工作进展顺利，对3个进度缓慢的单位实行单列专项督查。

【反腐倡廉教育】　2013年，反腐倡廉教育，主要是组织学习中央十八届纪委二次全会、省纪委十一届二次全会和市纪委六届三次全会精神和反腐倡廉理论。

纪律教育学习月活动　城区以“严纪律、正作风、促廉洁”为主题，开展2013年纪律教育学习月活动。8月7日，召开全区纪律教育学习月活动动员大会，区几套班子成员、各镇（街道）和区直副科以上单位副科级以上干部400多人参加。学习与教育同步进行，全区共组织各项学习活动100场次，集中观看电教片180多场次，6000多人参加了学习教育。

开展廉政教育　向全区副科级以上领导干部等发送勤政廉政短信。累计发送短信7128条。共编发《纪检监察信息》32期，在《今日城区》开设了“纪律教育专栏”，刊登全区各地各单位开展学习月活动的做法、经验做法和活动情况，全区设纪律教育学习宣传栏60多个，为学习教育创造良好的宣传教育氛围。加强“汕尾市城区廉政网”建设，为城区党风廉政建设和反腐败工作的深入开展开辟舆论新阵地。

【纪检监察干部队伍建设】　加强思想政治建设，进一步打造学习型机关。组织党员干部加强理论学习和业务学习，根据业务需要派出人员参加上级纪委举办的培训班。建立了工作例会、中心组学习会制度。每月召开一次工作例会，一次理论中心组学习会。开展“一室一课”，加强内部业务交流。组织全区纪检监察系统培训班，对纪委机关、各镇（街道）、各系统纪检干部进行业务培训，完善内部建设，加强内部管理。充实人员，推进派驻纪检组工作。

（黄建民）

附　中共汕尾市城区第七届纪律检查委员会书记、副书记、常委名单

书　记：张淑娟
副书记：蔡辉卿
　　　　郑友明
常　委：陈小凯
　　　　黄东升
　　　　吴智全
　　　　王茂松

区监察局局长、副局长名单
局　长：蔡辉卿
副局长：陈小凯

区纪委机关各室主任名单
办公室主任：吴智全（兼）
案件审理室主任：邱友忠
党风廉政建设室主任：王茂松（兼）
纪检监察室主任：林怡展
调研宣教室主任：罗志飞
执法监察室主任：游远坤
信访室：刘克萍

城区人民代表大会

【城区人大常委会领导成员名单】　2013年城区七届人大常委会主任、常务副主任、副主任、委员名单：

主　　任：陈少荣
常务副主任：陈镜炉
副 主 任：庄惠娥
　　　　洪浩波
　　　　陈建新
　　　　邝文泉
　　　　罗辉南
委　　员：（按姓名笔画顺序排列）
　　　　卢立对
　　　　叶凯旋（2013年12月9日辞去）
　　　　何秀泉
　　　　余国治
　　　　吴可业
　　　　李楚云
　　　　邱承杰
　　　　卓永红
　　　　罗世杰
　　　　郑友明
　　　　胡小军（2013年3月补选）
　　　　黄思平
　　　　黄春波（2013年3月补选）
　　　　曾昭群
　　　　谢显水
　　　　谢晓云（2013年3月补选）
　　　　谢觐光

重要会议

【区七届人大三次会议】　2013年3月27日~29日，城区第七届人民代表大会（以下简称区人大）第三次会议在市区举行。会议听取和审议区人大常委会工作报告、区人民政府工作报告、区人民法院工作报告、区人民检察院工作报告，审查和批准城区2012年国民经济和社会发展计划执行情况与2013年计划草案的报告，审查城区2012年财政预算执行情况和2013年财政预算草案的报告，批准城区本级2012年预算执行情况报告和2013年区本级预算。会议选举胡小军、黄春波、谢晓云为区人大常委会委员，同时作出相关的决议。会议期间，收到代表议案、建议、批评和意见共9件，其中代表10人以上联名提出的8件，代表个人提出的1件。根据《城区第七届人民代表大会第三次会议主席团关于代表提出议案的处理决定》，将9件议案转为建议交区政府和有关部门办理。

【常委会会议】 2013年1月22日，区人大常委会召开第九次会议。会议议程：1. 听取和审议区政府关于2012年普法情况和2013年普法计划报告；2. 讨论通过2013年常委会工作要点；3. 补选高火君为市六届人大代表；4. 人事任命事项。

2月1日，区人大常委会召开第十次会议。会议议程：罢免陈增新、黄希捷市六届人大代表职务。会议决定罢免陈增新、黄希捷市六届人大代表职务。

3月18日，区人大常委会召开第十一次会议。会议议程：1. 讨论通过关于召开区七届人大三次会议的决定；2. 讨论通过关于邀请列席人员的决定；3. 讨论通过区人大常委会工作报告。

6月14日，区人大常委会召开第十二次会议。会议议程：1. 听取和审议区政府关于文化建设及文物保护的情况报告；2. 听取和审议区政府关于2012年度新保基金执行情况的报告；3. 人事任免事项。

8月6日，区人大常委会召开第十三次会议。会议议程：1. 人事任免：决定接受郑海陆辞去区政府副区长职务，决定任命陈少华为区政府副区长；2. 听取和审议区政府关于2013年上半年经济社会工作情况报告；3. 听取和审议区2013年上半年国民经济和社会发展计划执行情况报告；4. 听取和审议区2013年上半年财政预算执行情况报告。

9月17日，区七届人大常委会召开第十四次会议。会议议程：1. 听取和审议区政府关于做好学校安全防范工作情况报告；2. 听取和审议区政府关于环卫管理及环卫体制改革情况报告；3. 听取和审议区检察院关于加强诉讼监督工作情况报告；4. 讨论通过了区人大常委会关于听取和审议区政府组成部门负责人履职情况报告的决定。

10月31日，区人大常委会召开第十五次会议。会议议程：1. 听取和审议区政府关于2012年区级财政决算草案的报告；2. 听取和审议区政府关于2012年区级财政预算执行和其他财政收支的审计工作报告；3. 听取和审议区科技文体局局长郭乃坎、住建局局长卓红钻、外经贸局局长黎炳林、民政局局长黄超的履职情况报告。

12月9日，区人大常委会召开第十六次会议。会议议程：1. 补选市六届人大代表；2. 人事任免事项；3. 听取和批准区政府关于2013年区级财政预算调整草案的报告；4. 听取和审议区政府关于“十二五”规划实施情况的报告及关于调整2013年国民经济部分发展计划指标的报告，批准了2013年部分计划指标的调整；5. 听取和审议区政府关于办理区七届人大三次会议代表议案、建议、批评和意见的情况报告；6. 听取和审议区政府关于禁毒工作的情况报告。

（冯振炯　吴振业）

重要工作

【依法治区】 城区依法治区工作认真贯彻中共十八大和十八届三中全会精神以及省、市、区工作会议精神，在普法工作、依法行政、公正司法、社会管理、法治城区建设等方面取得新的成效，为城区扩容提质、促进社会和谐稳定和建设幸福城区提供了强有力的法治保障。2013年3月被全国普法办授予“全国法治县（市、区）创建活动先进单位”称号。区司法局荣获2013年度全省依法治省先进单位。

加强领导，深入开展法治城区建设　把法治城区工作纳入城区扩容提质，振兴发展的大局进行谋划，精心组织，周密部署，全面动员。“一把手”定期听取工作汇报，研究解决重大问题；加强对法治建设工作的宣传。加大法治工作宣传力度，营造浓烈的法治城区建设氛围。加强对法治建设工作的检查指导，促使法治建设活动各项任务落到实处。

加强依法行政，建设法治政府 规范政府行政决策科学化、民主化、法律化。加强和改进政府规范性文件的审核工作，严把规范性文件法制关；规范行政执法，提高行政执法水平，严格依法行政；创新方式，提高政府公共服务水平。推行电子政务，网上办公指南，网上审批等服务。全区已完成行政审批电子监察系统建设，19个行政审批单位146项行政审批事项纳入电子监察系统，实行实时在线监督。

加强规范化建设，推进司法公正 司法机关切实加强司法规范化建设，完善各项工作管理，大力推进公正司法，维护社会公平正义，在执法工作上实现法律效果、社会效果有机统一。积极开展法律服务、法律援助，努力为保障和改善民生提供司法服务。

加强管理创新，维护社会稳定 坚持开展大接访活动，认真倾听群众的呼声和诉求，及时解决当地群众反映的热点、难点问题；加强综治维稳工作平台建设，有效发挥“中心”“工作站”社会矛盾“化解器”的作用；加大打击违法犯罪力度，强化治安重点问题的整治，保持警力下沉，重拳打击“黄赌毒”等违法犯罪活动，净化社会治安环境。

加强基层民主法治建设，推进依法管理 加强对基层自治组织的指导，推动基层自治组织规范化、法治化、民主化管理；加强基层干部培训，提高“两委”干部依法办事、民主管理的能力；完善基层民主法治载体，开展“民主法治村（社区）”和“诚信企业”等创建活动，强化行业道德，规范行业行为，不断提高行业服务质量。

加强法治宣传教育，提高公民法律素质 加强队伍建设。全区建立健全各级各行业普法机构123个，配备专（兼）职普法工作人员280名，区直职能部门法制宣讲组18个。为普法工作的开展提供组织保障；深入推动法律进机关、进单位、进乡村、进社区、进学校、进企业。全区各级领导干部、公职人员、企事业管理人员、青少年学生和农民、居民、外来务工人员等普法的重点对象的法制教育覆盖面已达到98%以上。

（黄春波）

【议案建议办理】 区七届人大三次会议期间，共收到代表的议案、建议、批评和意见9件，其中代表10人以上联名依法提出的议案共8件，代表个人提出的建议、批评和意见1件，这些议案、建议涉及城区教育、旅游、公路交通、农村农业、工业园区建设等多个领域的热点、难点问题，关于到城区经济建设和社会各项事业的发展，是人大代表和人民群众迫切要求解决的问题。经大会主席团研究决定，把8件议案转为建议处理。区七届人大常委会对议案、建议审议后，按程序和工作范围：将凤山代表团蔡慕玉等10名代表提出的第1号《关于要求政府尽快解决城区教师职称套改工资问题的议案》；红草代表团洪向泊等10名代表提出的第2号《关于要求清理南西、尖山排洪沟的议案》；红草代表团许国生等10名代表提出的第3号《关于要求红草马宫堤围海梧堤段尽快招标动工建设的议案》；红草代表团黄庆能等10名代表提出的第4号《关于要求抢修红草晨洲六孔涵闸桥的议案》；马宫、市直、区直代表团彭少华等10名代表提出的第5号《关于抓紧将马宫渔港申报建造为国家一级渔港的议案》；马宫、市直、区直代表团彭少华等10名代表提出的第6号《关于要求加快马宫环海大道规划建设步伐的议案》；香洲代表团石建平等10名代表提出的第7号《关于要求香洲水产品加工园区规划立项的议案》；红草代表团张茂运等10名代表提出的第8号《关于要求埔边列入城镇建设规划的议案》；新港、解放军代表团袁绍成代表提出的第9号《关于滚动式大规模开发品清湖旅游区的建设》等9件建议交区政府及有关职能部门办理。区政府收到人大移交的人大代表议案、建议后，高度重视办理工作，成立领导机构，召开了专题会议，并抽调人员组成工作机构，负责对议案、建议提出的问题开展调研，作出议案、建议交办方案，提交区政府常务会议审议，并根据议案、建议的性质和内容，交区政府各有关职能部门办理落实。各承办单位领导重视，落实责任，认真研究，积极办理，并按要求书面答复提出议案、建议的代表。12月9日区七届人大常委会第16次会议听取和审议了区人民政府《关于区七届人大三次会议议案、建议、批评和意见办理情况的报告》，并通过了《关于区七届人大三次会议议案、建议、批评和意见办理情况报告的审议意见》。至2013年9月5日止，区七届人大三次会议代表提出的9件议案、建议已基本办结并答复代表。

【人事任免及补选代表】 区人大常委会依法行使任免国家机关工作人员权力，始终坚持党管干部与依法选举任免相统一的原则，充分发扬民主、严格依法办事，切实维护人大行使选举任免权的严肃性和权威性。2013年全年，区人大常委会依法任命国家机关工作人员18名，其中：人大常委会工作部门人员2名，区政府副区长1名，区政府组成人员2名，区人民法院人员8名，区人民检察院人员5名；免去职务共9名，接受副区长辞职1名、接受人大常委会委员辞职1名。依法补选市六届人大代表7名，罢免市六届人大代表2名。

表 3　　2013 年汕尾市城区第七届人民代表大会常务委员会干部任免情况表

姓名	任职单位及职务	免职单位及职务	常委会会议时间、次序及任免职文号
冯振炯	区人大常委会办公室副主任		2013 年 1 月 22 日，常委会第九次会议，汕市区人常〔2013〕3 号
方文生	区人民法院立案庭庭长		2013 年 1 月 22 日，常委会第九次会议，汕市区人常〔2013〕4 号
叶辅斌	区人民法院田墘人民法庭庭长		2013 年 1 月 22 日，常委会第九次会议，汕市区人常〔2013〕4 号
赖丽梅	区人民法院审判监督庭副庭长		2013 年 1 月 22 日，常委会第九次会议，汕市区人常〔2013〕4 号
方文生		区人民法院刑事审判庭副庭长	2013 年 1 月 22 日，常委会第九次会议，汕市区人常〔2013〕4 号
陈海生	区人民检察院副检察长		2013 年 1 月 22 日，常委会第九次会议，汕市区人常〔2013〕2 号
林佑信		区人民检察院副检察长	2013 年 1 月 22 日，常委会第九次会议，汕市区人常〔2013〕2 号
黄信通	区人民检察院检察员		2013 年 6 月 14 日，常委会第十二次会议，汕市区人常〔2013〕9 号
蔡妈尧		区人民法院审判员	2013 年 6 月 14 日，常委会第十二次会议，汕市区人常〔2013〕10 号
胡小军		区人民法院人民陪审员	2013 年 6 月 14 日，常委会第十二次会议，汕市区人常〔2013〕10 号
郑海陆		接受其因工作变动辞去区人民政府副区长职务	2013 年 8 月 6 日，常委会第十三次会议，汕市区人常〔2013〕13 号
陈少华	区人民政府副区长		2013 年 8 月 6 日，常委会第十三次会议，汕市区人常〔2013〕14 号
叶朝阳	马宫街道人大联络工作室主任		2013 年 12 月 9 日，常委会第十六次会议，汕市区人常〔2013〕30 号
彭少华		马宫街道人大联络工作室主任	2013 年 12 月 9 日，常委会第十六次会议，汕市区人常〔2013〕30 号
叶凯旋		接受其因工作变动辞去区人大常委会委员职务	2013 年 12 月 9 日，常委会第十六次会议，汕市区人常〔2013〕29 号
叶凯旋	区审计局局长		2013 年 12 月 9 日，常委会第十六次会议，汕市区人常〔2013〕31 号

续表 3

姓名	任职单位及职务	免职单位及职务	常委会会议时间、次序及任免职文号
罗覃呈	区安全生产监督管理局局长		2013 年 12 月 9 日，常委会第十六次会议，汕市区人常〔2013〕31 号
曾昭贤		区审计局局长	2013 年 12 月 9 日，常委会第十六次会议，汕市区人常〔2013〕31 号
林焕新		安全生产监督管理局局长	2013 年 12 月 9 日，常委会第十六次会议，汕市区人常〔2013〕31 号
陈贵文	区人民法院民事审判第一庭副庭长		2013 年 12 月 9 日，常委会第十六次会议，汕市区人常〔2013〕32 号
彭卫强	区人民法院民事审判第一庭副庭长		2013 年 12 月 9 日，常委会第十六次会议，汕市区人常〔2013〕32 号
郑淑卿	区人民法院审判员		2013 年 12 月 9 日，常委会第十六次会议，汕市区人常〔2013〕32 号
余小阳	区人民法院审判员		2013 年 12 月 9 日，常委会第十六次会议，汕市区人常〔2013〕32 号
黄伟群	区人民法院审判员		2013 年 12 月 9 日，常委会第十六次会议，汕市区人常〔2013〕32 号
陈贵文		区人民法院立案庭副庭长	2013 年 12 月 9 日，常委会第十六次会议，汕市区人常〔2013〕32 号
吴晓钟	区人民检察院检察员		2013 年 12 月 9 日，常委会第十六次会议，汕市区人常〔2013〕33 号
黄惠妮	区人民检察院检察员		2013 年 12 月 9 日，常委会第十六次会议，汕市区人常〔2013〕33 号
林晓生	区人民检察院检察员		2013 年 12 月 9 日，常委会第十六次会议，汕市区人常〔2013〕33 号
马国新		区人民检察院检察员	2013 年 12 月 9 日，常委会第十六次会议，汕市区人常〔2013〕33 号

重要活动

【人事监督】 区人大常委会坚持把人事任免权与监督权有机结合起来，开展听取和审议区政府组成，部门主要负责人履职情况的报告。2013年10月31日，区七届人大常委会第十五次会议听取和审议了区科技文体局、住建局、外经贸局和民政局4位局长的履职情况报告，肯定成绩，指出不足，提出整改意见，促使被任命人员依法行政、廉洁勤政。

【重点项目调研】 2013年5月，区人大常委会组成3个调研组，分别由3位副主任带队，开展对东涌火车站变电站项目、好日子酒店项目、火车站片区项目、金町湾旅游渡假区项目、红海西路工程项目和红草产业园区项目等征地拆迁工作的调研活动，并形成了6个专题调研报告，为区委区政府提供了决策依据。

【区代表统一活动日】 7月20日，区人大常委会组织开展了“区代表统一活动日”活动。当天上午，180多名区人大代表集中接受教育培训；下午，以各镇街道为单位组织所属区代表围绕区2013年度重点项目建设推进情况和人民群众关心的热点、难点问题开展活动。

【代表视察】 12月下旬，区人大常委会和各镇（街道）人大及红海湾开发区人大联络处办公室先后分别组织了驻区的市、区人大代表进行集中专题视察活动。1.驻区的市人大代表视察情况：实地视察了捷胜凤飞山公路、东涌镇政府至赤古路段公路、市区文明路、四马路、二马路、通航路、城南路；听取了区政府关于城区公路建设情况汇报和市城市综合管理局关于市区占道经营管理工作的情况汇报；代表进行了座谈讨论，建言献策。2.区代表视察情况：受区人大常委会委托，各镇（街道）人大及红海湾开发区人大联络处办公室分别组织了区代表视察活动，各组织单位于12月20日至12月30日前先后组织了所属的区代表围绕广大群众关心的热点、难点问题进行了视察。全区180多名区人大代表参加了集中视察活动，并提出了一些建设性意见建议。

【工作交流】 2013年5月15日~17日，区人大常委会常务副主任陈镜炉、副主任庄惠娥、洪浩波、邝文泉赴石家庄市裕华区参加“全国十省（市、区）十二县（市、区）人大工作研讨会第27次会议”，会议主题为“加强人大常委会自身建设”。

2013年9月22日至24日，常委会副主任陈建新、罗辉南参加在重庆市涪陵区召开的“全国十省（市、区）十二县（市、区）人大工作研讨会第28次会议”，会议主题为“如何行使重大事项决定权”。

（何秀泉、冯振炯、吴振业）

附　（一）2013年城区人大常委会办公室领导名单

主　任：黄思平

副主任：冯振炯（2013年1月22日任）

（二）2013年城区人大常委会各工作委员会主任名单

财政经济及农村工作委员会

主　任：谢晓云

法制工作委员会

主　任：黄春波

教科文卫侨工作委员会

主　任：胡小军

选举联络人事任免工作委员会

主　任：何秀泉

（三）2013年城区人大常委会主任科员名单

谢觐光

谢显水

蔡自然

陈丽玲（2013年9月任）

（四）2013年城区依法治区领导小组办公室领导名单

主　任：邝文泉

副主任：黄春波

刘水照

曾昭谋

城区人民政府

区政府领导成员名单

区　长：刘闪星
常务副区长：余汉生
副区长：程书航
郑新钦
何秀滔
李振坚
郑海陆（2013年8月离任）
陈少华（2013年8月任）

政府办公室领导成员名单

主　任：刘泽扬
副主任：刘水照
副主任：黄剑雄
庄厚樛
王清红
施友隆
吴春磊
欧阳桂录（2013年9月，任主任科员）
吴小臻（2013年9月离任）

重大政事

【村账镇代管】 村级财务管理方式改革是健全基层政权财力保障机制，提高镇（街道）财政和村级财务管理水平的有效手段。根据省、市工作部署和要求，市城区不断加强和完善“村账镇代管”各项工作。一是加强组织领导。为进一步加强“村账镇代管” 工作的领导，区调整了汕尾市城区村账镇（街道）代管规范建设工作领导小组，由常务副区长任组长，区纪委、财政、审计、农业等部门为成员。并于3月20日，专门召开“村账镇（街道）代管”工作会议，研究部署下一步工作措施。二是明确责任主体。各镇（街道）是“村账镇（街道）代管”工作的实施主体、责任主体，书记、镇长（主任）是第一责任人，分管领导是直接责任人，“村账镇（街道）代理服务中心”是具体办事机构；区财政为“村账镇（街道）代管”业务管理部门，区农业、审计负责配合,具体负责各镇（街道）村账镇（街道）代理服务中心的业务指导；区纪委负责牵头加强对全区“村账镇（街道）代管”工作的检查和监督。三是明确工作措施。主要是落实“六个到位”：1. 人员配置要到位，每个镇（街道）要配置3–4人；2. 办公设施要到位，要配备办公桌、电脑、文件柜等；3. 账务整理要到位，要求全区各村在第一季度完成账务向服务中心办理报账、对账；4. 业务培训要到位，区财政、农业部门近期负责对业务人员的培训；5. 检查督促要到位，区纪委牵头对各镇（街道）规范化建设工作开展情况不定期进行督查；6. 奖励措施要到位，区财政局负责落实“以奖代补”的激励机制。

【“书香城区”活动】 城区围绕建设文化强区目标，认真开展全民读书活动，以青少年阅读为基础，坚持领导带头学习，做到“六进”（进机关、进军营、进企业、进学校、进基层、进家庭），创建“书香机关、书香校园、书香企业、书香家庭、书香军营、书香社区、书香农村”，形成热爱读书、崇尚读书的良好社会氛围。一是认真制订方案。制定了2013年“书香城区”全民读书活动方案，确定活动指导思想，确立活动主题，部署活动细节，明确具体活动责任。二是加强组织领导。成立了“书香活动”全民读书活动组委会，由区委常委、宣传部长任主任，区政府分管领导任副主任，区有关单位为成员，负责活动的统筹、组织、协调等工作。三是细化系列活动。为使全民读书活动具有连续性，取得良好的社会效应，城区将活动具体细化，主要活动包括在4月份举行全民读书活动启动仪式暨《南海渔唱》首发式和“道德讲坛”；5月份开展“书香与创新”企业读书活动；在劳动节、儿童节和国庆节开展“送本书给娃”节日礼物活动；同时，全年持续开展创建“书香机关”“青少年快乐阅读”“优秀书香之家”家庭读书等活动。四是营造良好氛围。要求各地各单位领导干部带头参加学习活动，带头落实学习内容，带头联系实际解决问题，并要求各地各单位在开展活动过程中建立健全保障机制，促进全民读书活动持续健康发展。同时，紧密联系媒体单位，充分发挥《今日城区》和区党政信息网的优势，做好读书活动的宣传报道，让广大市民参与读书活动，促进市民素质提高，为城区扩容提质营造良好人文环境。

（区政府办）

【凤山祖庙创“AAAA”景区】 为做好城区凤山祖庙旅游区创建国家AAAA级景区工作，城区积极部署，有序推进。一是领导重视，及时部署。凤山祖庙旅游区创建国家AAAA级景区的时间紧，任务重。凤山祖庙管理处高度重视该项工作，及时召开动员大会，结合景区实际情况，对创建工作作了具体部署，进一步明确创建AAAA景区的重大意义，动员广大干部职工自觉投入到创建工作中。二是制订方案，细化任务。根据《国家景区质量等级评定管理办法》（国家旅游局局令第23号）和《旅游景区质量等级的划分与评定》（国家标准GB/T17775—2003）的相关规定，制定出了创建AAAA景区工作实施方案，明确了工作任务、目标要求和工作措施，进一步细化工作指标，分解工作任务。三是突出重点，有序推进。凤山祖庙管理处结合景区实际情况和工作要求，突出重点，有序推进创建AAAA景区各项工作。1. 在高速路标识牌市区内交通标识牌等装置景区外部交通标识。2. 加快建设妈祖文化产业园项目配套。3. 对景区山顶的厕所进行改造。4. 内广场改铺设水泥路面。5. 对购物场所进行改造。6. 改造舞台。7. 设计旅游区标志。8. 广场舞台前绿化带改铺草坪。9. 垃圾箱已设计样板。10. 设置景区内部指示牌。11. 申报资料初稿已完成并报市相关部门审核。12. 完善规范各项备查资料。

（罗　镲）

区政府常务会议

【概况】 2013年，区政府共召开了11次常务会议，讨论研究了59个议题。其中，涉及重大决策和民生实事的主要有：《政府工作报告》《汕尾市城区2013年重点建设项目计划方案》《汕尾市城区2012年国民经济和社会发展计划执行情况与2013年计划草案》《汕尾市城区2012年公共财政预算执行情况和2013年公共财政预算草案》《汕尾市城区关于<汕尾市残疾人事业“十二五”发展规划>实施意见》《汕尾市城区2013年普通高考奖励方案》《汕尾市城区妇女发展规划（2011~2020年）》《汕尾市城区儿童发展规划（2011~2020年）》《汕尾市城区义务教育阶段学校招生管理办法》《汕尾市城区2013年秋季基础教育职业教育招生工作意见》《汕尾市区“门前三包”管理办法》《中共汕尾市城区委、汕尾市城区人民政府关于创建广东省教育强区的决定（初稿）》《汕尾市城区扶贫助教捐款表彰及奖励方案》《汕尾市城区2013年财税收入及完成任务奖励方案》《汕尾市城区招商引资工作实施方案》《汕尾市城区城市综合管理工作实施方案》《汕尾市城区转变政府职能事项目录》《汕尾市城区网上办事分厅建设方案》《汕尾城乡投资开发有限公司运作方案》及划入该公司资产问题，《汕尾市城区食品药品监督管理体制实施方案》《汕尾市城区红草马宫堤围海梧段加固工程实施方案》等规范性文件。讨论研究了2011年冬季退役士兵安置，轮换地方储备粮问题，提高非在职残疾军人生活补贴标准，城信社债务清偿及留守职工分流安置，政府采购多媒体电教平台，老师职称套改工资，逸挥基金医院肿瘤防治中心建设资金及2010~2013年四届研究生和本科毕业生入编问题，提高城乡低保补贴“五保”供养标准，区水产供销公司启动实施企业改制，凤飞山至捷胜公路工程复工建设，处置粮油食品厂问题，2012年冬季退役进藏复员士官、转业士官、退役士兵指令性安置，区保障性公租房等工作。

（区政府办）

法治政府建设

【法治建设】 2013年度，区政府根据《汕尾市城区法治政府建设规划（2011~2015）》工作部署和区政府发布的《关于贯彻落实国务院全面推进依法行政实施纲要的实施意见》《关于加强法治政府建设的实施意见》以及区府办发布的《关于全面推进依法行政工作职责分工的通知》的文件规定，以依法行政为重点内容对法治各项工作进行了全面规划，认真开展依法行政工作。按照《广东省依法行政考评办法》《广东省法治政府建设指标体系（试行）》确定的指标要求，明确了依法行政领导机构和职责，重新调整由区长任组长，分管政府法制工作的副区长任副组长，区纪委监察局、区府办、区编办等部门负责人为成员的依法行政工作领导小组，领导小组下设办公室，办公室设在区政府法制局，由区法制局承担领导小组办公室日常工作，依照《指标体系》将区府 2002~2013 年度的依法行政工作资料进行汇编，分为制度建设、行政决策、行政执法、政府信息公开、社会矛盾防范和化解、行政监督、依法行政能力建设、依法行政保障共八个方面，印发了《汕尾市城区迎接省、市依法行政考评任务分解表》90 多份。制定出台了《汕尾市城区转变政府职能事项目录》，保留行政审批事项 159 项，取消行政审批事项 57 项，决定转移的行政审批事项 1 项。成立了汕尾市城区网上办事分厅建设领导小组，确保网上办事大厅各项工作落实到位，共梳理了第一批上网单位 28 个，网上办事大厅全流程办理服务事项共 364 项，其中行政许可 193 项，非行政许可 85 项，日常管理 67 项，备案事项 19 项。印发公布了《汕尾市城区网上办事大厅服务事项目录》。

【规范性文件】 2013 年度，区政府制定发布的规范性文件 16 件。内容涉及制定、管理、监督、备案等方面的规范性文件有 1 件，即《汕尾市城区行政机关规范性文件管理办法》；内容涉及城市管理，行政体制改革，社会保障、民生服务等方面的有 15 件，分别是《汕尾市城区妇女发展规划（2011~2020 年）和汕尾市城区儿童发展规划（2011~2020 年）》《汕尾市区“门前三包”管理办法》《关于建设同顶山郊野公园的公告》《关于开展打击盗窃电能违法行为专项行动的通告》《征收土地预公告》《汕尾市城区处置森林火灾应急预案》《汕尾市城区防御台风和强降雨实施细则》《印发汕尾市城区突发性地质灾害应急预案的通知》《印发汕尾市城区关于贯彻〈汕尾市残疾人事业“十二五”发展规划〉的实施意见》《印发汕尾市城区开展“汕尾市管理年活动实施方案的通知》《汕尾市城区人民政府办公室关于发展家庭服务业的实施意见》《印发汕尾市区”门前三包“管理工作实施方案的通知》《印发汕尾市城区第六届村民委员会换届审计工作实施方案的通知》《印发汕尾市城区开展评价医疗服务工作实施方案的通知》《印发汕尾市城区产业转移工业园建设规划方案的通知》。

以上规范性文件，区政府法制机构已依职能审查审核和根据《汕尾市城区行政机关规范性文件管理办法》予以及时处理。

【政务公开】 2013 年，区政府按照《中华人民共和国政府信息公开条例》和《广东省人民政府办公厅关于进一步推进重点领域信息公开的意见》规定，紧紧围绕《2013 年汕尾市城区政府信息公开工作要点》认真执行政务公开工作，印发了《2013 年汕尾市城区政府信息公开工作要点》，更新了汕尾市城区政府信息公开指南和目录，出台了《汕尾市城区人民政府办公室政府信息主动公开办法》，统计了 2013 年度政府信息公开工作数据，设立了 1 个政府信息公开工作专门机构和 9 个政务公开栏，开通了网上办事大厅。

2013 年，区政府出台的规范性文件中，主动公开有 11 件，分别是《印发汕尾市城区处置森林火灾应急预案的通知》《印发汕尾市城区关于贯彻〈汕尾市残疾人事业“十二五”发展规划〉的实施意见》《印发〈汕尾市城区防御台风和强降雨实施细则〉的通知》《印发汕尾市城区开展“城市管理年活动实施方案的通知》《印发汕尾市城区突发性地质灾害应急预案的通知》《汕尾市城区人民政府办公室关于发展家庭服务业的实施意见》《印发汕尾市区“门前三包”管理工作实施方案的通知》《关于印发汕尾市城区转变政府职能事项目录的通知》《关于建设同顶山郊野公园的公告》《关于开展打击盗窃电能违法行为专项行动的通告》《征收土地预公告》；申请公开的有 5 件，分别是《印发汕尾市城区第六届村民委员会换届审计工作实施方案的通知》《印发汕尾市城区开展平价医疗服务工作实施方案的通知》《印发汕尾市城区产业转移工业园建设规划方案的通知》《关于印发<汕尾市城区妇女发展规划（2011~2020 年）>和<汕尾市城区儿童发展规划（2011~2020 年）的通知>》《关于印发汕尾市城区转变政府职能事项目录的通知》。

（刘水照、唐万里）

附　区人民政府法制局领导名单

局　长：刘水照

信访工作

【概况】 2013年度，城区各级党政紧紧围绕“发展是第一要务、稳定是第一责任”的工作理念，坚决守住“维护稳定”这条底线，深入开展区委书记区长基层大接访活动和信访积案化解年活动，重大信访问题和信访积案实行区主要领导包案，切实把大批社会矛盾纠纷化解在基层。是年城区没有发生群众进京非正常访和到省集体访，群众到市、到区上访均大幅度下降，全区社会和谐稳定。

【区委书记、区长基层大接访活动】 城区认真贯彻落实中央联席会议《关于深入推进领导干部接待群众来访的意见》文件精神，2012年12月29日区委办、区府办联合颁发的《关于2013年度开展区领导干部“四访”活动及实行区委常委、副区长接待群众来访制度的通知》，规定每月15日为区委书记、区长基层大接访活动，要求区党政领导班子按照方案要求，深入到各自挂驻镇（街道）中去，进村入户，下访约访群众，认真倾听群众的呼声和诉求，及时就地解决群众反映的信访问题，把上访人吸附在当地，矛盾纠纷解决在基层。2013年区委书记、区长基层大接访活动共接访约访群众27批205人次，切实为群众解决一大批实际困难和矛盾纠纷。

【区领导干部接访日制度】 2013年度，城区继续深入开展领导干部接访日制度，每天安排一名党政领导班子成员到区人民群众来访接待室轮流值班接访，全年共接待群众37批86人次，化解了一大批社会矛盾纠纷；按照市接访领导的分工，每月15日都安排一名党政领导到市政府参加陪访，使群众反映的信访问题都能及时就地得到妥善处理。

【实行信访维稳研判例会制度】 为及时掌握全区信访维稳工作各个时期的矛盾隐患和薄弱环节，适时做好矛盾纠纷排查和化解工作，区主要领导、分管领导高度重视，规定每月18日为信访维稳工作研判例会日，分析当前形势，部署今后工作。

【切实做好重点时期信访维稳工作】 为切实做好全国“两会”、中共十八届三中全会和建军、国庆等重点节日期间的信访维稳工作，市城区对各个时期的信访问题和不稳定因素，特别是可能引发进京到省上访的突出信访问题，做到依法、及时、就地化解。全国“两会”期间，区委办、区府办联合颁发《2013年全国“两会”期间汕尾市城区信访维稳工作方案》，成立区信访维稳工作临时领导小组，区委常委、政法委书记卓江广任临时领导小组组长；中共十八届三中全会期间，区加强信访工作和维护社会稳定协调领导小组颁发《中共十八届三中全会期间汕尾市城区信访维稳工作方案》，成立区信访维稳工作临时领导小组，区委副书记罗光钊任组长。确保指挥得当、措施有力。

【信访督查专员制度】 城区继续实行区直单位新提拔正、副科级干部每批每期三个月到区信访局担任信访督查专员，在区人民群众来访接待室协助区领导接待群众，并对群众反映的突出信访问题及时进行督查督办，大大提高了新提拔的干部处置和解决群众问题的能力。

【全力化解信访积案】 2013年4月，城区按照省、市的决策部署，在全区范围内组织开展信访积案化解年活动，根据“事要解决”的原则，加大了近年来到省到市到区上访问题及一些历史遗留问题的化解力度，从源头上尽最大努力减少信访问题的发生，重大信访积案区主要领导亲自包案，亲自研究案情，亲自跟踪掌握进度，使一批久拖不决的信访积案得到妥处。区加强信访工作和维护社会稳定协调领导小组印发了《汕尾市城区信访积案化解年活动工作方案》，成立了信访积案化解年活动领导小组，明确了信访积案化解年活动的目标、内容、步骤及领导机构。是年，省交办3宗信访积案，全部按时办结。

【拓宽群众诉求表达机制】 为进一步提高接访工作效率，推动重心下移，关口前移，整合信访工作资源，增强接访工作的针对性和实效性，依法及时就地解决好群众的合理诉求，根据2013年全省信访工作会议精神，从4月份开始，城区在全区范围内开展联合接访和分类接访工作。规定每月1日、15日为联合接访日，由区信访局牵头，组织各镇（街道）及区人社局、住建局、民政局、公安分局、国土分局等区直有关单位到区人民群众来访接待室联合接访群众，负责处理本单位作为责任主体的信访事项，协调处理本系统管辖的可在区人民群众来访接待室处理的信访事项，保证一般信访事项能够在现场解决；规定每月5日、25日为联合接访日，针对当前群众反映较为强烈的有土地征用、城镇拆迁、企业转制、劳动社保、劳资纠纷等信访突出问题，把每月5日定为土地征用、城镇拆迁专题接访日，由副区长何秀滔、李振坚率区国土、住建等部门及各镇（街道）分管领导开展专题接访；把每月25日定为企业转制、劳动社保、劳资纠纷专题接访日，由曾向镇常委和郑新钦副区长率区人社、社保、经信、二轻联社等部门及各镇（街道）分管领导开展专题接访。接访地点设在区综治信访维稳中心。

【夯实基层自我化解能力】　针对当前农村涉土问题多发频发，农村基层干部法律意识淡薄的问题，市城区加强了基层干部自我防腐拒变能力。2013年启动全区村（社区）“两委”干部普法教育“送法下乡”活动，组织了由区人民法院、区人民检察院、区公安分局、区司法局、区委党校等部门组成的一个“送法下乡”工作组，多次分赴各村（社区），集中为“两委”干部和村民小组上法制课，举办各类普法活动150多场次。由区主要领导任主编，印制了《社区政语》《法治社区》两本普法刊物，为村（社区）基层干部学法教育提供帮助，夯实法治基础。

【信访情况与对策】　2013年，城区没有发生进京上访；到省上访1批3人次；到市上访135批300人次，同比分别下降17.7%和72.8%，其中集体访16批146人次，同比分别下降54.3%和67.2%；到区上访37批86人次，同比分别下降36.2%和73.0%，其中集体访6批39人次，同比分别下降68.4和85.0%；全区受理群众来信97件，同比下降57.8%；省交办网上信访案件2宗，全部办结，办结率100%。为切实把矛盾纠纷和不稳定因素化解在基层和萌芽状态，城区采取相应措施和对策，一是坚持定期排查制度。建立区、镇（街道）、村（社区）、村（居）民小组四级联动排查网络，区每月、镇（街道）每周、村（社区）和村（居）小组每天坚持一次排查。在排查中注重六个方面的情况：1.信访突出问题和影响社会稳定的隐患；2.涉及面广、政策性强，可能再次引发上访特别是大规模集体上访的信访问题；3.曾引发大规模到省、市集体上访的信访问题；4.长期缠访、闹访的信访老户；5.重复到市到省进京上访，并有可能继续上访的人员；6.涉法涉诉引发的不稳定案件。对排查出来的信访问题和人员逐人逐案核实情况，建立台账，做到底数清、情况明、动态准。二是坚持集中排查制度。在重大节假日和敏感时期，区加强信访工作和维护社会稳定协调领导小组办公室提前介入，落实稳控措施，做到排查深入全面，化解及时有效，落实好各项应对措施，进一步完善人员值班、情报沟通、动态监控和矛盾纠纷调处机制。三是坚持专项排查制度。突出重点，围绕群众普遍反映的焦点和热点问题，认真落实专项排查制度，把农村村务、涉土问题作为2013年“主动治理”重点。及时妥善处置了两起因地界权属争议出现的矛盾纠纷，分别是东涌镇龙溪村与红海湾马巷村地界纠纷、红草镇梧围村和海丰县仙石村地界纠纷。

（范长河）

附　区信访局局长名单

局　长：施友隆

打私工作

【机构变更】　根据省政府办公厅《关于成立广东省海防与打击走私委员会的通知》的通知精神，及市海防与打击走私办公室《关于要求成立海防与打击走私委员会海防与打击走私办公室的通知》的通知精神，为与省、市机构相应，2012年12月18日向区机构编制委员会请示。2013年1月10日，根据《关于区人民政府打击走私综合治理办公室更名的批复》，同意“汕尾市城区人民政府打击走私综合治理办公室”更名为“汕尾市城区人民政府海防与打击走私办公室”。

【党政紧抓反走私工作】　2013年4月8日，城区召开海防与打击走私工作会议。区长、区海防与打击走私委员会主任刘闪星出席会议并讲话、副区长、区海防与打击走私委员会常务副主任郑海陆主持会议。各镇（街道）镇长（主任）、分管打私工作领导，区海防与打击走私委员会成员单位主要领导，各边防派出所所长参加了会议。

郑海陆代表区政府与各镇（街道）、各有关部门签订了《反走私责任书》。

市委常委、区委书记陈少荣、区长刘闪星和区委常委卓江广亲自过问海防与打私工作，给予适时的指示。

【开展各时期打私行动】 是年城区先后接到市打私领导小组《关于开展2013年元旦春节期间打击走私联合行动的通知》；市海防与打击走私委员会《关于迅速开展打击成品油走私及非法加工经营旧服装专项行动的通知》；市海防与打击走私委员会《关于开展2013年中秋国庆期间打击走私联合行动的通知》，城区边防大队结合辖区实际，各地各部门立即组织行动。一是针对节日期间的特殊形势和任务，通过"强化内部管理、广泛开展宣传教育、加强情报收集、充分发挥视频监控系统作用、认真开展清港清湾行动"等五项措施。二是以国内渔船、油驳、粤港澳流动渔船及国内运输船为重点查缉对象，集中力量打击"三旧"（旧服装、旧汽车切割件、旧电器）物品、冻品、成品油走私以及食用油、烟酒、水果、海洋等应节商品。行动中，大队共出动执勤车辆52辆、摩托艇11艘、警力335人次，共组织开展清港清湾统一行动12次，检查各类船只71艘，渔船民281人次，发现并整改治安隐患5处，抓获改装油柜车1辆，胶艇1艘，渔船1艘，查获非法成品油案件11宗，共查获红油103.81吨。

5月14日，区公安分局巡警、边防大队、各边防派出所坚持不间断巡防督查，区海防与打私办多次到辖区码头、澳点进行检查，同时对路上无牌无证，存在安全隐患的流动加油滩点进行打击的基础上，8日，再次组织公安、打私、边防、工商、安监、经信局等部门对加油站进行清理清查，缴获了一些小油罐柴油。

工商局在辖区内组织开展清查经营各类油站、油库13个，其他经营场所63户，取缔无照经营成品油的临摊4户，尚未发现有走私成品油的违法行为。各工商所认真组织开展行动，做到分工明确，责任落实。

区经信局制订方案，统一部署，落实职责，共出动人员对9家民营加油站展开细致严密的检查。经过检查，9家民营加油站均能依法经营，暂未发现销售走私油。

马宫街道共出动执法人员36人次，执法车辆18车次，检查冷冻库及储藏点3个，检查船舶84艘，检查油库3个，修造船厂2个，市场电器及其他门店19个，行动中暂未发现走私违法行为。

红草镇牵头镇综治中心，红草派出所，红草工商所开展联合清查行动。共开展联合行动2场次，出动人员20人次，车辆7辆次。检查油站4个，冷冻库1个，汽车汽配门店5个，其他市场门店9个。另外，镇综治中心还协同红草派出所两次对晨洲堤围、西闸、堤闸、海汕路和边马路红草路段进行巡查、布控。此次联合行动，未发现走私情况。

（叶德望）

附 城区海防与打击走私办公室领导名单

主 任：黄剑雄

外事侨务

【概况】 2013年，城区外事侨务局坚持以十八大会议精神为指导，以加强因公出访管理、处置涉外突发事件、处理侨房信访工作和加强海外社团联络联谊工作为重点，依法行政，务实创新，扎实有效推进各项工作开展，取得较好的成绩。

【因公出国管理工作】 加强领导干部因公出国(境)动态管理工作，严格执行因公出访审核审批制度，实行经费先行审核制度，做好年度计划审批工作，从严控制城区党政领导干部出国（境）团组和人员数量。积极配合区纪委将制止党政领导干部利用公款出国（境）旅游专项工作转入常态化管理，确保全区因公出国管理工作健康有序开展。是年上报因公出国团组零批人次。

【侨务扶贫工作】 坚持专款专用，公开公平，统一标准，对号入座的原则，用好省下达的扶持贫困归侨专项资金，确保资金落实到位、到人。是年，根据省侨办、省财政厅下拨城区困难归侨特殊救助款 3 万元，制订帮扶计划，资助困难归侨侨眷共有 64 户人次，真正体现党和政府对贫困归难侨的关爱。

【处理涉外事件】 年初，主动应对日本经济新闻社和日本《读卖新闻》记者分别来城区采访东涌村民群体事件，采取正面宣传介绍情况，取得良好效果。为有效应对涉外突发性事件，结合城区实际，制定了《汕尾市城区涉外突发事件应急预案》，推动了城区应对涉外突发事件工作的规范化和制度化建设。

【申报 APEC 商务旅行卡】 根据“有规模、有信誉、有需要”原则，积极向该地区上规模的民营企业和外资企业大力推介 APEC 商务旅行卡，主动做好上门推介服务，得到企业的高度评价。2013 年，共受理申办 APEC 商务旅行卡 1 批次 3 人。

【联谊接待工作】 2013 年 11 月 10 日，参加在澳门举办的第七届世界广东同乡联谊大会暨第一届世界广东华人华侨青年大会，接待了香港汕尾市华商总会、香港保健海流协会等港澳社团。

【因公赴港澳办证管理工作】 加强制度建设，力促因公赴港澳办证工作实现规范化管理，程序化运作。一是加强审核审批工作。严格按照干部管理权限，规范报批手续；二是实行服务承诺制度，实行一次性告知制、五日办结制，提供优质高效服务；三是加强出访人员管理和纪律教育，实行违规办证追究制；四是加强对企业申办因公赴港澳通行证的管理；五是加强证件管理，严格执行通行证回收制度，专人专管。六是严把送办材料质量关，力求“零差错”。2013 年，汕尾市城区办理行政因公赴港澳通行证 50 人次。

【处理侨房信访工作】 是年共收到侨务信访来函 4 件，来访 10 人次，反映的热点问题主要是要求落实侨房使用权。针对信访重点，城区外事侨务局落实专员负责，配合相关部门调查了解实情，按照侨房政策，做到依法办事，维护侨胞的合法权益。

这几宗侨房落实使用权问题需市外事侨务局，市房管局及所在地政府共同协调解决，2013 年仍在处理中。

（王冬妮）

附　区外事侨务局领导名单

局　长：许岸悦

副局长：王冬妮

应急管理

【概况】 2013 年，市城区应急管理工作在市应急办和区委、区政府的正确领导下，以邓小平理论和“三个代表”重要思想为指导，加强组织协调，完善机构网络和预案体系，提高应对突发公共事件的能力，保障人民群众生命财产安全，促进经济社会稳定发展，较好地完成了各项工作和任务，有效维护社会政治稳定和广大人民群众利益，促进了全区经济社会的发展。

【调整强化领导机构】 2013 年 1 月 11 日，调整了区突发公共事件应急委员会成员，由区政府区长刘闪星任应急委主任，区委副书记罗光钊，区委常委、政法委书记卓江广，副区长郑新钦任副主任，进一步强化对区应急管理工作的组织领导，确保领导到位，组织有力。

【完善各项应急预案】 按照科学制定、可操作性强的原则，进一步建立和完善各项安全应急预案和应急处理办法，并根据实际情况进行补充和完善，形成工作制度，使各类专项应急预案在新时期、新形势下提高应对突发事件的处置能力。先后制定了《汕尾市城区处置森林火灾应急预案》《汕尾市城区突发性地质灾害应急预案》《汕尾市城区防御强台风实施细则》《汕尾市城区 2013 年度地质灾害防治方案》《汕尾市城区 2013 年度小（2）型病险水库除险加固工程建设实施方案》等，并发放到各镇（街道）和区直各部门。

【健全应急管理制度】 充分整合利用现有资源，加快应急指挥平台建设，提高应急管理工作的科技水平，在全区范围内全面开展突发事件隐患排查、预判和预警工作，大力加强对可能引发突发事件的重点情报信息的收集、研判和报送工作；建立健全应急管理制度，确保在突发事件发生后迅速反应、准确到位、指挥得当、处置有力；在应急预案的基础上，逐步推进应急管理工作规范化、程序化、法治化，建立健全应急处置突发机制，确保信息报送及时、报送内容准确完整；切实做好日常排查和防范工作，争取工作主动，公共事件一旦发生，区分管领导亲临现场指挥协调，各职能小组上下联动，密切配合，自觉履职，确保及时妥善处置事件。是年成功处置了“4·26”捷胜沉船事故、“6·18”新港渔村民房坍塌事故、“7·26”海训部队在军事演习期间一捷胜村民被炮弹炸死的事故、“8·31”汕遮公路东涌路口交通事故、“10·18”红草南汾云仔山森林火灾、“10·30”东涌长富村古沟村森林火灾等突发事件。

【加快保障体系建设】加强应急队伍建设，建立了综合应急救援队伍，下设7支应急小分队；完善应急值班制度，落实专人值班，特别是加强节假日、敏感时期、恶劣天气等的值班，确保人员到位、责任到位、信息畅通；积极研究相关保障政策，责成有关部门，对应急救援队员保障、应急车辆执行应急救援任务等制定政策规定并推动落实；完善应急队伍运行机制，重点是建立健全应急队伍管理、指挥、调用、协作、培训、演练等制度，建立应急队伍和装备统一调度、快速运送的工作机制；做好物资储备保障。

【加强应急宣传力度】根据省、市要求，结合城区的实际，采取各种宣传形式：组织开展了《中华人民共和国突发事件应对法》、《中华人民共和国安全生产法》等应急救援的法律法规和政策的宣传活动，使应急管理的法律法规、应急预案、救援知识进企业、进学校、进社区，提高生产经营单位从业人员救援技能；充分利用“全国消防日”宣传、“科学防灾避险，保障生命安全”科普宣传图展、“百人百场”应急知识宣讲等专项宣传活动；开展学校应急教育和应急演练，进一步完善学校突发事件应急预案，提高学校应对突发事件的能力；各有关部门也结合自身实际情况，组织开展相应的应急演练，增强了公众的公共安全意识。在全区范围内共发放《公众应急手册》和应急管理宣传资料3000多份，同时在各镇（街道）、村（社区）宣传栏张贴应急知识图，张贴应急知识标语，使应急知识人人关注，在全区范围内形成良好氛围。

（林建忠）

机关事务工作

【概况】 区直属机关事务科是负责区委、区政府接待工作的职责部门。2013年，接待工作紧紧围绕区委、区政府中心工作，紧扣服务经济建设这个工作中心，强化全局意识，服务意识、质量意识和奉献意识，本着勤俭节约、有利公务、热情实在、统一安排的原则，严格按有关规定认真做好接待工作，坚持“科学化、规范化、特色化”方针，开拓创新，扎实工作，圆满完成各项接待工作任务。全年共接待内外宾245批次2940人次，参与重大接待活动4次,完成区委、区政府交办接待任务15次。失误率为零，受到各级领导和来访团组的一致好评。为宣传城区对外形象，提升汕尾地位、增强合作交流，作出了应有的贡献。

【完善各项规章制度】 按照中央“八项规定”及《党政机关厉行节约反对浪费条例》等规定，重新修订《接待管理制度》《食堂管理规定》，明确接待人员和食堂工作人员工作职责，建立内部管理制度，以制度促进接待队伍的管理。

【把握接待工作的三个重要环节】 坚持以“热情周到、耐心细致、安全规范、高效廉洁”的工作要求，努力提升接待工作的水平和质量，注重把握接待工作中的三个重要环节。一是认真细致地做好接待前的准备工作。掌握来访对象的组成结构、考察意图、活动日程及要求等基本信息，制订详细接待方案，按程序实施接待。二是热情周到地做好接待中服务工作。在接待过程中，及时与相关接待单位沟通协调，安排专人全程跟踪服务，掌握来访客人的动态需求，调整服务项目，保证接待不出差错。三是及时做好接待后总结工作。通过总结，归纳服务要点，查找不足之处，建立服务档案，不断提高接待质量和工作效率。

（彭春晓）

附　区事务科领导成员名单

科　长：王世铭

副科长：李敢铸

刘儒彬

档案工作

【概况】 2013年，区档案局（馆）、区地方志办合署办公，实行一套人员三块牌子，编制7人，在职7人。档案局内设监督指导、管理编研和方志编纂股等3个股室。区档案局主要负责全区档案事业行政执法、档案保管利用工作和组织指导、编纂。

【加强安全管理】 按照“八防”（防盗、防火、防潮、防尘、防虫、防高温、防强光）的要求，做好安全配套措施，做好库房温湿度记录工作，每年做一次投放防虫药工作，并定时对库房进行清扫。是年更换虫药150包。同时做好档案库房日常管理，安排值班人员做好库房温湿度控制，保持库房清洁。并确保杜绝“水患”、“电隐患”对档案的最直接的“潜在威胁”。9月22日，强台风“天兔”在汕尾市沿海登陆，区档案局做足防风措施、安排人员通宵留守值班，确保库房档案安全。

【加大指导力度】 区档案局通过现场指导、上门服务、电话咨询、传帮带和代立档等方式，对区民政局、香洲街道等7个单位进行档案业务指导。举办小型培训班3次，对部分不熟悉档案管理业务单位举办小型培训班，通过面对面、手把手进行实例操作，全面提升了城区的档案业务管理水平。

【设施不断完善】 4月，市保密局、市档案局联合到区档案局检查档案保密工作，并对区档案局提出整改意见。在区政府的重视下，区档案局购置了一个立式密码文件柜、一套视频监控设备、一套保密U盘及为办公室装了铁窗（约30平方米）、一台台式电脑、一台打印机及一台扫描仪。进一步改善了安全、保密设施和办公设备。

【丰富馆藏结构】 为丰富馆藏，方便查阅，区档案局对档案的接收工作，做到一年一归档，规定于次年的四月上旬，全区各机关事业单位、人民团体将各自的归档文件、资料按时移交区档案馆，区档案馆现有档案全宗101个，馆藏档案共有11829卷18351件，其中文书档案3648卷15787件，其中是年有4个单位移交进馆，新增40卷2053件，会计档案、婚姻档案、基建档案等专门档案6425卷2564件，声像档案39盒，照片档案1448张，实物269件。新增电子目录3100条。

【加强档案服务】 区档案局全年共接待利用者75人次，查阅档案75卷次，78件。为城区经济建设、领导决策、编史、修志、落实政策、机关查考、调解纠纷、核实工龄、工作调动、学术研究提供了大量翔实的第一手资料，增强社会档案的利用价值。

（陈春杰）

地方志工作

【概况】 2013年，《汕尾市城区志（1988~2007）》正式出版发行，圆满完成第二轮修志任务。并于6月份召开《汕尾市城区年鉴（2013）》（创刊号）、地方志资料年报工作动员会，及举办年鉴、年报两场培训班。

【《汕尾市城区志（1988~2007）》出版发行】 历时10年，在省、市、区三级领导的关心、大力支持下，城区于12月4日举行城区首部志书《汕尾市城区志（1988~2007）》首发仪式，顺利完成第二轮修志任务。

【年鉴、地方志资料年报工作正式启动】 城区于6月7日在区党政办公大楼会议厅召开《汕尾市城区年鉴·2013》创刊号、地方志资料年报工作动员会暨年鉴编纂业务培训班。于6月20日，市人民政府地方志办公室、城区地方志办公室两级地方志机构联合在城区党政办公楼9楼会议厅举办地方志资料年报业务培训班。

【地方志资源开发利用项目】 接省志办文件《关于

2013 广东省地方志资源开发利用项目立项结果的通知》，区志办对城区各地进行调研、考察后，向省志办上报了开发利用项目《汕尾市城区马宫长沙炮台古迹保护和开发利用》的专题调研报告，经省志办组织专家论证后，于10月份给予立项。

【地情网站建设】 汕尾市城区地情网站自2009年开通以来，已发布了文章796篇，共约38万字，总访问量累计119006人次。网站设置8个栏目，包括：《城区志》《史志动态》《政务信息》《城区档案》《走进城区》《城区人物》《名胜特产》《信息公开》。

（陈春杰）

附 区档案局（馆）、区地方史志办公室领导名单

局（馆）长、主任：陈烈进

副局（馆）长、副主任：王耿绵

区政府办公室机构设置

区政府办公室内设机构：秘书股、综合股、文教股、督办股、财管股、信息股、经济研究室、信息公开股

下辖挂靠单位：区处置地方金融风险办公室、应急管理办公室、人民防空办公室

下属事业单位：网络信息管理中心、机关服务中心

附 区政府办公室领导成员：

主　任：刘泽扬

副主任：刘水照

黄剑雄

欧阳桂录（2013年9月改非）

吴小臻（2013年9月调离）

王清红

施友隆

吴春磊

政协汕尾市城区委员会

政协第四届汕尾市城区委员会主席、副主席、常委名单

主　席：吴大集

副主席：曾向勤

邵银洲

郑前军

黄义丞

卓孝义

常　委：朱锦城

江浩波

余远霖

吴惠芳

张小兵

张家瑶

李泗远

陈庆本

陈建文

卓炎昌

林义鸿

林礼标

林伟强

林志权

林孟东

罗世健

郑礼建

洪海燕

郭乃坎

谢楚林

重要会议

【政协四届三次会议】 会议议程：1. 听取和审议中国人民政治协商会议第四届汕尾市城区委员会常务委员会工作报告；2. 听取和审议中国人民政治协商会议第四届汕尾市城区委员会常务委员会提案工作报告；3. 听取和讨论汕尾市城区人民政府工作报告及有关报

告；4. 表彰政协汕尾市城区四届二次会议以来优秀提案和承办提案先进单位；5. 审议中国人民政治协商会议第四届汕尾市城区委员会提案委员会关于四届三次会议期间提案审查情况的报告（书面）；6. 审议通过中国人民政治协商会议第四届汕尾市城区委员会第三次会议决议。2013 年 3 月 26 日~28 日，区政协四届三次会议在汕尾市城区召开，出席会议的委员有 159 人。会议审议通过区政协主席吴大集代表政协第四届汕尾市城区委员会常委会所作的工作报告和区政协副主席郑前军代表政协第四届汕尾市城区委员会常委会所作提案工作报告，审议通过政协第四届汕尾市城区委员会第三次会议决议。与会委员列席区七届人大三次会议，听取和讨论区政府工作报告及其他报告，并就城区经济和社会发展中的重大问题以及人民群众普遍关注的热点、难点问题进行建言献策。会议期间，区委、区政府领导出席会议并参加政协分组讨论，与委员们共谋发展大计。

【政协常委会议】 2013 年共召开 4 次，主要内容是传达贯彻汕尾市“三级”干部会议精神，传达市政协六届二次会议精神；讨论汕尾市城区人民政府工作报告（征求意见稿）；讨论区政协 2013 年工作要点，讨论通过区政协四届三次会议日程、议程、常委会工作报告、常委会提案工作报告以及报告人，四届三次会议有关事项；讨论通过四届三次会议决议，提案收集情况审查报告，听取四届三次会议各组召集人情况报告；总结 2013 年度区政协常委会工作，听取区委关于城区 2013 年维稳工作情况的通报，听取区政府关于城区经济和社会发展情况的通报，审议通过区政协有关人事安排和增补委员名单。

【政协主席会议】 2013 年共召开 12 次，传达贯彻省政协第二次“委员之家”网络建设工作会议精神和市委书记温国辉到城区调研时讲话精神；研究政协常委会议议程，政协四届三次会议日程、议程及工作报告，确定委员发言题目，表彰有关事项名单；讨论政协 2013 年度工作要点，讨论安排市政协到城区调研事项，讨论准备召开区政协提案交办会事项；研究区政协出版文史、提案督办工作；落实区政协班子成员协管区重点项目建设工作措施；研究涉及市政建设的委员提案办理落实方法；研究重点督办提案事项、开展调研、视察课题，加强党外干部培养和培训。

重要活动

【政治协商】 2013 年5 月 16 日，区政协组织区各民主党派和无党派人士的政协委员开展协商专题调研活动，形成汕尾市城区党外干部培养和使用情况的调研报告，提出加强党外干部培养和使用工作的建议，得到区委的高度重视。6 月 20 日，区委召开了“汕尾市城区加强党外干部培养和使用工作座谈会，市委常委、区委书记、区人大常委会主任陈少荣，区政协主席吴大集，区委副书记罗光钊，区委常委、组织部长卢学军，区委常委、宣传部长刘元海，区政协副主席、区委统战部长黄义丞，区直有关单位的领导，民革、民盟、农工、致公四个民主党派组织正副主委和无党派人士代表共 26 人参加了座谈会。

区卫生局、区教育局和区逸挥医院等单位介绍了党外干部培养和使用工作的经验和今后工作的努力方向。出席会议的各民主党派成员和无党派人士代表都围绕会议主题提出了宝贵意见建议。主要有 4 个方面：1. 党外中层干部断层，希望区委加强党外干部的培养和使用。2. 希望区委加大对党外干部的实职安排和政治安排工作力度。3. 希望区委加强对党外干部的组织培训。4. 希望拓展参政议政平台，组织党外干部参与重大项目的考察调研。

区领导吴大集、罗光钊、卢学军、刘元海、黄义丞等针对区党外干部培养使用的工作情况和存在问题提出意见，归纳起来有 4 点：一是要坚持党委领导，二是要坚持健全机制，三是要坚持开创条件，四是要坚持保护配额。

区委书记陈少荣对与会人员的意见建议给予了高度肯定，强调一直以来，区委高度重视党外干部培养和使用工作。对于党外干部，区委始终高看一眼，厚爱三分，加强培养，优先选用，并提出两点意见：一是区委将加大党外干部的培养和使用力度，注重在“选、管、育”三个方面上下功夫。1. 选：要选用政治立场正、工作能力强、群众工作经验好的党员作为发展对象；2. 管：要借鉴中共党员干部管理的成功经验，加大对党外干部的监督管理力度；3. 育：要加强培训，通过基层挂职等方式加强交流使用。二是党外干部要不断加强自身建设。1. 要勤练“内功”。“打铁还需自身硬”，要进一步提高政策理论水平和工作能力。2. 要敢于“直言”。要着眼全局、立足岗位，多到基层开展调研活动。3. 要建设“梯队”。各民主党派组织要加强后备干部培养，加强队伍班子的传帮带，形成较好的梯队结构。

【参政议政】 2013 年 3 月 26 日，政协汕尾市城区委员会四届三次会议上，城区民主党派民革、民盟、致公、农工、无党派人士代表、工商联、人民团体和政协经济界共有 11 名委员发言，发言内容针对城区经济、文化、教育、卫生、科技、重点项目建设等提出意见建议共 26 条，发挥了政协参政议政职能作用。

一、委员王声效代表民盟汕尾市城区总支作《千方百计，排除万难，发力推进市区红海西路建设工程早日完成》的发言；

二、委员罗善球代表致公党汕尾市城区总支作《趁机发力，把凤山祖庙旅游区建成国家 AAAA 级景区》的发言；

三、委员林义鸿代表汕尾市城区工商联作《乘扩容提质之势，打造汕尾“小香港”购物休闲天堂》的发言；

四、委员马丽雅代表农工党汕尾市城区支部作《整治农村卫生环境，建设宜居乡村》的发言；

五、委员施长文代表民盟汕尾市城区总支作《整合城乡文化资源，着力打造城区文化软实力》的发言；

六、委员倪创代表汕尾市城区经济界作《企业发展的核心动力在于科技创新》的发言

七、委员曾玮玮代表汕尾市城区工青妇作《提升市民素质，增强城市意识》的发言；

八、委员吕水炳代表汕尾市城区医疗卫生界作《简化手续，降低门槛，真正让城乡享受医保惠民政策》的发言；

九、委员施镇波代表民革汕尾市城区总支作《整合资源，完善设施，打造汕尾滨海旅游新城》的发言；

十、委员洪海燕代表汕尾市城区无党派人士作《建立行政首长出庭应诉制度的建议》的发言；

十一、委员胡家为代表致公党汕尾市城区总支作《完善殡葬基础设施配套，推进城区殡葬管理工作》的发言。

【民主监督】 2013 年，区政协领导吴大集、邵银洲、郑前军、黄义丞分别协管区重点建设项目 6 个，预备重点建设项目 7 个。按照协管分工任务，区政协领导深入项目建设责任单位及现场了解情况，从协管责任提出相关的建议。为全面、客观地了解项目建设进展情况，加快推进重点建设项目。2013 年 6 月 18 日，区政协召开了重点建设项目（预备项目）进展情况汇报会，充分听取建设项目责任单位香洲街道、马宫街道、区住建局、区卫生局、区发改局、区外经贸局、区水利局、区招商办、区教育局、区人社局、区科技文体局、区交通局等部门的工作情况汇报。是年，有 2 个重点建设项目已基本完工，进入扫尾工作；即将开工重点建设项目 1 个。其余建设项目虽然做了大量前期工作，但多个重点建设项目进展缓慢，主要是涉及征地、拆迁、补偿、安置、国土、规划、资金等一系列问题。

区政协通过调研和召开重点建设项目（包括预备项目）进展情况汇报会，充分听取项目责任单位的意见建议，同时面对客观现实作进一步探讨，为加快推进项目建设形成了四点共识。一是建设项目责任单位要主动工作，要加强与市规划、国土等部门的协调协作，提高工作效率，加快用地审批工作进程，着重解决好被征土地村组留成地问题，着力推进被征土地作物补偿工作，扫清征地遗留尾巴。二是各有关建设项目责任单位要想方设法，多渠道、多方面筹措项目建设资金，确保项目工程的顺利进展。三是建设项目责任单位要把项目列入单位重要的议事日程，一把手亲抓，班子合力，强力推进。四是项目主管、协管领导要加强督查，遇到问题要及时帮助解决，与责任单位同心共进，为建设项目谋划出力，围绕一个共同目标，推进城区扩容提质，实现科学跨越发展。

【专题调研】 2013 年 7 月~11 月，区政协开展 6 个专题调研活动，形成调研报告 6 份，共提出建议意见 28 条，送交区委、区政府及有关单位作参考决策依据。

一、2013 年 7 月 9 日，区政协主席吴大集带领区

政协班子成员和部分政协委员开展“关于推进城区重点项目建设”调研活动，深入重点项目建设火车站片区、红草工业园区、金町湾旅游度假城现场考察，听取相关责任单位工作情况汇报，并认真探讨推进重点项目上马的有效措施。

二、2013年7月25日，区政协领导班子成员和14名政协委员组成调研组，对城区卫生系统重点建设项目进行专题调研。调研组实地视察了东涌卫生院门诊住院综合楼建设项目和汕尾逸挥基金医院肿瘤防治中心建设项目建设现场，召开座谈会听取区卫生局、汕尾逸挥基金医院和东涌卫生院关于建设项目进展情况的汇报，并认真开展讨论研究，建言献策。

三、2013年7月31日，区政协主席吴大集，副主席卓孝义和政协委员专题调研组，与区委常委许昌林一起，深入到田家炳中学、香洲中学新校区和教育实验园区所在地，开展视察调研活动，听取了有关项目负责人的情况汇报。在教育局办公楼召开的座谈会上，区教育局局长林泽树就城区的教育现状、规范化整治措施和对未来的设想作了汇报，吴大集、许昌林针对教育的问题作了讲话，在座的委员们也就教育问题畅所欲言地发表了各自的看法，形成三点意见：一是要把握机遇拓展城区教育发展空间。二是要全力以赴做好征地工作。三是要多渠道筹集教育建设资金。

四、2013年8月9日，由吴大集主席、卓孝义副主席带队的区政协调研组一行20多人开展市区环卫作业市场化运作情况专题调研。区政府副区长李振坚参加了调研活动并在座谈会上作了讲话。调研组实地视察了市区部分主次干道卫生状况和垃圾场垃圾处理情况，召开座谈会听取区环卫局、广州市开物物业管理有限公司的专题情况汇报和基层环卫管理站负责人的意见，并在现场开展讨论研究，提出调研意见和建议。

五、2013年9月10日，区政协领导吴大集、邵银洲、郑前军、刘明光和政协委员组成调研组到凤山祖庙旅游区开展调研活动，深入了解旅游区创建国家AAAA级景区的进展情况，现场听取区旅游局、凤山祖庙旅游区管理处等部门的情况汇报，还对创建工作提出意见和建议。9月28日，主席吴大集、副主席郑前军组织带领区政协机关的有关人员到凤山祖庙旅游区察看遭受“天兔”台风袭击的损毁情况，现场提出了“救灾复产”、继续创建AAAA级景区的有关要求和建议。

六、2013年10月31日，由区政协副主席卓孝义带队的区政协调研组到区公安部门开展“创建平安城区”专题调研。调研组一行深入新湖派出所治安执勤点、新湖派出所、新区派出所和区公安分局指挥中心（监控中心）实地视察，听取区综治办、区公安分局关于开展“创建平安城区”工作的情况汇报，委员们还对创建工作提出意见和建议。

【专题视察】 2013年5月14日，区政协开展了关于加强H7N9禽流感防控工作的专题视察活动。区政协主席吴大集、区政府副区长刘师琪，区政协副主席邵银洲、郑前军和区政协委员，区直有关部门、有关街道领导一行26人，先后视察了市区荣泰、百汇市场、香洲后径“三鸟”批发市场，并与经营户、批发商交流情况，了解经营者防控意识，听取民意。同时在区党政办公大楼七楼会议室召开座谈会，听取了区工商分局、卫生局、经信局、畜牧局、逸挥医院和凤山街道办事处、香洲街道办事处关于H7N9防控工作的情况汇报，区政协委员对防控工作提出了针对性意见建议；区领导吴大集、刘师琪对下一步加强H7N9防控工作提出指导意见，经过视察，形成视察报告，提出四点意见建议：一是进一步加强组织领导，强化防控工作责任制。二是切实采取严密的防控措施。三是加大宣传力度。四是加大投入，提高防控工作整体水平。

2013年11月26日，区政协专题视察团深入凤山街道、东涌镇和红草镇对综合文化站建设情况进行现场视察。视察后在红草镇政府会议室召开座谈会，听取了凤山街道、东涌镇、红草镇和区科技文体局领导的汇报，参加视察的委员对综合文化站建设中存在的问题提出了意见和建议。

提案文史

【提案工作】 2013年3月26日~27日，政协汕尾市城区四届三次会议共收到委员提案54件，根据《政协汕尾市城区委员会提案工作条例》的有关规定，经提案委员会审议确定立案54件。立案的54件中，内容有关经济建设方面10件，科教医卫文体环保方面27件，政法、统战、劳动人事等方面17件。经政协汕尾市城区第四届委员会第十四次主席会议审议，决定把1号、2号、3号、4号、5号提案列为重点督办提案。

2013年4月24日区政协提案交办工作会议在区党政办公大楼七楼会议室召开，会议由区政协主席吴大集主持，各镇（街道）、区直有关单位参加了会议，会议邀请了区委副书记罗光钊、区政府副区长郑新钦参加。会上，区政协副主席郑前军通报了2012年提案办理情况，对于做好2013年的提案办理工作，提出了以下几点要求：一、提高思想认识，理解提案办理的重要性；二、分析提案特点，提高提案办理的针对性；三、突出提案重点，增强提案办理的实效性；四、创新方式方法，完善提案办理的科学性；五、认真督查总结，提升提案办理的积极性。区委副书记罗光钊在会上作了讲话，肯定了各级党政和各职能部门对政协委员提案的高度重视，同时也指出，有个别承办单位对政协提案办理认识不足，领导不够重视，办理提案进度慢，时间长，质量差等现象，对做好今后的提案办理工作，讲了四点意见：一、强化认识，增强办理好政协提案的自觉性；二、强化领导，切实抓好提案工作的办理；三、加强沟通，不断创新办法提高提案办理工作质量；四，强化措施，把政协提案办理工作抓实抓好。

2013年6月18日，区政协召开重点督办提案办理情况工作会议：（1）区住建局汇报1号重点督办提案《千方百计，排除万难，发力推进市区红海西路建设工程早日完成》的办理情况，香洲街道办事处补充发言；（2）区旅游局汇报2号重点督办提案《趁机发力，把凤山祖庙旅游区建成国家AAAA级景区》的办理情况，凤山祖庙旅游区管理处补充发言；（3）区民政局汇报3号重点督办提案《完善殡葬基础设施配套，推进城区殡葬管理工作》的办理情况，红草镇政府、捷胜镇政府、东涌镇政府、马宫街道办事处补充发言；（4）区人社局汇报4号重点督办提案《简化手续，降低门槛，真正让城乡居民享受医保惠民政策》的办理情况；（5）区住建局汇报5号重点督办提案《整洁农村卫生环境，建设宜居乡村》的办理情况，红草镇政府、捷胜镇政府、东涌镇政府、马宫街道办事处补充发言。

提案办理落实情况：重点督办提案1号《千方百计排除万难，发力推进市区红海西路建设工程早日完成》，提案单位民盟汕尾市城区总支部委员会，由市委常委、区委书记、区人大常委会主任陈少荣，区政协副主席卓孝义重点督办，区住建局承办，区香洲街道办事处协办，区政府分管领导李振坚。对红海西路建设的项目，区委、区政府高度重视，按市委、市政府的工作要求和部署，根据国家的有关规定结合工程的实际，以认真负责的态度，着力开展和推进工程建设的各项工作。制定了红海西路首期建设工程征收安置补偿方案，并报市政府审批，经市国土、财政、规划、建设等部门反复研究调整，市政府于2010年8月26日在市政府常务会议审核通过批准，将安置区用地面积60000平方米及地点予以确定。

重点督办提案2号《乘机发力，把凤山祖庙旅游区建成国家AAAA级景区》，提案单位致公党汕尾市城区总支部委员会，由区委副书记、区长刘闪星，区政协副主席郑前军重点督办，区旅游局承办，凤山祖庙旅游区管理处协办，区政府分管领导程书航。区旅游局高度重视委员建议，一方面加强与省、市旅游部门的沟通联系，争取他们大力的支持与帮助，使创建工作少走弯路。另一方面加强对旅游区创建工作的指导督促，使创建工作有序开展，组织精干力量协助凤山祖庙旅游区制订创建国家AAAA级景区工作方案。2013年12月，省旅游局专家组通过评审同意凤山祖庙旅游区为AAAA景区。

重点督办提案3号《完善殡葬基础设施配套，推进城区殡葬管理工作》，提案单位致公党汕尾市城区总支部委员会，由区政协副主席黄义承重点督办，区民政局承办，区红草镇人民政府、捷胜镇人民政府、东涌镇人民政府、马宫街道办事处协办，区政府分管领导何秀滔。对于区殡葬管理工作存在的问题，区委、区政府高度重视，一方面采取措施加快完善殡葬基础设施配套，要求各镇尽快做好公益性公墓的选址规划，力争是年年底前努力达到各镇、村公益性公墓的全覆盖。另一方面加大宣传教育力度，引导群众转变落后的丧葬观念，树立推进火葬，文明节俭办丧新风，营造殡葬改革的浓烈氛围，并落实经费，加强殡葬管理队伍建设，加强殡改执法力量和管理监察力度，确保城区殡葬管理工作有力推进。

重点督办提案4号《简化手续，降低门槛，真正让城乡居民享受医保惠民政策》，提案委员吕水炳，由政协主席吴大集、副主席曾向勤重点督办，区人社局承办，区政府分管领导曾向镇。区人社局多次向市人社局、社保局提出降低一级医院住院起付线的建议，并根据城区的实际情况，提出降低一级医院（镇卫生院、社区卫生服务中心）起付线（150元）和管理权限等建议。因提案内容办理权限在市人社局，其内容涉及城乡居民医疗保障的切身利益，区政协为了使提案得到办理落实，将该提案转为由城区的市政协委员向市政协提交了该提案，引起市政协的高度重视，市政协主席莫英群评价这种做法是“市、区政协联动”，有效地发挥了两级政协的作用，指示市政协提案委员会要认真交办和加强督办。市政协提案委及时将该提案转交市人社局落实办理。区人社局也积极与市局互动，争取支持。经多方努力，市人社局、市财政局2013年6月1日发出《关于确定2013年城乡居民医疗保险最高支付限额和调整一级医院住院报销起付线的通知》，将住院最高支付限额提高到30万元，一级医院住院起付线由原来400元调整下降为200元，委员提案建议得到落实。

重点督办提案5号《整治农村卫生环境，建设宜居乡村》，提案单位农工党汕尾市城区支部委员会，由区政协副主席邵银洲重点督办，区住建局承办，红草镇人民政府、捷胜镇人民政府、东涌镇人民政府、马宫街道办事处协办，区政府分管领导李振坚。承办单位及各协办单位针对5号重点提案的建议，结合“美丽乡村，环卫先行”的农村清洁工程专项活动的开展，成立了机构，制定了方案，落实了责任等措施，稳步推进全区城乡生活垃圾处理工作的开展，并取得了一定的成效。

是年，区政协四届三次会议表彰优秀提案8件，先进承办单位6个。

优秀提案：

第1号《千方百计　排除万难　发力推进市区红海西路建设工程早日完成》

——民盟汕尾市城区总支委员会

第2号《趁机发力　把凤山祖庙旅游区建成国家AAAA级景区》

——致公党汕尾市城区总支委员会

第4号《简化手续　降低门槛　真正让城乡居民享受医保惠民政策》

——吕水炳

第5号《整洁农村卫生环境　建设宜居乡村》

——农工党汕尾市城区支部

第9号《关于当前区经济发展的意见和建议》

——林晓良、黄吉庆、邹世雄

第15号《关于市政道路　烂路重修　为城区扩容提质打好基础》

——郑礼建、黄吉庆、林义鸿、张昌富、何展辉

第42号《建议政府重视外来工　凝心聚力　推进城区经济发展》

——吴惠芳、黄吉庆

第43号《关于民主党派在参政议政实践中的建议》

——曾志炜、麦木声、张庆伟、庄淑妮、胡家为、洪海燕

承办提案先进单位：

中共汕尾市城区委统战部

汕尾市城区人社局

汕尾市公安局城区分局

汕尾市城区发改局

汕尾市城区旅游局

汕尾市城区凤山祖庙旅游区管理处

【文史工作】 政协《汕尾城区文史》第七辑，主编郑前军，执行主编黄吉庆，责任编辑陈剑钊、陈汉杞。于2013年10月出版，收录文章39篇，约计17万字，分编为《史海钩沉》《地方史话》《人物春秋》《旧事杂记》《难忘岁月》《乡土人文》6个栏目。主要有：《“半个解元”传奇》《汕尾凤山书院今昔》《红海湾畔的清代古炮台》《龙溪乡地名考究及九乡、九约由来》《汕尾象棋名话》《电影大师蔡楚生留踪汕尾》《汕尾风帆掩网渔船演变述略》《汕尾市城区部分聚落得名来由》《苏振波筝音扬香江》《这辈子、心为钱鼓舞所系》《三栖学者杨成志》《心灵与天籁的约会》《欣唱巧传苏阿姨》《影视艺术的骄子》《我的妈祖情缘》《保护大鲸鱼始末》《坚强的战斗堡垒》《一份迟到35年的毕业证书》《汕尾解

放前夕的枪声》《潮乐“班门”勇夺金》《乡间游艺民俗杂记》《汕尾人的忌讳与习俗》等。

（陈剑钊）

附　政协第四届汕尾市城区委员会各专门委员会主任、副主任名单

社会和法制委员会

主　任：林佑信

副主任：张家瑶
洪卫京
黄健民
王声效
洪海燕
林礼标

学习和文史委员会

主　任：罗智冰

副主任：张子贺
黄汉家
黄吉庆
陈庆本
卓炎昌

“三胞”委员会

主　任：许岸悦

副主任：张小兵
罗世健
潘楚辉

经济委员会

主　任：叶庆雄

副主任：谢楚林
李泗远
江浩波
陈建文
林义鸿
吴惠芳
林孟东
余远霖

提案委员会

主　任：朱锦城

副主任：王晓卫
刘水照
郑礼建
林志权

科教文卫体委员会

主　任：郭乃坎

副主任：郑伟雄
郭少鑫
吴义军
林伟强

民主党派和工商联

·民盟汕尾市城区总支部委员会

【概况】　2013年，民盟汕尾市城区总支部委员会共有5个支部，盟员63人，男46人，女17人。盟员中本科学历35人、大专学历17人；界别分布为医药界2人，教育界50人，政府机关单位2人，有9人来自不同界别。盟员中具有高级职称有24人，中级职称有24人；中高级职称占76%。

【思想建设】　总支部委员会始终把抓思想建设作为自身建设的首要任务，以各种有效形式促进思想建设。一是加强政治理论学习，总支部委员会组织和带领盟员认真学习贯彻落实中共十八大会议精神，深入开展树立和践行社会主义核心价值体系和建设学习型参政党活动。二是结合总支部委员会的实际情况，建立盟员理论学习制度、政治学习制度，保证盟员从思想上处于领先地位。总支部委员会于2013年7月上旬组织盟员前往海丰县红宫、红场、彭湃烈士故居等爱国主义教育基地举行现场教育学习活动。通过重温历史，使大家再一次接受爱国主义精神的洗礼，大家一致表示，今后一定要以革命先烈为榜样，并通过他们激励更多的盟员，忠心赤胆爱祖国，无私奉献为人民，把有限的生命投入到无限为人民服务的事业中去。

【组织建设】　总支部委员会从保障多党合作可持续发展的高度，积极探索新形势下组织发展规律，认真做好组织发展工作。是年，各支部注意发现培养对象，密切与本单位中共党组织沟通，并广泛征求群众意见。是年，盟总支五个支部发展了三位新盟员。

【参政议政】 区民盟有市政协委员2人，区政协委员6人（含区政协副主席1人）；区人大代表1人；1人被市人民检察院、市质监局、市城管局和区工商局聘为特邀监察员。他们积极参加中共城区委、区政府邀请的各民主党派、无党派人士参加的各种座谈会、征求意见会，对所协商的议题认真准备，在这些会上以高度的责任感和使命感，大胆建言献策，认真履行参政议政、民主监督职责。在是年市政协例会中，卓孝义代表市民盟撰写的《关于在市区设立治安联防执勤亭的建议》被大会评为优秀提案，在城区政协四届三次例会中，盟总支通过深入调研，在会上提出的《千万百计，排除万难，发力推进市区红海西路建设工程早日完成》被大会评为优秀提案；《关于民主党派在参政议政实践中的建议》的提案也得到相关部门有效的落实。

【社会服务】 区民盟总支积极响应上级盟组织的号召，各尽所能把集体智慧和个人专长结合起来，开展各式各样的社会服务活动。2013年6月20日上午，由副主席卓孝义带领区部分政协委员，对市区墩下城文物保护进行了现场的视察，通过视察了解，向区文化部门提出了合理和有前瞻的意见和建议；同年11月26日，卓副主席又带领区十多位政协委员，对各镇（街道）综合文化站建设进行专题视察。对区文化站的建设起到一定的监督和促进作用，受到区党政的好评。

（卓　越）

附　民盟汕尾市城区总支部委员会主要领导名单

主　委：卓孝义

副主委：王声效、袁绍成

民盟汕尾市城区各支部主委名单

新城中学支部主委：卓孝义

汕尾中学支部主委：袁绍成

城区区直支部主委：王声效

田家炳中学支部主委：易光文

凤山中学支部主委：余嘉

·农工党城区支委会

【概况】 中国农工民主党（简称农工党）是以医药卫生界高中级知识分子、环境保护和人口资源领域的代表性人士为主，具有政治联盟特点，致力于建设中国特色社会主义事业的政党，是同中国共产党通力合作的参政党。2013年，农工党城区支委会共有党员33人，其中本科学历12人、大专学历15人。医药界19人，教育界9人，金融界1人，政府机关单位2人，退休党员2人。所有党员中具有高级职称的有15名，中级职称的有16名；中高级职称占86%。

【思想建设】 支委会始终把思想建设作为自身建设的首要任务来抓，以各种有效形式促进思想建设。加强政治理论学习。带领全体党员认真学习邓小平理论，“三个代表”重要思想，重点学习中共十八大精神及农工党中央十五大精神，学习新时期统战理论政策和传达贯彻各有关会议或文件精神。积极组织农工党员深入开展“三增强”“四热爱”教育活动，做好宣传报道工作，努力扩大农工党在社会上的影响面。认真学习《前进论坛》《广东农工》及《同舟共进》等该党机关刊物和政协机关刊物。结合支委会的实际情况，不定期组织党员参加各种培训学习，并积极参加了市委会组织的报告会、座谈会、研讨会3次，参加区政协组织的调研活动2次。支委会还多次召开支部委员及部分党员学习座谈会，所有参加学习的党员都做了详细的学习笔记，每个委员还撰写了自己的学习心得和体会。通过学习，党员们进一步坚定了以党为师、立党为公的信念，增强了自觉履行参政党职能的使命感和责任感，为在各自的工作岗位上尽责出力提供了强大的精神动力。

【组织建设】 农工党城区支委会从保障多党合作可持续发展的高度，积极探索新形势下组织发展规律，认真做好组织发展工作。在组织发展工作中，严把政治质量关，掌握巩固、提高为主的原则，本着发展为更好工作，引进人才为建立后备干部队伍精神。在保证以医疗卫生、环境资源和人口计生界代表人士为主的前提下，发展一些其他界别有代表性的人士，为拓宽参政议政渠道打好基础。

【参政议政】 2013年，农工党城区支委会的党员中区人大副主任1名，市政协委员的有1名，城区政协委员的有4名，其中区政协常委1名，农工党市委会副主委1名、市委委员1名。他们积极参加中共城区委、城区政府邀请的各民主党派、无党派人士参加的各种协商会、情况通报会、座谈会、征求意见会，对所协商的议题认真准备，在这些会上以高度的责任感和使命感，大胆建言献策，认真履行参政议政、民主监督职责。在区政协四届三次会议上，马丽雅代表支委会作了题为《整洁农村卫生环境 建设宜居乡村》的大会发言，受到了区委区政府重视，并获得了优秀提案；林伟强也撰写了题为《关于加快城区社区卫生服务体系建设》的提案。

（颜秋萍）

附 农工党城区支委会领导班子名单

主任委员：洪浩波

副主任委员：林伟强

·中国致公党汕尾市城区总支部委员会

【概况】 中国致公党是以归侨、侨眷中的上层人士为主要成员组成的，具有政治联盟特点，是一个接受中国共产党领导的参政党。致公党城区总支部委员会是中国致公党在汕尾市城区的基层组织。2013年，总支部下辖三个支部，党员数51人，其中女党员15人。党员中大学文化程度以上占59%，中、高级职称以上占73%（高级职称12人，中级职称25人）。胡家为被评为汕尾市关心下一代工作先进工作者。

【参政议政】 2013年，致公党城区总支部委员会党员担任汕尾市政协委员有2名；城区政协副主席有1名；城区人大代表有1名；城区政协委员有8名；致公党汕尾市委员会副主委1名。他们积极利用人大、政协会议，就有关省、市、区的改革开放、经济建设、侨务、科技、文教等方面建言献策，在是年召开的区政协四届三次会议上，总支部提出的《趁机发力 把凤山祖庙旅游区建成国家AAAA级景区》和《完善殡葬基础设施配套 推进城区殡葬管理工作》作为发言提案，在区人大七届三次会议上，蔡慕玉提出了《关于要求尽快解决城区教师职称套改工资问题的建议》的议案。这些提案和议案都得到区委、区政府的重视和采纳。

【思想建设】 总支部带领全体党员深入学习贯彻科学发展观，坚持以社会主义核心价值体系为引领，全面加强学习型参政党建设。通过开展学习会、座谈会等形式，带领和组织全体党员认真学习邓小平理论、十八大精神和十八届三中全会精神，学习统战知识和该党中央、省委有关文件精神，同时结合社会关注的热点、难点问题，以及当前的国际形势展开深入热烈的讨论，真正做到理论学习和实践活动相结合。2013年10月份，组织党员参加了区委统战部组织的全区党外干部培训班，并参观考察了汕尾市火车站。一支部的离退休党员，一直以来坚持每月召开一次生活座谈会。通过这一系列的活动，提高了党员的整体素质，增强了凝聚力和向心力。

【组织建设】 总支部委员会认真贯彻致公党中央《关于进一步贯彻〈关于民主党派组织发展若干问题座谈会纪要〉的意见》《关于加强后备干部队伍建设的意见》，是年在教育阶层发展了三位年轻、具有高素质的新党员，进一步提高了总支部的综合素质。在领导班子建设方面，总支部委员在开展各项工作时，一直坚持积极进取、民主团结的作风，有较健全的工作会议制度，重大事件能集体讨论决定，与各支部联系较为紧密，发扬团结协作的精神做好工作。

【社会服务】 社会服务工作是民主党派参政议政的延伸和重要的社会实践活动，更是学习、实践科学发展观的具体表现。2013年6月份，在响应广东省关于“扶贫济困日”的活动中，总支部号召全体党员在各自的单位奉献爱心，捐款助学；在“天兔”风灾过后，全体党员积极参加单位开展的献爱心公益活动，以捐款捐物的形式帮助受灾群体，据统计有3万多元。

（罗思琦）

附 致公党城区总支部委员会主要领导名单

主　委：郑前军

副主委：蔡慕玉

　　　　罗善球

致公党城区总支部委员会各支部主委名单

第一支部：黄国生

第二支部：陈会吉

第三支部：罗善球（兼）

· 区工商联

【加强思想政治工作，开展教育实践活动】 开展非公经济人士理想信念教育实践活动以学习宣传贯彻中共十八大精神为主线，组织非公经济人士以“民营企业家与中国梦”为主题，紧扣“信念、信任、信心、信誉”内容，开展一系列活动，为推动城区扩容提质、振兴发展作贡献。区工商联通过成立教育实践活动领导小组，制订活动方案，召开座谈会，组织收看电视电话会议和发放调查问卷等形式，广泛听取了关于开展非公经济人士理想信念教育实践活动的意见和建议，充分激发和调动非公经济人士积极性和参与热情。选择万盛、德昌、美顿、汕港等非公企业为实践活动先行试点，指导会员企业利用手机、图片、宣传栏和各种媒体大力宣传，营造浓厚的活动氛围。挖掘和树立一批在履行社会责任、诚信经营、创新发展、转型升级的典型，及时总结活动特色和亮点，编发“简报”30期，报送市委统战部、市工商联和区委，扩大了活动对外影响，提高了活动覆盖面。如美顿公司与市、区文艺工作者开展志愿文艺演出，组织党员、团员及工会委员到海丰“红宫”“红场”参观学习，缅怀革命先烈接受爱国教育。

【注重调查研究，问政建言献策】 2013年，在省、市、区“两会”期间，充分发挥工商联会员参政议政和民主监督作用，为社会民生、经济建设等社会“热点”和“难点”问题提出建设性的建议，共提交了23件提案和议案，翁一岚副主席当选为全国第十二届人大代表。组织会员企业参加市政府办在城区召开的“民营经济发展调研座谈会”；为市政府提供了解民营经济遇到的困难和建议。11月15日，组织11名各行业代表参加区政府纠风办举办的2013年区直单位民主评议行风测评会，为当地廉政建设，传播清新风气提出宝贵的意见。

【拓宽服务范围，助推企业发展】 以服务为宗旨，切实加强与企业的联系，深入会员单位为他们提供信息咨询、维权服务、业务指导等。区工商联一年来多次深入到项目建设一线的民营企业开展调研和帮扶活动，为遭受“天兔”超强台风损毁企业排忧解难，鼓励企业克服困难，自救自强，不等不靠，及时恢复生产，补回损失。推荐广东银鹏动力设备有限公司和市汕城油气有限公司参加市政府赴广州“面向民间投资2013年招标推介会”，帮助企业了解项目推介内容，学习经验，提高市场竞争能力。为缓解企业用工问题，区工商联积极动员参加市、区人社部门组织的“2013南粤春暖”大型招聘活动。积极参与市、区总工会、人社局联合开展的劳动关系三方协商活动，进一步规范企业劳资关系，保障企业和职工的合法权益。协助市工商联开展民营企业劳动关系调查问卷活动，促进企业劳动关系健康发展。10月18日，区工商联召开纪念区工商联创会22周年暨救灾复产座谈会，邀请了部分创会的老领导和会员代表参加，共同回顾历史，共话发展，凝心聚力助推企业救灾复产。

【搭建银企平台，帮助企业融资】 在“天兔”超强台风正面袭击后，区委统战部、工商联第一时间组织人员赶赴灾情严重的企业视察灾情，开展慰问活动。为帮助受灾企业救灾复产，区工商联深入企业、商户进行灾情统计。区工商联有52家会员企业的厂房、固定设备及产品和原材料遭受破坏，经济损失3.22亿元。9月30日，区工商联积极协助区委、区政府举办“灾后复产”银企座谈会，与会有20多家受灾严重的企业与市、区各大银行和农信社共同探讨金融支持，同时区工商联还参与了区协调服务组对受灾企业发放《灾后复产企业贷款调查表》，协助受灾企业向金融部门争取资金支持。

【引导企业履行社会责任，参与回馈社会光彩行动】 在开展非公经济人士理想信念教育实践活动中，不断调动会员企业履行社会责任的主动性和积极性。春节前夕，林志权、陈伟荣等发动渔区的民营企业主及船东筹资40多万元，组织慰问红卫村渔民老人和贫困户的送温暖献爱心活动；蔡国洲带领员工为市儿童福利院的弃婴赠送价值一万多元的奶粉、纸品及童车玩具；春节到来之际，区工商联积极配合区民政局筹资、组织大米、食油，开展慰问全区贫困家庭献爱心捐赠大米活动；区工商联坚持春节、中秋组织企业家走访区福利院，为孤寡老人送上节日礼物和加菜金，同时还与区妇联等单位联合举办“六一”会亲活动，为马宫、香洲和东涌等地的孤儿学生送上礼物。在“6·30”广东省扶贫济困日到来之际，区工商联深入民营企业发放“扶贫济困倡议书”，据统计有43位参政议政的工商联会员和企业主在活动日中捐出31.3万元。据不完全的统计，2013年，区工商联会员企业捐款捐物达105万元。

【加强部门合作，搭建培训服务平台】 区工商联积极与市有关部门加强合作，开展对会员的培训工作，帮助他们提高经营管理、创新发展、增强企业执行力等知识。一年来，共组织开展非公企业人士各类培训5次，培训220人。组织10家企业管理层参加亚太中小企业经济发展研究会《共赢共发展，转型创未来》暨首届粤浙民企创新发展城市论坛；组织70家企业参加“努力提高执行力”讲座和60家企业参加“市第二届民营经济发展高峰论坛”等活动，聆听教授分析国内外经济形势及对策，帮助企业利用政策，促进企业发展，提高效益。区工商联还推荐余远霖、李金辉两名会员参加省委统战部、省工商联举办的第四期广东省新生代非公经济人士培训班学习。

【引导企业诚信守法，积极构建企业文化】 根据城区的实际，区工商联从促进企业文化建设入手，开展企业文明诚信、优质信用、关爱员工等活动，着手打造一批优秀会员企业。一年来企业方面：国泰食品公司获“中国质量诚信企业”、万盛针织时装公司获“广东省就业先进企业”、美顿食品公司获“广东省工人先锋号”；沙滩宝贝妇婴百货连锁商店、大观相馆等企业获“广东省优秀信用企业”。个人方面，美顿食品公司董事长林义鸿获全国工商联、全国总工会“全国关爱员工优秀民营企业家”称号；国泰食品公司董事长林孟德获省文明办“广东好人”称号；快捷通导设备公司董事长陈华平获市委组织部“汕尾市拔尖人才”称号；区工商联办事员刘若铸获省委办公厅、省政府办公厅授予“广东省首轮扶贫‘双到’工作优秀驻村干部”称号。

【加强信息宣传，推介企业先进事迹】 区工商联积极与省、市、区新闻媒体和有关部门网站加强联系和协作，为非公有制经济健康发展和非公有制经济人士健康成长提供及时有力的推介宣传，积极报道会员企业的各项先进事迹和创新成果。是年，在省、市、区内报纸、刊物和网站发表消息、人物报道和信息128篇。黄吉庆连续几年受到市委统战部、市工商联和区委办表扬。

（黄吉庆）

附　城区工商业联合会（商会）主席、副主席名单

主席（会长）：余国治

荣誉主席：黄光生

区委统战部副部长、工商联党组书记、副主席：朱锦城（2013.9改非）

党组副书记、专职副主席、秘书长：李泗远

副主席（副会长）：林义鸿
邱承杰
林志权
陈志雄
江浩波
翁贤春（女）
郑礼建
涂家文
黎文祥
陈伟荣
钟永强
翁一岚（女）
陈成钊
张小兵
林礼标
林孟东
许春江
何文聪
林祥群

群众团体

· 城区总工会

【概况】 2013年，城区总工会在职职工7人，退休人员8人，内设机构1部1室（即：组宣保障部、综合办公室）。一年来，在区委和市总工会的正确领导下，在全区各级工会的大力支持下，认真贯彻落实中共十八大精神，深入开展群众路线教育实践活动，树立“以职工为本，主动依法科学维权”的工会维权观。坚持“组织起来、切实维权”的工作方针，紧紧围绕改革发展稳定这一大局，始终坚持全面建设小康社会这一主题，牢牢抓住发展和谐劳动关系这一主线，时刻不忘维护职工权益这一宗旨，深入实施建功立业、固本强基、依法维权、帮扶困难、素质提升五项工程，有力地推动全区工会事业的全面发展，为建设现代化宜居宜业宜憩滨海新城做出了积极贡献。

【深入实施建功立业工程】 各级工会组织开展“创建学习型组织，争做知识型职工”活动，从主要工程劳动竞赛、行业和职工职业技能大赛、企业群众性经济技术创新活动等三个层面，以建设一流优质工程、增强自主创新能力、促进节能减排和提高职工队伍技能素质为宗旨，广泛开展“当好主力军、建功‘十一·五’、和谐奔小康”劳动竞赛和“工人先锋号”创建活动。这一活动，为城区保持经济平稳较快发展发挥了重要作用。另外，广泛宣传劳动模范的先进事迹，在全社会倡导劳动光荣、知识崇高、人才宝贵、创造伟大的新风尚，大力培养树立时代楷模。是年，城区美顿食品有限公司生产部荣获省“工人先锋号”，捷胜文昌中学教导处副主任刘建业荣获省总工会“五一劳动奖章”

【深入实施固本强基工程】 区总工会坚持“哪里有职工，哪里就要有工会”的建会思路，充分发挥“党建带动工建、工建服务党建”机制的作用，以工会经费税务代收工作为契机，以区域性、行业性工会联合会建设作为重点，经过层层沟通联系，最广泛地把职工组织到工会中来。至2013年11月25日，全区非公企业基层工会涵盖单位313个，其中私营企业210个，台港澳商投资企业32个，外商投资企业6个，有限责任公司58个，股份有限公司7个，会员35534人。另外，认真贯彻《企业工会工作条例》，积极探索企业工会规范化建设的新途径，不断深化“职工之家”活动，为基层工会组织建设注入了新的生机和活力，把新形势下的职工之家建设推向了一个新阶段。2013年8月，汕尾市快捷通导设备有限公司品质部工会小组被中华全国总工会授予“全国模范职工小家”。

【深入实施依法维权工程】 全区各级工会是参与体制改革领导机构成员单位，积极参与有关改革方案和就业、分配、社会保障、劳动保护等政策措施的制定，参加有关视察和执法检查活动，积极反映职工的意愿和呼声，努力表达工会的建议和主张，促进了涉及职工切身利益的有关问题的解决。全区劳动合同签订率不断提高，集体合同覆盖面不断扩大。至2013年，全区各企业签订劳动合同29000多份，有300多个用人单位参加劳动年审；积极参与安全卫生检查和职工伤亡事故、严重职业病事故的调查处理。针对城区一些企业，特别是对乡镇（街道）中小型企业的珠宝、制鞋、毛织等特殊行业的劳动安全卫生进行经常性检查。会同安监、劳动部门开展职工安全生产知识培训活动，发放法律法规、安全卫生小册子28000多份，培训职工4.6万多人次，提高生产管理人员和一线工人的安全意识和对应急情况的处理、自救能力。

【深入实施帮扶困难工程】 区总工会以高度的政治敏锐性，工作事业心和社会责任感，认真履行对困难职工“第一知情人、第一报告人、第一帮扶人”的职责，从职工和农民工最关心、最直接、最现实的利益问题入手，为帮助困难职工和农民工解决基本生活问题做了大量卓有成效的工作，把党和政府的温暖送到困难职工和农民工心坎上，叫响了“职工有困难、维权找工会”的口号。帮扶工作实现经常化、制度化、社会化。一是积极推行职工合作保障。协助政府有关部门对贫困职工家庭进行调查摸底，全区共建立健全了1500多个特困职工档案，为党政部门帮助慰问特困职工解决生活困难提供了依据。开展节日“送温暖”活动。对特困职工家庭进行慰问。二是积极开展

"帮困助学"活动，是年秋季开学前，区总工会认真开展2013年"金秋助学"活动，共资助困难家庭大学新生98名，发放助学金8.5万元。三是联合市总工会、妇联开展慰问困难渔民活动,多方筹集专项资金，购买大米、食用油等生活物资，深入新港街道东风村、前进村、红卫村,慰问困难渔民270户，其中单亲家庭和孤儿户80多户。四是区总工会还经常深入困难劳模家庭，了解困难劳模生活疾苦，慰问特困劳模30多人次，发放慰问金25多万元。五是充分发挥女工委作用，关心女职工身心健康。举办女职工讲座，大力宣传动员女职工参加"安康互助保险"，全区现有1300多名女职工参加了安康互助保险；六是组织慰问因"天兔"台风受灾严重的非公企业职工300多户，发放慰问金30多万元，把党和政府的关怀、工会组织的温暖送给受灾员工，勉励企业工会组织和职工群众同心协力，与企业共渡难关。

【深入实施素质提升工程】 在区委的高度重视下，各级工会切实加强领导班子和干部队伍建设，扎实开展深入学习贯彻中共十八大和中国工会十六大及省市工会代表大会精神。是年11月12日，城区总工会召开传达贯彻习近平总书记重要讲话和中国工会十六大精神会议，全区各镇（街道）、非公企业、区直基层工会主席（负责人）共150多人参加了会议。会议组织学习习近平总书记在与全总新一届领导班子集体谈话重要精神和中国工会十六大会议精神。另外，继续扎实开展"三个代表"重要思想、保持共产党员先进性教育、科学发展观学习、争先创优和促进区域协调发展排头兵等教育活动，为实现工会工作的创新发展打下了牢固的思想基础。在开展科学发展观学习活动中，抓住重点，加强调查研究，对城区非公有制企业组建工会及如何解决农民工维权问题和工会困难职工帮扶工作作专题调研，在摸清相关情况，找准存在突出问题的基础上，提出创新工作方法和措施，有效地破解工作难题，促进新时期工会工作。

(吴春满)

附 区总工会主席、副主席名单

主　席：庄惠娥

副主席：刘友扬

　　　　叶素萍

· 共青团汕尾市城区委员会

【概况】 2013年，共青团汕尾市城区委员会（简称团区委）机关有工作人员3人。经区编办批复，增设团区委青年志愿者行动指导中心，为属下正股级事业单位，公益一类。全区有基层团委15个，团（总）支部294个，专职团干部3人。全区团员总数9800人，其中，青年团员2200人，学生团员7600人，女团员5000人。是年，在全区深入贯彻落实十八大精神，全力推进城区扩容提质的新形势下，团区委团结带领全区广大团员青年，凝心聚力、奋发有为，高举团旗跟党走，奋力实现中国梦。

【团区委五届二次全体会议】 是年3月31日召开团区委五届二次全体会议。会议的主要任务是：传达学习团省委十二届四次全会精神和团市委四届六次全会精神，总结2012年全区共青团工作，安排部署2013年重点工作，进一步动员全区广大团员青年为实现中华民族伟大复兴的中国梦而奋斗。

【班子建设】 9月，组织部任免团区委班子成员，免去叶凯旋团区委书记职务，任命曾玮玮为团区委书记。

【城区"美丽汕尾"文艺晚会】 为充分展示城区独特的民间文化艺术资源，促进文化的大繁荣大发展，不断丰富和满足全区人民的精神文化需求，以文化促发展，引导全区人民以高度的责任感自觉守护和建设好精神家园，加快推进城区扩容提质建设。5月23日晚，采取舞台表演的形式在市马思聪艺术中心举行"美丽汕尾"盛大文艺晚会，把城区举办的文化惠民活动月活动推向高潮，城区干部群众1100多人观看演出。

【志愿者工作】 救灾复产。超强台风"天兔"的肆虐，城区灾情严重，全区交通、供水、供电中断，损失惨重。灾情发生后，团区委迅速组织动员广大团员青年投入到救灾复产工作当中，主动为救灾复产、重建家园献爱心、作贡献。从9月23日起连续8天组织志愿者共800多人次深入灾区积极参与清除市区垃圾杂物、协助灾民清洁房屋，帮助农村创业青年恢复生产，为灾民做灾后心理辅导，力所能及地帮助灾民解决困难。

文明交通志愿服务活动。为全面提升市民素质，团区委联合市区交警大队开展“文明交通，从我们做起”的志愿服务活动。40名志愿者从11月26日起分两个志愿服务团队在市区主要交通十字路口不定时轮流开展志愿服务活动，主要协助交警劝阻非机动车、行人闯红灯、乱穿马路等不文明交通违法行为，引导广大市民自觉遵守交通法规，营造良好道路出行环境，为市民派发交通知识宣传单等。

扩充志愿者队伍。为了充分调动城区人民群众参与社会管理的积极性、创造性，营造更加和谐、稳定、有序的生产、生活环境，进一步弘扬雷锋精神和“奉献、友爱、互助、进步”的志愿精神，倡导文明新风，构建和谐社会，给广大有爱心、有热情的人士提供一个感恩社会、服务群众、温暖他人的平台，2013年12月向全区有关单位招募服务队志愿者240名。

送药下乡。积极向省争取医疗药品，开展“健康直通车”志愿服务活动，组织青年医疗卫生工作者以志愿服务形式，向城区红草镇亚洲村和凤山街道芦列坑村2个贫困村94户贫困户送医、送药、送健康。

【服务青少年成长成才】 广泛开展“爱心助学”、“希望工程圆梦行动”、“志愿者结对帮扶”等主题活动，加强对失学辍学学生、贫困家庭子女的扶助力度，帮助其重返校园，是年共筹集希望工程爱心款3.1万元，资助贫困小学生31名，通过希望工程圆梦行动筹集助学金3万元，资助贫困大学生6名，帮助大批特殊群体青少年圆了求学之梦。

（石泽旭）

附　共青团汕尾市城区委员会书记名单

书　记：叶凯旋（2013年9月免）
　　　　曾玮玮（2013年9月任）
副书记：曾玮玮（2013年9月免）

· 区妇女联合会

【概况】 2013年，区妇女联合会以科学发展观为指导，围绕区委区政府中心工作，立足于维护妇女儿童合法权益，履行组织、引导、服务妇女职责，加强基层组织建设，发挥枢纽型组织优势，团结带领全区妇女在幸福和谐城区建设中发挥“半边天”作用，推进了区妇女工作的新发展。

【法律宣传与信访工作】 利用“三八”维权周，“6·26”国际禁毒日、“12·4”法制宣传日等节日契机，依托“妇女之家”，以广场文化活动、开展咨询服务、上街发放宣传小册子等多种形式，大力开展男女平等基本国策、妇女权益保障法等法律法规的宣传；配合开展领导干部大下访活动和信访接待活动，为弱势妇女儿童提供法律咨询和服务，2013年共接待来访来电50件，其中来访44件，来电6件，基本上解决了所反映的问题。

【节庆活动】 “三八”节：3月6日，召开汕尾市城区纪念“三八”妇女节103周年暨女性礼仪讲座，会议总结了2012年区妇联工作及对2013年工作作出部署，还邀请了玫琳凯公司的资深美容顾问袁继芳女士为女干部们讲解各种场合的礼仪细节及服饰的搭配；3月4日，召开老妇联干部座谈会，40多名老妇联干部汇聚座谈，为城区妇女工作建言献策，发挥余热；3月5日，召开区女企业家代表座谈会，20多名女企业家代表畅谈自己的工作经历和体会，为城区新一轮振兴发展出谋划策。“六一”节：5月31日，市委常委、区委书记陈少荣，区长刘闪星以及区妇儿工委有关成员单位负责人，走访慰问了奎山小学和区直机关幼儿园师生，向孩子们送上节日慰问金及祝愿；6月1日，联合区统战部、工商联等单位，组织市菩提小组、国泰公司及巾帼志愿者等深入7个镇（街道）开展“六一”送温暖活动，慰问七个镇（街道）237名孤儿及城区福利院的老人和儿童，为他们每人送上200元的节日慰问金及文具、水果、鲜花等礼品。

【巾帼建功活动】 以创建“巾帼文明岗”为载体，促进行业树立文明新风，提高服务水平，培育了一批省市先进集体、先进个人。中国移动汕尾市城区分公司马宫服营厅获得省“巾帼文明岗”称号；城区奎山小学、法律援助处、红草中心卫生院住院部护士站获得市“巾帼文明岗”称号；田家炳中学廖美如老师获得省“三八红旗手”的称号。

【家庭文化建设活动】 依托“妇女之家”活动阵地，立足家庭和社区，大力开展平安家庭、绿色家庭、书香家庭、好邻里等特色家庭推荐评选活动，做好“家”字文章。全区共创建14户平安家庭示范户，同时，汕尾职院老师欧阳兰芬的家庭获得“广东省第八届优秀书香家庭”称号,郑冰利、陈友雄家庭被省妇联授予“广东省绿色家庭”，郑绸家庭被授予“广东省好邻里”称号。通过这些活动，弘扬了家庭美德,倡导了文明、健康的家庭新风。

【帮扶困境妇女儿童】 争取省、市扶贫资金，帮助有困难的妇女儿童解决生产、就业、就学、住房、治病困难。全年共争取到23万元母亲安居房援助基金，援建了15户单亲特困母亲重建或修补房屋；争取到“粉红春天”关怀资金1.5万元，帮助5名患妇科重疾病贫困妇女医治疾病；争取到省专项帮扶项目资金6000元，慰问了15名因为事故、大病等各种原因而导致生活异常贫困的妇女；争取到儿童“爱心营养包”30个、母亲“爱心健康包”108个，增强了儿童体质，温暖了贫困母亲；争取到省妇儿基金会的援助，帮扶了2名先天性心脏病患儿接受手术救助；2013年第19号强台风“天兔”正面袭击城区，给人民群众的生产生活带来巨大的损失。灾情发生后，区妇联及时下到最底层，了解基层妇女群众的受灾情况，倾听她们的心声，鼓励她们坚定信心，自救复产，重建家园。同时发动各方力量，积极帮扶妇女群众渡过难关，争取到上级妇联及热心人士的支持，为229名幼儿送上344罐奶粉，为15名困难家庭送上约4500元慰问金。争取到社会各界热心人士善款约15万元，于“春节”、“六一节”、“端午节”期间慰问区200多名老人及困境妇女儿童，给他们带去“娘家人”的温暖。还以助学、助养、助教等多种形式，发动“爱心父母”牵手困境儿童100多名，切实帮助困境儿童解决学习、生活等各类困难。

【妇女卫生健康行活动】 联合区卫生局、妇幼保健院开展妇女“两癌”免费普查活动；以“世界防艾宣传日”为契机，联合市疾控中心、市妇联，在市区信利电子厂员工生活区及二马路车站路口，向电子厂员工和过往群众发放宣传资料以及防艾用品，切实帮助广大妇女群众强化了卫生知识，提高了自我防范和保健意识。

【妇女小额担保贷款工作】 8月，市城区信用社下发了《关于印发〈汕尾市城区农村信用合作联社妇女小额担保贷款实施细则〉的通知》，为符合条件的妇女提供一定数额的财政贴息担保贷款，有9名妇女申请小额担保贷款。

【基层组织建设】 *加强机关、企事业单位妇委会建设* 争取党政的重视，印发了《汕尾市城区加强党建带妇建工作实施方案》，下发了《关于加强机关、企事业单位妇委会建设的通知》，要求党建带妇建，妇建与党建同部署，同监督检查，全区符合成立妇委会条件的机关单位均已成立妇委会，其他的机关、企事业单位也成立了妇女小组。*开展“妇女之家”示范点创建活动* 继新港街道东风村、香洲街道西兴社区被定为省“妇女之家”示范点，各得到省妇联扶持资金3万元后，2013年9月份，凤山街道香洲社区又被定为省“妇女之家”第三批示范点。*成立志愿服务队* “三八”节期间，成立了“城区知行志愿服务队”，有在册志愿者近200人，进一步巩固了妇女工作阵地。

【推进实施妇女儿童发展规划】 认真履行区妇儿工委办公室的职责，推进实施妇女儿童发展规划，5月31日，区政府颁布了《2011~2020年汕尾市城区妇女儿童发展规划》，为进一步改善妇女儿童发展环境、推动妇女儿童事业实现新跨越提供了政策保障，为广大妇女投身和谐城区建设提供了巨大的精神动力和更为广阔的舞台。4月19日，组织区镇妇联干部收看“男女平等基本国策讲座”，讲座由省委党校邀请中央党校李慧英教授主讲，通过党校远程网络同步直播。8月12日晚，省妇儿工委联合省委宣传部、省文化厅开展的“童心共筑中国梦”广东省儿童发展规划百场宣传活动在区慈云山公园巡演，全区近2000名家长、儿童观看了演出。营造了尊重儿童、爱护儿童的良好社会氛围。

（陈晓晓）

附　城区妇女联合会领导名单

主　席：李楚云

副主席：洪郁冬

·城区归国华侨联合会

【概况】 城区归国华侨联合会于1991年7月成立。2013年有编制3人，专职领导1名；综合设立一个办公室，承担具体的日常事务工作。全区归侨侨眷港澳眷属近12万人，其中归侨80多人，这些归侨大部分是从印尼、马来西亚、越南等国家归国的。

【理论学习】 2013年，区侨联领导班子带头学习十八大会议精神和区委七届三次全会、区七届人大三次会议的精神，把全会精神和区提出的“努力建设‘六个中心’，全面建设宜居宜业宜憩的现代化滨海新城，实现经济持续健康发展和社会和谐稳定”的要求与侨联的工作实际结合起来。认真做好侨联的工作。一是侨联干部要迅速掀起学习宣传热潮，结合侨联实际，多形式地开展学习宣传活动，以更加昂扬的精神状态、更加务实的工作作风、更加有力的工作举措，全面开创侨联事业科学发展的新局面；二是要以中共十八大精神为统领，不断提升侨联工作科学化水平，以更加清晰的思路和更加务实的举措，做好参政议政、维护侨益、群众工作、海外联谊等四大职能，提高侨联工作的科学化水平；三是要以十八大会议精神为动力，进一步密切联系侨界群众，增强侨联活力，凝聚发展力量；四是要全面加强侨联自身建设，进一步加强侨联干部队伍建设，努力塑造一支奋发有为、具有大局意识、履职意识、创新意识、服务意识、政治坚定、作风优良、学识丰富、业务熟练的高素质侨联干部队伍，着力打造和谐、温暖、有凝聚力的“侨界之家”

【参政议政】 2013年，城区一年一度的区人大会、区政协会议期间，侨界人大代表、政协委员履行职责，参政议政。同时他们联合侨联经常深入到各镇乡村、街道、居委调查了解侨情，倾听归侨侨眷的呼声和建议，对一些难点热点问题，积极向有关部门和领导反映，或通过人大，政协中的归侨、侨眷代表、委员建言献策，为侨界群众的切身利益表达意愿。

【服务归侨】 区侨联继续做好改善侨界民生工作，构建和谐侨界。2013年，区侨联及时掌握区内贫困归侨情况，根据困难归侨的实际问题和归侨普查管理系统资料数据库的登记内容，严格审核有关资料，对照帮扶的花名册，选出30多户生活困难具有代表性的归侨侨眷进行走访慰问。在每年的大小节日，带着慰问金或慰问品到归侨侨眷家中慰问，及时把上级侨联和政府的温暖送到家中。是年春节，区侨联向政府争取慰问金及省侨联拨的帮扶慰问金共10000元，都发放到重点归侨贫困归侨侨眷家中，时时把归侨侨眷的冷暖放在心中；是年，在侨联经费紧缺的情况下，拿出6000元帮助归侨侨眷解决实际困难；是年台风“天兔”对城区造成严重损失，区侨联及时到各镇（街道）对于受灾情况进行全面调查，据统计全区归侨侨眷的房屋受损35间，受灾人口210多人。其中紧急转移安置的归侨侨眷4户，通过调查梳理成书面报告向政府及有关部门汇报。对此还采取相应的措施：1. 对房屋倒塌的，区侨联主动到各地政府和民政等有关部门取得联系，加强对受灾归侨侨眷生活的关心和安置。2. 指导和帮助他们恢复灾后生产，对受损农作物进行补种和采取补救措施，保证他们的生产生活能够走上正常轨道。灾后在侨联经费中挤出1000元的慰问金到受灾归侨李赛拿和何坤家中慰问。

【做好涉侨信访维稳】 2013年，区侨联把贯彻归侨侨眷的合法权益与大力宣传党和政府的优惠政策结合起来，经常到归侨侨眷家中，宣传党的优惠政策和侨法法规。还把《中华人民共和国归侨侨眷的权益保护法》和《广东省归侨侨眷保护实施办法》印成小册子200份发到他们的手中，使归侨侨眷能用法律、法规保护自身的合法权益。区侨联认真接待来信来访，对于归侨侨眷的来信来访，做到件件有回复，事事有落实。是年接待来信来访2宗，2宗都落实。

（石巧芳）

附　区归国华侨联合会领导名单：

副主席：洪少红

·区残疾人联合会

【概况】 2013年，区残疾人联合会（简称区残联），内设办公室，劳动就业服务所，编制6人，理事长1名，副理事长1名；支部党员4人；建立和完善村（社区）残疾人协会94个，聘任镇、村残疾人专职委员95人，并落实专职委员工作补贴。

【康复工作】 2013年，区残联围绕残疾人“人人享受康复服务”的目标，全力实施各项康复项目。做好0~6周岁残疾儿童抢救性项目工作，全面开展全区残疾儿童摸底调查行动，对8个符合条件的残疾儿童上报省抢救性项目申请，并组织康复；为10名肢体残疾人实施居家康复；落实经费和人员，邀请汕尾亮睛工程眼科医院专业人员对七个乡镇白内障患者进行筛查，免费实施白内障手术368例；为符合条件的1587名重度残疾人免费参加城镇居民医保和农村合作医疗；抓好社区残疾人康复活动室示范点的创建工作，捷胜镇北门社区在各有关部门的支持下，开设了“捷胜镇残疾人康园工疗站”，为该辖区20多名残疾人提供了劳动康复平台，减轻了残疾人家庭负担；落实资金，对部分困难残疾人给予资金的康复救助，是年，共救助200人次，共计资金约3万元。发给精神病康复救助金30人，1.5万元。发放辅助器具6件。

【扶贫、教育、文体工作】 2013年，区残联积极开展扶贫、教育、文体工作，为鼓励残疾人自主创业，发放创业扶贫资金2万元；发放重度残疾人护理费838人，25.14万元；发放残疾人生活津贴682人，3.748万元；发放专职委员补贴95人，13.08万元；积极开展第二十三次“全国助残日”活动，投入资金2万元慰问贫困残疾人65人次；鼓励符合条件的残疾人学生报考上一级学校；选送残疾人李秋龙参加广东省残疾人文艺汇演，获得优秀奖，选送残疾人李克河四幅书法作品参加全省残疾人书画展；为自主创业残疾人争取贷款利息补贴2.8万元，激发残疾人自主创业热情。

【残疾人就业】 2013年，区残联下属就业服务所落实专人负责对有就业意愿和就业能力的残疾人进行来访来电登记，并根据残疾人自身情况介绍就业，是年，就业服务所求职登记58人，介绍就业13人，本地企业零散就业25人，共计安排就业38人；参与市、区两级人力资源和社会保障联合举办的“南粤春暖”大型企业用工招聘会，拓宽残疾人就业渠道；针对盲人按摩场所的安全设施组织多次巡查，并与之签订《城区盲人按摩经营单位安全生产责任书》，确保辖区内各盲人按摩经营点安全经营；进一步推动残疾人就业保障金征收工作，加强各部门沟通协调，及时研究解决工作中存在的困难和问题，确保工作落实。

【基层组织建设】 2013年，区残联进一步加强残疾人数据库的建设，提高办证率至是年年底止，全区办证3364份；结合城区实际，制定下发了《关于印发2012年全区残疾人工作要点的通知》，明确城区全年残疾人工作任务和目标；为加快镇、村基层组织建设，更好开展基层残疾人工作，落实村（社区）筛选推荐、镇（街道）残联把关上报，区审核聘用制度，实现持证上岗的残疾人工作组织制度。区残联通过镇（街道）、村（社区）推荐上报，确定95名残疾人担任残疾人专职委员，并给予每人每月300元和100元定额补贴。

【信访维权】 2013年，区残联认真贯彻《信访条例》，安排专人负责，领导亲自处理来信来访工作，对残疾人反映的康复、就业、教育、生活困难和权益等实际问题，进行登记，并针对性的帮助解决和做耐心细致的疏导说服工作，坚持将问题解决在萌芽状态。一年来收到残疾人来信来访5人，5件，上级转办6人，6件，办结率100%。

（黄伟航）

附 区残疾人联合会领导名单

理事长：刘宗锐

副理事长：王　彩

·城区爱卫会

【概况】 城区爱国卫生运动委员会办公室于2012年6月21日经区编委会同意设立。属公益一类，正股级事业单位，事业编制3名，其中主任1名，办事员2名。负责全区爱国卫生和创建卫生城市等工作。

【爱国卫生宣传】 利用相关节日开展爱国卫生专题宣传。先后组织开展了“爱国卫生月”“世界卫生日”“全球洗手日”等多项专题宣传活动，通过报纸、广播等形式，广泛开展宣传活动，全区共悬挂横幅108余条，印发宣传资料24000余份，营造了浓厚氛围。精心策划各种实践活动。开展健康教育活动，广泛宣传普及以春夏季传染病预防为重点的卫生知识。全区共举办健康知识教育讲座110场，健康教育专栏77期，向群众解答咨询，散发宣传单，宣传手足口病、霍乱和病媒生物传播疾病等重点传染病的防治知识和健康生活方式，受教育人数达20972人次。

【卫生达标创建工作】 *开展省卫生村创建工作* 积极指导各乡镇，下大气力治理农村环境脏、乱、差等问题，深入开展创建活动，并因地制宜，健全管理制度，巩固创建成果。全区12个自然村已通过省、市爱卫办验收，授予“广东省卫生村”光荣称号。

开展创建无烟单位活动 印发《关于开展创建无烟单位活动的通知》，制定《无烟单位标准》，将控烟活动纳入健康教育和卫生单位创建工作计划。

印发《关于开展“全民参与创建卫生城市，人人争当文明汕尾人”卫生大扫除活动的通知》 动员组织全区所有机关、团体、企事业单位干部职工，社区居民、商业门店经营业主等人员开展“全民参与创建卫生城市，人人争当文明汕尾人”卫生大扫除活动。积极推进市区“美化、亮化、绿化”工程，大力营造良好的城市环境，为创建广东省卫生城市打下扎实的基础。

配合区环卫局落实“门前三包”责任制 加大对沿街机关单位、店铺、住户的宣传力度，严格按照“属地管理，条块结合”的原则落实责任。

切实开展灭鼠灭蚊等除“四害”活动 2013年，在全区组织开展灭鼠灭蚊活动6次，投入灭鼠药物52吨，灭蚊药25件。近期在市区范围内再加大灭鼠强化力度，可望把鼠蚊密度进一步下降，达到“创卫”要求。

【农村改厕工作】 2013年争取中央补助改厕项目资金32万元，完成改厕项目800户，逐步改善农村卫生厕所。通过深入宣传、督导检查，鼓励农村新建住房落实户改厕等措施，全区卫生厕所普及率达91.43%。

（孙振表）

附 区爱卫办领导成员名单

主 任：陈文待

汕尾市城区年鉴 2014

SHANWEISHI
CHENGQU
YEARBOOK

武装

WU ZHUANG

武装工作

【概况】 2013年，城区人民武装部（简称区人武部）在军分区党委机关和区委、区政府的领导下，按照“坚持根本、聚集中心，夯实基础、稳中求进”的工作思路，紧紧围绕学习十八大和十八届三中全会精神这一主线，扭住思想政治建设不放松，军事斗争准备不动摇，狠抓人武部党委班子建设、正规化建设、民兵预备役建设和保障部队海训演习等工作，人武部安全稳定，圆满地完成了上级赋予的各项任务。是年，区人武部被广东省军区评为先进人武部、邹晓科政委被评为优秀（团旅）主官。

【思想政治工作】 *一是扎实开展十八大精神和十八届三中全会学习贯彻* 在学习十八大精神的基础上，是年人武部先后4次组织干部职工参加区委、区政府十八大专题学习，还利用省军区学习论坛平台和军分区带机关、带人武部党委中心组理论学习，分专题学习了十八大精神及习主席视察广州战区讲话精神，凝聚了干部职工的思想认识，增强了实现强国梦，强军梦的信心。专门为每个干部购买了十八大理论辅导读本，较好地在干部职工中形成了十八精神是统领工作的“纲”、指导发展的“魂”。人武部先后出了四期学习十八大精神黑板报，营造了学习氛围。认真抓好十八届三中全会精神学习，十八届三中全会召开后，人武部党委高度重视，利用早交班时机组织干部职工原原本本地学习了《决定》，并对公报中“三个解放”“四个坚持”“六个紧紧围绕”等热点词进行了解读，进一步加深对全会精神的理解，鼓舞了斗志，增强了自信心。

二是广泛开展了“两项”教育活动 上半年，人武部按照省军区、军分区要求，同步组织了“三个正确对待”（正确对待名利得失、进退去留、实际困难）和“学习贯彻党章、弘扬优良作风”“坚定信念、铸牢军魂”两项教育。人武部先后5名人员参加了军分区体会交流，通过参加专题理论学习、热点讨论、对照检查、体会交流等活动和过党团组织生活，较好了锤炼了党性、校正了偏差、坚定了信念，提振了精神。结合开展“三个正确对待”教育活动、“条令月”、车辆专项整顿，重申规定和纪律，完善规章制度，强化了监督管理。现今，人武部干部职工思想稳定，思进、思稳，想干事、干成事的风气逐步形成，推动了各项工作的落实。

三是狠抓党委班子和干部队伍建设 坚持党委中心组理论学习，组织干部学习十八大报告，新修订的《党章》、军委《关于加强改进作风密切联系群众八项规定》、军委《十项规定》、省军区《十二项规定》和总部《关于开展军队领导干部和机关公务用车问题专项整治工作的实施意见》，使党委一班人的责任意识、号令意识、遵规守纪观念进一步增强。以先进性和能力建设为主线，狠抓党章和民主集中制建设，开展课题调研，进一步提升了党委班子的凝聚力、向心力。组织干部以工作岗位为平台，开展业务知识、公文写作和情况调研等活动，鼓励干部在大项演训活动中唱主角、挑重担，提升了干部完成本职岗位任务的能力。区人武部党委始终把思想政治工作放在各项工作的首位。从3月份起，在军分区的统一领导下，开展“赞颂科学发展成就、忠实履行历史使命”和“讲政治、顾大局、守纪律”教育，干部职工思想认真端正，学习热情高，区人武部还充分利用社会红色资源搞好教育，组织干部职工开展话驻地区变、社会热点大讨论，明辨了是非，“拉直了问号”，增强了教育效果。2月份干部调整到位后，加大了党委班子和干部队伍建设的力度，从建强组织和学习规章制度入手，着力做好“磨合期”的工作。进一步抓好党委工作条例、支部工作条例等文件及规章制度的学习，立好规、开好头、起好步，确保了党委班子顺利过渡并转入正轨，确保了工作的连续性。

【“双拥”工作】 以创建“省双拥模范区”为目标，充分利用保障部队海训演习平台，发挥桥梁纽带作用，促进了双拥工作的落实。“视驻地为故乡、视人民当父母”积极开展拥政爱民。5月上旬和中旬，城区香洲、凤山街道部分村（居委）遭遇特大暴雨，人武部闻汛行动，先后两次出动民兵应急分队60余人，冲锋舟1艘，车辆6台，转移群众30余人、物资一批，检验了民兵应急分队。9月中旬，汕尾市遭遇50年一遇的19号超强台风“天兔”的袭击，区人武部应市、区政府的请求，听令行动，迅速组织干部、职工和民兵应急分队赶赴重灾区马宫街道、红草镇抗洪抢险救灾，加固海堤50多米，转移群众70多名。台风过后连续7天组织干部职工和哨员在市区主干道清理路障，打扫卫生，把人民群众的损失降到最低。12月28日凌晨，城区红草镇铺边山上和东涌镇宝楼村突发山火，区人武部接到区政府救援请求后，立即组织干部职工和民兵应急分队共120余人迅速赶往突发山火地点，经过三个昼夜的连续扑救，大火全部扑灭。据不完全统计，该部扑救过火面积300亩，转移群众1400人，官兵们不怕苦，不怕累的忘我精神，受到区委区政府和广大人民群众的好评。

【军事工作】 一是经常性战备工作落实 人武部以落实节日战备为抓手，开展经常性战备常识教育，教育干部、职工和哨员，要牢固树立战备意识，居安思危，时刻绷紧“三根弦”（战备、安全、任务），当好“三员”（战斗员、宣传员和消防员），树立人武部形象。是年，投入10多万元装修了值班室，补充了战备物资和器材。落实节日战备工作，指定了值班首长、值班分队和值班人员，落实战备规章制度和战备物资“三分四定”，按比例安排人员外出、休假，确保了重大节日和敏感时期的安全稳定。

二是抓好哨员训练工作 春节前，对新招收的6名哨员开展了为期近一个月的军事训练，专门聘请了一名去年底退伍的士官班长担任教员，较好地使哨员有兵的动作、军人的举止，为日常执行保障勤务打下了坚实的基础。

三是开展机关干部军事技能训练 4月中旬和10月份，按军分区的统一计划，组织人武部干部进行国防动员知识学习、手枪实弹射击、战术标图作业、军用文书拟制、体能等军事技能培训。通过培训，提升了机关干部胜任本职工作的能力。

四是扎实开展国防后备力量组织整顿 认真贯彻落实“十二·五”后备力量建设规划和省军区、军分区指示精神。区基干民兵由去年的2400名，减少至1685名，减少四分之一多，建设分队由原来作战、勤务保障、应急和其他队伍四大类，调整为应急、支援、储备队伍三大类。形成以应急分队为重点、支援分队为支撑、储备队伍为补充的基干民兵建设格局。城区人武部本着就地就近、便于建设、便于使用、便于动员的原则，将任务细化到各镇（街道）和区直机关，划分了整组时间节点，提出了具体要求。5月初，派出工作组对各镇（街道）整组情况进行了面对面的检查指导，及时发现和纠治存在的问题，较好地使整组有计划、按步骤地开展。10月中旬，受领了“粤联—2013”军地联合实兵演习任务后，人武部党委高度重视，按照演习的有关要求整体筹划，精心组织，全员全装参加了演习，演习期间多次受到上级机关的好评。通过演习，参演人员加深了对上级军事机关战略意图的理解，进一步检验了城区防卫作战方案的实用性和可操作性，同时也锻炼了队伍。

五是开展轻舟分队骨干集训 5月下旬，人武部选派了1名干部和5名民兵轻舟分队骨干参加了军分区组织的集训，主要学习了冲锋舟操作与使用，应急救援等常识。通过集训提高了城区民兵轻舟分队建设水平和抢险救灾能力。

【管理工作】 一是着力开展“整风气、学条令、树形象”活动 认真贯彻军区安全工作电视电话会议精神，按照军区提出的大紧后防大松的问题，实现“四个确保”、“六个不发生”的目标，突出人员、车辆、武器弹药、信息保密和涉军网上炒作等问题开展自查自纠，较好地纠正了存在的问题，正规了秩序。组织干部职工学习习总书记关于“厉行勤俭节约，反对铺张浪费”的指示精神，学习条令条例和军分区下发的《条令法规知识300题》，组织了干部参加军分区队列会操，确保了人武部秩序正规，工作有序。

二是深入开展作风纪律教育整顿 为吸取省军区部队发生多起事故案件和网络舆情炒作的教训，根据省军区统一部署，从5月13日开始，与军分区同步开展了一次作风纪律教育整顿。1. 翻箱倒柜，区分时限，明确责任，开展“六清”。整顿期间，对照省军区和军分区清人、清车、清密、清枪弹、清房产、清财物的要求，逐项进行了清理。做到“谁清查、谁签字、谁负责”，不留死角和盲区。2. 以安全隐患为镜，反思工作责任心。区人武部以查找出来的17项问题为镜子，反思工作职责、落实规章制度等方面的原因，开展了群众性大讨论和思想作风大清理，人人写出对照检查材料，作出整改承诺。3. 落实制度，正规四个秩序。在教育整顿中，坚持边整边改，把解决突出问题贯穿始终。严格落实一日生活、请销假制度，使机关办公秩序进一步正规；严格枪弹管理规定，落实双人双锁制度，确保枪弹调拨审批严格、程序正规。严格遵守新式军车号牌管理使用规定，纠正“老大”特权思想，杜绝交通违法行为。在整改中，对因作风不深入、清查不彻底、隐患不掌握、整改不到位的当事人，进行了批评教育，并限期整改，确保了教育整顿深入开展。

三是扎实开展了“大力弘扬艰苦奋斗精神，从严整治六个方面问题”专项教育活动　接到军分区转发省军区《关于从严整治当前省军区部队六个方面问题》后，部党委高度重视,迅速组织全体干部职工学习领会了上级首长的指示要求，在专题教育活动中，采取横向到边、纵向到底“拉网式”清理，严密组织，认真实施，全面整改，取得了实效。特别是针对票子、车子、房子、房地产租赁等突出问题组织全体干部职工进行了专题讨论，在讨论的过程中引导干部职工讲实话、讲问题，达到了统一思想、提高认识。是年 6 月份起，人武部按规定停发了一切补助、补贴，上交一辆自购生活保障车。

【保障部队海训演习】　尽管年复一年的保障海训、演习任务，老百姓保障热情也不同程度降低。海训、演习部队要求越来越高，出动保障人员越来越多，区人武部克服困难，主动作为，把他当作一项政治任务来完成。2013 年 4~10 月，42 集团军 124 师、163 师、陆航 6 旅、海军陆战队、南京军区 31 集团军等单位先后到城区海训演习，海训部队和演习官兵达 10 万人，先后保障了“使命行动—2013A”演习、“使命行动—2013B”演习、“突击—2013”演习、“火力—2013”演习和 42 集团军陆航 6 旅实弹射击等任务。区人武部充分发挥主观能动性，主动作为，急部队之所急，解部队之所需，动员干部群众、工厂企业单位为部队腾厂房，腾民房，腾学校，为部队提供居住、生活、训练保障。动员干部群众和企事业单位拥军支前。据统计，全区共出动车辆 120 余台次，干部、职工、哨员和民兵 300 余人次，协调部队解决因演习、海训损坏群众利益事情 100 余起，无严重军警民纠纷，圆满完成了保障部队海训、演习任务，受到海训部队官兵和参演单位的好评。

【征兵工作】　城区人民武装部针对 2013 年征兵提前和适龄青年当兵热情下降，老百姓送子女参军积极性不高的实际，早计划、早准备、早发动，圆满顺利地完成年度征兵任务。一是深入搞好宣传发动。充分利用电台、电视、手机短信、报纸杂志等新兴网络媒体，开展征兵宣传活动，在市区主要干道，汽车总站张贴当兵宣传画和标语，营造征兵的氛围，使征兵工作家喻户晓、人人皆知。二是严把兵员质量关。成立了体检组、政审组，开设征兵体检站，采取封闭式体检，开放式政审的办法，把好文化、身体、年龄、政审、定兵等关口。是年，征兵工作采取优中选优的办法圆满完成了上级下达的征兵任务，切实把优秀青年送到部队去，以实际行动支持国防和军队建设。三是加强监督。开展廉洁征兵、开设了举报电话，实行名额、兵种、定兵、去向四公开，确保了年度征兵任务圆满完成，无责任退兵。

（吴忠源）

附　城区人民武装部领导成员名单

部　　长：周宏森

政治委员：邹晓科

副部长、军事科长：张斌武

人民防空

【概况】　2013 年，汕尾市城区人防工作在区委、区政府和区武装部的正确领导下，坚持以科学发展观为指导，认真贯彻落实中共十八大和习总书记一系列重要讲话，以及省、市人防工作会议精神，按照省、市人防办的工作部署，着力推进“战备人防、效益人防、和谐人防”建设，积极开展人防法规和知识的宣传教育，配合市人防办做好市区人防工作，取得了明显成效。

【人防法制宣传教育】　区人防建设工作坚持以得到全社会的理解、共识和支持，形成人防建设工作的社会氛围，有计划、有针对性地推进人防宣传教育活动。一是配合区普法办把人防法律法规纳入“六五”普法考试和党校开展人防法律法规课程的培训教学工作；二是以学校为重点，会同教育部门做好人防知识宣传教育。在市区初二年级学生中教育普及人防法律知识学习，增强中学生的国防观念和人防意识，全区初级中学受教育学生 2200 人次。三是根据汕尾军分区和市人防办的要求，协助组织城区凤翔逸挥基金中学 60 多名学生开展临战紧急疏散的演练。四是大力开展形式多种的宣传。在区党政网、《今日城区》报和区政府政务公共栏等新闻媒体和公共场所开展人民防空宣传教育工作，全年共刊登或出刊人防知识宣传刊栏 5 次，其中，由区人防办在区党政办公大楼右侧政务公开栏出版人防知识宣传栏 3 次，《今日城区》报刊登 2 次；是年 10 月 14 日，为配合市人防办做好防空警报试鸣工作，在党政办公大楼和区各街道悬挂人防宣传标语 10 条。五是继续推进人防进机关、进学校、进企业、进社区、进家庭的“五进”活动，建立人防宣传教育工作的长效机制，提高人防宣传教育在全社会的覆盖率和认知度。

（刘水照）

附 城区人民防空办公室领导名单

主 任：刘水照

汕尾市城区年鉴 2014

SHANWEISHI
CHENGQU
YEARBOOK

法治

FA ZHI

政法委及综治工作

【概况】 2013年，全区政法工作深入贯彻落实中共十八大精神，按照中央、省、市政法工作的部署和要求，结合城区实际，围绕化解社会矛盾纠纷、加强和创新社会管理、建设“平安城区”、加强队伍建设的工作目标，强化手段，创新方法，狠抓落实，为中共十八届三中全会、省、市“两会”胜利召开、城区扩容提质创造一个和谐稳定的社会政治环境。

【社会政治局面持续稳定】 2013年，城区政法工作始终坚持“稳定是最大政治责任”的大局观念，切实抓好维稳各项措施的落实，全面及时排查化解各类社会矛盾纠纷。是年，全区没有发生严重暴力犯罪案件，没有发生聚众滋事事件，没有发生涉疆涉日案件，没有出现重大的交通、火灾事故，社会政治大局稳定。全区排查出信访突出问题22宗，全部落实领导包案等“五个一”措施；排查突出不稳定因素9宗，已全部化解；共受理民间纠纷602件，调解成功589件，调解成功率97.8%；接待群众来访36批82人次，同比批次和人次分别下降32.1%和72.8%；到市上访121批257人次，同比批次和人次分别下降19.9%和75.5%，其中集体上访12批118人次，没有发生进京非正常访和到省集体上访事件。

【平安创建工作扎实推进】 在平安创建活动中，城区始终把因地制宜、注重实效作为一条基本原则，着力做好五张“防控网”建设。一是“卡站防控网”。对赤汕公路、海汕公路、红汕公路和长沙湾路等重要进出路口设立4处卡站，安装监控系统并与“110”指挥中心联网，不定期落实警力值班备勤，构建成全区区域堵控网络。二是“科技防控网”。依托“平安汕尾”视频建设，建成了覆盖市区人员密集场所、治安复杂地区以及党政机关等的视频监控点220多个。7个镇（街道）主要街道和重要路口也安装了视频监控，实现了防控体系覆盖城市社区、农村村落、工业企业和重点项目。三是“群防群治网”。城区以实施社区和农村警务战略为契机，落实150名辅警的招录计划。同时，积极倡导“集资搞防控，保平安”理念，深入发动各村（居）委筹建治安联防队。新湖派出所辖区以和顺社区和湖滨大道两个治安执勤点作为“百局千所”立体化治安示范单位创建工作全区示范先行点；红草所辖区大力推动“村村联勤”治安防控建设，触角延伸到各自然村的每家每户；新港所辖区以街面商铺联户看护为模式组建了掇鸟街联防队；其他派出所辖区也根据实际建立治安执勤点，组建村（居）委治安联防队。是年，全区7个镇（街道）已激活治保会73个，成员295名，组建联防队27支，治安联防队员200多名。四是“网格巡防网”。对全区的路面街面、居民小区、社区划分成若干个网格，落实责任片区和责任片警，以车巡和徒步方式，实行24小时公开巡逻防控。五是“阵地控制网”。对已建住宅小区和新建住宅小区、单位宿舍内，要求落实安装楼宇对讲电控防盗门措施。单位内部的重要部位也安装了铁门、铁锁、防盗门窗，提高了自防能力。

【社会治安明显改善】 城区政法机关继续保持严打高压态势，先后部署开展了“粤安13”、夏秋社会治安整治、“雷霆扫毒”、夏秋破案新攻势、社会治安热点问题整治等专项行动，从重从快打击各类刑事犯罪活动。是年，区公安分局已立各类刑事案件628宗已破358宗，破案率57%（同比上升14%），刑事拘留362人，逮捕253人，打掉犯罪团伙8个，抓获成员40名；区检察院依法快捕快诉，共受理审查逮捕案件273件376人，批准逮捕254件340人，受理移送审查起诉案件313件413人，向同级法院提起公诉239件295人，依法报市检察院审查起诉5件10人；区法院围绕“公正与效率”，全面推进各项审判工作，共收理刑事案件295件383人，审结251件334人，结案率为85%，审结毒品案件150件157人，占刑事案件审结数的51%。

【社会综合治理卓有成效】 在打击违法犯罪的同时，坚持把社会管理和防范工作置于更加突出的位置，不断完善打防管控新机制，全力推进社会综合治理。全区建立了区、镇（街道）、村（社区）三级安置帮教网络，为全区177名刑释解教人员建立个人档案，规范安置帮教工作的《衔接制度》《回访工作制度》和《清理排查制度》。在此基础上，各帮教组每月主动上门对他们进行帮助教育，宣传法律法规，教育他们树立正确人生观，打消他们重新违法犯罪的念头。是年，全区已帮教172人，安置143人，重新犯罪2人，帮教率达97%，重新犯罪率为1.1%。加强对重点人口、监管对象管控，有效预防和打击了违法犯罪活动。积极探索“以证管人、以房管人、以业管人”的流动人口服务管理新模式。继续推行“阳光作业”，相继推出一批惠民便民举措，完善“服务措施一网办”，进一步优化了城区政务环境。

【社会维稳基础建设进一步加强】 全区建立了区、镇（街道）、村（社区）、组“四级”调委会103个，配备调解员495人，矛盾纠纷信息员95名。各镇（街道）还聘请了一批文化程度高、群众基础好、基层经验丰富的离退休干部组成镇（街道）中心调委会兼职调解员，每个村（社区）组建了一支由3至5名“三懂一会”（懂群众心理、懂群众语言、懂沟通技巧。会解决矛盾）的人员组成民间调解组织。大力加强行业性人民调解组织建设，将人民调解触角延伸至社会各个行业之中。是年，城区在新港街道设立渔业调委会，成功调处渔业纠纷案件6宗；高速公路交警大队和市区交警大队挂牌成立2个交通事故调解委员会；筹建医疗纠纷调解委员会。城区全面落实“六五”普法教育，继续开展“民主法治示范村（社区）”创建工作，进一步推进基层民主法制建设。至2013年年底，全区94个村（社区）100%开展了创建活动，先后有9个村（社区）被授予“广东省民主法治示范村（社区）”，45个村（社区）被评为“全区民主法治示范村（社区）”，基层民主法治创建达标率近50%；认真组织开展“法律进乡村、进机关”活动。区综治办、区组织部、区司法局、区委党校等单位组织举办了以“土地法、农村集体资产、财务管理、预防职务犯罪”为主题的“两委”干部培训班；区法院、区检察院组织开展送法进社区、进学校、进机关活动，举办法律讲座。是年，全区举办大型普法活动10多场次，各类专题普法宣传活动200多场次，各类法制讲座、培训班、辅导课300多场次，开展法律咨询活动200多场次，参与人数1.8万多人次，印发宣传资料6万多份，举办法制图片展览110场次，发送普法短信3万多条。

【政法队伍整体素质明显提高】 城区政法机关以加强执法规范化建设和执法监督为重点，以加强作风建设和构建和谐干群、警民关系为目标，深入开展“为民、务实、清廉”为主要内容的群众路线实践活动，切实抓好“庸、懒、散、奢”机关作风整顿，坚持从严治警、从优待警，全面推进政法队伍建设，不断提高政法队伍的整体素质。是年，全区政法部门参加各类型培训10多场次，参训达700多人次。共有3个单位荣立集体三等功，2名民警荣立二等功，10名民警荣立三等功。全区政法队伍机关作风明显转变，公信力和执行力明显提高。一年来，全区政法队伍没有出现违规违法的现象。

（蔡楚洲）

附　区委政法委人员组成名单

书　记：卓江广（区委常委兼）

副书记：陈少华（区政府副区长、区公安分局局长，2013年8月任）

张水武

郑　暾

委　员：陈展科（区法院院长）

陈嘉涛（区检察院检察长）

曾昭谋（区司法局局长）

罗方锦（区公安分局代理政委）

潘石鑫（区边防大队政委）

区委政法委员会下设办公室，主任：王德瀚

公　安

【概况】 2013年，全区公安机关在市公安局和区委、区政府的正确领导下，以中共十八大提出的“深化平安建设，完善立体化治安防控体系”为总要求，按照省厅和市局创建“平安广东”“平安汕尾”的统一部署，紧紧围绕“群众安全感和对公安工作满意度”的目标，在打击刑事犯罪、惩治毒患、扫黄扫赌、处置矛盾纠纷和开展“粤安13”“雷霆扫毒”“社会治安突出问题整治”等专项行动的工作中，采取了一系列措施，有力地维护城区社会政治和治安稳定。通过斗争实践，公安队伍得到进一步锻炼，民警精神面貌发生了新的变化，战斗力不断提高。

【国内安全保卫】 2013年，国保部门以深化对敌斗争主动进攻为主线，大力加强隐蔽战线，进一步加强情报信息工作。是年，国保大队新物建特情人员若干名，朋友关系若干名，共指挥使用国保特情人员若干名。搜集情报信息68条，提供给领导和上级机关的有效情报信息26条。同时，加强了以邪教组织为重点的专案侦查工作，成功查处2宗邪教组织案件，收缴各类反动宣传品30余份。

【“大情报”工作】 2013年，区公安分局通过“大情报”系统签收预警信息面99199条，签收率100%，反馈预警733条，应反馈率100%；通过“大情报”系统红色预警指令抓获各类网上逃犯14名，通过对红色预警指令进行二次研判抓获逃犯3名；通过情报分析系统协助破获刑事案件41起，抓获犯罪嫌疑人15人。情报部门通过建立网上舆情导控、落地调查处置机制，发现各类网上信息53条，编写专门编报16篇，删除网上有害信息23条，处置网上违法人员8人，较好地防止了舆情炒作所带来的负面影响。

【不稳定因素排查与群体性事件处置】 城区不稳定因素涉及的主要有劳资纠纷、征地拆迁、土地权属、山林土地纠纷、农村选举、复退军人待遇、下岗分流、体制改革、教师待遇、出租车司机上访、涉法涉诉等方面。根据上述不稳定因素和突出问题，区公安分局组织广大民警深入社区、农村、企业、机关、学校等，开展了滚动式、拉网式矛盾纠纷排查，多方位排查收集各类情报信息，为领导决策提供依据，同时在党委政府的统一指挥下，与相关部门共同开展矛盾纠纷调处化解工作。是年共收集可能引发矛盾纠纷和突发性事件的情报信息152条，掌握并超前化解事件苗头23起，现场调处邻里、口角、交通事故、家庭等纠纷900余起。治安、国保和各派出所，落实维稳形势分析例会和每月一研判、一调度制度。是年共处置群体性事件苗头48宗，处置大型群体性事件7宗，及时预警并处置了203师退役军人准备上省进京上访、逸挥医院医闹事件和红草三和村、水坡村村民反对征地等事件。

【刑事案件】 2013年，刑事案件立案680宗（其中当月案件525、年内月前案件155、撤销案件1）；发案地域：城区542宗、郊区63宗、镇50宗、乡村22宗、其他3宗；破案351宗（其中当月案件75宗、年内月前案件276宗）。在侦破刑事案件中，由于采取的措施有力，及时侦破了付某某（男，26岁，重庆开县人）与傅某某（男，24岁，重庆开县人）伤害致死案；张某某、汤某某等9人持刀拦路抢劫摩托车系列案件；冯某某、王某、施某某等侵占万盛针织有限公司55万元重大职务侵占案；许某某（男，38岁，重庆开县人）、梁某某（男，40岁，重庆开县人）等3人蒙面持刀盗窃抢劫案；张某某（男，79，岁，城区梧桐坑人）猥亵林某某（女，6岁）、郭某某（女，7岁）等5名幼女案等一批重特大恶性案件。

【案例选录】 *冯某某等三人职务侵占案* 2月28日，汕尾市城区万盛针织时装有限公司洗烫部总主管钟某到城区分局报称：其公司洗烫部四楼车间主管王某伙同记工员施某某、指导师冯某某利用职务之便私自制作虚假员工考勤表，向公司财务部门冒领工资，自2011年1月至2013年1月，共侵占公司资金约55万元，现三人在逃，请求公安机关抓捕。城区分局接报后立即组织精干力量开展侦查。办案民警多方工作，得知犯罪嫌疑人冯某某可能藏匿在佛山市南海区西樵镇，便驱车前往佛山开展工作。到达西樵镇后，在当地警方的配合下，于3月19日晚9时许在西樵镇大山边开发区72号将犯罪嫌疑人冯某某抓获。5月16日，抓获犯罪嫌疑人施某某。经审，冯某某、施某某、王某（在逃）等三人实施职务侵占，分别获非法所得人民币6万元和8万元。

付某某、傅某某伤害致死案 7月7日晚23时许，犯罪嫌疑人付某某（男，26岁，重庆开县人）与傅某某（男，24岁，在逃）各驾驶一辆摩托车在市区微波楼红绿灯路口与受害人林某某所驾驶的摩托车相撞，随后双方发生冲突，付某某与傅某某将受害人林某某追赶至微波楼门前时，持水果刀将其刺伤，致使林某某送院至次日凌晨抢救无效死亡。案发后，付某某准备从深汕高速公路后门服务区乘车逃回老家，专案组立即驱车前往拦截，成功将其抓获。

【“粤安13”专项行动】 为切实做好岁末年初全区的

公安工作，确保元旦、春节和全国、全省“两会”期间全区社会治安更加稳定良好，根据上级机关的统一部署，区公安分局从2012年12月至2013年3月25日，开展了“粤安13”专项行动。行动期间，全局共出动警力2111人次，各类社会治安力量942人次；清查整治出租屋523间，歌舞娱乐、网吧等各类重点行业、场所、部位667个；卡点盘查车辆880余辆，查扣嫌疑车辆2辆，发现并责令整改治安隐患173处、消防隐患98处。行动期间，共破获刑事案件53宗（其中查破“两抢一盗”案件17宗，毒品案件27宗），抓获犯罪嫌疑人62人，查破团伙4个，抓获犯罪嫌疑人13名，逃犯2名，查破毒品案件33宗，吸毒人员172名；查处治安案件206宗209人。

【社会面立体化治安大防控工作】 为确保社会治安稳定，实现“安全、有序、法治、和谐”的平安城区。区公安分局从2012年12月26日至2013年12月25日，开展了社会治安立体化治安大防控工作。这一工作通过建立社区治安联防、派出所立体化治安示范单位、规范治安联防执勤点、建立GPS定位系统等措施，强有力地压缩了违法犯罪，提升了主动预警和防范打击违法的效能。行动期间，共增设执勤岗亭22个、设立“治安联防执勤点”108个，共破刑事案件232宗，抓获犯罪嫌疑人263名、其中毒品案件133起，抓获吸毒人员156名；查处治安案件554宗667人。

【打击“两抢一盗”】 2013年，区公安分局继续保持打击“两抢一盗”的凌厉攻势，重点打击团伙犯罪，有力地震慑多发性侵财犯罪活动。是年，共立“双抢”案件154宗（同比下降16%），破57宗（破案率同比上升13%）。期间，先后查破了陈某某抢劫团伙、许某某蒙面持刀盗窃抢劫团伙、庄某某持刀抢劫团伙等8个“双抢”团伙，抓获团伙成员40余名。

【打击经济犯罪】 2013年，区公安经侦部门大力开展以“打击五类制假售假犯罪”（即制售假冒伪劣名牌商品、高新技术产品等阻碍科技创新的犯罪；制售假冒伪劣日货、家电、日用消费品等影响百姓生活的犯罪；制售假冒伪劣食品、药品、妇幼用品等危害群众生命健康的犯罪；制售假冒伪劣汽配、机电、消防器材等妨害公共安全的犯罪；严厉打击制售假冒伪劣种子、农药等坑农害农的犯罪）、银行卡犯罪和农村经济犯罪为重点的各项经济犯罪活动，强化整治市场经济秩序，为维护全区经济秩序稳定，促进全区经济发展作出贡献。是年，经侦大队共受理案件9宗，立案8宗，（其中职务侵占案2宗、集资诈骗案2宗、信用卡诈骗案2宗、合同诈骗案1宗、非法经营案1宗）破9宗（其中积案3宗），抓获嫌疑人15名（其中10名为网上追逃人员），办理刑事拘留11人，呈请逮捕12人，移送起诉9宗10人，涉案总价值约640多万元；协助外地外省单位办理案件13宗14人次。

【查处治安案件】 2013年，区公安分局查处治安案件821宗（其中扰乱公共秩序22宗、妨害公共安全28宗、侵犯人身财产权利128宗、妨害社会管理秩序643宗），查处人数863人（其中治安拘留163人、强戒627人、其他73人）。

【禁毒】 2013年，城区公安分局禁毒部门保持对涉毒违法犯罪的严打高压态势，继续牢牢抓住缉毒破案这一主线，强化贩毒案件侦办力度，以“破大案、打团伙、摧网络、抓毒枭、缴毒品”为目标，深入开展刑侦缉毒工作，完成缉毒破案目标任务，取得深入推进禁毒人民战争禁毒严打战役的重大战果。4月24日凌晨3时许，巡警大队根据情报线索循线追踪，通过潜伏布控的方式在市区小祯祥附近成功抓获贩毒嫌疑人徐某某（外号阿虹，女，26岁），现场缴获可疑冰毒7小袋、可疑毒品麻古2粒、作案工具手机1部；5月2日，巡警大队在工作中得知黄某某有私藏枪支的嫌疑，分管局领导陈业伟副局长高度重视，立刻部署警力全面展开调查，于5月5日下午，办案民警跟踪嫌疑人至市区和顺村南门附近时，果断出击，成功将犯罪嫌疑人黄某某（男，31岁，城区捷胜镇人）抓获，现场缴获仿六四手枪1支、子弹6发、东风本田CRV越野汽车1辆（系被盗抢车辆）；5月11日22时许，巡警大队在市区华园小区附近成功抓获犯罪嫌疑人苏某某（外号：阿B，男，22岁，市区人），现场缴获可疑毒品冰毒16小袋，可疑毒品麻古1小袋，作案工具诺基亚手机一部及人民币190元；5月12日凌晨1时许，巡警大队根据情报线索在市区祯祥街明星小学附近查获贩卖毒品嫌疑人施某某（男，20岁，海丰大湖镇人），现场缴获作案工具诺基亚手机一部；8月上旬，全区公安机关开展声势浩大的“雷霆扫毒”专项行动。全年共破获毒品案件190起，抓获犯罪嫌疑人190名，收戒吸毒人员900人次，其中强制戒毒78人，行拘并强戒557人，行政处罚217人，参加美沙酮维持治疗48人；缴获毒品海洛因339.96克、氯胺酮10.5克、“冰毒”2535.003克、咖啡因226.04克、麻古1.23克。

【禁赌】 年初，区公安分局治安大队与各派出所联手，认真排查辖区赌博活动情况，并根据赌博活动的特点，划定范围，突出打击影响比较大的聚众赌博窝点进行专项行动整治。1月16日至2月28日，在全市范围内开展扫黄扫赌“无声风暴”第一阶段集中打击、破案工作专项行动。5月21日至6月30日，分局开展“严厉打击涉赌违法犯罪专项斗争”，此次行动打击重点对象是：赌博违法犯罪团伙的幕后老板、首要分子及其成员；为赌博提供条件的人员；开设“暗宝”“大小”“牌九”等公开赌场、聚众赌博的组织者；境外赌场、赌博（博彩）公司和赌博网站的境内的代理人、代理机构，赌博活动的“后台”。行动中，分局投入清查力量300余人次，清查路边涉赌摊点23个、个体店24间、其他涉赌场所2个，收缴了涉赌游戏机47台、麻将51副、“鱼虾蟹”3副、“牌九”1副。全年，共侦破赌博刑事案件14宗，刑事处理25人；查处治安行政案件20宗，行政处罚35人；训诫200多人；缴获游戏机164部、麻将、暗宝、扑克、“鱼虾蟹”、牌九等赌具一大批。

【危险物品管理】 2013年，区公安分局治安大队和各派出所密切配合，严格落实涉爆涉危人员和物品的管理，加强对涉爆涉危作业单位及人员的安全检查和培训力度。是年，治安部门对涉爆单位进行检查50余场次，审批、开具购买证、运输证307份，审批炸药2139吨、雷管12万发。

【特种行业管理】 2013年，区公安分局加强对公共场所、特种行业的规范化管理，严格实行安全检查制度，消除安全隐患。是年，治安大队、消防大队与各派出所联手，共检查单位798家，下发改正通知书522份，整改火灾隐患1351处，临时查封9家，“三停”单位9家，行政处罚18家，拘留5人。1月25日至2月3日，治安大队联合消防科，分三路对辖区内列管的场所、宾馆、内部单位、危险物品存放单位和公务用枪单位进行了为期一周的安全大检查。整改安全隐患16处；8月9日召开全区旅馆业工作会议，治安大队全体民警和各派出所负责人以及全区67间旅馆业负责人参加此次会议，会后，分局与各旅馆业负责人签订了《旅馆业治安管理责任书》；8月23日，为进一步加强歌舞娱乐场所、网吧、游戏机室治安管理，防范和打击涉黄、涉毒等违法犯罪活动，强化主体责任和经营场所应履行的责任和义务，落实网吧实名制信息登记，确保歌舞娱乐场所、网吧、游戏机室良好健康发展。联合城区工商局、城区文体局，召开全区歌舞娱乐场所、网吧、游戏机室治安管理工作会议。

【重大社会活动和会议安全保卫】 2013年，在市区举行的重要会议、重大集会、庆典活动、文艺演出和体育活动43场次。其中有凤山祖庙迎新春文艺演出、凤山祖庙新春祈福、元宵节文艺巡游、“采花枝”等民俗活动、“红海之春--汕尾市建市25周年文化惠民系列活动”、城区政协第四届三次会议、城区第七届人民代表大会第三次会议、粤东五市（汕头、揭阳、潮州、梅州、汕尾）的民间文化、体育交流活动、2013年妈祖文化节、“美丽汕尾”文艺晚会、2013年普通高等学校招生统一考试和普通高中学业水平考试、端午节划龙舟比赛、“我爱这蓝色的海洋”文艺晚会、关帝庙第三届彩炮会及巡游活动、“我爱这蓝色的海洋”文艺晚会、“争做道德小公民，争当汕尾理想接班人”主题征文活动颁奖典礼、“梦想启航——汕尾第二届文化惠民活动周”、中秋节庆祝娱乐活动、“红海彩虹”–2013年群众文化系列活动之“侨乡风情”专场文艺晚会和“潮韵悠扬”–汕尾潮州两市文化交流潮剧精品展演两场活动。在上述社会活动中，分局根据活动的规模，从保卫方案的制订、警戒到安排警力都作了周密部署，确保节日期间没出现治安事故，圆满完成安全保卫任务。

【治安拘留所】 2013年，区公安分局拘留所以安全作为监管工作的生命线，以教育管理新模式为抓手，牢固树立“严格、公正、文明、规范、理性、平和、安全、廉洁”执法理念，全面加强监管工作和队伍建设，确保了监所的绝对安全，实现监所零事故、队伍零违纪、民警零犯罪工作目标。是年共收押违法人员共计1049人，其中转送强制戒毒人员576人，圆满完成了关押任务。

【户政管理】 2013年，区公安分局户政部门充分发挥职能作用，切实加强派出所规范化建设，强化各项基层基础工作，在继续做好暂住流动人口管理工作的同时，推出便民服务措施。是年，共制发临时身份证3052人，上报、审批户口手续5300多份16200多人。保证了群众的正常用证，方便了群众的工作和生活。

【出入境管理】 2013年，区公安分局出入境部门以“创新服务年”和“能力提升年”活动为载体，以信息化应用为引领，立足工作实际，深入贯彻落实《中华人民共和国出境入境管理法》，进一步规范出入境管理工作，落实各项便民利民措施，全面提升出入境管控能力和执法服务水平。全年共受理居民出国（境）材料40573人，其中护照3653人、往来港澳通行证34785人次、往港定居2188人；上报护照3650人、往来港澳通行证34782人、前往港澳通行证450人。其间，出台了便民、惠民措施“八大服务”：一是增设“老幼孕残”爱心窗口服务，二是增设“急事急办”服务，三是推出办证高峰期延时服务，四是提供本市户籍申办因私出国（境）证件便民服务，五是增设银行卡代缴持证续签申请收费服务，六是增设特殊人群上门服务，七是提供团体办证上门服务，八是提供涉外单位上门指导服务。

【申诉信访】 2013年，区公安分局信访部门根据公安信访“抓源头、打基础、强机制、促规范”的活动方案，积极化改各类矛盾纠纷，切实加强信访维稳工作。4月，信访人李某某反映其侄子李某某、李某某在市城区名爵酒吧被陈某某等人殴打致伤，要求公安机关从速捉拿凶手，并解决医疗费用等事宜。接访后，城区分局领导高度重视，多次组织精干警力协助新区派出所全力做好调查取证和追捕犯罪嫌疑人工作，经多方努力，于7月15日成功将陈某某等人抓获归案，后经调解双方达成协议，并停止上访。8月，新区派出所，在香洲街道办事处的大力协助下，调解了发生于2011年7月，梁某某与林某某债务纠纷；同月28日，新区派出所调解了韩某某在市区城南路口被何某等人殴打致伤入院治疗，双方因医药费问题产生分歧的纠纷。是年，分局信访部门共接待来访群众150人次，排查、按理受理涉法涉诉信访案件共40起，办结36起，办理停访息诉信访件20起。全国、全省“两会”期间，没有发生上省进京越级上访的情况。

【公安法制】 2013年，区公安分局法制工作坚持“强化规范、转变观念、服务执法”，开展各项思想政治教育活动，以严格公正文明执法为目标，全力推进执法规范化建设，深化执法质量全程考应用，完善执法质量考评。是年，法制部门办理刑事案件331件426人，其中刑事拘留392人（检察机关批捕316人，批捕率为80.6%，释放8人，变更监视居住3人，变更取保候审65人），监视居住1人，批捕在逃归案33人（其中变更取保候审9人）。移送起诉393人（其中取保候审移送起诉51人），起诉率为92.3%。同时，与刑侦、治安、经侦、国保、派出所等部门密切协作，研究处理重大疑难复杂案件69宗。

【纪检监督】 区公安分局纪检督察工作坚持“标本兼治，综合治理，惩防并举，注重预防”的方针，紧紧围绕中心工作和重大警务活动，积极履行督促落实、预警防范、维权保障等职责，确保警令畅通和各项警务工作的落实。提高广大公安民警遵纪守法、依法办案、忠于职守的自觉性，全面推进公安工作和促进公安队伍的正规化建设。2013年，纪检监督部门接到群众各类投诉共65宗，其中来电32宗、群众亲临14宗、信访转来5宗、上级交办14宗（被城区检察院立案1宗、市纪委交办1宗），责成派出所清理街头聚赌场所18处；对各单位各项重点警务部署和日常执法、行政审批活动进行现场督察48场次，对执法办案过程中存在执法不规范的民警进行扣分238人次；检查近三年来取保候审案件214宗，纠正违规取保候审案件44宗，退还或没收保证金28000元。

【公安宣传】 2013年，区公安分局各部门紧紧围绕中心工作，大力宣传公安机关开展“粤安13”“夏季社会治安整治”“雷霆扫毒”“夏季破案新攻势”社会治安热点问题整治等一系列专项行动情况及取得的成效，全力做好各项公安工作的宣传报道，营造了良好的社会舆论氛围。5月15日，分局经侦部门牵头，联合工商银行等单位，在市城区开展了以“打击防范经济犯罪，携手平安法治建设”为主题的宣传活动。活动中，共发放宣传资料2000余份，张贴宣传海报100余张，接受群众咨询200余人，从而大大提升了人民群众防范经济领域违法犯罪的意识和能力，为推进法治城区进程和构建和谐社会起到了良好的促进作用；在开展“除火患·保平安”冬春专项行动中。消防部门在汕尾市电视台举办《消防面面观》栏目，开设汕尾市城区消防微博专版专栏。在电视台和各楼宇广告牌栏、户外视频等媒体滚动播放“喜羊羊和灰太狼”以及“宝宝女儿好妈妈”消防公益广告和动画片。同时，组织宣传教育力量“下基层、进单位”开展消防安全培训和服务活动；为进一步推动打假专项行动深入开展，彰显城区分局打击制假售假犯罪活动的决心，3月15日上午10点，城区分局经侦大队联合工商部门、药监部门，在市垃圾场公开烧毁货值10万多元的伪劣假冒商品（其中假冒“王老吉”罐装17530瓶、盒装1936盒及一批假药生产材料、地沟油等）。在公安宣传工作中，办公室曾广松、陈伟锋、覃梅芳等撰写了大量优质稿件，其中曾广松被《汕尾日报》采用的稿件共计30篇。

【队伍建设】 一是警衔授予与晋升 2013年1月5日省公安厅梁伟发厅长签发命令批准10位民警由二级警司晋升为一级警司警衔；17位民警由三级警司晋升为二级警司警衔。2013年2月25日，公安部郭声坤部长签发命令批准11位民警由三级警督警衔晋升为二级警督警衔；3位民警由一级警司警衔晋升为三级警督警衔。

二是业务技能培训 年初，区公安分局制定了《城区分局2013年警务技能综合培训方案》和《城区分局2013年季度教育培训方案》，有计划地开展了全局民警的法律基础培训、随岗培训和实战训练。是年，共举办法律培训班6批240人次，单警执法记录仪培训4批160人次。

三是工资福利 政工部门充分发挥职能作用，办理退休手续6人次、职务变更等调资手续5人次，新录用民警工资手续13人次，警衔津贴调资104人次，晋级工资调标手续69人次、晋档工资调标手续55人次，完成警号申报51人次、晋衔薪贴89人次、微调警衔薪贴18人次，为65名民警做好了警官证的首发、补发、换发工作；完成了执法勤务机构73名民警的工资套改；落实了民警每年一次的体检、生日祝福和伤病慰问工作，慰问生病住院民警21人、因公负伤4人，辅警11人、贫困党员11人，上报核发民警医疗救助金21万元；通过严格考勤制度，将超勤补贴以考勤制度和病事假管理制度挂钩，规范了民警的责任意识和纪律观念，使队伍管理精细化。

四是立功创模 2013年，全区广大民警在市局党委和区委、区政府的领导下，立足岗位，履行职责，勇于拼搏，涌现出一批工作成绩突出的先进集体和先进个人：城区分局荣获全市“三打”专项行动先进集体；巡逻警察大队荣获市局嘉奖；新湖派出所荣立市集体三等功，集体嘉奖各一次；罗方锦、魏泽文2人荣立市个人二等功；陈伟锋、陈史凡、颜海龙、施国栋、周宋凯、卢少稀、林耀霖、邹宇军、陈经进、张崇妙、蓝梭哲、邹燕雄等12人荣立市个人三等功；庄成杰荣获全省“三打”专项行动先进个人；叶壮豪荣获全市“三打”先进个人；颜海龙荣获第二届“汕尾市十佳卫士”称号；谢少彬荣获市局嘉奖。

五是抢险救灾 6月18日上午11时40分，汕尾市区渔村南片四巷36号一栋二层半高的楼房突然倒塌。分局民警立即赶赴现场，将埋在废墟中的户主郭少珍（女，32岁）救出送院治疗；9月22日，强台风“天兔”在汕尾市城区沿海登陆，造成9名群众死亡、259人受伤送医院治疗，多处房屋倒塌、树木折断倾倒、供电线路断落短路、道路交通受阻等灾害。灾情发生后，分局共出动警力560多人次，转移群众24140名，救助遇险群众469名，有力地维护了人民群众的人身、财产安全，确保了辖区社会治安稳定。9月30日上午，分局召开党委会研究布置灾后重建相关工作，同时组织开展“救灾解困、复产重建”捐款活动。当天，全局民警共捐筹款23060元，所捐款项按要求全额交至市慈善会；

六是爱民活动 4月20日，四川省雅安芦山发生里氏7.0级地震，地震无情人有情，芦山地震的灾情紧紧牵动着分局全体人员的心，大家都迅速伸出援助之手，踊跃捐款，至4月27日，全局民警共捐款24580元。1月6日下午5时许，凤山辖区居民陈某到城区分局刑侦大队报案：其侄女陈某某（女，14岁，汕尾中学学生）、陈某某（女，13岁，汕尾体校学生）及其同学黄某某（女，12岁，汕尾体校学生）已经两天都没有回家了，怀疑是被人拐骗至惠州市淡水镇，请求民警协助寻找。刑警大队与凤山派出所接报后，急群众所急。通过对网吧、学校、车站的多方走访及手机、QQ等通信信息排查，发现三名女学生经常在淡水镇一网吧上网。办案民警立即与学生家属一起前往淡水查找，并于1月9日上午11时许，在网吧附近找到了三名女学生。经询问了解，三名女学生系因家庭因素影响、学习压力大而离家出走。

（蔡子良）

附 汕尾市公安局城区分局领导名单

局　长：郑海陆（2013年7月离任）
　　　　陈少华（2013年7月任）
政　委：罗方锦
副局长：黄健民（2013年8月离任）
　　　　叶壮豪（2013年3月离任）
　　　　陈雪锋（2013年8月离任）
　　　　陈业伟
　　　　陈健华
　　　　林春生
　　　　陈守鑫（2013年12月挂任）
纪委书记：彭晓君

消　防

【概况】 2013年，城区公安消防大队深入贯彻落实中共十八大和十八届三中全会精神，紧紧围绕“平安汕尾、法治消防、铁军队伍”三大战略部署，固本强基、真抓实干、务实创新，出色完成了以防火灭火和应急救援为中心的各项工作任务，得到了各级领导的高度评价和广大群众的充分认可。是年，辖区共发生火灾268起，出动车辆868辆，出动警力4012人，抢救被困人员63人，疏散被困人员895人，抢救财产价值20431.4万元，特别是“4·15”高速路连环车祸救援、“6·18”渔村民房倒塌救援、“9·22”台风“天兔”救援等行动，受到各界好评，各大媒体进行专题报道。所辖中队荣获集体二等功一次，大队党委被评为先进党组织，被公安部评为“抗洪抢险救援先进单位”、中队党支部被省总队评为“先进党支部”，“五好团支部”，6人荣立个人三等功，4人被评为优秀共产党员，4人光荣加入中国共产党。

【管理教育】 区公安消防大队党委按照政治教育“内植于心、外践于行”的根本要求，以“坚定信念 筑牢警魂”主题教育活动为载体，采取主题研讨、参观见学、专家授课、墙报宣教等丰富多彩的形式，强化理论灌输，注重实践引导，筑牢官兵忠诚警魂。坚持典型引路，开展典型培塑工作，树立陈子春、谭志俊两人作为典型模范，感召官兵、熏陶官兵、引导官兵，掀起争先创优新高潮。同时，按照上级要求，结合大队实际，先后开展了“用青春浇筑消防梦”主题团日、消防监督执法领域违法违纪突出问题专项整治、“改进作风、弘扬正气”整风肃纪、“重温入党誓词 庆祝党的生日”主题、消防信访“抓源头、打基础、强机制、促规范”、消防部队整治庸懒散奢等不良风气切实改进工作作风、党的群众路线教育实践、“三项纪律”专题教育等多项活动，坚定官兵理想信念,增强官兵法纪意识和纪律作风。是年，邀请专家授课3次，开展教育实践活动30余次，征集官兵书画、摄影、动漫作品12幅，发挥了思想政治工作铸魂作用。

【实战练兵】 城区公安消防大队注重实战。向实战练兵要战斗力，修订全区所有重点单位灭火救援预案，共制定灭火抢险预案50份、灭火作战对象预案50份，灭火救援业务管理系统预案录入率达到100%。开展建筑消防设施调查测试、“两评一练”（“两评”每出警一次都要进行作战讲评、每训练一次都要进行战术讲评；“一练”实战演练。）专项行动，加强“六熟悉”（一是熟悉辖区交通道路、消防水源情况；二是熟悉辖区消防安全重点单位的数量、分类和分布情况；三是熟悉辖区消防安全重点单位建筑结构和使用情况；四是熟悉辖区消防安全重点单位重点部位情况；五是熟悉辖区消防安全重点单位内部消防设施和消防组织情况；六是熟悉辖区主要灾害事故的类型和处置对策、基本程序。）“四快”训练、模拟实战演练和遂行拉练，提高部队初战制胜能力。向技术装备要战斗力，大力开展装备技术大检查大整改，落实“车场日”制度，加强器材装备维护保养，提高官兵器材装备应用操作水平。向安全管理要战斗力，开展百日安全竞赛评比活动，邀请区驻地医院派员讲授紧急救护常识，组织驾驶员开展“三复”（复学、复训、复考）练习，在营区内增设安全行车警示语，提高官兵安全防范意识。

【基础建设】 大力加强基层基础和警营文化建设，努力创建“和谐”警营。汕尾属于地方经济欠发达地区，地方财政困难，所拨经费有限。面对困难，大队领导采取勤请示，勤汇报、多上门、多沟通的方法，努力理顺与各有关职能部门的关系，想方设法争取当地政府及地方企业对消防工作的支持，先后购置100余万元消防器材充实了基层中队灭火救援装备，改造中队卡拉OK室，购置新的卡拉OK设备，改造天台“花园”，营造出一个良好的学习、工作生活环境。同时，坚持从优待警，进一步提高中队官兵福利待遇；从官兵的生活实际出发，想方设法为中队官兵配备日常洗涤用品和常用药品。

【消防宣传】 以宣贯《中华人民共和国消防法》和《全面消防安全宣传教育纲要》为主线，充分利用社会媒体资源，加大消防宣传力度。定期开放消防站，以“开学第一课”为载体开展消防安全进校园活动，结合“119”消防安全宣传月活动开展紧急疏散演练，组织青年志愿者上街道、入社区、下乡村宣传消防知识，形成了全民关注消防的氛围。是年，大队共举办培训班22次，培训2000多人次，印发宣传资料4万多份，汕尾电视台播放消防公益广告3000多条次，各镇（街道）设置消防宣传橱窗40多处，各单位悬挂消防宣传标语100多条，设立户外广告5处，提高了全民消防安全素质。

【消防监督】 将消防工作纳入全区落实科学发展观考核评价体系，重要节日和重大活动前夕区主要领导坚持带队开展安全检查。区委常委、政法委常委卓江广，陈少华副区长，区政府办黄剑雄副主任和区公安分局陈健华副局长对消防工作十分重视和支持，亲自研究部署，亲自检查督促，亲自跟踪问效，积极协调解决困难，在推动公安派出所开展消防监督检查、建立“全警消防”工作机制、深化火灾隐患排查整治和推进消防安全网格化管理等方面做了大量工作。是年区政府主要领导带队开展消防安全检查6次，组织召开7次消防工作专题会议，印发17份文件部署消防工作，公安、工商、安监、文化等部门和各乡镇积极配合落实，火灾防控工作形成了政府领导、政府指挥、政府推动的局面。是年，大队共出动执法人员2572人次，检查单位798家，下发责令改正通知书522份，整改火灾隐患1351处，临时查封9家，“三停”单位9家，行政处罚18家，罚款15万元，拘留5人，有效净化了消防安全环境。

【重点工作】 一是消防安全网格化管理工作全面推进。为完成50%镇（街道）建设网格化管理工作的攻坚目标，大队全体干部积极谋划，结合城区实际，在红草镇、香洲街道、凤山街道、马宫街道开展消防安全网格化管理工作模式，强势推进，全面提升社会化火灾防控工作水平。在户籍化管理方面，全区46个重点单位签订了责任书，全面推行“分区分户、一户一档、分档归籍”管理要求。二是火灾隐患重点地区整治成功摘牌。区委常委、政法委书记卓江广、区府办副主任黄剑雄和大队军政主官多次到红草镇开展检查指导，协调解决困难，大队派出3名执法干部半脱产指导红草镇，全面改变了红草镇的消防安全环境，建立了市政消火栓工程，实现了“网格化”管理，排查了全部工企业和“三小场所”，建立了一户一档案，整治了一大批火患，有效扭转了红草镇火灾隐患。

【重大救援】 2013年4月15日6点31分，深汕高速公路汕尾往陆丰段发生了一起70余辆车连环相撞的重大交通事故，多人被困，近千辆车受阻。城区消防大队出动1个抢险救援编队并联合交警、医疗、交通拯救队等部门共100余人相继参与了救援行动。城区大队官兵利用现代化装备、使用科学的技战术手段，历时3个多小时对该起事故进行了处置，成功救出重伤者6名，轻伤者24名，疏散人员近300余名。城区大队官兵在“4·15”交通事故救援中英勇事迹得到了省、市各大电视台，南方日报、南方都市报、羊城晚报、汕尾日报等报刊，凤凰网、腾讯网、央视网等网络媒体的宣传报道。2013年6月18日11时40分，城区新港街道东风村辖区内渔村南片四巷36号楼房突然发生倒塌，2名村民受伤。市委常委、区委书记陈少荣，区长刘闪星亲自到场指挥救援，区消防大队组织力量进行挖掘抢救，并及时疏散周边群众，避免发生二次灾害。经过官兵的不懈努力，最后被困的一名村民于中午1时20分被成功解救。

【“双拥”工作】 注重警民共建，创造和谐大环境。十年如一日，持续不间断地在人力、物力、财力上帮扶儿童福利院的小朋友，解决个别小朋友上学学费；逢年过节，总不忘看望小朋友，送去米、肉、衣物等慰问品和慰问金。经常与中山医院、汕尾职业技术学院等共建单位开展文体活动，组织军训，传授消防知识、国防知识、法律知识、邀请学校教师为官兵辅导文化知识等，做到紧密协作、相互帮助，培养了官兵“视驻地为故乡，爱人民如亲人”的思想情感。积极参与地方“三个文明”建设，巩固和发展“同呼吸、共命运、心连心”的新型军政军民关系。全年参与植树造林、冲洗街道、疏通下水道等为民做好事办实事达60（件）次，献血4800毫升，各类捐款14000多元。（许镇奎）

附 区消防大队领导成员名单

大 队 长：李 昱

政治教导员：邹小奇

边防工作

【概况】 汕尾市公安边防支队城区边防大队成立于1988年12月，大队部位于汕尾市城区金海娱乐园右侧，大队编制88人，实有71人，其中干部53人、士兵18人；下设3个边防派出所（均为二级所），均担负治安、户籍、边防管理，其中港口所担负台轮管理任务。辖区共设有警务室8个，警务室警官17人。

大队下属边防派出所管辖的沿海乡镇2个，共辖沿海行政村22个、自然村75个，居委（社区）5个，辖区总面积89.13平方公里（其中：港口14.5平方公里,捷胜49.48平方公里，马宫22.63平方公里），海岸曲线长52.08公里，常住人口17379户，常住人口81373人，暂住人口1088人。辖区共有港口2个，岛屿3个，码头4个，澳口10个；辖区共有各类出海船舶779艘，渔船民7360人；流动渔船民924人。

【深入学习十八大，扎实开展群众路线教育实践活动】 大队党委坚持把学习贯彻中共十八大精神为首要的政治任务，通过集中开展“学习贯彻十八大精神、做为民务实清廉的忠诚卫士”主题教育，有效激发官兵干劲，鼓励官兵斗志，教育引导官兵坚定“三个自信”（即：道路自信、理论自信、制度自信）。同时，通过收集《征求意见表》、召开专题民主生活会和深入基层调研等方式，扎实开展党的群众路线教育实践活动，根据“照镜子、正衣冠、洗洗澡、治治病”的总体目标，深入查摆在“四风”方面存在的问题和症结，坚持标本兼治，把改进作风落实到实践中去。一年来，大队各单位共开展主题教育45课时，专题讲座3场次，收集《征求意见表》4653张。

【深化爱民固边，推进边防管理创新】 2013年以来，大队深入开展“三访四见”（即：访贫问苦、访疾问难、访外问弱，看见、敢见、想见、愿见）活动，不断密切警民关系，每名村官和民警制定走访计划，落实“五必访六必到”（即：困难群众必访，特殊人群必访，案件当事人必访，重点人口必访，上访人员必访；治安突出、矛盾多发、隐患集中村居必到，公共场所、复杂地段必到，重大项目、重要工地、企业园区必到，海上养殖区、交易区必到，孤岛、孤居散舍必到，党政机关、深海部门、企事业单位必到），实施全员大走访。责任区民警高密度地到群众家里、田间地头、港口码头等生产生活环境中走访；派出所领导对治安复杂、矛盾纠纷突出、安全隐患较多的地方全面走访。一年来，大队官兵共走访群众18540余户、85230余人次，帮扶孤寡老人780余人次、残疾人180人次、贫困户320人次、外来人口423人次、渔船民450人次，走访重点人口71人次、重点场所67间次，排查线索44余条，化解各类矛盾纠纷39余件，辖区治安秩序得到有效维护，群众满意度明显提升。

大队强化社会管理创新，争取纳入地方规划成效显著。新任主官先后多次走访城区区委和市、区公安机关，就基层主官进党委班子事宜积极向市、区政法机关协商和作专题汇报，积极争取大队、所两级主官进地方党委班子，赢得了区委政府的高度肯定和支持，至10月份，大队政委和下辖港口、马宫、捷胜派出所所长都进入驻地政府党委班子，在支队率先实现了主官100%进入地方党委班子的目标。进一步深化了爱民固边战略，充分发挥出边防部队维护辖区稳定、服务地方经济发展的作用。

在民警兼任村官工作方面。大队立足驻地和谐稳定和经济发展，不断创新服务举措，积极推进13个爱民固边模范村创建工作，先后与辖区27个行政村签订联创共建协议，精心选拔24名优秀边防警官担任27个行政村（居）委会支部副书记，与6名困难儿童结成帮扶“对子”，爱民固边模范创建工作成效得到上级的肯定和辖区群众的好评。在支队一、二、三季度村官绩效考核中，先后有9名村官被评为优秀，30名村官被评为良好，在“七一”建党期间，12名村官被驻地党委评为优秀党员。

【提高打防管控能力，维护辖区稳定】 2013年，大队深入开展了“百局千所”创建活动、“粤安13”、“打击成品油走私”、“2013夏季严打”、“缉枪扫毒”等专项行动，严厉打击各类违法犯罪活动，确保了辖区稳定。一年来，辖区发刑事案件23宗，破18宗，治安案件发案59宗，破59宗，调处民事纠纷64宗，救助群众25人；救助火灾6起；累计清查港岙口25个（次）、码头43个（次），检查粤港澳流动渔船564艘次、台湾渔船330艘次、国内渔船1856艘次，渔船民4286人次；查获非法买卖（运输）成品油案件12宗，查处运输成品油车辆7辆、运输船只8艘、查获成品油107.13吨。

2013年1月，汕尾市城区副区长、公安分局党委书记、局长郑海陆，在区分局党委副书记、政委罗方锦及区分局党委副书记、副局长陈雪峰的陪同下，在元旦假期过后，第一时间莅临大队检查工作，亲切慰问执勤官兵，欧海生政委陪同检查。

是年1月，大队根据城区区委、区政府及区公安分局工作部署，在支队的统一组织下，派员参加城区公安机关统一组织的社会治安武装巡逻，全面抓好社会面治安防控工作，营造市区良好治安氛围。

是年2月，港口所获评城区公安分局2012年度先进单位，并有2人受嘉奖。

是年3月，大队根据区委、区政府和城区公安分局的工作部署，抽调36名官兵，携带单警装备，参与并圆满完成市政府统一组织的应急处突任务。

是年5月，大队组织召开反走私工作形势分析会，大队领导及各派出所主官参加了会议。会议传达学习了总队、支队近期下发的反走私相关文件精神，分析研究了城区大队边防辖区反走私工作面临的形势和存在的实际问题，并对下一步反走私工作作出部署。

是年6月，马宫所48小时内成功破获2起抢劫案，抓获连续作案2起的犯罪嫌疑人1名，缴获了“仿真手枪”1把及作案工具一批，追回被劫的小汽车1辆，有力地震慑了犯罪分子的嚣张气焰，净化了辖区社会环境。

是年6月，城区公安分局副局长陈雪峰、副局长陈业伟在政委欧海生的陪同下，深入大队三个基层所检查指导“百局千所”创建工作。

是年6月，大队圆满完成了在汕尾中学举办的“6·26”国际禁毒日公开宣判大会安保警戒任务。

是年7月，大队林汉潮大队长到任后第一时间走访了城区区委常委、政法委书记卓江广、城区副区长、公安局长郑海陆、城区打私办主任黄剑雄等领导。

是年9月，受超强台风“天兔”的影响，城区大队马宫所辖区南湖度假村地段风急浪高、水位高涨，随时可能冲破堤坝影响沿海村民生命财产安全。大队林汉潮大队长带队奔赴该区域参与抗洪抢险，加固堤坝，官兵们不怕苦、不怕累，全力保护群众生命财产安全的精神也得到了当地居民的一致赞许。

是年9月，超强台风“天兔”侵袭过后，港口所把关注民生作为支持和参与灾后重建的有效抓手，积极联合当地党委政府，迅速投入到辖区灾后重建工作中，帮群众一起修缮房屋、清扫街道、疏通排水渠、清理淤泥，用实际行动树立了边防官兵亲民爱民为民的良好形象。

是年10月，城区公安分局陈少华局长在分局陈业伟副局长等相关领导的陪同下，莅临捷胜所调研指导工作。

是年10月，马宫所根据线报，在其辖区马宫港红海船厂对开海域查扣涉嫌非法运输成品油的流动渔船CM65433A（汕尾0089），缉获白色成品油53.55吨。

是年12月，港口、马宫所联合组织开展港湾清查行动，确保年终岁末辖区海域治安稳定。

（赵华良）

附 区公安边防大队领导名单

政　委：欧海生（2013年7月离任）
　　　　潘石鑫（2013年7月任）
大队长：林汉潮（2013年7月任）
副大队长：李英标（2013年7月任）
　　　　　蔡礼生（2013年4月任）

检　察

【概况】 2013年，区检察院新增1个内设机构案管科，现有办公室、政工科、案管科、反贪污贿赂局、职务犯罪预防科、司法警察大队、控告申诉检察科、民事行政检察科、反渎职侵权局、侦查监督科、监所检察科、公诉科等12个内设机构。专项编制52人，实有在编干警48人，其中公务员41人，职工7人。检察长1正3副，副书记2名，检察委员会委员10名，检察员23名，助检员4名。

【刑事检察】 侦查监督。侦查监督是审查逮捕和立案、侦查活动监督的总称。2013年共受理审查提请批捕案件320件436人，经审查，批准逮捕300件397人。其中批捕毒品犯罪案件168件183人，起诉167件181人，发出捕后继续补充侦查意见书15份，为全区禁毒工作作出了积极贡献。加强逮捕必要性审查工作，对具有法定从轻、减轻或免除处罚情节的犯罪嫌疑人坚持“慎捕”原则，全年共对39人作出不批准逮捕决定。

侦查活动监督。坚持做到实体监督与程序监督并重，对侦查机关在侦查活动中发生的程序违法行为发出检察建议1份；办理批捕案件时向侦查机关发出《提供法庭审判所需证据材料意见书》15份，引导侦查机关进一步收集、固定、充实完善证据，为准确、高效指控犯罪作好准备，节约诉讼资源；对不符合逮捕条件的，坚决不捕，并做到每案都进行说理，发出《关于不（予）批准逮捕的理由说明》26份。

审查起诉。根据《中华人民共和国刑事诉讼法》的规定，人民检察院的公诉工作包括代表国家行使公诉权追诉犯罪和进行刑事审判监督两个方面。2013年，区检察院共受理移送审查起诉案件371件497人，经审查，向同级法院提起公诉319件417人，依法报市检察院审查起诉10件17人。正确把握起诉和不起诉条件，做到宽严有度。对主观恶性小、犯罪情节轻微、社会危害不大的偶犯、过失犯和未成年人犯等，本着教育、感化、挽救的方针，积极促使当事人和解，依法适用轻缓刑事政策从宽处理，是年共对15人作出相对不起诉决定。

审判活动监督。加强对刑事审判活动的合法性以及裁判结果的正确性进行法律监督，保证准确查明案件事实，保障当事人的合法权益。进一步推行量刑建议改革，发出量刑建议88件98人。

【贪污贿赂检察】 是年，立案侦查贪污贿赂犯罪案件5件6人，通过办案为国家挽回经济损失170多万元。典型案例有：在侦查市院交办的市财政局工作人员曾某某等人违规办理会计从业资格证书及调转手续过程涉嫌受贿、滥用职权案中，深挖出两名行贿人，并依法追缴非法所得款50多万元。

【渎职侵权检察】 2013年，立案侦查公安机关工作人员违规为重要案犯办理假户籍身份而涉嫌渎职犯罪案件1件1人。

【职务犯罪预防】 坚持在易发多发职务犯罪的重点行

业和领域开展预防调查工作，加大对涉农惠民资金走向和生态环境保护领域职务犯罪预防专项工作的力度，协助共同预防单位完善机制、堵塞漏洞，逐步建立和完善侦防一体化工作机制。进一步拓宽预防领域，增加共建单位。与城区民政局成立共建廉洁单位，在日常工作中加强沟通和联系，积极预防共建单位的职务犯罪。是年共开展预防咨询20次；受理行贿犯罪档案查询7次；参与现场监督重点工程招投标12次；上法制课5场，参加的干部职工1000多人次。

【监所检察】 是年，积极参与社区矫正工作，做好监外执行罪犯的档案管理，并深入基层司法所对社区矫正工作进行监督检查，针对发现的问题提出改进措施和建议，促进社会治安防控体系建设。

【民事行政检察】 在开展民事和行政诉讼法律监督工作中，坚持把依法监督和耐心做好申诉人的息诉服判工作有机结合起来，使申诉人真心服判，有效化解了矛盾纠纷，维护了司法权威。2013年受理民事、行政申诉案3件，均作息诉处理。

【控告申诉检察】 扎实开展信访接待工作，进一步落实信访案件首办责任制和检察长接访日制度，依法公正对待群众诉求。是年共受理各类信访件32件，来访25批次，其中检察长接待群众来访12批15人，全部按规定予以办理。

（曾小倩）

附　区检察院检察长、副检察长名单

检察长：陈嘉涛

副检察长：张金水

曾小湖

林佑信（2013年1月22日离任）

陈海生（2013年1月22日任）

党组书记：陈嘉涛

党组副书记：张金水

潘国雄

林佑信

法　院

【概况】 2013年，区法院认真贯彻区委和上级法院的重大部署，围绕“努力让人民群众在每一个司法案件中都感受到公平正义”的目标，以深入推进“两个年”活动即“司法公正水平提高年”和“司法作风明显改进年”为主线，狠抓司法办案，推进改革创新，为城区迎接高铁、融入新区，全力推进城区扩容提质振兴发展提供坚强有力的司法保障。是年，共受理各类案件1526件，办结1395件，结案率为91.4%。

【刑事审判】 依法严惩刑事犯罪，妥善化解社会矛盾，确保城区安全、社会安定和谐。是年，共受理各类刑事案件315件408人，办结311件404人，结案率为98.7%。面对毒品犯罪案件高发的严峻形势，始终保持高压态势，依法运用刑罚，坚决惩治毒品犯罪，共审结涉毒犯罪案件155件，涉毒犯罪案件占刑事案件总数的49.2%。依法严惩侵害公民人身权利的案件，重点打击抢劫、故意伤害、强奸等严重暴力犯罪，共审结此类案件47件；依法打击抢夺、盗窃等多发性犯罪，审结此类案件33件。认真贯彻宽严相济刑事政策，该重判的坚决依法重判，在生效判决中，有38名罪犯被判处五年以上有期徒刑，重判率为12%；对犯罪情节较轻的未成年人犯罪和过失犯罪，以及其他犯罪情节轻微的罪犯依法适用非监禁刑，全年共有68名罪犯被判处缓刑。积极参与社会治安综合治理，加强法律服务和法制宣传工作，举办法律知识讲座，选择典型案例，以案析法，充分发挥人民法院在预防、减少犯罪方面的职能作用。

【民商事审判】 致力于维护最广大人民群众的根本利益，化解社会矛盾，调节经济关系，重点审理好金融借贷、离婚、民间借贷、人身损害赔偿等案件，以促进经济社会全面协调可持续发展。是年，共受理各类民商事案件1061件，办结946件，结案率为89.2%。大力推行适用简易程序审理，有效缩短办案时间，减轻当事人的诉累。坚持“能调则调，当判则判，调判结合，案结事了”的原则，加大调解力度，引导当事人在自愿互谅的基础上，达成调解协议，减少当事人之间的对抗。是年，共有657件民商事诉讼案件以调解或撤诉方式结案，调撤率达68.9%，调撤率为建院以来最高。

【行政审判】 依法监督和支持行政机关依法行政，保护行政相对人的合法权益。是年，共受理各类行政案件10件，办结8件，结案率为80%；受理行政非诉讼执行案件3件，办结3件，全部以调解或撤诉方式结案。

【执行工作】 认真落实"阳光执行"制度，执行过程中，将案件执行的每个实施行为和情况告知当事人，保障当事人的知情权、参与权。做好执行案件申诉信访工作，对申诉信访中反映的问题，及时落实人员和责任，对影响较大的申诉信访，组成合议庭审查处理。对于重大疑难执行案件，积极争取有关部门的支持，耐心细致地做当事人的思想疏导工作，促进案件执结。2013年，共受理各类执行案件140件，执结130件，执结率为92.9%，执结标的额5088万元；办结主动执行案件96件，执结标的额2417万元。

【司法为民】 为方便当事人诉讼，在立案信访大厅配置了休息椅、卫生桶、饮水机、电脑、复印机、打印机、电子显示屏等设备，立案大厅具备了诉讼引导、立案审查、立案调解、救助服务、查询咨询、信访接待等功能。加大对困难群众及弱势群体司法救助和法律援助力度。是年，为7宗案件的当事人缓交诉讼费共7.7万余元，有效地维护弱势群体的合法权益。为切实帮助当事人化解矛盾纠纷，城区法院联合有关部门共同做好诉前联调工作。是年，办结诉前联调案件9件。抓好涉诉信访工作，落实接访制度，把好信访首接关，确保问题得到及时解决。接到群众来信来访，由立案庭牵头，组织涉诉信访案件办理的业务庭及纪检监察部门一道，采取"走出去，请进来"的方法，认真听取信访人的诉求，并妥善处理，依法维护当事人的合法权益，化解社会不安定因素。

【司法建议】 主动延伸司法职能作用，通过司法建议的手段积极参与社会管理创新，推动依法行政，堵塞管理漏洞。法官在依法审理案件的同时，认真分析在行政管理、社会管理等方面存在的问题，找出其发生的深层原因。是年，有针对性地向相关单位发出司法建议共20份。

【审判监督】 强化审判管理，建立健全案件流程管理监督制度，对案件进行全程跟踪督办；定期进行审判执行工作运行态势分析和通报，及时发现和解决影响审判质量的问题；依托信息化技术管理手段，加强案件审判的程序监控和节点管理，实现对案件质量的有效监督和指导，确保裁判公正高效；按照均衡结案的要求，科学制定办案计划。实行量化考核，统筹审判管理事项，健全审判绩效考评体系，以"当好排头兵监控指标体系"为案件质量的风向标，对结案率、发改率、调解撤诉率、执结率、执行标的到位率等14项指标进行量化考核。是年，城区法院各项指标达标率总得分在汕尾市四个基层法院中排名第一(2012年该项考核排名第二，2011年排名第三)。开展案件质量评查工作，采取自评、互评、评查小组评查、上级法院评查等方式，开展案件质量评查、裁判文书评查和庭审观摩评查工作。评查案件覆盖所有审判、执行人员办理的案件，每一位办案法官至少接受一次由各庭庭长组织的内部庭审评查；各业务部门还相互进行观摩和评查，院评查小组观摩了刑庭、民一庭的庭审，围绕庭审形象、庭审秩序、庭审技巧、法庭秩序等内容逐项评查，有效地促进了案件质量的提升。

【司法宣传】 借助汕尾中院门户网站和当地媒体平台，把司法宣传和司法公开有机结合，选择典型案例，以案析法，宣传法制，扩大法院工作的公众知晓度和社会影响力，促进社会各界和人民群众对司法公正的认同，推动司法公信建设。以工作简报和《活动专刊》的形式，进一步加深党委、政府对法院工作的理解与支持。是年，共编发《法院工作简报》29期，《法院"两个年"活动专刊》4期，其中，被市中院《法院简报》转发5篇，在中院门户网站的基层法院栏目内登载24篇，《城区政务信息》采用2篇，《汕尾日报》和汕尾电视台等新闻媒体采用新闻稿14篇（条）。

【"两个年"活动】 一是开展"司法作风明显改进年"

活动，按照中共十八大精神和中央关于改进工作作风、密切联系群众的要求，强化司法为民举措，推行"阳光审务"，构建"合理分权、公开示权、有效控权"的廉政风险防控机制，加强审务督察力度，认真查摆区法院工作中存在的"四风"问题，对发现的问题及时反馈和整改，促进工作效率和服务水平的提升。二是开展"司法公正水平提高年"活动，提出了"六强化一完善"工作思路，即强化公正理念、强化司法能力、强化审判管理、强化内外监督、强化司法宣传、强化改革创新和完善司法公开。立案、信访窗口突出提升服务水平，推出更多便民举措，打造优质司法服务品牌；刑事审判结合"平安城区"建设，突出维护社会稳定，落实"三打""禁毒"等各项部署，严惩各类危害社会治安和侵犯公民人身权利的犯罪分子；民事审判和执行工作突出提升案件质量和效率，注重提升法官的庭审能力和法律适用能力。

（胡良岸、黄映珠）

附　区法院领导成员名单

院党组书记、院长：陈展科

院党组副书记、副院长：洪卫京

院党组成员、副院长：陈海星

　　　　　　　　　　陈伟星

司法行政

【概况】 2013年，区司法行政系统在区委、区政府和上级司法行政部门的正确领导下，紧紧围绕科学发展的主题和服务经济发展的主线，创新社会管理方式、优化法制宣传载体、提升法律服务特色，强化机关作风建设和效能建设，各项工作取得了新发展，为和谐城区、法治城区、平安城区建设作出了贡献。

表4　**2013年汕尾市城区获国家部委以上表彰先进集体一览表**

获奖单位	评定单位	荣誉称号	授予时间
汕尾市城区	全国普法办	全国法治城市、法治县（市、区）创建活动先进单位	2013.01

表5　**2013年汕尾市城区获省委、省政府、省总工会表彰先进集体**

获奖单位	评定单位	荣誉称号	授予时间
汕尾市城区司法局	中共广东省委	广东省依法治省先进单位	2013.12

表6　**2013年汕尾市城区获汕尾市司法局表彰先进个人**

姓　名	工作单位	评定单位	荣誉称号	授予时间
王声效	汕尾市城区司法局	市司法局	三等功	2013.12
胡家为	汕尾市城区司法局	市司法局	个人嘉奖	2013.12
邓子荣	汕尾市城区司法局	市司法局	个人嘉奖	2013.12

【法治城区创建工作】 2013年，城区围绕《法治城区建设工作方案（2011~2015年）》，把普法和依法治理工作紧密结合，以巩固法治创建成果为切入点，坚持以普法为先导，充分发挥普法教育的载体和平台作用，广泛深入开展了一系列普法宣传教育活动，积极营造浓厚法制氛围，使法治建设工作更扎实、更深入，更有效。2013年11月，城区通过省考核评估组的实地考核评估，法治建设工作深受表扬及肯定。

继续深入开展"民主法治示范村（社区）"创建活动，夯实基层民主法治基础。对照《广东省民主法治村创建基本标准》的要求，全区94个村（社区）100%开展了"民主法治示范村（社区）"创建活动，通过建章立制，依法治村，村居各项事务管理工作走上有章程保障、靠民主管理的规范化依法治理轨道。是年，全区共有9个村（社区）被评为"全省民主法治示范村（社区）"，45个村（社区）被评为"全区民主法治示范村（社区）”。

积极开展“诚信守法示范企业”创建活动，提高企业法治化管理水平。通过制定实施《开展“诚信守法示范企业”创建活动方案》，在全区范围内开展“诚信守法示范企业”创建活动。是年，全区共有“国泰食品”等5家企业获评广东省“诚信守法示范企业”。

积极推进法律服务均等化工作，推进法治政府建设。紧紧围绕服务保障民生，服务大局，深化法律服务工作，改进和完善法律服务工作机制，着力提升法律服务能力和水平。

继续推进律师挂驻工作，完善法律顾问机制。组织市区七个律师事务所与全区七个镇（街道）挂驻结对，建立了律师与镇（街道）一对一法律帮扶机制和律师每周坐班制度。同时，完善政府法律顾问团，推进区政府和镇（街道）“法律顾问”工作常态化，为城区两级政府解决涉及法律问题提供法律帮助。是年，全区两级党政法律顾问覆盖面达100%。

加强法治文化建设，丰富普法教育内容和内涵。健全通港路《区政府政务公开栏》，将区委、区政府的重大决策、经济和社会发展规划、中心工作、重点项目信息等重大事项向群众公开，推进阳光政务，推动法治城区创建工作的深入开展；在凤山祖庙文化广场设置大型电子滚动显示屏，每晚定期2小时滚动播放禁毒、反邪教及与群众日常生产生活紧密相关的法律知识，让群众在休闲运动的同时轻松学法；以村级土地管理和财务管理为重点，结合区情民情编写了《法治村社》一书，作为村（社区）“两委”干部普法教育资料。

发挥新闻媒体宣传报道作用，营造浓厚的舆论氛围。2013年，《汕尾日报》、汕尾电视台、《今日城区》、《东岸》、城区党政信息网、汕尾城市在线等新闻媒体报道城区普法工作信息近80条，为城区的普法工作营造了浓厚的社会舆论氛围。

【普法宣传教育】 坚持多措并举，全方位推进全民法制宣传教育工作，进一步打牢“法治城区”基础；坚持以“法律六进”为载体，进一步加大工作力度，以巩固法治创建成果为切入点，全面加强法治城区建设。2013年7月，城区顺利通过了市“六五”普法中期考核评估组的考核验收。

2013年，全区各部门牵头举办的全区性大型普法活动10多场次，各类专题普法宣传活动200多场次，各类法制讲座、培训班、辅导课300多场次，开展法律咨询活动200多场次，接受群众法律咨询1.8万多人次，印发各类法律法规宣传资料6万多份，征订各类法律法规书籍1.3万多册，展出宣传板报680多块，张挂横幅8000多条，设立固定法律宣传栏480多个，出动宣传车300多辆次，举办法制图片展览110多场次，通过短信平台发送普法教育短信3万多条。

【人民调解】 以抓好人民调解机构、制度、业务的规范化建设和完善矛盾纠纷排查调处机制为重点，积极加强人民调解工作，努力发挥人民调解在维护社会稳定中“第一道防线”作用，人民调解工作实现组织网络化、工作制度化、业务规范化。

2013年，全区各级人民调解组织共受理各类民间纠纷668件，调解成功654件，成功率97.9%，其中：基层司法所受理112件，调解成功率96.42%。

【社区矫正及安置帮教工作】 以贯彻落实好“两院、两部”《社区矫正实施办法》为目标，建立了社区矫正组织机构，建立健全了相关工作制度；坚持按照“健全社会服刑人员监督机制，提高非监禁刑罪犯教育改造质量”的工作要求，全面推进各项社区矫正工作，深入开展对在矫人员的法制、道德、形势和政策教育，努力促使其思想、观念、行为、习惯得到矫正，有效地预防和减少社区服刑人员的重新违法犯罪。2013年社区服刑人员累计接收303人；累计解除矫正129人；委托外地管理2名；移交当地派出所管理1名；重新犯罪3名；因病死亡2名。现在册接受矫正166人，其中缓刑154人（占92.77%），假释8人（占4.82%），暂予监外执行4人（占2.41%）。是年，这166人都见人见档，管控到位，重新犯罪率为1%。

按照“帮教社会化、就业市场化、管理信息化、工作规范化”工作要求，积极与有关部门密切配合，认真做好辖区内刑释人员的衔接、排查、教育和管理。2013年，刑释解教人员在册管理177名，其中：刑满释放174名，解除劳动教养3名。重新犯罪2

人，帮教率 97%，安置率 84%，重新违法犯罪率 1.1%。

【法律服务】 把法律援助作为政府的“民心”工程，积极组织开展“法律援助服务为民创优年”主题活动，将法律援助向农村、社区、企业延伸，实现法律援助全覆盖，进一步落实便民措施，拓宽法律援助申请渠道，开创法律援助绿色通道，努力做到“应援尽援”。2013 年，法律援助共受理案件 48 宗，其中刑事案件 30 宗，民事案件 18 宗。根据上级司法行政部门的要求和部署，组织律师事务所与全区七个镇（街道）结对帮扶，建立律师与镇（街道）一对一法律帮扶机制和律师每周坐班制度。同时，组建法律顾问团，担任区政府和镇（街道）的“常年法律顾问”，为基层解决涉及法律问题提供法律帮助。是年，全区各级党政法律顾问覆盖面 100%。

切实抓好公证工作创新。进一步端正执业思想，增强诚信为民的观念，切实抓好公证工作创新。坚持把社会效益放在首位，把依法维护当事人合法权益、维护社会和谐稳定作为公证工作的出发点和落脚点，严格规范公证服务项目秩序、规范办证程序、规范公证处的运行机制，不断提高公证服务质量和办证质量。围绕区委、区政府中心工作，发挥公证在服务政府中心工作、推进政府重点工程项目的作用，城区公证处派出公证人员成立服务小组，为区政工程提供公证服务。2013 年，共受理各类公证 1066 件，其中，国内公证 599 件，港澳台公证 298 件，涉外公证 169 件。

【基层法治建设】 以“民主法治示范村 (社区)”创建活动为载体，围绕“四民主、两公开”，认真开展基层自治组织的“民主法治”创建活动，推进基层自治组织的运行规范化、管理制度化、决策民主化。通过“民主法治村（社区)”创建活动，全区 94 个村（社区）按时保质全面完成“两委”换届选举任务，连带解决了一批村（社区）历史遗留问题，为全区发展打通了关节。开展“律师进村（社区)”活动，在红草镇、凤山街道试行聘任“法制副村长”“法制副主任”制度，聘请了 23 名律师和 5 名法律工作者担任两镇（街道）28 个村（社区）的“法制副村长”或“法制副主任”，逐步探索一条符合城区实际、行之有效的民主法治建设之路。

(黎明静)

附　城区司法局局长、副局长名单

局　长：曾昭谋

副局长：王声效

　　　　吴贤义

汕尾市城区年鉴 2014

SHANWEISHI
CHENGQU
YEARBOOK

经济管理

JING JI GUAN LI

发展与改革工作

【概况】 2013年，是全区上下贯彻落实科学发展观，按照区委、区政府的部署和要求，加快推进扩容提质，坚定信心，把握机遇，开拓进取，各项工作稳步推进，年度经济社会发展计划目标基本实现。全区经济和社会发展取得新的进步。

【经济保持平稳增长】 2013年完成地区生产总值104.6亿元，同比增长12.6%。其中第一产业增加值15.23亿元，同比增长3.9%；第二产业增加值54.07亿元，同比增长18.8%；第三产业增加值35.32亿元，同比增长5.9%。三次产业结构由2012年的15.1∶49.8∶35.1调整为2013年的14.5∶51.7∶33.8。公共财政预算收入完成5.22亿元，同比增长13.8%。

【农业经济取得新进展】 农业经济呈现良好发展态势。全年完成农业总产值24.39亿元，同比增长4.5%，其中渔业总产量18.94万吨，产值18.54亿元，分别同比增长1%和4.9%。全区新增农民专业合作社11家，总数达到41家；红草开源养殖有限公司被国家农业部授予“健康养殖示范场”称号。病险水库除险加固、高标准农田、农田整治、农村公路等建设不断推进。扶贫开发工作扎实开展，重建受超强台风“天兔”损毁倒塌房屋263间237户，农村生产生活条件不断改善。

【工业经济发展加快】 坚持走新型工业化道路，加大对企业帮扶力度，鼓励引导企业技术改造、增资扩产，促进企业转型升级，全区工业经济呈现健康发展态势。全年完成工业增加值52.6亿元，占生产总值的52.3%；完成规模以上工业总产值186.01亿元，同比增长22.2%；完成规模以上工业增加值47.06亿元，同比增长21.3%；完成外经贸出口总值18770万美元，同比增长39.3%；全年实际利用外商直接投资488万美元。

【重点项目建设顺利推进】 2013年，完成社会固定资产投资35.08亿元，同比增长16%。重点项目建设不断推进，已竣工或动工建设项目有马宫110千伏变电站建设项目、汕尾市城区5宗重点小（一）型病险水库除险加固工程项目、高瞻实业有限公司冷冻厂项目、环兴塑胶制品有限公司新建项目、汕尾逸挥基金医院肿瘤防治中心建设项目、汕尾岭峰休闲文化活动中心项目、城区妇幼保健院综合楼建设项目等16个项目，累计投入资金4.3亿元。重点建设预备项目前期工作加快推进，红草产业转移工业园项目“路条”已上报省经信委待批，汕尾高新技术产业开发区申报组件编制已基本完成，金町湾旅游渡假城项目、华德城商贸物流项目、碧桂园房地产项目和红星美凯龙项目征地工作加快推进。

【消费市场持续畅旺】 城乡商贸活跃，消费旺盛。全区实现社会消费品零售总额74.16亿元，同比增长12.4%，消费对经济增长的贡献率不断增强。旅游消费趋旺，全年接待外来旅客113.5万人次，旅游总收入6.8亿元，分别同比增长16.8%和18.3%。

【城乡居民收入较快增长】 城镇居民人均可支配收入和农民人均纯收入等呈现快速增长势头，城镇居民人均可支配收入20804元，同比增长12.9%；农民人均纯收入10205元，同比增长12.0%。

【民生保障水平不断提高】 全区城镇新增就业5103人，城镇登记失业率2.49%，新增转移农村劳动力6675人；企业和机关养老保险人数完成率98.33%；城乡居民养老保险人数完成率96.84%；城乡医疗保险、失业保险、工伤保险、生育保险任务完成率分别为98.21%、98.31%、78.16%和88.59%。

【社会事业建设步伐加快】 教育创强工作取得成效。全区33所义务教育规范化学校建设通过评估工作，全面完成目标任务；投入资金1200万元，实施全区中小学多媒体电教平台进教室；高考又创佳绩，3A以上入围人数1419人，入围率45.44%，本科以上入围人数640人，入围率20.49%，一本入围人数75人，入围率2.4%。医疗卫生服务水平不断提高。全区7所基层医疗机构全面实施国家基本药物制度，覆盖率达到100%；汕尾逸挥医院肿瘤防治中心建设项目、区妇幼保健院综合楼建设项目已开工建设。科技文化事业不断发展。科技项目申报量明显增多，申报省、市级科技计划项目1项；专利申请数量103项，获授权数量63项，申请量增长106%，授权量增长425%。公共文化设施建设加快推进，基本完成5个镇综合文化站建设和27个村（社区）文化室建设，建成农家书屋58家。凤山祖庙旅游区创建国家“AAAA”级旅游景区通过了专家组的审核即将授牌；人口计生和殡葬工作成效得到巩固；食品安全和打假工作不断深入，安全生产形势稳定好转；社会管理进一步加强，全区社会大局稳定，群众安全感和满意度提升。此外，生态建设、精神文明建设和民主法制建设等工作都取得了新的进展。

（蔡举瑜）

附　区发展和改革局领导名单

局　长：张祥文

副局长：蔡举瑜

何世烈

颜焕强

物价管理

【概况】　局内设置：人秘股、价格与收费管理股、物价检查所以及价格认证中心。2013年在职干部职工15人。

是年，全局干部职工依法治价管费，坚持以稳定市场价格为己任，以构建和谐平安城区为主线，以关注民生、服务民生，加强市场价格监管监测为工作重点，突出抓好群众关心的商品价格以及收费等民生价格和开展价格专项检查以及价格监测工作，为促进城区经济发展和平安城区建设创造良好的价格环境。

【价格收费管理】　1. 收费综合年审。根据省、市关于做好2012年度收费综合年审工作和落实收费年审统计报告制度的部署，城区物价局高度重视，精心组织，及时联合相关部门下发年审文件，成立收费年审小组，对全区行政事业性及经营服务性收费进行综合年审。年审采取自查自审，重点审查和年审总结三个阶段进行。分别对各收费单位收费项目和收费标准的规定执行情况进行认真审查，并如期做好网上统计资料上报工作。

据统计，这次收费综合年审的行政事业性收费单位19个，收费项目34项，收费总额2176万元；经营服务性收费单位9个，收费项目18项，收费总额1533万元。通过年审，换发行政事业性收费许可证14份，经营服务性收费许可证3份。

2. 市场价格监管监测。2013年，城区物价局一是坚持做好日常价格监测与节假日市场价格监测，加大对节假日期间与群众生活密切相关的商品价格专项监测力度，并及时发布相关市场价格信息。二是关注超强台风“天兔”影响，及时监测灾期农产品受损价格情况。据是年9月监测，受灾期间城区居民食品价格（月环比，下同）涨多跌少。成品粮与杂粮副食品价格较为平稳，食用油延续以降为主，肉禽蛋价格稳中略涨，水产品价格止跌回升，蔬菜水果价格继续上涨，液化气瓶装价格延续上扬。三是注重对重要商品价格的分析和监测，利用网络平台及时发布价格信息。加强市场价格导向，引导群众正确合理消费，起着服务民生和维护社会稳定的重要作用。

3. 推进“三项建设”工作。“三项建设”（平价商店、蔬菜大棚、冷藏设施）是广东省稳价惠民调控物价的创新举措。根据省、市的决策部署，在汕尾市物价局的具体指导下，城区物价局与相关部门密切配合，稳妥地推进以平价商店为重点的“三项建设”工作。至2013年年底，城区建成的平价商店有8家。是年7月，已落实1家蔬菜大棚种植基地（城区绿农种养专业场），计划种植面积600亩，年产量2900吨，总投资260万元。上半年在建蔬菜大棚120亩，2013年7月份已申报省级价格调节基金扶持项目。

【价格监督检查】　2013年，城区物价局坚持立足自身价格管理职能，找准开展价格监管检查的切入点，针对群众较为关注和群众生活密切相关的价格问题，认真开展价格专项监管整治行动。是年9月上旬，据群众反映，城区相当部分饮食行业执行明码标价规定不规范，价格管理比较混乱，给消费者带来不明白消费的负面影响，群众意见较大。为此，城区物价局高度重视，迅速组织价检人员依法对城区范围内饮食行业进行为期一个月的明码标价整治行动。专项整治行动中，城区物价局共印发《关于加强餐饮业明码标价管理工作的通知》60份，出动人员65人次。利用中午、傍晚到现场指导、督促、检查、抓落实，范围扩大到乡镇。经过一个月的整治，已初步达到较好的效果，为城区树立良好形象，让消费者明明白白、清清楚楚消费。这些饮食行业明码标价已显规范，得到广大群众的好评。

【价格认证】 2013年，城区物价局价格认证中心工作人员认真履行职责，积极为司法机关、行政执法部门的各类涉及价格的案件进行评估鉴定。据统计，2013年该中心共接受公安局、检察院、法院等执法部门委托价格评估认证68宗，圆满完成交付68宗，评估认证标值192万元。认证服务工作充分体现客观、公正、高效的原则，为司法机关量刑和行政机关处罚提供科学依据。

（陈锦权）

附 城区物价局领导名单

局　长：詹显銮

工商行政管理

【概况】 2013年，汕尾市工商行政管理局城区分局（下简称城区分局）内设办公室、人事监察股、法规股、登记注册股、企业监督管理股、经济检查股、市场合同股7个股室和东涌、红草、捷胜、凤山、香洲、新港工商所6个派出机构，另还设“12315”投诉举报中心及对口指导管理的城区消费者保护委员会、城区个体劳动者协会和城区私营企业协会。是年底，全系统共有正式干部职工176人，其中公务员139人，事业干部6人，工勤人员31人。

是年，城区工商认真贯彻落实十八大会议精神，紧紧围绕广东省“三个定位、两个率先”（成为中国特色社会主义的排头兵、深化改革开放的先行地、探索科学发展的实验区。率先全面建成小康社会、率先基本实现社会主义现代化）奋斗目标，按照区委区政府和市工商局的工作部署，加强纪律作风建设，推进规范化建设，深化党风廉政、政风行评、“两建”建设，强化市场监管，深化禽流感防控，积极抵御强台风“天兔”并全力开展救灾复产工作等，全面推进城区工商工作，取得了一定的成效。

是年年底，全区有个体工商户6010户，从业人员23954人，注册资金11332万元。公司企业197户，注册资本30448万元，从业人员2007人；分公司91户。个人独资企业317户，注册资金8714万元，从业人员3012人；个人独资企业分支机构7户。合伙企业32户，从业人员288人，注册资金1397万元。内资非公司企业法人16户，从业人员1465人，注册资金7995万元；全区内资营业单位55户，从业人员473人，注册资金1576万元。农民专业合作社64户，成员出资额15677万元，社员人数872人。

【整顿和规范市场经济秩序】 加快完善与“宽进”相匹配的“严管”措施，进一步完善“网格化”监管机制，深化多部门各司其职、齐抓共管治理无证无照工作的落实。全系统共立案查处取缔无照经营299宗，案件总值56.05万元，罚没金额35.8万元，引导办照157户，查扣电子游戏机16部，取缔游戏机室1户，“黑网吧”1家。同时，继续牵头抓好市场中介组织防治腐败工作，深入开展烟花爆竹安全监管行动，配合落实“2013年安全生产月”的活动方案和“严厉打击非法违法生产经营建设行为”等专项整治。

同时，分局全面提升经济执法办案水平。围绕促进扩大内需、保障和改善民生为目的，以社会关心关注的热点食品问题为切入点，深入开展奶制品、肉及肉制品专项治理、防控人感染H7N9禽流感监管等食品安全专项整治行动；深入推进“食品安全示范店”创建工作，引导和指导食品经营户推进进货台账和索证索票“两项制度”管理；强化流通领域商品质量监测工作，建立了18类33个品种共827户的定点监管对象名单。共查办食品违法违规案件48宗，罚没款14.3万元，取缔地沟油黑窝点1户，没收涉嫌销售不合格标识大米7.85吨等。此外，还积极开展打击非法传销和销假贩私、查处商标侵权和虚假广告、反不正当竞争各类经济案件，强化市场监管力度。全年全系统共查办各类经济违法案件446宗，罚没款79.7754万元，市场消费环境得到有效改善。

【服务辖区经济发展】 是年，城区分局新发展个体工商户1477户，从业人数3359人，注册资本6973万元，与去年同期基本持平。新发展内资公司企业及其分公司35户，注册资本1103.8万元；从业人数264人。新发展合伙企业及其分支机构3户，注册资本335万元，从业人数25人。新发展个人独资企业及其分支机构11户，注册资本168万元，从业人数89人。新发展农民专业合作社及其分支机构23户，投资总额5535.6万元，从业人数163人。与去年同期相比，发展户数与投资总额分别增长了约50%，投资总额增长了约13%。移动办证300户，移动验照850户。共办理2012年度企业年检422户，其中网上预审企业401户。

【消费者权益保护工作】 深入推进扩大“12315”进商场、进超市、进市场、进企业、进学校，“一会两站”实现农村村镇和城市社区全覆盖并且逐步走向规范化。是年，共受理消费者各类咨询、申（投）诉、举报369件，帮助消费者挽回经济损失9.87万元。

【加强队伍建设】 深入贯彻落实中央关于改进工作作风密切联系群众的“八项规定”，以整治“庸、懒、散、奢”不良作风，开展行评、学习月等活动为契机，紧紧围绕工商行政管理的职能工作，全力推进工商转型升级，大力提升监管执法和内部管理水平，工商队伍形象不断提升。

行评工作期间，领导率先垂范，做好表率，始终强调把政风行风工作作为“一把手”工程，亲自挂帅、亲自动员、亲自过问、亲自部署，为政风行风工作的顺利开展提供了强有力的组织保障。通过行评，进一步改善了内务管理，考勤、着装纪律得到强化，队伍的精神面貌得到很大提升。

大力开展领导班子年度考核、第一责任人述职及“一报告两评议”等党风廉政建设工作，加强对班子成员的监督和考核。全系统签订党风廉政建设责任书18份，将责任目标延伸到股、所，落实到人。分局一把手、领导班子和行评被评议的4个重点股室负责人、6个工商所正副所长分别在7场述职述廉会议中，接受共140个监管服务对象代表人评议，平均分99.14分，27位基层执法人员都达到97分以上的优秀等次。

加强廉政文化建设，营造风清气正的文化氛围。举办了以“为民、务实、清廉”为主题的诗歌朗诵比赛，选派出优秀选手参加市局演讲比赛，并荣获二、三等奖。结合工商所规范化建设工作，加强对廉政文化的宣传。制作廉政图片，在办公场所悬挂廉政格言，进一步丰富了廉政文化建设内容，提升了工商队伍的廉政文化素养。

积极开展整治机关“庸、懒、散、奢”不良作风活动。强调各股所负责人为部门第一责任人，强化服务意识，提升服务效能，严格市局的“七项规定”“禁赌规定”“考勤制度”“着装制度”，配备指纹打卡机，严格执行财务管理制度和资产管理制度，加强公车管理、资产管理监督，严格公务接待制度等，队伍的组织纪律性明显好转。并且采取定期抽查和不定期督查的方式，开展纪律作风督查21次，进一步加强队伍管理，提高队伍人员遵章守纪的自觉性。

（贯继业）

附 汕尾市工商行政管理局城区分局局长、副局长名单

局　长：陈建文

副局长：杨辉森

　　　　许守宇

审　计

【概况】 2013年，城区审计局内设人秘股、审计一股、二股、三股、四股、经济责任审计办公室及整改监督股7个股室。现有干部、职工14人，借用人员1人，临时工1人，离退休人员4人。

2013年共完成审计项目18个，查出违规金额450万元，管理不规范1263万元，应上缴财政20万元，提出审计意见和建议127条，被采用115条。提交审计专题报告、综合性报告和信息简报等18篇，被采用9篇次。充分发挥了审计机关在维护财经纪律，促进廉政建设，推进经济发展等方面的职能作用。

【预算执行审计】 2013年，根据上级审计机关的安排的要求，以推进依法行政、维护群众利益、促进提高财政资金使用效益为目标，发挥审计保障国家经济社会健康运行的“免疫系统”功能。全区实现财政收入13.6亿元，全区财政支出9.7亿元。在汕尾市城区第七届人大常委会第十五次会议上，受区政府委托所作的《关于2012年度区本级预算执行和其他财政收支的审计工作报告》，得到了区人大常委会的充分肯定。

【部门预算审计】 在对区财政局和地税局进行审计同时还选择了区新港街道办事处、民政局、海洋与渔业局、教育局、林业局、凤山初级中学、妇幼保健院、捷胜卫生院、二轻集体企业联社、食品公司等10个单位进行审计，共查出违规金额416万元，管理不规范金额801万元，应上缴财政资金20万元，应调账处理金额169万元。

【配合上级审计机关完成审计工作任务】 2013年，城区审计局分别派出了7人次配合上级审计机关对城区文化事业建设费收入征管情况、社保基金、2012年，税收征管情况和2012年地方政府性债务情况进行审计，圆满完成各项任务。

【经济责任审计】 受上级审计机关及区委组织部委托，2013年，城区审计局对6名领导干部进行经济责任审计，查出违规金额99万元，管理不规范资金149万元，通过审计促使被审计单位和领导干部进一步规范财务管理，有效地促进了党风廉政建设，同时为组织人事部门考察任用领导干部提供参考依据。

【配合区委、区政府完成审计工作任务】 2013年，受区委区政府委托，对城区捷胜龟龄岛（东）人工鱼礁工程进行审计，总体摸清了工程招投标、施工、预结算造价、付款及项目基本情况，掌握资金来源和使用情况，并对存在问题提出意见和建议；同时做好扶贫、计生、信访、殡改、厦深铁路修建和村级换届等方面审计工作，为区委区政府决策提供参考依据。

4月，在广东省扶贫开发“规划到户、责任到人”工作中，城区审计局被市委、市政府评为“先进单位”。同年被审计署中国时代经济出版社《中国审计》编辑部评为“2013年全国审计宣传工作先进集体”。

【民生审计和专项资金审计】 按照2013年审计工作计划和上级审计机关统一部署，对全区中小学校舍安全工程、田家炳中学高中扩建工程建设项目、广东扶贫济困捐赠款物、2011年广东省地方政府债券资金、农村环境整治资金、生态公益林补偿资金等民生领域专项资金开展审计和专项审计调查，确保专项资金的安全和使用效益，促进了各项惠民政策落实。

【队伍建设】 一是以毛泽东思想、邓小平理论、“三个代表”重要思想、科学发展观、党的群众路线教育实践活动为指导思想，在全局开展政治思想教育工作，加强作风建设，提高全体干部职工政治理论水平，做到与局审计工作实际相结合，不断提高新形势下依法行政、依法审计工作能力。二是努力开展创先争优，增强创新能力，发挥党支部先锋模范作用，加强基层组织建设，创新审计方法，优化审计服务，提升审计效能。三是加强作风建设，树立廉政意识，通过党的群众路线教育实践活动，切实加强干部职工工作风，营造创业干事、担当奉献、廉政从审、拒腐防变良好氛围，促进审计工作健康快速协调发展。四是创建学习型机关，面对不断发展的新形势，对审计工作提出了新要求，带来了新的挑战，城区审计局树立学习为本、终身学习观念，坚持政治理论和业务学习并重，采取集中学习与自学等多种形式，加强业务培训细化学习计划，不断提高审计人员综合素质。

（钟华城）

附 城区审计局领导名单

局　长：曾昭贤（2013.9离任）
　　　　叶凯旋（2013.9任）
副局长：巫传永
　　　　魏小娟
主任科员：曾昭贤（支部书记）
　　　　　温红珍

统　计

【概况】 1988年6月汕尾市城区统计局正式成立。设综合股、工交基建股、农业股。人员编制9个，其中行政编制6个、事业编制3个。2003年7月设立汕尾市城区普查中心，设事业编制2名；2010年2月设立汕尾市城区社会经济调查队，设事业编制3名，皆为汕尾市城区统计局属下事业单位。

【统计业务和队伍建设】 一是提高统计服务水平。及时、准确提供月（季）度和年度统计资料，定时编辑印发《城区统计》，及时向区领导及有关部门提供全区经济发展的有关统计数据，通报经济运行情况等，满足区委区政府领导及时掌握全区经济运行情况的需要。

二是继续巩固实施统计“四大工程”建设。统计“四大工程”是指统计机构推进统计工作现代化，变革统计数据生产方式的四项重要的工作：第一项工作是建立真实完整、及时更新的调查单位名录库；第二项工作是建立统一规范、方便填报的企业一套表制度；第三项工作是建立功能完善、统一兼容的数据采集管理软件平台；第四项工作就是建设安全畅通、便捷高效的联网直报系统。

区统计局配合市统计部门向企业和相关部门广泛宣传“四大工程”意义和工作要求，力保统计人员熟练掌握联网直报业务，全面巩固实施统计“四大工程”。

三是提升统计数据质量。严格执行国家统计报表制度，认真做好各项年报、月（季）度报表的贯彻落实，建立统计数据质量责任制，健全统计数据质量分级负责制度，积极实行与相关部门和上级统计部门沟通、衔接，掌握最新资料，确保统计数据及时性，真实性。

四是统计法治建设，加强法制宣传。利用“12·4”法制宣传日和“12·8”统计法宣传日，配合市统计部门开展统计法律法规的学习教育活动。年间，城区统计局人员配合市统计局，采取联合执法和专项执法等性质围绕全区“四上”企业（“四上”企业即指规模以上工业企业、限额以上批发零售住宿餐饮企业、资质等级的建筑业企业和房地产开发企业，规模以上服务业）清理清查工作进行执法，明确企业依法统计义务，增强企业统计人员依法依时上报数据责任感。

五是统计方法制度改革。推进核算统计改革，完善季度 GDP 数据联审，贯彻落实市统计部门推行的 GDP 核算下管和下算一级改革，严格执行新的工业统计标准。同时，积极推进投资统计、贸易统计、劳动工资统计、能源统计和服务业统计等的改革。

六是建设统计队伍。2013 年，城区统计局通过加强学习教育，切实转变工作作风，建立健全的规章制度，提高依法行政能力，支持和鼓励业务人员参加上级组织的各类培训活动，提高统计队伍素质，优化统计新形象。

【工业统计】 2013 年，全区基本形成以纺织服装、电子信息、食品制造业等产业共同发展的工业体系。全区加快推进转变工业结构调整和经济发展方式，不断提升规模工业的总量和质量，全区工业经济保持平稳增长。一是工业经济总量增大。2013 年，全区工业总产值达到 210 亿元，实现工业增加值 52.82 亿元，占 GDP 比重 53.55%，同比增长 19.2%。工业对经济增长的主导作用进一步增强，工业对经济增长的贡献率达到 50.49%。二是规模以上工业（即主营年收入达到 2000 万元以上的工业企业）发展提速。2013 年，全区完成规模以上工业产值 186.01 亿元，与 2012 年比增 22.2%；完成规模以上工业增加值 47.06 亿元，与 2012 年比增 32.6%。规模以上工业总产值占全社会工业总产值的比重逐步提高，2013 年达 88.5%，比 2012 年提高 1.6 个百分点。三是工业发展质量提升。企业发展方式从劳动密集型向科技密集型、低碳环保型转型升级的步伐加快。

电子信息产品制造业。2013 年，全区拥有各类电子信息企业 4 家，电子信息制造业实现产值 36.55 亿元，与 2012 年比增 20.47%；实现规模以上工业增加值 41.16 亿元，占全区总工业增加值 77.92%。以德昌为代表的电子信息产业取得快速发展，产业带动效应日益明显。德昌电子（集团）有限公司是集生产和贸易为一体的综合性国际企业，通过落实 ISO / TS16949 质量管理体系，已成为美国和欧洲多家著名半导体公司的特许 OEM 生产商，现已被世界各地的半导体公司评价为半导体生产行业之最。

电子能源、通信设备、计算机及其他电子设备制造业、塑料制品、食品工业等行业快速发展，带动工业经济保持较快增长。其中通信设备、计算机及其他电子设备制造业增长 20.47%，塑料制品业增长 16.95%，食品制造业增长 21.83%。信利、五丰水产等项目列入省现代产业 500 强，其中，五丰公司是集水产品繁殖、养殖、加工和销售为一体的专业水产公司，拥有1万多亩的绿色无公害养殖基地，500多艘合作的捕鱼船，主要产品有南美白对虾、带鱼等海产品，条冻罗非鱼年加工能力达14600吨，产品主要出口美国、加拿大、日本等国家。

【城乡居民收入与消费】 2013年，汕尾市城区居民收支稳步增长，消费结构优化升级，生活水平明显提升。据统计调查资料显示，2013年全区人均可支配收入为20804元，比上年增长12.9%。从收入结构看，工资性收入仍是居民收入的重要组成部分，全年人均工资性收入为15156.9元，比增9.7%，占居民家庭总收入比重为69.2%；人均财产性收入为209.5元，比增17%。

消费支出。2013年，汕尾市城区居民人均消费性支出15323元，比2012年增长11%。从消费支出结构看，八大类消费性支出呈现不同程度的增长。

表7　　2013年汕尾市城区居民消费八大类支出情况表

项　目	消费额（元）	比上年增长（%）	消费性支出构成(%)	2012年同期消费性支出构成（%）
人均消费性支出	15323	11	100	100
1.食品	6540	9.3	42.7	43.4
2.衣着	946	9.7	6.2	6.3
3.家庭设备用品服务	1059	12.7	6.9	6.8
4.医疗保健	725	17.3	4.7	4.5
5.交通和通信	1643	10.8	10.7	10.7
6.娱乐教育文化服务	1564	7.8	10.2	10.5
7.居住	2060	18.4	13.5	12.6
8.杂项商品和服务	786	8.5	5.1	5.2

【农民收入与消费】 2013年，城区各级党委、政府围绕农业增效、农民增收、农村稳定的目标，进一步落实各项支农强农政策措施，建立完善加强农村建设的制度，全区农民经济社会实现较好的发展，农民收入继续保持良好的增长态势。据全区80户农村住户的抽样调查表明，2013年，城区农民人均总收入为11748.98元，比上年净增1103.76元。其中，工资性收入6238.14元，占农民人均总收入的比重为53.09%；财产性收入99.47元，占比重0.84%。全年城区农民人均纯收入10201.4元，比2012年增加11.98%。

2013年，农民全年人均总支出10322.28元，比2012年增长15.6%。支出增加的主要原因一是物价上涨，农产品价格波动大；二是农民的消费能力和生活质量进一步提高。

【国民经济和社会发展主要指标】 2013年全区完成生产总值（GDP）104.62亿元，与2012年比增12.6%。财政一般预算5.22亿元，与2012年比增13.8%，财政收入进一步优化。全区完成固定资产投资35.08亿元，比增16%。完成工业总产值210亿元，与2012年比增20%，其中规模以上工业产值186.01亿元，与2012年比增22.2%，占工业总产值88.57%；实际利用外资488万美元，下降92.1%。全区工业增加值52.82亿元，占生产总值的53.55%。农村经济平稳发展，完成农业总产值24.39亿元，与2012年比增3.8%。2013年，全区社会消费品零售总额74.16亿元，与2012年比增12.4%，从消费形态来看，住宿餐饮业保持快速增长，大众消费持续火爆。人民生活水平进一步提高，城镇居民人均可支配收入20804元，农民人均纯收入10201.4元，城镇居民生活质量持续改善。

表 8　　2013 年汕尾市城区国民经济指标完成情况表

指标名称	计算单位	2012 年完成数	2013 年完成数	同比增长（%）
国内生产总值（GDP）	亿元	92.71	104.62	12.6
规模以上工业产值	亿元	159.1	186.01	22.2
农业总产值	亿元	22.03	24.39	3.8
社会消费品零售总额	亿元	65.98	74.16	12.4
固定资产投资	亿元	32.09	35.08	16
城镇以上	亿元	24.3	28.95	19.1
公共财政预算收入	亿元	4.59	5.22	13.8
外经贸出口	万美元	13475	18770	39.3
实际利用外资	万美元	6188	488	–92.1
市区居民人均可支配收入	元	18422	20804	12.9

说明：2013 年数据为统计快报数据

【各镇（街道）国民经济和社会发展主要指标】 2013 年，全区实现生产总值（GDP）104.62 亿元，比 2012 年增长 12.6%。全区 2013 年完成规模以上工业总产值 186.01 亿元，同比增长 22.2%。从各镇（街道）完成情况来看，新港街道、香洲街道、凤山街道、马宫街道、红草镇、东涌镇和捷胜镇分别增长 92.41%、14.05%、15.14%、22.44%、15.51%、26.88%、5.41%。全社会固定资产投资额 35.08 亿元，同比增长 16%，2013 年全区完成全社会消费品零售总额 74.16 亿元，香洲街道、凤山街道、新港街道以 18.75 亿元、15 亿元、13.13 亿元位居前三。

表 9　　2013 年汕尾市城区各镇（街道）国民经济和社会发展主要指标

	规模以上工业 产值		全社会固定资产投资额		全社会消费品零售总额	渔业产量
	2013 年	同比增长（%）	2013 年	同比增长（%）		
合计	186.01	22.2	35.08	16	74.16	189413
新港街道	0.7	92.41	1.2	–6.3	13.13	90936
香洲街道	37.92	14.05	6.31	4.0	18.75	827
凤山街道	36.73	15.14	6.45	13.3	15	10212
马宫街道	10.05	22.44	3.67	9.9	3.07	41958
红草镇	65.46	15.51	3.7	–3.4	7.16	14758
东涌镇	26.59	26.88	5.57	45.9	9.38	22066
捷胜镇	8.56	5.41	2.77	11.5	7.67	7580
区直	/	/	5.41	41.1	/	1076

说明：2013 年数据为统计快报数据

（林伊露）

附　区统计局领导成员名单

局　长：陈永潮

副局长：王灯彩

安全生产监督管理

【概况】 2013年，城区严格按照“全覆盖、零容忍、严执法、重实效”和“党政同责，一岗双责，齐抓共管”的总体要求，深入组织一系列安全生产“打非治违”行动，排查治理各类事故隐患，坚决遏制重特大事故发生，确保了城区安全生产形势稳定。2013年，全区共发生各类事故15起（非生产经营性道路交通事故），同比上升25%，死亡13人，同比上升116.67%，受伤19人，同比上升72.73%，直接经济损失19000元，同比上升58.33%。工矿商贸、渔业船舶、危险化学品、烟花爆竹、非煤矿山、消防等行业没有发生生产安全事故，均控制在市下达的指标范围内，全区安全形势良好。

【安全生产责任制工作】 高度重视安全生产责任制的落实和责任体系建设，把安全生产列入党政工作重要议事日程，列入区人民代表大会报告及政府工作报告进行同谋划、同部署、同总结，进一步强化党政对安全生产工作的领导，继续强化企业主体责任落实。区政府年初与各镇人民政府（街道办事处）、区直有关部门签订《汕尾市城区安全生产责任书》，区安委会发出了《关于下达2013年全区安全生产各类事故控制考核指标的通知》，健全目标责任管理体系。明确奖惩机制，按照“一岗双责”的规定，严格安全生产“一票否决”制度，把安全生产工作绩效纳入各级干部考核体系，作为单位或个人评优、评先以及干部职务晋升等的考量指标。2013年，对评先、评优单位7个及晋升职务31人都到区安监部门征求意见，进行考量。

【安全监管工作】 严把企业准入关，对安全生产行政许可企业进行动态监管，加强职业病危害因素检测与评价，推进安全生产标准化建设，制定了《汕尾市城区全面推进工贸企业安全生产标准化建设工作实施方案》，抽调相关职能部门业务骨干组成推进全区安全生产标准化建设工作领导小组，切实把企业安全生产标准化建设工作列入区政府年度对各镇（街道）、区直职能部门“一岗双责”的重点考核内容。全区已落实16家规模以上企业与中介机构签订委托协议，已督促职业病危害重点企业与第三方中介机构签订委托检测协议18份。

【安全生产执法监察和专项整治】 除了在各节假日及重大活动开展了安全生产大检查，还在平时结合实际开展了一系列安全生产大检查，突出抓好了综合治理，重在预防的环节。2013年6至9月份，印发了《关于迅速开展全区安全生产大检查的紧急通知》，开展了为期三个月“打非治违”专项行动，全面开展安全生产大检查。12月份，结合6至9月份安全生产大检查情况进行“回头看”，开展了岁末年初安全生产大检查，印发了《2014年元旦春节期间开展安全生产大检查实施方案的通知》（汕市区安委明电〔2013〕14号），明确安全生产大检查内容和责任。12月13日，召开专门会议，部署开展今冬明春安全生产大检查和集贸市场消防安全专项整治工作。12月18日，紧急召开加强今冬明春火灾防控工作会议，贯彻落实市委、市政府主要领导的重要批示精神和12月17日市委召开的党政联席会议精神，认真吸取青岛市“11·22”中石化东黄输油管道泄漏爆炸、深圳光明“12·11”重大火灾、广州“12·15”重大火灾等事故教训，并迅速转发《关于深圳市光明新区“12·11”重大火灾事故的紧急通报》和印发《关于迅速开展冬季安全生产大检查的紧急通知》，成立了由区政府分管领导为组长的岁末年初安全生产大检查工作领导小组，下设七个检查组，由区政府各线条分管领导担任组长，分赴各地各行业领域开展岁末年初安全生产大检查。同时，制定了《汕尾市城区今冬明春火灾防控工作方案》、《全区集贸市场消防安全专项整治行动实施方案》和《汕尾市城区冬春火灾隐患整治“利剑”行动方案》等专项整治方案。6至9月份专项行动中共检查企事业单位和场所4000多家（其中车辆1900多辆，渔船650多条），排查事故隐患2006处，现场责令改正919处，限期整改993处（其中重大事故隐患一处），责令停产、停业、停建94家，罚款31.72万元；岁末年初大检查共出动执法人员3500人次，检查生产经营单位1850家次，消除安全隐患1462处，发出责令改正指令（通知）书345份。除此之外，继续在道路交通、人员聚集场所、渔业船舶、建筑施工、危险化学品、非煤矿山、烟花爆竹、旅游、水上交通、农业机械、民爆器材、学校（幼儿园）等重点行业和领域开展了专项整治。

【开展道路交通安全检查】 结合开展汕尾市“城市管理年”道路交通秩序专项整治，深入开展道路交通安全大检查工作，全面排查道路交通安全隐患，查纠各类交通违法行为强化源头监管和路面管控，有效改善了道路通行秩序。全区共出动警力15450人次，警车5260架次，其间共查处各类交通违法行为2371宗，暂扣交通违法车辆1893辆（经核查为无牌无证机动车辆共1131辆，其中包括联合城管部门整治期间查扣并已经公开销毁的无牌无证三轮车481辆），查获酒后驾驶严重交通违法行为12起，其他各类交通违法行为480起，行政拘留无证驾驶24人，刑事拘留6人。共举行公开销毁无牌无证机动车辆现场会1场次，将2012年下半年以来暂扣的交通违法车辆中经核查为无牌无证机动车辆共计3109辆进行公开销毁，同时联合市城管部门举行公开销毁无牌无证营运三轮车现场会2场次，共销毁无牌无证营运三轮车481辆。深入货运企业和物流站点17间次，检查大货车280辆次，教育大货车驾驶员297人次。

【加强渡口渡船交通安全检查】 为防范中山、小岛渡口渡船安全事故发生，开展对渡船适航、船员适任等情况进行全面检查，要求有关部门做好管理。同时督促中山渡口、小岛渡口落实主体责任，依法接受监督检查，认真落实各项安全措施，确保渡运安全。

【加强危险化学品、烟花爆竹的安全检查】 加强对辖区7家加油站进行检查，规范其经营行为；打击非法销售成品油，取缔非法油摊点7家，拘留2人；对全区烟花爆竹零售点进行安全检查，对符合有关规定的15家烟花爆竹零售点，已给予办理换证，有效规范烟花爆竹零售经营；加强燃气安全检查，对市区各个销售点进行了全面的检查，把汕城油气有限公司及安业燃气有限公司的两家储存站作为重点对象，对其应急救援预案、安全设备、各种防护措施及操作程序进行了全面的检查，确保各项运作处于正常状态。

【开展非煤矿山的安全检查】 因城区的非煤矿山因受炸药限制和开采证到期等原因已于2013年初停产，但还是密切关注非煤矿山的安全动态。在检查采石场中，发现4家石场采矿许可证已过期，即对4家石场发出《地矿行政处罚事先告知书》，责令停止开采。同时，对8家砖厂发出《地矿行政处罚事先告知书》，责令停止生产。

【开展建筑施工检查】 对在建工程开展检查，对现场存在的问题，发出《建设工程安全隐患整改通知书》11份，《暂时停止施工通知书》1份，《建筑工程施工安全生产责任扣分通知》27份；合力查处市区违章建筑，隐患排查专项行动以来，依法对市区大马路、文明路、通港路、春晖路、阅海西街等路段在建工程进行检查，对未办理合法手续的“三无”建设工程（无建设工程规划许可证、无施工许可证、无临时占用道路许可证）发送停止建设、停止施工、纠正占用道路的通知书，责令限期改正。配合市区有关职能部门拆除“三边一中”违法建筑5宗，市区四马路占道违法建筑19户。

【开展公众聚集场所大检查】 对辖区宾馆、饭店、酒店、公共娱乐场所及较大以上施工工地开展集中整治行动，对人员密集场所的门窗设置影响逃生和灭火救援的铁栅栏等障碍物，以及施工工地彩钢板搭建的临时建筑所使用的材料进行全面检查，在排查中发现的隐患，责令场所业主及施工单位作整改，共检查企业单位261家，查处火灾隐患331处，发出督促整改通知书139份，责令停业4家，临时查封3家，拆除障碍物1000多平方米，罚款6.5万元，拘留1人；对各经营场所及全区16家液氨储存企业进行全面排查，2013年初，已查明全区液氨储存罐120吨，液氨储存量65吨，对存在问题的单位责令落实整改；检查经营场所130余家，责令落实技防改造20家，迁出违规住宿人员150余人；对全区网吧、KTV、电子游艺、音像店等150家文化经营场所进行地毯式排查，发出停止违法行为通知书3份，查处无证经营酒吧KTV 3家，收缴盗版光碟和书籍一批。

【开展学校安全检查】 对学校门卫、监控设备、消防设施、交通安全教育、消防安全教育、防溺水专题教育等进行检查，确保校园安全；组织消防、教育等部门联合深入辖区中小学校、幼儿园等场所开展消防安全专项整治工作，排查检查学校103家，督促整改火灾隐患近139处，为在校学生创造了良好的安全环境。

【开展渔业渔船安全检查】 按照“不安全，不生产”的要求，在重点时段实施封港检查，主要对渔船是否适航、消防救生设施配备、船员持证上岗等进行检查，对发现的隐患，及时消除。共组织大检查23次，出动渔政执法人员253人次，检查渔船658艘，发出《禁止离港通知书》58份、《整改通知书》65份，排查治理安全隐患67宗，罚款8.35万元。

【开展农业机械安全检查】 对重点地方、重点路段的拖拉机违法载人搭客、超载超速、人货混载等违章行为进行专项整治，农机监理员深入田间、地头、场院等农机作业场所现场进行日常监管。共开展农机执法活动3次，排查一般隐患14项，并全部整改纠正，批评教育驾驶人员20人次。

【开展旅游安全检查】 对景区景点、旅行社、酒店等开展全方位、地毯式的检查，及时消除安全隐患，确保旅游安全。共出动执法人员87人次，发出责令整改通知书5份，对1家违规经营的旅行社提请市旅游质量监督所予以处罚和通报批评。

【开展工贸行业专项行动整治】 取缔无照经营、“黑网吧”等专项整治工作共19次；出动检查人员2285人次，车辆446车次，检查经营户2220户，发出限期改正通知书6份，行政指导35份，引导办照116户；发出责令停业通知书4户，立案查处无照经营229户；查扣电子游戏机（老虎机）16部；配合查扣烟花爆竹14箱，孔明灯一批；与企业签订安全生产承诺书113份。

【应急救援管理工作】 安全生产应急救援基础建设取得进步，组织修订《汕尾市城区生产安全事故应急救援预案》，调整指挥机构，充实应急物资；各镇（街道）、区直有关部门也针对本地区本系统制订相应的应急预案。针对预案开展应急演练，组织开展了民危化品泄漏、火灾逃生、灭火、海上遇险逃生等演练，增强了从业人员、学生、群众的安全防范意识，提高了在紧急状态时的自救互救能力，提升了企业应对突发生产安全事故的整体应急处置能力。

【安全生产宣教工作】 围绕“强化安全基础，推动安全发展”主题，印发了《致市民的一封信》《给渔民一封信》《告广大企业员工一封信》《致学生家长公开信》等，利用报刊、电视、宣传栏、手机短信、网络等形式开展安全生产宣传，组织开展了一系列的宣传教育活动。全面开展安全生产月活动，2013年6月18日，在马宫街道文化广场开展宣传咨询日现场咨询活动，发放消防安全、交通安全、危险化学品安全、职业卫生、校园安全、海洋安全、电力安全、渔业安全、地质灾害安全等宣传资料15000多份，2000多人接受宣传教育，效果良好，反响强烈。6月底，开展了专题宣讲活动，把职业危害、防渔船事故、防溺水、防交通事故、突发事件、消防安全等知识送进了企业、渔村、学校、工地、社区、农村等地方，普及企业员工、群众、学生等的安全意识。据统计，接受宣讲活动各类人员20000多人，举办各类培训班15场次，培训人员1700人，发放宣传资料5万多份（册），宣传横标160条，出动宣传车72辆次，营造了全民“关爱生命，关注安全”的浓烈氛围。

【安监队伍建设】 建立健全安全监管队伍，全面完成镇一级安监站建设，成立安全生产应急救援指挥中心，划转职业危害新职能，设立职业危害监管股室，落实专人负责；设立村（社区）安全巡查员队伍，全区94个村（社区）配备94名巡查员，加强村级安全生产巡查工作，形成区—镇（街道）一村（社区）安全监管网络。

（朱家博）

附 城区安全生产监督管理局领导名单

局　长：罗覃呈

副局长：黄泽霖

汕尾市城区年鉴 2014

SHANWEISHI
CHENGQU
YEARBOOK

农·林·水

NONG LIN SHUI

农 业

【概况】 2013年，区农业部门围绕区委、区政府的各项工作任务，以农业增收和农村社会稳定为目标，努力做好各项农业农村工作。在农作物种植业中积极推进优良品种的引进、试验、示范、推广、促进种植业品种结构改良，并积极推广实用技术。据统计，是年全区完成农业总产值237783万元。种植业产量质量有较大幅度的提高，农产品总量同比基本平衡。

【种植业】 粮食作物主要是水稻、番薯 城区农业部门认真落实粮食工作责任制，努力做好种粮大户直补、种粮综合直补等扶持粮食生产政策的贯彻落实工作。2013年，全区落实种粮综合补贴面积5.14万亩，补助资金380.23万元、种粮直接补贴资金41.11万元、中央财政农作物良种补贴资金77.07万元。确保了全区粮食生产的稳定。2013年，全区粮食播种面积7.12万亩，总产2.62万吨。

花生 全区2013年花生种植面积0.75万亩，总产量78.85万吨。

蔬菜 全区2013年蔬菜种植面积3.15万亩，总产量4.5万吨。

水果 全区2013年水果种植面积1.9万亩，总产量1万吨。

【病虫害防治】 2013年，农业部门根据时节深入田间调查，了解农作物各种病虫害的发生规律，掌握各种病虫害发生高峰期及最佳防治时间，及时下发防治通知让种植户施药防治。全年全区没有因农作物受病虫危害而造成减产失收的情况。同时，大力抓好有害生物防控工作，2013年，投放药剂防治红火蚁危害面积1973亩，巩固防治投放药剂1973亩，防控面积1995亩，有效控制了红火蚁扩散蔓延。

【实用技术推广】 2013年，全区农业部门大力推广应用水稻抛秧技术、蔬菜遮阳网栽培技术、蔬菜规范化和标准化栽培技术，视土货配方施肥、病虫害综合防治、化学除草、农作物微肥控制应用等，全年累计推广农业实用技术面积18万亩。同时，举办红火蚁防治技术培训班2期，培训250人次，印发宣传资料5000多份；举行农作物生产管理技术培训班8场；农机咨询活动10场，培训人员720人次，接受咨询1万多人次，印发宣传资料15万份。

【产品质量检验检测】 2013年，区农产品质量检测站结合开展农产品质量安全专项整治工作，对全区蔬菜生产基地、农产品批发市场、蔬菜种植大户进行检验检测。对经营农药残留超标农产品的经营户和种植户发出检测报告书，由农业行政部门和工商部门进行处罚、没收和作无公害处理。通过监测和检测，大力减少了不合格农产品进入市场。

【农业行政执法】 为认真履行好法律法规赋予农业部门的职责、切实实现好、维护好、发展好农民群众的正当利益，区农业部门积极开展“放心农资下乡进村活动”，并且围绕“四重一大”（即重点季节、重点地区、重点市场、重点品种和大要案查处）开展日常监管和执法工作。2013年由区农业局牵头、组织工商、技监等有关职能部门，对城区域内30间农资经营店和各个市场进行检查，在中秋、国庆期间联合开展专项执法行动，出动176人次，开展禁用五种高毒农药、农业投入品和农业“三品”检查，检查农资经营门市30家。

【农机服务】 农机销售 城区的农机销售完全以市场化的方式进行，主要地点集中在市区三个街道。由于城区水产养殖面积大，销售机具主要以水产品养殖机械为主，经营浙江富地牌及上海喃嵘牌等多个品牌型号。

农机购置补贴 根据《广东省2013年中央财政农业机械购置补贴实施方案》的规定，农户通过申请，评审后同意购机，购买机具实行差额补贴。2013年，共落实中央财政农机购置补贴资金148.19万元，受益农户35户，补贴机具3772台。通过落实补贴政策，让农民群众享受国家强农惠农政策，减轻农民负担，同时也提高了城区农业机械化水平。

农机使用 2013年，农户普遍使用的农机种类有手扶拖拉机、中型拖拉机、旋耕机、起垄机、联合收割机、碾米机、植保机、增氧机等。是年年底，全区农机机械原值7433万元，农机总动力9.92万千瓦。其中拥有小型拖拉机1010台、大型拖拉机16台、农用运输车238台、水稻联合收割机41台、水稻插秧机3台、增氧机5718台。农作物机械化综合水平达到52.44%，水稻机械化综合水平达到67.25%。

农机扶持　积极引导农机专业合作社建设，服务于农业生产，发挥农业机械重要作用，提高农业生产能力。城区第一家农机专业合作社—汕尾市城区新祁丰农机专业合作社成立于2011年5月，是农户自愿组织成立，专门从事农业机械化作业的专业机构。该社初成立时注册资金30万元，社员11人，通过政策扶持，业务上引导，该社逐步发展壮大，2013年有社员52人，拥有机械总动力950千瓦，机具211台/套，机库面积250平方米，固定资产110万元。是年，该社服务农业生产作业面积3400亩，年经营收入80万元。

农机技术培训　2013年，主要推广水稻插秧机和水稻机育插秧技术推广培训，组织举办了两期水稻机育插秧技术培训班和现场会，参加人数共110人。组织农机员、农机手技术培训218人次。

农机化投入　是年农机化总投入1039.186万元，其中农业机械购置148.186万元，农户购置机械投入850万元，财政投入41万元。

农机管理　2013年，重点做好农机牌证管理、落实农机购置补贴政策；引导农业机械服务农业生产；开展农机安全生产工作，致力于“平安农机”活动建设。是年无农机事故发生，同时还新增加注册登记农户11户。

（邱国强　余德财）

附　区农业局领导名单

局　长：刘克涛

副局长：李孝群

　　　　冯生杰

海洋与渔业

【概况】 2013年，城区坚持“以养为主，养殖、捕捞、加工并举”方针，把自然海洋资源优势转化为渔业经济发展优势，全区渔业总产量18.94万吨，总产值12.97亿元，产量与去年同比增长1%，产值同比增长2%。其中海洋捕捞总产量9.12万吨、产值6.07亿元，产值同比增长13.8%；淡水养殖产量0.186万吨、产值0.24亿元；海水养殖产量9.62万吨、产值6.68亿元，产值同比增长6.7%，实现渔业持续稳定增长，优化渔业产业结构，增加渔农收入、繁荣渔区经济。

【渔业科技推广】 2013年，水产养殖是城区渔业经济新的增长点，引进良种良法，大力发展具有城区特色的水产养殖业。

1. 开展落实“中央基层农技推广体系改革与建设补助项目”，确定城区推广主导品种为对虾、石斑鱼、金鲳鱼，主推技术为虾鱼、虾蟹牡蛎混养生态养殖技术。推广高产高效的高位池养殖南美白对虾有230亩；在红草、马宫的鱼塭推广牡蛎、斑节对虾、石斑鱼、黄鳍鲷混养养殖新模式3000亩。

2. 发展水产养殖规模化、集约化、示范化生产方式。新成立了5家水产专业合作社；4家水产专业合作社申报广东省沿海转产转业议案渔民“以奖代补”资金10万元的立项建设项目；是年，3月，城区潮汐水产专业合作社申报广东省健康养殖示范场。

3. 2013年5月8日~12日举办农村劳动力培训班，78名水产技术员参加培训。9月9日~13日，技术站站长彭永强、技术员陈守生参加广东省水生动物检疫员轮训班。9月20日~22日，区海洋与渔业局通过紧急通知、手机信息要求养殖业户、船主做好防御“天兔”台风避险工作措施，同时转移汕尾港网箱养殖人员86名。9月22日19点“天兔”台风最大风力16级在汕尾正面登陆，虽造成养殖业严重经济损失，但没有出现渔农渔民生命受伤事故；技术人员深入受灾地区指导救灾复产，发放恢复生产技术资料。是年，11月22日~24日举办台风灾后全区渔业恢复生产培训班。

【海洋与渔业生态资源管理】 1. 制定《城区2013年海域、海岛执法巡查工作计划》，加强辖区海域、海岛资源保护的政策宣传，营造依法用海的良好社会氛围。落实海域、海岛“三巡”制度，制止非法填用海案件3宗。

2. 是年1月24日，总投资320万元的城区捷胜龟龄岛东人工鱼礁工程（一期）通过专家组验收评为优良工程。

3. 是年 6 月 25 日，在小岛村码头旁设立品清湖中队临时办公地点，加强品清湖日常管理，保护湖区生态资源环境。

4. 是年，渔业资源增殖放流资金 24.5 万元，购买黑鲷、黄鳍鲷鱼苗 20 万尾,斑节对虾苗 1100 万尾，在马宫渔港进行放流。

【执行退渔政策】 2013 年上级财政部门下拨发放 2012 年度渔用柴油涨价补贴资金为 21914.75 万元。其中：海洋捕捞渔船 1092 艘，总功率 142625.36 千瓦，应发总金额为 21908.52 万元。经测算补贴标准为：围网作业 1650 元/千瓦，拖网作业 1550 元/千瓦，刺网作业 1504 元/千瓦，杂渔具 1050 元 \ 千瓦。

【水产品质量安全监管】 1. 认真做好水产品质量安全管理工作，《制定 2013 年度城区水产品质量安全监控计划》文件。2013 年完成抽检品种有：鱼类 20 个样品；苗种、虾类 22 个样品；贝类 35 个样品；抽检样品均合格。

2. 是年登记发放水产种苗生产许可证 6 本，面积 54 亩。

3. 是年组织养殖股、技术站、渔政执法人员 150 人（次）、检查养殖户 108 场次。对水产品质量安全管理规定、标识管理等进行宣传，发放资料 2600 份。

【渔业安全生产监管】 1. 制定渔船安全生产责任管理年度目标，落实安全责任和工作措施；把安全生产的责任落实到人、落实到船，明确要求把好各环节的安全生产关。

2. 加大安全生产宣传力度，是年共张贴宣传标语 2156 条、悬挂横标 28 条，放发《渔业安全手册》《致全区渔民朋友的一封信》“平安卡”等宣传资料 1425 份，手机信息 43266 条。

3. 健全渔船安全生产管理制度和应急预案，制定实施《2013 年度防风应急预案》和《2013 年渔业安全生产应急预案》。

4. 完善渔船安全生产执法检查常态机制，加强渔港通航管理和渔船设施安全监督。

5. 2013 年全区购置 38 艘大中型钢质拖网渔船，总功率约 10000 千瓦。

【伏季休渔管理工作】 1. 4 月下旬制定《2013 年伏季休渔实施方案》，休渔时间为 5 月 16 日 12 时至 8 月 1 日 12 时。

2. 5 月 6 日组织召开全区休渔工作会议，对相关单位按照各自职能进行了部署和具体分工，切实做好休渔期间渔船“防火、防台、防盗”三防工作。

3. 休渔期间，加强执法管理，落实渔政队伍实施渔船停泊区常态化巡查监督。向参休渔船发出《休渔须知》、《关于做好伏季休渔期间渔业船舶安全管理的通知》，严格执行“七个不准”，即不准在船上明炉生火、不准在船上烧香拜神、不准在船上燃放烟花爆竹、不准在渔船停泊区从事电焊作业、不准供油船进入停泊区加油、不准在船上聚众打牌、不准留船值班人员擅离岗位。

4. 2013 年 5 月份开始，广东省实施南海伏季休（禁）渔资金补助发放工作，全区休渔渔船 322 艘，申请办理录入补助 141 艘，船员 753 人。

5. 6 月 20 日，在马宫街道召开全区安全生产知识培训班，船东、船长、船员代表 190 名参加培训，培训内容是生产操作技能、消防安全和应急救援等知识，并联合区安监部门举办了渔船救生应急演练活动。

【海洋渔业执法】 1. 加强港口检查和海上执法，打击违法、违规作业。据统计，2013 年度出动执法人员 560 人次、执法艇 390 艘次、查处违规生产渔船 52 宗、罚款 35 万元。

2. 加强渔港监督管理。坚持“依法治港、安全第一、强化管理、服务为民”的工作方针。一是健全安全监督检查制度，整理了“渔港监督检查记录”并归档、以马宫中队、执法股为主的“安全应急小组”等建立规章制度；二是加强巡航检查力度，在垂直检查的同时，加强横向联检，与边防等有关职能部门在渔港内进行常规性巡逻、检查、维护渔港的正常秩序；三是把好渔船进出港签证关，坚决做到证件不齐不给予签证；四是加强港内整治。坚决清理乱锚泊的行为，确保航道畅通，为渔船的进出港提供安全保障；五是继续执行《汕尾市品清湖管理暂行规定》，强化品清湖日常监管。

【机关内部管理】 2013 年，该局以开展“为民、务实、清廉”活动为契机，有序推进“便民、高效”的示范窗口单位建设，继续把局机关的学习经常化、制度化，提高全体干部职工的政治理论和业务水平。同时，修订完善《汕尾市城区海洋与渔业局工作规则》《考勤制度》等各项制度，切实规范了队伍行为，树立勤政廉洁的部门形象。

（彭永强、郑达生）

附　区海洋与渔业局领导成员名单

局　长：庄厚樛

副局长：骆科银

　　　　彭少勇

水产品批发市场

【概况】 城区水产品批发市场是汕尾渔港唯一的水产品市场，2013 年有管理人员 120 多人,市场占地面积 8600 平方米,同时配套 80 米的顺岸式简易码头、停车场、后勤补给、渔需品供应、餐饮等服务场所。配置有广东省第一家水产品电子屏幕公开竞价系统，是国家农业部指定的全国水产品批发重点市场之一。渔港拥有上规模大马力的捕捞机动渔船 1200 多艘，海产品运输船 40 多艘，常年停靠渔港的外港渔船有 1000 多艘。2013 年全年交易量 4.6 万吨，交易额 4.2 亿元，带动解决 2 万多人的就业问题。是粤东最大的白带鱼集散市场，白带鱼的登场交易量占总交易量的 80%，产品出口日本、韩国等国家及我国台湾并全国各地。

【制度建设】 长期以来，市场管理所紧紧围绕所担负的工作职能，不断加大力度，加强和完善各项制度建设。一是按照整顿、规范、发展、提高的工作目标，大力改进管理服务，较为系统地制定了工作规范、岗位职责、考核奖惩、学习培训等方面规章制度，进一步改进工作作风，提高工作效率和各项服务质量；二是结合实际，召开有关会议修订管理制度，坚持按制度办事，全所职工积极参与民主决策、民主管理、民主监督，充分发扬民主提高管理决策水平；三是大力整治机关作风，树立管理人员的良好风气。通过整治机关作风活动，树立内强素质、外树形象，提高工作人员工作质量和服务水平，改变了工作人员在工作中管理不到位、工作责心不强等不良状况，树立了市场的诚信和汕尾渔港的形象。

【市场管理】 市场的管理与服务始终坚持“交易秩序正常化、价格公开合理化、产品流通畅销化、管理服务规范化”的四化目标为核心。通过加强市场规范管理，大力打击和整顿欺行霸市、霸一色鱼、纠纷斗殴、瞒称压价等行为。营造了市场良好的交易环境和交易秩序，保证了渔民能够安心生产，渔民的利益得到维护，渔民生产的效益有所提高，确保渔民交易安全和社会稳定。

（陈成洲）

附　区水产品批发市场管理所领导名单

所　长：朱昌明

水产养殖公司

【概况】 2013 年，城区水产养殖公司全体干部职工 119 人，已退休人员 51 人，在职人员 6 人，其中在编人员 1 人，余下 62 人自谋职业；内设机构有人秘股室和财会股室；经济状况主要是靠办公楼和养殖场地的出租；主要职责是认真贯彻执行党的各项路线、方针、政策，处理好公司日常行政事务和突发事务，管理好公司资产，维护好干部职工利益。

【党组织建设】 2013 年 4 月，公司党支部吸收了 1 名入党积极分子，并组织参加区直工委举办的培训班学习，进一步提高入党积极分子的政治理论水平；发展 1 名党对象；5 月份，为 1 名预备党员办理转正手续；7 月份，按照区直工委的要求进行支部换届，在换届中，坚持把《党政领导干部选拔任用工作条例》规定的基本条件作为衡量新一届班子的基本尺度，保证班子始终充满活力。

【安全维稳工作】 2013 年 10 月，公司部分干部职工诉求到区政府。因历史客观原因，造成该公司 1999 年至今没有为干部职工缴交社保费，同时，公司 2005 年为支持区政府“9+2”民间艺术节扩建凤山妈祖文化广场，公司属下汕尾管理区土地被征用，其拆迁赔偿款尚未付清，公司领导发现后，做了大量思想工作，劝止上访诉求，协商妥善处理诉求矛盾。

【强化监管制度】 是年，该公司强化监视检测能力，实行产地环境监管制度，多次到实地检察监督，加强水产养殖地环境的监督管理；着力改善养殖生态环境，配合养殖户做到科学养殖，健康养殖，确保水产品的安全和优质。

（蔡玉贞）

附 区水产养殖公司领导名单

经 理：朱贵东

畜牧兽医

【概况】 2013年，城区畜牧兽医局依法实施免疫、检疫，疫情监管和畜产品质量安全监管，以农民增收为目的，不断调整养殖业组构，改善养殖生产环境，在畜牧工作狠抓落实中，勤政务实，认真执法，搞好服务，确保全区无重大疫情发生，动物及动物产品质量安全，保障全区畜牧业生产平稳发展。

2013年，全区肉类总产量达到1.9万吨，生猪饲养量26.6万头，累计出栏19.8万头，存栏6.8万头；牛饲养量14240头，累计出栏5780头，存栏8460头；家禽饲养量368.4万羽，畜禽生产未出现高致病性禽流感等重大动物疫病的疫情事故。

9月受“天兔”台风影响，全区畜禽损失严重，但认真抓好灾后的恢复生产，全年的畜牧业生产仍然持续发展。畜禽存栏、出栏小幅逐步增长，生猪存栏水平已经基本恢复正常。

【动物防疫】 2013年，区政府将各项疫苗的经费列入年度财政预算，保证及时拨付购买疫苗，保证全区按照畜禽应免数量足额向上级采购禽流感、口蹄疫、高致病性猪蓝耳病等疫苗，保证全区开展春、秋两季防控免疫的疫苗需要。

2013年，畜牧兽医局认真做好预防免疫各项工作，取得了较大的成绩。全区累计免疫禽流感368.4万针次，免疫密度超过100%，免疫猪牛口蹄疫28.2万针次，密度为100%，防注猪瘟疫苗26.6万头次，免疫密度达到100%，免疫猪高致病性蓝耳病疫苗22.2万针次。8月份汕尾市畜牧兽医局下发了《关于认真做好犬猫狂犬病集中强制免疫工作的通知》，接到通知后，畜牧兽医局立即召开各镇（街道）站（所）长会议，部署为期一个月犬猫狂犬病免费免疫工作，各镇（街道）畜牧兽医站设立犬猫狂犬病免费免疫点，犬猫主带犬猫只到畜牧兽医站免疫点接受强制免疫，兽医站免疫点同时做好登记建档及“免疫证”发放工作。为方便群众，犬猫养量较大的村（社区），由村（居）委会统一组织，预约兽医站防疫人员定时进村免疫。全区共免疫犬猫5000多余只，免疫率达93%。重大动物疫病防控工作取得重大进展。

【畜产品质量安全监督】 是年，区畜牧兽医系统防疫人员定期不定期地开展疫情普查。全年共抽取了禽血清730份，猪血清260份，牛血清45份，进行免疫和疫情的监测，经省、市监测，该区送检的畜禽血清全部合格。同时，还抽取了猪禽棉拭子293余份，送省、市动物防疫卫生（监督）所检验。结果为畜禽免疫病毒检验呈阴性。此外，还认真组织春夏消毒灭源工作，重点加强畜禽饲养场所、交易场所、屠宰加工场所等周边地区的消毒工作。是年，区、镇两级消毒面积达330多万平方米。为防堵高致病性禽流感的疫情传入，区畜牧兽医局加强了检疫工作，严把检疫关。区动物卫生监督所和各镇兽医站，按照农业部有关检疫规定，认真开展猪牛禽的产地检疫和屠宰检疫工作。全区派驻各定点屠宰厂检疫员共23名，在实施宰前检疫后，对生猪屠宰过程，实行同步检疫，经检疫合格还出具了动物产品检疫合格证明。

【参加比赛及各项培训】 2013年4月，省畜牧兽医局发出“关于举办粤东四市防疫人员防疫技术比武大赛的通知”。区畜牧兽医局于4月8日召开动员大会，于4月16至17日举办了培训班，于5月14日进行全系统考试，选派6名技术人员参加全市比赛并获得全市团体第一名；于6月24日至26日在潮州参加全省粤东四市比武大赛获得团体第一名。个人：一等奖1人，二等奖2人。此项活动从动员到在潮州举行大赛，历时两个半月，其间理论培训及现场技能操作培训50多场次。是年，区畜牧兽医局还派员参加省、市技术业务、理论及畜牧业法律、法规等培训11场次，参加培训20人次。一年来，畜牧兽医局还组织了各类技能培训班18场次，培训业务人员及饲养场技术员共1000多人次，经过培训，全局业务人员及饲养场技术人员的业务能力得到进一步提高。

【"天兔"灾后复产情况】 是年九月份台风"天兔"正面袭击汕尾市，给全区畜牧业生产带来了严重影响。全区受灾畜禽栏舍垮塌14.4万平方米，损失猪0.43万头、禽7.1万羽，养殖场等基础设施损毁约815万元，饲料损失141吨，全区畜牧业共计损失8732.8万元。灾情发生后，根据上级紧急通知，区畜牧兽医局全力抓好畜牧业救灾复产工作:

1. 成立救灾复产工作领导小组。成立了由一把手任组长，副局长任副组长，各股室（站、所）负责人为成员的救灾复产领导小组。

2. 做好疫情监测排查工作。安排动物防疫人员深入养殖场（户）进行疫情排查，发现问题及时处理，并严格执行疫情上报制度。

3. 做好病（浸）死畜禽无害化处理工作。区动物卫生监督所和各畜牧兽医站加强动物卫生监督巡查工作。同时，督促养殖场（户）对病（浸）死的畜禽不能乱丢，按规定作深埋等无害化处理。据统计，全区共无害化处理病（浸）死畜0.43万头，家禽7.1万羽。

4. 做好畜禽紧急免疫工作。组织防检人员对灾区存栏和新进栏畜禽进行紧急免疫接种，并按要求建立好免疫档案，确保了大灾无疫情。

5. 做好消毒灭源工作。畜牧兽医局派出工作组到7个镇（街道）开展消毒灭源工作，指导养殖场（户）的养殖场地及周边进行彻底的消毒灭源，共发放消毒药物2.8吨，消毒面积93.6万平方米，有力地防控了动物疫病发生。

6. 做好市场监督检查工作。区动物卫生监督所和各畜牧兽医站切实加强对农贸市场的监督检查，防止病死畜禽及其产品进入流通渠道。同时，进一步加强产地检疫和屠宰检疫工作，防止灾后外地动物疫病乘虚传入。

7. 做好值班和疫情报告工作。加强值班制度，设立疫情报告处置电话，严格执行疫情报告制度和应急处置预案。

8. 是年10月30~31日举办生猪饲养管理与疫病防控技术培训班，提高养猪专业户对灾后复产的信心。

(吴伯荣)

附 区畜牧兽医局领导名单

局 长：黄思达

副局长：洪学奋

林 业

【概况】 2013年，城区林业局以"生态林业、民生林业、文化林业、创新林业、和谐林业"为目标，积极创建林业生态区，大力实施生态景观林带，森林碳汇，沿海防护林等林业重点生态工程，开拓进取、扎实工作，推动全区林业持续、稳定、健康发展。至2013年底，全区林业用地面积21.92万亩，森林覆盖率48.03%，林木绿化率54.39%，森林蓄积量450718立方米，森林资源保护和发展目标考核为全市前列。

【生态林工程建设】 1. 2013年，城区有省级生态公益林面积12726.9公顷（其中国家级生态公益林5209.5公顷），约占林业用地面积的86.9%。其中水土保持林面积7148.1公顷，水源涵养林面积1749.7公顷，风景林面积25.6公顷，自然保护小区林面积102.4公顷，护路林面积4.3公顷，护岸林面积1.9公顷，沿海防护林面积539.2公顷。

2. 2013年，全区省级生态公益林中Ⅰ类林面积为5440公顷，Ⅱ类林面积为5786.9公顷，Ⅲ类林面积为370公顷，Ⅳ类林面积为1130公顷。Ⅰ、Ⅱ类林面积所占比例为88.2%。城区生态公益林的建设管理和保护，进一步提高了生态功能等级，充分发挥其在水土保持、水源涵养、生物多样性保护、美化环境等方面的重要作用，构筑成城区绿色生态屏障。

3. 生态景观林带和沿海防护林建设。推进生态景观林带和沿海防护林建设与绿色通道建设相结合，主要组织实施了省道、厦深高铁、深汕高速公路绿色通道工程建设。2013年完成深汕高速公路生态景观林带工程14公里，面积840亩，沿海防护林工程12000

亩，封山育林 23000 亩。

4. 城乡绿化体系建设。是年，建成 AAAA 级凤山妈祖庙旅游区，汕尾市铜鼎山森林（郊野）公园、奎山公园等。组织开展"建设林业生态文明万村绿"大行动，全区万村绿示范点 35 个，其中省级 5 个，市级 5 个，区级 25 个。主干道高速公路、省道、厦深铁路等基本实现多品种、多形式的绿化，街道、小区绿化布局合理，村庄绿化实现了林在村中，村在绿中的良好景象，营造了一个人与自然和谐融洽的城乡环境。

【林业生态林管护】 2013 年，配备生态公益林护林员 180 人，其中专职 20 人、兼职 160 人，为全区生态公益林的管护工作提供了前提条件。生态公益林管护面积落实率和管护人员签订率均达 100%。执行新修订的《广东省生态公益林效益补偿资金管理办法》，全区进一步明确生态公益林效益的补偿对象，规范发放程序，保证了补偿资金的足额到位，让林农真正得到实惠。

【林木林地资源管理】 实行森林采伐限额的规定和木材生产"一本账"计划，坚持凭证采伐林木与凭证运输、经营加工木材的制度，致力从源头上遏制乱砍滥伐现象的发生。注重林业执法队伍和林业工作站建设，实现了公路无"三乱"目标。城区高度重视森林资源保护工作，誓保造林绿化成果。1. 加大对各种破坏森林资源违法行为的打击力度，防止各种破坏森林资源案件的发生。是年，全区未出现重大盗伐、滥伐林木案件。2. 加强林地林权管理。严格审批征占用林地项目，坚决制止乱占滥用林地行为，全区征占用林地审核率达到 100%。对稳定林区的生产秩序，促进林区经济发展起到重要作用。进一步遏制了林地资源的非法流失。3. 加强森林防火工作，落实森林防火责任制，加快生物防火林带建设，完善森林防火信息指挥系统和预警系统，是年，全区森林火灾受害率都控制在 0.5‰以下。4. 加强森林病虫害的防治检疫工作。2013 年，全区森林病虫害成灾率为 0，测报准确率达 90%，无公害防治率达 98.4%以上，监测覆盖率和种苗产地检疫率均达到 100%，有效保护了森林资源。

【森林防火】 2013 年，区政府把森林防火工作年度考核纳入全区年度工作考核范畴，实行奖惩并举，促进层层落实岗位责任。全区各级认真落实森林防火行政领导责任制，召开森林防火会议 15 场（次），家长会、学生会 3 场（次），张贴宣传标语 10000 万多条，制作和刷新永久性防火宣传牌 150 块，夹报发放宣传标语 20000 多条，通过电信、移动、联通等短信温馨提示 100 多万条，营造了浓厚的森林防火氛围。积极开展"无森林火灾乡镇"及"无重特大森林火灾县区"创建活动。在重要节假日期间，严格管理野外火源，对重点火险地段、森林旅游区等加大监控巡查力度，在主要入山路口设卡把守，以防止火种上山。区森林公安派出所与区防火办联合建立防火督查组，不定期开展巡逻督查，实行"见烟就查、见违章用火就罚"，野外违章用火得到遏制。森林消防大队加强森林防火巡查，并坚持每月 1 次以上的业务知识培训和日常化的体能训练，队伍整体素质得到提升，成为全区森林防火、扑火工作的主力军。是年，全区没有发生大的森林火灾。

【林业执法】 区森林派出所发挥职能作用，联合林政股打击破坏森林资源的违法犯罪行为，加强依法治林和林权纠纷协调工作。在各级党政和上级林业部门的支持下，林业派出所在开展"三打两建"活动和管林治林中勇当"排头兵"，立下汗马功劳。一年来，查处各类林业案件 57 宗，办结 57 宗。其中刑事案件 2 宗，行政处罚案件 55 宗；处理违法分子 2 人，其中刑事拘留 2 人，提请逮捕 2 人，为国家挽回经济损失约 500 万元，对制止乱砍乱挖滥伐和林区治安稳定起到了重要作用。派出所和林政股联合深入基层，协助镇（街道）、村居委会和村农调解各种林权纠纷，稳定林区的发展。

【林政管理】 2013 年，加大林地保护管理力度。主动服务全区经济社会发展大局，积极配合做好重点项目建设征占用林地上报工作，积极配合区殡改执法队处理非法占用、滥用林地修造坟墓的违法行为，保护林地资源安全。切实加强森林采伐管理。禁止砍伐生态公益林，对商品林采伐实行限额管理，没有发生违规审批和超标审批的现象。认真做好林权纠纷调处工作，参与调解林权纠纷，避免了群众越级上访和集体械斗事件发生，促进林改工作的顺利开展。加强木材行业管理，进一步规范了木材流通领域和经营市场的秩序。

【野生动植物资源保护】 是年，区林业部门积极开展野生动植物保护“宣传周”“宣传月”活动，依法检查市场、宾馆、酒楼及大排档共20多间，保护国家保护的、有益的、有重要经济科学研究价值的“三有”陆生野生动物。

【森林病虫害防治】 加强林业有害生物防治工作。2013年，城区主要公路两侧和市区周边林区内发生“薇甘菊”危害严重，大面积灾情的有几十亩，小面积有一亩、半亩。“薇甘菊”繁殖快，对森林资源危害大，区林业局根据实际情况积极申请上级给予资金和药物支持，采用人工和药物进行有效防治，防治面积近340亩。

（朱钦文）

附 区林业局局长、副局长名单

局　长：林楚城

副局长：朱钦文

水利·三防

【概况】 2013年，城区水利系统以水利工程建设和“三防”工作为重点开展工作。全区投入水利建设的资金约1685万元，其中该年度争取的资金投入建设535万元，2012年度争取的资金950万元，自筹资金200万元。

【东涌镇小型农田水利示范镇建设】 该工程属广东省小型农田水利示范镇建设，省级补助资金（第一批）的项目，概算总投资1265.05万元，省级财政补助资金800万元。2012年11月底开工建设。已基本完成建设项目：拦水陂加固改造8宗，山塘加固5宗，小堤防加固4公里，新建小灌渠3.5公里。由于2013年汛期来得早，降雨频繁，有4个水陂只能在汛期结束后才进入施工，影响了工程进度。至2013年年底，约完成了总工程量的80%。

【捷胜镇沙坑水库除险加固工程】 捷胜镇沙坑水库属小（Ⅱ）型水库，列入全国重点小型病险水库除险加固规划，上级补助资金191万元。工程于2012年11月开工建设，由于2013年城区提前进入汛期，新建输水隧洞没法在汛期施工，汛期结束后，才进入隧洞新建工程的施工，影响了工程的进展。至2013年年底，完成了主、副坝土方加宽、培厚加固，坝体灌浆防渗，上游坝坡混凝土护坡，重建排水棱体及完善排水设施；加固维修溢洪道；修建防汛公路；新建管养房等项目。完成投资约172万元，占预算总投资191万元的90%。

【修复受台风“天兔”破坏的水利工程设施】 受台风“天兔”袭击，城区部分水利工程受损。经核查评估，全区水利设施经济损失8320万元，主要是堤围、水库、涵闸、灌渠及其他设施受损。

为切实做好全区水毁水利工程的修复工作，区水利局灾后连续奋战，加班加点，对水利工程受损严重的，制订抢修方案，按照“先急后缓,先重后轻”的原则,把修复任务分解到项目，按分级管理原则落实工程的修复工作，并积极争取上级的支持，确保尽早完成任务。至2013年12月底，完成马宫南湖海堤、捷胜军船头堤围、东涌东石围海堤、红草镇海梧堤围缺口4宗195米的封堵；完成东涌长富、石洲、赤古排洪渠缺口3宗140米的封堵，并修复东涌镇流口洗衣坑段350米；完成6宗水库管养设施及护坡等的抢修：宝楼水库应急供电线路、管养房和启闭机房修复，赤岭水库迎水坡混凝土护坡抢修、红草镇南雅水库管养房修复、尖山水库管养房修复、香洲街道西洋水库管养房及大坝内坡干砌石护坡部分修复、新港街道大华水库管养房部分修复；修复了红草、东涌、捷胜部分供水管道；修复了捷胜镇石狗湖水闸和马宫长沙水闸的部分启闭设施。

【水资源管理】 一是坚持最严格的水资源管理制度，加强依法治水、管水，严格执行“三条红线”（“三条红线”指水资源开发利用控制红线、用水效率控制红线、水功能区限制纳污红线）。七项指标（用水总量控制指标，用水效率控制指标（万元GDP用水量)，万元工业增加值用水量，农业灌溉水有效利用系数，水功能区限制纳污指标（水功能区水质达标率)，城镇供水水源地水质达标率，县（市、区）交界断面水质达标率)，落实“三同时”（“三同时”是指节水设施必须与主体工程同时设计、同时施工、同时投产使用）制度，依法依规审批取水许可，做好取水许可管理台账建设、取水户年度用水总结与计划、地下水取水管理等工作，逐步完善水资源论证、计划用水、水环境质量监测等相关制度，促进水资源管理规范有序开展。二是加强节约水宣传。在每年的“世界水日”和“中国水周”活动中，围绕宣传主题，开展水法规的宣传教育，提高广大干部群众的水患意识和水法观念，进一步加深对水安全、水生态和水环境的认识，使全社会都来关心水、爱护水和节约用水。三是做好水资源保护工作。坚持水量水质并重原则，设立水源保护区，对功能区水质进行定期检测。严厉打击危害水资源、水安全的违法行为，对非法采砂行为保持高压态势，发现一宗打击一宗，切实维护了水法制秩序。2013 年没有发生水事案件。四是依法依规征收水资源费。贯彻执行水利部和广东省水资源费征收使用管理有关规定，加大征收力度。2013 年征收水资源费 35 万元，并按“收支两条线”和规定范围进行使用管理，促进了水利事业的良性发展。

【小型水库库区移民后期扶持】 2011 年，省小型水库库区后期扶持实施后，2012 年年初城区红草镇南汾村尖山水库库区移民 167 人，按每人 3600 元的标准领取了建房资金共 60.12 万元。2013 年，市移民办安排了尖山水库库区移民项目建设资金共 40.08 万元。城区移民主管部门根据当地实际情况，为更好地帮扶移民，采取调整计划项目的做法，将原用于 6 个自然村的基础设施建设资金 40.08 万元，按每人 2400 元直接补助给移民，以用于房屋维修和发展生产，进一步改善了移民的生活。至此，该村完成了水库移民后期扶持规划的第一个十年计划。

【“三防”工作】 2013 年，全区年降雨量 2070 毫米，与多年平均降雨量 1702 毫米相比增加 21.6%,比 2012 年增加了 760 毫米，比增 58%。降雨主要集中在 5 月和 8 月。是年，严重影响城区的自然灾害有 5 月的暴雨和 9 月的强台风“天兔”正面袭击。为做好“三防”（防风、防涝、防旱）工作，城区加强汛前检查，及时处理水利工程安全隐患，逐宗落实度汛措施，落实防汛责任制，增购防汛物资，组织加强抢险队伍，科学、及时、有序、高效地开展防洪抢险救灾工作，把灾害损失降至最低程度。

5 月 9 日，特大暴雨接连袭击城区，造成市区三个街道积水内涝。区委、区政府高度重视，组织相关单位领导和技术人员进行调研，走访干部群众，深入分析了市区屡受涝灾的原因并提出了应急解决问题的措施。组织了 4 支抢险队伍，出动挖掘机 16 部，载重汽车 20 部，出动抢险人员近 200 人，首期投入资金 80 万元，完成了清疏加固盐仕至康平路排洪渠，开挖及清疏后径明渠，金鹏路降坡修明渠等工作。

9 月 22 日晚 7 时 40 分前后,近 40 年来登陆粤东的最强台风“天兔”在汕尾市沿海地区正面登陆，登陆时最大风速 45 米/秒，最大风力 14 级，横扫市城区全境。“天兔”影响期间，城区最大阵风达到 17 级。台风强度大、范围广、时间久，狂风暴雨使城区大量人口受灾，大量水稻、蔬菜、水果等农作物倒伏受浸，大面积的水产养殖场过水冲毁，许多房屋受损倒塌，部分水利设施损毁，道路交通严重阻塞，造成了极为严重的损失。据统计，全区受灾 49048 户、人口 218146 人，直接经济损失约 24.35 亿元，间接经济损失约 6 亿元。死亡 9 人，受伤 259 人（重伤 2 人)。

台风登陆前，区“三防”指挥部依次启动应急响应。各地各部门按照“预案到位、预警到位、预报到位、转移到位”的要求，通知督促渔船回港或就近避风，海上养殖作业人员全部上岸，排查撤离危房及危险区域人员至安全地带。调整充实区“三防”抢险中心突击队，配备了橡皮舟、救生衣，购置了编织袋等一大批防汛物资。重点组织人力对各水库、山塘、堤围、水闸等重要水利设施进行严格的安全检查。排查发现马宫南湖海堤存在严重安全隐患，区委书记陈少荣亲自带领区几套班子领导及相关部门坚守抢险现场，组织指挥抢险工作。共出动海训部队、市军分区、武警支队、区武装部、边防等官兵和镇、村干部 400 多人，冒着危险连夜加固 55 米危堤，确保了南湖村村民不受台风威胁。

强台风“天兔”在城区正面登陆后，面对严重灾情和严峻形势，区委、区政府领导靠前指挥，深入一线组织全区干部群众采取措施恢复灾后生产和生活秩序，尽最大力量减少受灾损失。区水利工程技术小组迅速到全区各地的水库、山塘、堤围、水闸检查受损情况，及时组织力量维修加固，消除安全隐患。各地各部门认真做好救灾工作，妥善安置房屋倒塌的群众，加强对灾民生活的关心和帮助，指导和帮助受灾群众对受损农作物进行补种和采取补救措施。抢修中断的交通道路，保证人民群众的生产生活正常秩序。密切关注学校、危房、水库、堤坝等重点安全部位，特别加强对受浸房子的检查，防止二次灾害发生。同时做好各地卫生、防疫工作，对饮水、食品等加强检查监督，确保人民群众饮水、食品卫生安全，防止疫情发生。

（王业链）

附 城区水利局领导名单

局　长：刘留芳

副局长：黎文录

　　　　林维忠

汕尾市城区年鉴 2014

SHANWEISHI
CHENGQU
YEARBOOK

工 业

GONG YE

工　业

【红草工业园区建设】 汕尾市城区红草工业园区位于汕尾市城区红草镇三和村周边地带，东至南洋村和石牌村，南临埔边村，西邻亚洲村，北至拾和村，距市中心和汕尾港约10公里，与厦深铁路汕尾站相距12公里，毗邻沈海高速公路、省道242线和规划建设的深圳至汕尾轻轨支线，区位优势和交通条件优越。园区规划面积17.4平方公里，启动区建设面积为4.4平方公里，远期规划工业用地13平方公里。园区以承接深圳、珠三角地区的转移高端产业为主，重点发展电子信息、食品加工、生物制药以及装备制造作为园区的主导产业，配套发展服务业。

2013年，在完成总体规划、启动区、控制性规划、可行性研究报告、节能规划等各项前期编制工作基础上，红草工业区征地工作全面启动，并作为省市共建循环经济产业基地于是年9月5日得到广东省经信委认定通过。高新技术开发区也于年底获得了省政府认定。同时也作为省级产业转移园区向省申报，完成了园区规划建设方案、管理办法及机构设置、建设可行性报告、节能规划、土地利用总体规划图、首期开发用地详控规划、四至描述及电子坐标等申请“路条”各项申报材料。并加紧做好园区环评报告、社会稳定风险评估报告和就业培训及社会保障方案等配套措施的编制工作。首期2500亩的征地工作也即将完成，其中832亩建设用地要件已得到广东省国土厅批准。

【企业技术改造】 *加快推进传统产业技术改造和增资扩产，促进企业转型升级* 主要是帮助指导一批企业申报国家、省技改专项资金扶持，引导企业实施自主创新和名牌带动战略，努力打造特色品牌，促进企业转型升级。通过开展产业转型升级，全区许多民营企业依靠技术改造，增加产品品种，提高产品档次，扩充产业链，提高竞争力。2013年，全区申报各类技改专项9个，争取扶持资金2097万元，其中包括新雅地毯、五丰水产、国泰食品、广隆实业、维明生物、银鹏动力、得壹食品等一批企业，均获省专项资金扶持。一方面加快了企业灾后复产，另一方面提高了企业生产技术和生产规模，加快企业转型升级。

积极开展节能监察，促进全区节能目标全面完成。 一是严格落实节能目标责任将全区节能目标合理分解到街道镇、各部门、各行业，落实各部门的监管督导责任。与街道镇、重点监控企业分别签订节能目标责任书，进一步细化节能目标责任内容，对街道镇、重点用能企业实施“双控制”责任目标管理机制。二是强化企业节能管理。依法加强年耗能1000吨标准煤以上用能单位节能管理，强化重点用能企业节能管理，开展城区万盛织造厂、永盛针织厂、营通水泥制品厂有限公司、恒威手袋有限公司、德昌电子有限公司、柏嘉玩具日用品有限公司、营通混凝土搅拌站、雅都食品厂、仁裕轻质机砖厂有限公司和炜达行塑胶科技发展有限公司10家企业节能低碳行动。同时落实目标责任，建立健全企业现代能源管理体系，实行能源利用状况报告制度，严格执行能源管理岗位和能源管理负责人备案制度。三是开展节能监察。日常节能监察方面，加大对全区高耗能企业、重点公共机构和商贸酒店等领域的节能监察。严格根据单位产品能耗限额标准、落后生产工艺、设备淘汰制度、能源利用状况报告制度等执行情况，开展节能执法监察，严肃查处违法违规行为。2013年，全区万元GDP能耗下降3.9%。四是开展清洁生产和淘汰落后产能，推进循环经济建设。2013年，对城区信威纸制品加工厂和东涌废纸加工厂实施整厂关闭，同时对市区新地水厂附近6家灰窑厂10多条落后生产线责令关闭，并进行强制拆除。

【民营中小企业经济发展】 2013年，城区继续紧紧围绕建设现代产业体系提高自主创新的目标，大力发展海洋经济，进一步扶持民营企业发展，积极鼓励企业增资扩产和技术改造，加快海洋产业和临港工业转型升级。

企业类型 城区的民营工业主要有电子信息、机械制造、海产品深加工、纺织服装、船舶修造及制冰、工艺品加工、塑料制品、建筑材料以及其他依托海洋资源延伸的加工业等产业。初步形成了以五丰水产食品有限公司、国泰食品有限公司、海饶水产冷冻有限公司、林记水产食品有限公司等为龙头的海产品深加工产业；以龙达电子、铭基节能、汕港船电、快捷电子、展辉实业等为龙头的电子信息产业；以银鹏

机电、信昌机电、建城机电等为代表性企业的机电机械行业；以万聪、红海、建业、鸿业等为龙头的船舶修造行业；以兴盛、万盛、永盛等为龙头的纺织服装业，这些加工制造业成为了城区民营经济重要的支柱产业。工业产品主要有海产食品、电子机电、纺织服装、塑料制品、珠宝首饰、工艺品、化工、制鞋、建材、船舶修造等，近年来增长较快的是电子机电、海产食品、纺织服装、塑料制品、建材等，其中海产品深加工业、电子信息、机电、服装纺织业、建材加工和塑料制品业的工业产值占城区工业总产值70%以上，成为了城区的工业经济主导产业，带动了其他产业的发展。

截至2013年年底，城区共有各类经济组织1900多家，其中民营工业企业260多家，完成工业产值78.25亿元，占城区工业总产值比重33.7%，同比增长13.8%。其中规模以上民营企业23家，完成工业产值32.44亿元，同比增长16.2%。

企业创新升级　2013年城区民营工业企业努力创新升级，总体运行情况良好，主要表现在以下几个方面：

一是工业项目建设加快推进。城区主要在建民营工业项目包括新雅地毯厂、展辉塑钢模板、万聪游艇、高瞻实业、美顿食品、新湖生物、真牌珠宝城等，其中新雅地毯已建成投产，其他项目已加紧建设中。

二是自主创新能力明显提高。城区有一部分民营企业获得相关专利及注册自主品牌，自主创新能力得到不断提高。现有省级民营科技企业8家。全区累计获得国家专利65项，其中发明专利9项、实业新型14项、外观设计42项，主要涉及电子、玩具、食品、医药和服装等行业。快捷通导设备有限公司开发了三合一彩色海图定位仪等一批高新电子产业，铭基节能科技有限公司成功开发LED节能灯具，展辉实业和汕港船电公司等都拥有十多种国家产品专利，奥米格服装有限公司开发了防辐射新型环保服装，仁裕轻质砖厂开发了轻质环保墙体新型建筑材料产业，产品都已完成研制并投向市场。

三是企业转型升级明显加快。近年来，城区积极鼓励船舶修造、海产食品加工、船用产品研发企业等临港工业开展升级改造，加大技术改造和增资扩产，进一步加速产业转型升级。转型升级成效显著的民营企业有五丰食品、国泰食品、快捷通导、仁裕砖厂、新雅地毯等重点工业企业。其中五丰公司利用原料鱼残废料开发鱼胶原多汰原料，并利用其研制出了鱼胶原汰化妆品、口服液等高端产品，该开发项目也被列入省500强目录，并成为城区唯一一家受国家委托制订该行业国家标准的民营企业。

企业转型发展　2013年，城区外向型经济不断增强，涌现出五丰、国泰、银鹏、林记、万聪、快捷、美顿、新雅等外向型企业，外向型经济规模和发展后劲不断增强。全区外经贸出口总值完成18770万美元，同比增长39.3%。

【上规模工业企业简介】　2013年，汕尾市城区规模以上工业企业41家，同比新增3家；企业销售收入186.01亿元，同比增长22.2%。

汕尾市国泰食品有限公司　位于汕尾市区埔上墩村西南侧，创办于2002年11月，注册资金5000万元，是一家集水产养殖、捕捞、加工、冷藏、储存、国内外贸易等于一体的水产品深加工民营工贸企业，属国家级农业龙头企业。2013年，拥有淡水鱼深加工车间、海水鱼加工车间、虾类产品加工车间、干货(鱿鱼干、墨鱼干、虾干、鱼干)制品加工车间、新鲜咸鱼加工车间、急冻库区、冷藏库区和配套办公生活区等，总占地面积约7万多平方米，其中水产品加工建设工程建筑面积近3万平方米。是年从业人员600多人，其中技术人员100多人。公司属下备案淡水养殖场共十四个，养殖水面面积1万多亩，每年可养殖优质出口罗非鱼原料2万吨以上，同时带动养殖面积近1万亩。属下备案远洋渔船三十多条，带动多家捕捞渔队前来汕尾销售海捕产品。现有设备日急冻能力达300多吨、冷藏库6间容量近1万吨，年加工水产品能力达到2万吨以上。还有多条深加工生产线，配套养殖基地和多艘深海捕捞作业渔船。公司主要产品有冻罗非鱼、冻罗非鱼片、冻海水鱼类、咸鱼制品及其他水产品食品，产品远销美国、法国、英国、加拿大、韩国、泰国、新加坡、阿联酋、瑞典等国外市场和我国港澳地区，在国内也有较高知名度。2013年公司实现产值48112万元，同比增长0.53%。

汕尾市新雅地毯制造有限公司　位于汕尾市城区

捷胜镇长埔工业区，成立于2004年，占地面积13050平方米，是汕尾市唯一一家上规模的集研发、生产及国内外销售于一体的地毯经营民营企业。公司拥有6000平方米的生产车间和多条地毯生产线，所生产的艺术地毯、挂毯、壁画毯、工程毯等手工地毯、机制地毯、汽车地毯等，应用于国内五星级酒店、高级会所、机场、KTV场所和家居装修等各个领域，并且远销美国、新加坡等国家和中东、中国香港、澳门等地区，产品因“绿色环保、绚丽多姿、艺术高雅”深含中西方文化底蕴的特点而深受国内外顾客的喜爱和追奉。现拥有18项自主知识产权的专利技术和“新雅地毯”自主品牌，在内蒙古、北京、上海、西藏、广西、海南、广州、深圳等全国大中城市均设有办事处。2013年，公司产值为8863万元，同比增长79.59%。

汕尾市五丰水产食品有限公司　位于市城区埔边工业区，成立于2003年11月，是汕尾市最大的民营水产品加工企业之一和广东省农业龙头企业。其总占地面积80000多平方米，建筑面积15000平方米，拥有员工306人，其中技术人员68人，中、高级技术职称以上技术人员32人。主要经营罗非鱼、南美白对虾、带鱼、鱿鱼、马头鱼、马鲛鱼、红鼓鱼、红甘鱼、叉尾鮰、黄金鲳等产品和其他海产品，产品出口美国、加拿大、欧盟、日本、韩国、俄罗斯等国家。公司集专业的水产品繁殖、养殖、加工和销售为一体，有开发面积1万多亩的绿色无公害养殖基地，同时拥有500多艘合作的捕鱼船；拥有四座库容量为3000吨的冷藏库、五座日急冻能力50吨的急冻库和四条现代化的罗非鱼生产线，罗非鱼片年加工能力达7500吨，条冻罗非鱼年加工能力达14600吨。2013年度，公司产值64358万元，同比增长9.11%。

公司是中国目前最大的水产品胶原蛋白肽生产工厂。2008年，公司与华南理工大学合作，投资4000多万元建成投产鱼胶原蛋白肽项目，该项目采用现代生物酶解技术，利用罗非鱼加工后的副产品（鱼鳞、鱼皮等）生产水产品胶原蛋白肽，广泛应用于医药、化妆品、保健品、食品等领域，填补了广东省的技术和产品的空白。

汕尾市快捷通导设备有限公司　位于汕尾市城区红草镇埔边工业区，成立于1997年3月，是汕尾市一家重点科工贸民营企业，主要从事民用渔船航海仪器的研发、生产及销售业务。2013年，公司固定资产1600多万元，占地2万平方米，其中厂房1万平方米。公司从业人员180多人，拥有专业从事通导设备研发、设计和生产的各类技术人员近40人，生产和管理人员40多人。公司生产销售产品包括航海仪器、通讯仪器（移动通信终端设备除外）、五金制品以及模具等，产品畅销我国10多个沿海沿江地区，并批量出口到东南亚的马来西亚、越南、泰国、缅甸和欧盟的意大利、挪威以及巴西、埃及等国家，部分零部件出口到日本的大企业。公司拥有雄厚的研发能力，2013年，拥有11项自主知识产权，其中发明专利2项，注册商标1项，实用新型专利2项，外观设计专利5项。所开发的GPS海图渔探仪突破传统，实用功能强大，把GPS、海图、探鱼仪的功能有机地合为一体，解决了一台设备性能单一的缺点，使用户既节约成本又节省使用空间且使用方便。此外公司大力加大自主创新，已成功开发包括船用雷达、自动操舵仪、甚高频对讲机等9个系列30个产品，其中“ONWA”品牌的航海设备在市场上极具竞争力。2013年，公司总产值2002万元，同比增长1.36%。

汕尾市林记水产股份有限公司　位于汕尾市区下洋海埔林，成立于1995年8月，毗邻汕尾渔港，是一家专业加工水产品、鱼糜及鱼糜制品的技术型企业，集食品研发、生产、销售于一体。2013年，占地面积11000平方米，有鱼糜生产车间3500平方米，年产量5000吨；鱼糜制品车间2400平方米，年产量4000吨；仓库2000平方米，平板机、急冻库日急冻量可达30吨，冷藏库容量1000吨。同时公司引进国外先进的生产及检测设备鱼糜生产线、鱼糜制品生产线、SD-700D弹性仪、白度仪、水分仪等。是年有固定员工85个，其中行政管理人员10个，产地收购人员5个，技术人员11个，销售人员8个，固定生产人员51个。平时生产忙时，请临时工人。为进一步扩大生产，公司实施鱼糜制品生产线升级改造项目，在对现有厂房加工场地进行改造的基础上，购置先进的鱼糜制品生产设备；另从银行贷款，在产品技术上研制特色水产品热加工及优势鱼类的鱼糜及副产物深加工综合利用研究等产学研项目。2013年，公司产值6494万元。同比下降24.37%。

汕尾市营通水泥制品厂有限公司　该公司成立于1998年，位于赤岭工业区北环南侧。是预应力高强混凝土管桩（PHC管桩）、商品混凝土、磨细砂和水泥沙砖的专业生产企业。厂区面积3万多平方米，拥有PHC管桩、磨细砂及水泥沙砖三大生产车间，一支运输车队和一支静压桩队，实行生产、运输、打桩一条龙。2013年，有生产工人一百多名。公司原生产单一产品排水管，2004年立项投建PHC管桩车间，生产预应力高强混凝土管桩，年产量达一百万米以上，被广泛运用于高层建筑，深水桥梁码头，铁路基础作业等领域，填补了汕尾工区的空白。2013年工业总产值48689万元，同比增长5.77%。

汕尾市城区汕港船电设备有限公司　创建于1979年8月，地址：马宫街道东片开发区32~39号。公司建筑面积2000多平方米，主要从事海洋渔船及民用机电设备研制，是汕尾市一家科工贸非公有制企业和国内船电产品较齐全的厂家之一。至今已开发13个系列近100多种船用民用产品，获国家发明、实用新型及外观设计等专利28项，拥有自主知识产权“爱船者”和“汕港”注册商标。公司以创新技术产品为突破口，自成立以来获科技进步奖12项，自主开发研制专利产品QC型爱船者自动潜水电泵和电泵自动控制器等20多个项目，环保专利产品手机手握充电器获香港国际专利技术博览会金奖，“爱船者”品牌被广东省企业联合会、广东省企业家协会选为广东省优秀自主品牌。2013年公司完成产值8172万元，同比增长8.90%。

汕尾市万聪实业发展有限公司　位于汕尾市城区马宫街道牛尾山脚，创建于1986年。当时马宫渔港船舶后勤补给、维护能力极为薄弱，公司刚一开始兴建了一座小型冰厂，填补了马宫渔港渔船无法在本地购冰使用的空白。经过二十多年来的艰苦拼搏，公司已初具规模。公司已发展成为粤东地区较大规模的民营船舶修造企业，业务遍及港澳地区和福建、浙江两省，成为广大渔船的重要后勤保障基地。2013年，总占地面积1万多平方米，拥有千吨级船坞2座，二船位船排2座，机械修造车间一座，制冰厂一座，供油站一座，从业人员100多人，年制造船舶能力2艘，年维修、保养船舶400艘次。2013年公司总产值约7076万元，同比增长26.74%。

广东银鹏动力设备有限公司　位于汕尾市城区埔边工业区，是银鹏集团（美国康明斯的授权代理商）到2013年为止的三大先进的生产销售基地之一，已全面通过ISO9001：2008质量认证，主要致力于“银鹏”系列的发动机、发电机组的配套、加工、维修、租赁、销售和零配件供给，以及噪音环保工程的设计和施工。公司占地2万平方米，拥有标准化装配车间和PT泵、喷油器、涡轮增压动态平衡发电机组电功率、发动机水功率等先进检测设备，具备日产10台机组的生产能力。产品有各类50~1600瓩的陆用或船用发电机组或动力机组、智能发电机组、移动电站、静音电站等，被广泛应用于工厂、矿山、楼宇、电信、船舶、油田、公路建设、铁路等行业。同时公司拥有一支维修经验丰富、技术精良的售后服务队伍，设立24小时服务热线，服务网点透过集团遍布全国各地。2013年公司完成产值48985万元，同比下降16.13%。

汕尾市兴业混凝土搅拌有限公司　成立于2004年10月，注册资金2030万元，主要生产和经营商品混凝土、散装水泥、轻质砖。公司生产基地征用土地面积达3万多平方米，其设施有商品混凝土试验室，配备先进的试验设备和检测仪器。首期工程建成两条300立方米/小时商品混凝土生产线，并引进意大利（SICMA）现代化的设备和技术，实行电脑全自动化控制，商品混凝土年生产能力达120万立方米。拥有混凝土专用运输车、泵车、输送泵等专用设备60多部。现有员工100多人，具有专业职称技术人员20多人，其中高级工程师1人，高级顾问2人，中级工程师2人，优秀技术人员一批。

公司生产的各种强度等级的混凝土和特种混凝土先后被供应至省大型重点项目汕尾发电厂、深汕高速公路、汕尾海关办公大楼、信利工业城、汕尾巴黎半岛酒店、汕尾龙富广场、汕尾黄金海岸、厦深铁路（汕尾段）、华师附中汕尾学校、汕尾名门御庭、海丰新地王、海丰华富花园、海丰富汇华庭、海丰地王广场、海丰名门商住楼、海丰云岭山庄、鹅埠工业园等工程建设，质量合格率达100%。2013年公司总产值21124万元，同比增长40.80%。2005年~2013年连续9年被省评为“守合同重信用企业”。

汕尾市艺强装饰工程有限公司　于2004年正式

注册成立，位于汕尾市城区汕尾汽车总站附近，交通便利。公司拥有自主的生产基地，总占地面积 1 万多平方米，厂房面积 6000 多平方米；2013 年有职工 300 多人，技术人员 30 多人。是一家以建筑装饰材料、室内装修、不锈钢制品加工工程、建筑门窗工程、智能化工程、机电设备及安装工程等为主要经营范围的中小民营施工企业；又是一家集设计、开发、制造、安装为一体的非标自动化设备机械生产企业，拥有一批机械、电气、自动化控制等专业人员，设备齐全、加工制作精良完善。公司工程或产品广泛适用于半导体电子、医药、食品、科研等行业。2013 年公司产值 11402 万元，同比增长 49.27%。

（陈若谷、陈晓婷）

汕尾市城区年鉴 2014

SHANWEISHI CHENGQU YEARBOOK

国土资源

GUO TU ZI YUAN

国土资源

【土地资源】 2013年年末，全区土地利用如下：

农用地 2013年年末，城区农用地面积共20741.05公顷，占全区土地总面积28315.90公顷的73.25%。农用地包括耕地、园地、林地、其他农用地四类。

1. 耕地 共3567.67公顷，占是年全区农用地面积的17.20%，占全区土地总面积的12.6%。随着经济社会的发展，人口的逐年增加和耕地被建设占用，人均耕地占有量逐年减少。2013年底，全区人均占有耕地0.01公顷，低于联合国粮农组织确定的人均耕地警戒线0.053公顷的水平。

2. 园地 共2253.18公顷，全部是果园，占是年全区农用地面积的10.86%，占全区土地总面积的0.08%。由于粮油市场价格持续处于较低的水平，农民改种其他经济作物增加收入而占用耕地。

3. 林地 共11723.7公顷，林地是农用地的主体，也是全区土地利用的主体，占是年全区农用地总面积的56.52%，占全区土地总面积的41.4%。

4. 其他农用地 其他农用地面积3196.50公顷，占是年全区农用地面积的15.42%，占全区土地总面积的11.29%。

建设用地 全区建设用地共4999.42公顷，占全区土地总面积的17.7%，建设用地包括城镇村及工矿用地、交通用地、水域及水利设施用地等。

1. 城镇村及工矿用地 包括城市用地、建制镇设施用地、村庄、采矿、风景及特殊用地，共有面积3939.04公顷，是全区用地中最主要的地类。随着经济和人口的增长，城镇基础设施、工业开发，城镇各项建设快速发展，使居民点及工矿用地增长较快。在居民点及工矿用地中，城市用地面积占1451.91公顷，占是年全区建设用地面积的29.04%，占全区土地总面积的5.12%，是居民点及工矿用地中主要的二级地类，符合城区作为全市政治、经济、文化中心的地位。

2. 交通用地 包括公路用地、铁路用地和港口码头用地类，面积为372.19公顷，占是年全区建设用地的7.44%，占全区土地总面积的1.31%。

3. 水域及水利设施用地 包括水库水面和水工建筑两类，面积为688.19公顷，占全区土地总面积的2.43%。

未利用地 未利用土地面积共2575.46公顷，占全区土地总面积的9.1%。

资源管理

【做好征地组件报批及征地工作】 2013年度，全区组件报批建设项目用地共3个，分三个批次，用地总面积80.5公顷，其中占用耕地59公顷，已完成组件工作并报省国土资源厅的有2个批次，用地总面积55.5公顷，其中占用耕地50.8公顷。是年度实施征地的项目主要有：马宫金町湾征地项目（征地面积65公顷）、捷胜海训场扩建项目（征地面积9公顷）、厦深铁路征地扫尾工作、红草工业园区征地项目等。

【落实耕地保护责任】 认真落实土地管理共同责任，制定了《汕尾市城区镇（街道）耕地保护目标责任考核方法》，明确了政府、有关部门耕地保护目标责任和分工。根据2013年度市下达给城区的耕地保护量任务为2652公顷，全区实有耕地面积为3578公顷，高于市下达的考核任务，顺利通过了上级耕地保护责任目标考核检查。

【积极推进高标准基本农田建设】 根据《汕尾市高标准基本农田建设实施方案》，汕尾市下达给城区2013年高标准基本农田建设任务为5000亩。通过对全区各镇进行摸底调查，结合汕尾市城区基本农田质量的分析结果和基本农田实际情况，已将2013年高标准基本农田建设任务分解下达至镇，其中红草镇拟安排716亩、东涌镇拟安排1216亩，捷胜镇拟安排3068亩。制定《汕尾市城区2013年度高标准基本农田建设实施方案》和《2013年度高标准基本农田建设实施计划》，在通过了城区政府批准的基础上，市国土资源局市区分局会同有关部门，按省、市的要求积极推进工作进程，落实了项目资金，完成了项目的规划设计、预算、工程招标等工作。

【加大国土资源执法监察力度，遏制违法违规用地行为】 2013年度，通过开展土地矿产动态巡查工作发出《责令停止国土资源违法行为通知书》37 份，其中：上报省国土资源厅 11 宗；拆除 1 宗；立案查处 1 宗；制止 21 宗；宅基地不作立案处理 3 宗。对发现的土地违法行为都及时进行了制止，制止率 100%。在 2013 年度土地矿产卫片执法检查工作中，辖区出现疑似违法图斑 23 个，经核实，其中：（1）疑似违法图斑合法的共 10 个，面积 101.5 亩；（2）违法用地共 11 宗，已处理到位 3 宗，暂缓查处 8 宗；（3）非法采矿 2 宗，对此两宗非法采矿，相关部门已发给了停止开采通知书，公安部门也停止了炸药供应，并已停止开采。

【夯实管理基础】 一是在 2012 年年底基本完成农村集体土地所有权登记发证工作的基础上，重点对省市验收提出的问题进行整改、完善土地登记资料；抓好农村集体土地所有权登记发证扫尾工作，提高覆盖率。到 2013 年年末，国有土地使用权累计登记发证 4138 本，覆盖率达到 45%；农村集体土地所有权发证情况基本完成，完成率 96%，应发证宗地数为 630 宗，已发证宗地数为 585 宗；集体建设用地使用权发证率 94%，应发证数 150 本，已完成 141 本；宅基础使用权发证率 92%，应发证数 11538 本，已发证数 10615 本。二是抓好土地登记信息化建设，加快宗地统一代码编制工作；同时按《土地登记资料公开查询办法》的规定，全面开展土地登记信息查询工作，累计查询次数 348 次。三是全面完成 2013 年度土地变更调查工作，更新 2013 年度土地利用现状数据库，并开展年度土地利用变化情况分析，拓展变更调查和遥感监测成果应用领域，通过了省、市的验收。

【积极推进“三旧”改造工作】 2013 年度，经城区政府审批同意上报市的“三旧”改造项目共 7 个。截至年末，城区已受理“三旧”改造项目 19 宗，面积共 357472 平方米，已上报城区政府的有 13 宗，面积共 212471 平方米（其中经城区政府批准上报市的有 11 宗，面积 126943 平方米）。

【矿产资源管理】 城区矿产资源主要分为金属矿种和非金属矿种，其中，金属矿种主要包括锡矿、钨矿和钼矿，此外还有稀有金属钛铁矿、锆英石、金红石、独居石等；非金属矿种主要包括高岭土、建筑石材和建筑用砂。

1998 年以后，城区采矿业以开采建筑类的砂、石为主。2013 年，城区根据上级的要求，认真采取措施，切实加强区域内砂石资源管理。一是积极整治非法开采，有针对性地对非法采石和取土、取砂行为进行集中整治。是年 11 月 28 日，由城区委、区政府领导牵头，组织城区公安、林业、海洋、经信等相关部门以及捷胜镇人民政府相关负责人员，对捷胜镇有关非法采砂行为进行严厉查处打击。是年共出动 110 人次，查处非法采砂 18 次。二是积极开展地质灾害防治。在防汛期间，妥善处理和化解城区小岛村的山体滑坡险情，对城区 10 个地质灾害隐患点进行了一次拉网式排查，对监测联络员重新进行核实，对被损坏的警示标志进行重新树立。特别是针对强台风“天兔”来袭前后，制订重点地质灾害隐患点山体滑坡避险搬迁和防治方案。三是加强监测预警和强化值班轮值制度，健全地矿局防洪抢险队伍，落实各项防范措施，确保人民群众生命财产安全。

（林文省）

附　市国土资源局市区分局领导名单

局　长：庄梓会

副局长：蓝务焕（2013 年 3 月 25 日调往汕尾市国土资源局）

马　伦(2013 年 2 月 15 日退休)

区地产公司

2013 年，城区地产公司全体干部职工主要围绕区政府指令，积极配合做好东涌镇征地工作。完成汕尾市火车站片区第二期征地面积 1024 亩。做好深圳市“好日子”会展中心征地拆迁收尾工作各大重项目的建设。为促进城区经济的快速发展注入动力。

（张伟江）

附　城区地产公司领导名单

经　理：郑汉为

副经理：张伟江

汕尾市城区年鉴 2014

SHANWEISHI
CHENGQU
YEARBOOK

交通·通信·城乡建设

JIAO TONG TONG XIN CHENG XIANG JIAN SHE

城区交通

【概况】 2013年，城区交通部门突出做好全区交通基础设施建设，重点做好农村道路规划、农村道路硬底化建设、危桥改造工作、推进凤飞山至捷胜公路复工和厦深铁路城区段征地拆迁收尾工作；做好县道X141线（品清至新安）路面大修工程工作；协助做好市区至火车站一级公路的征地拆迁工作；抓好渡口渡船安全管理工作。

【农村公路建设】 抓好辖区内新农村公路规划建设。按照省、市、区的要求，从实际出发，合理规划安排农村道路建设。对条件具备、基础好，集资积极性高的乡镇开展硬底化建设。是年完成计划内新农村公路13公里，计划外新农村公路建设12公里，共完成25公里。投入建设资金共1000多万元，除上级部分补助资金外，其他资金由当地镇（街道）、村牵头自筹解决。

【凤飞山至捷胜公路复工工作】 该工程于2003年5月14日经省计委〔2003〕444号文批准立项，首期工程32公里。到2013年，已完成工程征地拆迁工作，完成路基17公里，完成8.3公里的水泥混凝土路面等，累计完成工程总投资5500万元 (其中征地拆迁款1333万元)。由于建设资金不足等原因，于2008年至今处于停工状态。2013年，区委、区政府主要领导十分重视，要求把该工程作为一项民心工程抓紧复工建设。对此，该工程指挥部召开指挥部成员会议，研究复工前的各项工作。该工程复工部分全长8.45公里，包括捷胜沙角尾路段和马龄山至新港芳荣路段。工程预算造价约1200多万元，筹措资金800万元。经区政府批复同意复工建设，区交通局组织施工单位抓紧施工，2013年已完成马龄山至芳荣路段长7公里的单边水泥混凝土路面铺设，大大提高公路等级，方便群众出行。

【县道X141线品清至新安公路路面大修工程】 原东涌镇县道X141线品清至新安路段全长8.8公里，其中4.4公里路面破损严重，部分路段危及行车安全。经与市交通部门协调，拟将县道X141线品清至新安进行路面大修改造，初步估算大修路面工作造价1875万元。2013年，东涌至赤古路段已在施工建设中。

【开展农村公路危桥改造】 在市局的大力支持下，区交通局加大对农村公路危桥改造工作：一是东涌镇流口桥的加固改造工程，该桥全长70米，桥面两侧安装栏杆，工程共投入资金30多万元，2013年已完工通车。二是红草镇亚洲村鸭场桥重修工程，该桥全长18米，进行重修，该桥共投入资金40多万元，是年已完工并恢复通车。这两座农村公路危桥的改造确保了交通安全，大大方便群众出行。

【积极协助市有关单位做好交通基础设施建设】 在市、区一盘棋的框架下，做好交通基础设施工作，全力协助市公路局做好市区至火车站一级公路改建工程的征地拆迁工作，基本完成品清路段和改线路段的拆迁工作，共拆迁120多户，拆除构造物500多间和地上作物一批，已付补偿款450多万元。

【渡口渡船管理】 城区有中山渡口和小岛渡口（屿仔渡口）两个，渡船9艘。中山渡口：是由葵通轮渡分公司承包的渡口，有木质渡船7艘，主要航线从汕尾港区内至炮台、沙舌等。小岛渡口：由凤山街道小岛村委会管理，有钢质渡船2艘，属非营业性渡口。主要为小岛村民和广东渔船二厂人员出入市区所用。2007年11月城区交通局接管两个渡口以后，区有关部门加强对渡口渡船的检查和督查，特别是重大节假日，渡口人流增加，区交通局和安监部门组织人员进行专项检查，加强值班，严格管理，查漏补缺，落实安全生产和防范措施，并建立渡口渡船安全管理台账。做到安全生产警钟长鸣，常抓不懈。通过一系列管理，确保了渡口渡船安全生产进行，自城区交通局接管以来，未发生过安全事故。

【出租车管理】 2013年，市区出租汽车经营企业5家360辆。城区域认真开展对出租车行业的管理，一方面加大对“黑车”、蓝牌车等“三无”车辆非法从事出租汽车经营活动的打击力度，建立长效机制，着力改善出租汽车营运环境，保障从业人员和广大群众合法权益；另一方面进一步规范出租汽车经营行为，严厉查处拒载、绕道、不打表等服务不文明行为，促进出租汽车行业规范健康发展，努力构建城区公平、有序、可持续发展的交通运输市场环境。

【公共汽车管理】 2013年年底，市区公交经营企业2家，运行线路16条，运营车辆165辆，其中，汕尾市区专线公共汽车有限公司经营线路10条，经营车辆99辆；汕尾市真诚公共汽车运输有限公司经营线路6条，经营车辆66辆。公交车辆营运范围覆盖整个规划区158平方公里，线路范围：东至东涌镇，西至马宫街道，北至红草镇，南至海滨大道。线路沿途建成公交车候车亭及停靠站点144个，其中候车亭97个，停靠站点47个。

（张国平）

附 城区交通局领导名单

局　长：曾向平

副局长：陈国亮（正科级）

电信与通信

【概况】 经过多年运营，至2013年年底，城区已建成固定电话交换网络、城域网、接入网络等通信网络系统。固定电话交换网络方面：固定电话交换网络12.1万线，其中传统固定电话汇接局1个，端局6个，装机容量7.6万线，用户数约4万户，接入网络4.5万线，用户数约2万户，合计用户数约6万户。城域网方面：汕尾市城区建设了2套城域网核心网网络，部署4台出口路由器，与广州、深圳对开出口上联链路，是年出口总带宽140G，汇聚层部署接入路由器群，承载汕尾市城域网各节点的上联接入，在城区田乾、东涌、遮浪、捷胜、马宫、红草各镇区机楼均建设有接入交换机，承载各镇区数据业务的上联接入。接入网络方面：目前城区的接入网络以铜缆、光缆组网，承载不同类型的业务接入，至2013年已建成的接入网络，宽带业务已全部覆盖，市区的商业区域、新建住宅小区等重点区域，已基本覆盖了FTTX接入网络，提供光纤到户、光纤到办公室的全光接入网络。

（市年报资料摘录）

信息化建设

【基础设施】 为推进城区信息化通信建设，2013年，城区完成了“智慧城市”及全光网络、CDMA无线网络建设工程等基础设施建设项目，计划投资2209万元，完成投资2702万元。其中，“智慧城市”及全光网络建设工程项目包含建设5100端口的FTTH、1520端口的FTTB，计划投资1513万元，完成投资1805万元；CDMA无线网络建设工程项目建设及优化13个CDMA无线基站，计划投资696万元，完成投资897万元。

【农村信息化】 分层次、多领域推进城区农村信息化建设，加强对“信息兴农”项目的跟踪服务力度。自20世纪90年代，城区完成电话村通建设工作，2008年完成宽带村通工程，2010年开始规模启动“光网城市”工程建设并于2012年完成。截至2013年，接入网络已覆盖城区行政村，覆盖率达到100%，具备开通语音电话、宽带数据业务。由于村通宽带工程、党教信息网等项目的启动，各行政村委部署了接入交换机、电视等网络设备，对促进农村生产、强化农村社会管理和加大农村教育培训具有重要意义。

【电子政务】 2013年，城区网上服务业发展较快，信息化建设取得较大突破，全区98个办公自动化建设单位已全面完成，城区政府大院与区直属机关大楼内43个单位的硬件和网络数据建设已全部完成。同时城区网上办事分厅建设也顺利开通，下半年已进入试运行阶段。

（市年报资料摘录）

住房和城乡建设

【概况】 2013年，区住房和城乡建设局（简称区住建局）内设4个职能股，即人事秘书股、建设工程管理股、城乡建设管理股、住房保障和房地产市场管理股；机构编制10人，行政编制6人,其中局长1人、副局长2人（是年，副局长暂缺1人），事业编制3名，共19人。辖属下区建筑工程质量安全监督站、区建设工程质量检测站、区建筑设计室、区房地产交易管理所、区住房资金管理中心、区燃气管理所、东涌房地产管理站、马宫房地产管理站、捷胜房地产管理站、红草房地产管理站10个事业单位。是年，原区住建局管辖的区建筑工程安装总公司和区第一建筑工程公司按政企脱钩的原则，实行独立。

【城乡建设规划和管理】 2013年，按照省、市关于“大清洁、乡村美”及“美丽乡村，环卫先行”的农村清洁工程专项活动部署，区住建局积极指导各乡镇稳步推进农村清洁工程，实现各行政村和社区有保洁员和简易垃圾收集点，着力推进“大清洁、乡村美”农村清洁工程，促进全区农村环境卫生及村容村貌的改观。是年，在市规划局的帮助下，全区开展开发扶贫“规划到村、责任到人”的工作，完成18个贫困村规划编制，并经专家评审通过，有力促进新农村中心的工作，推动农村城镇化的进程。

城乡建设管理方面。是年，城区乡镇建设工程规划许可登记发证6宗，与2012年相比减少2宗，占地面积455平方米，建筑面积720平方米。于此同时，积极配合市、区有关部门对市区违章建筑实施拆迁，先后对东涌村汕遮公路南侧25间违章建筑和新地村大鹏山石灰窑加工厂和市区四马路占道违法建设19户及5宗违法建筑进行查处拆除，遏制乱搭乱建行为。

【建筑安装】 2013年，区域内建设形势依然疲软，全区报建工程2宗，建筑面积84370平方米，报建造价15100万元，与2012年的3宗相比减少1宗，而造价增加561.7万元，比增59.23%。

【房地产市场】 2013年，金玉湾和龙富怡景房地产开发小区落成，出现周期性办证比较增加。全年全区房地产办证3045宗，与2012年相比增加1103宗，比增56%；登记面积467957平方米，成交金额266690万元，其中，房地产存量交易办证734宗，比增49%，面积77356平方米，比增21%，成交金额18116万元，比增30%；商品房交易办证908宗，比增63180平方米，成交金额56221万元，比增173%；抵押办证1403宗，比增90%，登记面积23660平方米，比增115%。全年收入办证费272万元，比增18%。全区乡镇公产房租金收入18万元，与2012年同比略为减少。

【质量安全监督】 2013年，申报监督项目2宗，监督造价15100万元，监督面积84370平方米，监督项目与2012年持平。建筑工程竣工验收1个，竣工面积515平方米，造价50万元，工程竣工验收合格率100%。

【建筑材料检测】 全年完成检测项目5176组，比2012年增加516组，比增11%。其中，钢筋（焊接）2000组、砼试块2400组、水泥砂浆试块200组、砼配合比24组、回弹检测450区。收入检测费共31.5万元。

【住房保障和住房市场管理】 全年办理商品房预售许可2宗，预售建筑面积84367平方米，办理开发企业资质3宗，物业管理资质2宗。

2013年，市给城区下达公共租赁住房任务100套（调整后50套），实际完成50套，新增发放廉租房租赁补贴10户。是年，还做好区直管公房的维修和管理，特别是1319号“天兔”台风以后，及时对受损的22间直管公房进行维修。

【完成市区一批交通支（道）路维修改造工程】 2013年，对市区掇鸟街、大马路至三马路段、凤照街口、园林中街、文明路口、翠园路、祯祥路、奎山盐属小区道路灯10条支（道）路进行维修改造。其中掇鸟街、联兴街的路面铺花岗岩石板。

【市区燃气市场管理】 2013年，市区燃气市场仍为二级分管，瓶装燃气由城区燃气管理所管理，管道燃气由市级有关部门管理。区燃气管理所以整顿机关作风的契机，完善安全生产“一岗双查”制度和办事服务承诺制，改进作风，加大对燃气市场的监管力度，突出重点，查处使用不合格钢瓶，消除安全隐患，经常会同区安监、公安、消防等部门对无证经营燃气的现象予以制止和查处。

至2013年底，已建成LNG气化站1座，累计完成市区管网建设14.645公里（其中2013年完成1.521公里）；完成庭院管网建设27.367公里（其中2013年完成1.852公里）；完成户内安装8700户，累计完成投资4000万元。市区已通气的小区有15个，累计通气用户达3278户；已通气公、商业用户7户。其中2013年新增加点火用户数1256户，新签约居民用户649户，新签约公福、商业用户2户。日供气量约4000立方米，截至2013年12月份累计销售天然气146万立方米。

【抗击“天兔”台风】 2013年，1319号“天兔”超强台风于9月22日傍晚在汕尾登陆。登陆前认真做好防御工作，组织干部到建筑施工现场、基层站点、企业库房进行巡查，从9月21日下午就停止施工，组织工人有序转移。登陆时的狂风暴雨，使市区的设施遭受损毁，建筑工地一片狼藉，其中，城区施工现场受损塔吊5部、人货梯1部、工棚房3500平方米、工地围墙600平方米。台风登陆的次日，区住建局按照区委区政府的统一部署，出动全局干部职工，租用东风汽车和小四轮汽车等120多辆，连续4天到市区通港路、德政街、通航路、香城路、文明路、城南路等道路拉走损毁树木，清理路障。同时，分派专业技术人员深入工地一线，指导灾后重建。

【市政重点建设工程】 2013年，重点市政工程有市生活垃圾无害化处理中心项目首期工程、汕尾火车站站前广场及周边配套道路、新湖大道南段等7个市政工程项目，计划总建设规模为：城市道路总长约10公里、生活垃圾无害化处理能力700吨/日的焚烧发电厂及配套设施、市区污水集污管网长约5公里等，计划总投资约14亿元。2013年度实际完成投资约2亿元（包括征地等前期费用），其中完成站前广场土石方约80万立方米、建成广场西路及火车站临时停车场，解决了汕尾火车站与市区交通接驳问题；建成腾飞西路等城市道路约2公里；改造奎山河两侧截流渠约0.8公里，建成市区东区污水处理厂配套集污管道约2公里，增加了市区东片区污水收集和处理量。

【市区园林绿化】 绿化管养。2013年，市区补种汕尾大道两侧等路段面积约1500平方米，种植乔灌木7000多株，草皮9300平方米；修剪汕尾大道等16条主干道（路段）两侧的绿化，修剪乔灌木约1.4万株/次，绿篱15.4万平方米/次，草坪约35.5万平方米/次。清理垃圾杂物、铲除杂草绿地面积约24.5万平方米/次，绿化施肥面积约35.5万平方米/次，施药防虫害面积约3.9万平方米/次。

抗台风“天兔”救灾复产。2013年9月22日夜，超强台风“天兔”袭击汕尾市，造成市区绿化严重损失。在抢险救灾期间，汕尾市园林局迅速组织人员进行抢险救灾工作，加班加点，把台风损失降到最低程度。经统计，共出动绿化抢修人员8.33万人次，吊车、挖掘机5828台班，清理运载树枝7.98万多车次，裁切4.08万株倒斜树木的树枝叶，扶正、重植树木2.80万株。

【市区供水】 2013年市区供水总量4276万立方米，供水水质综合合格率达99.4%，水质指标完成符合国家新106项的饮用水标准。全年实现了安全优质保供水的目标。

1. 全面更换到期水表。对超过使用年限的水表进行批量更换，全年共更换水表41825个。预计更换水表后可以明显增加水费收入，以及方便供水管理工作。

2. 做好新地水厂6000立方米清水池建设工作。新地水厂扩建6000立方米清水池一座，该工程项目已开工建设，预计2014年中旬可投入使用，届时将缓解供水高峰时段的供水压力，确保市区的安全稳定供水。

3. 全面进行管网改造。《汕尾市区供水管网改扩建工程项目》经省、市发改局同意立项，成功申请3500万元的管网改扩建工程资金，其中对市区的旧管网改造工作。是年完成旧管道改装49宗，涉及用户350户；主要改造完成了掇鸟街、联兴街、城内路、德政街、市总工会等区域的供水管网；新建的供水管网有滨湖路DN400、腾飞路DN400、新湖工业区至火车站DN200供水管道等。其中火车站DN200供水管道3370米，投资约100万元。

4. 完成农村用水减免税收工作。根据国家有关文件精神，对农村用水实行减免税收优惠政策。公司及时做好农村用水的确认，并通过税务部门完成了相关减免手续，节省了一定的资金成本。

5. 开通24小时供水服务热线电话。全年共接听电话4180人次（其中报漏电话3540次，无水、水压低等业务处理681次，其他事项咨询89次），完成管道DN100以上抢修298处、DN90及以下3250处；爆漏换管抢修65处；DN90以下补漏3564处。

【市区路灯照明】 2013年，加快路灯LED改造进度。一是联合科技局赴省科技厅参加LED照明应用推广项目答辩，争取1000万元扶持资金。二是结合台风“天兔”过后灾后复产工作，完成了市区红海东路、海滨大道一期、香洲路、五马路等路段的路灯LED改造，同时加强受损路灯设施的检修维护。

【城市综合管理】 2013年，组织开展“城市管理年”活动。一是整治市容市貌。城区住建局配合市城管局多次组织开展市容市貌综合整治行动，对通港路、城南路、文明路、汕尾大道、海滨大道、金湖路、信利电子厂周边等主次干道进行集中整治，清理取缔道路两边占道经营、乱堆放、乱摆卖，拆除各种违章设置的广告灯箱和乱拉乱挂的布遮横幅，拆除乱搭建的铁皮屋、围栏、障碍物等，恢复人行道道路畅通。同时，集中整治过后，切实加强日常巡查监管，对整治过的道路进行维护，对反弹现象及时予以制止查处，巩固整治成果。二是规范管理海滨大道。坚持堵疏结合，召集了海滨大道27户大排档档主召开座谈会，做好思想工作和解释有关政策；对屡教不改的占道经营摊档进行突击清理整治，取缔了10多户违章摊档，同时，每天晚上从7时至11时进行巡查监管，恢复了良好市容景观。三是开展了“查违拆违”行动，组织拆除了新地村违建石灰窑，拆除海汕路、汕可路等违法建（构）筑物，特别是拆除了四马路中段19间乱搭建的铁皮屋，恢复了道路畅通。四是整治户外广告。制订了户外广告设施专项清理实施方案，全面清理市区各种乱拉乱挂的布标横幅，拆除非法设置的户外广告。五是加强市政设施维护。加快对市区排水管道的清疏工作和管道井盖的维护，迅速应对处理了“5·9”市区暴雨灾害，降低灾害损失，维护群众生命财产安全；加强了市政道路维修，确保市区道路状况良好。

【队伍建设】 2013年，区住建局按照区委的统一部署，认真开展“治庸转能、治懒转勤、治散转严、治奢转俭”为主题的整治机关作风活动，整治“庸、懒、散、奢”不良风气，营造“风清、气正、劲足”和“讲担当、敢担当、会担当”的干事创业氛围。此外，全年中还切实抓好党风廉政建设，参与机关的民主评议行风活动，做到边查边改，提升行政效能和服务水平。是年，原有的32项行政许可项目和非行政许可项目的审批，简化为行政许可项目6项（其中1项承接市下放），非行政许可的审批项目8项（其中5项承接市下放），7项取消审批转为日常管理，进一步转变政府职能。

（赵文辉）

附　区住建局领导成员名单

局　长：卓红钻

副局长：余德荣

汕尾市城区年鉴 2014

SHANWEISHI
CHENGQU
YEARBOOK

经贸流通

JING MAO LIU TONG

商贸流通

【概况】 自汕尾建市以来，城区逐步形成了门类、功能较多较完整的市场网络。市场建设多元化发展，市场类型由原来的单一农贸市场，逐步发展为现在既有消费品市场、生产资料市场，又有生产要素市场；既有零售市场，又有专业批发市场；既有简易市场，又有超级市场。以个体商业户为主，多种所有制形成的流通企业积极参与市场竞争，包括近几年发展的一批连锁经营、物流配送、超级商场、仓储型超市等商贸企业、海产品批发市场以及各种日益增多的便利店、专卖店、代销店等。2013 年，城区的农贸市场主要有通港路的奎山经贸市场、老车站路的奎山市场、通港路南段的新洲市场、通航路的霞兴市场、城南路的百汇市场、城内路的永昌市场、二马路东的东鱼市市场、二马路中段的荣泰市场以及吉祥路的西门市场等，此外，马宫街道、红草镇各有一个小市场，捷胜镇、东涌镇各有两个小市场。大型连锁超市以信利、信诚、万盛、真情等为主，城区内信利超市有 5 家，信诚超市有 7 家，万盛超市有 2 家，真情商场 3 家。另外，还有一些商品专营点，如以衣服贸易为主的联兴一条街、以水产品贸易为主的掇鸟街、设有渔需品水产品交易所的海滨街等。2013 年全区社会消费品零售总额 74.16 亿元，同比增长 12.4%。

【商贸流通管理】 2013 年，城区加大力度，全面提高市场管理水平。一是抓好生猪定点屠宰资格审核清理，认真组织现场检查，对部分屠宰厂（场）存在的问题作出整改通知。二是打击私屠滥宰，是年，共出动执法检查 4845 人次，查出私宰 8 宗，涉案人员 10 人，刑拘 3 人。其中移交市食药监 2 宗，城区公安分局 1 宗，捣毁私宰窝点 4 个，没收私宰肉 1423.5 公斤，罚款 8000 元。三是搞活商贸流通，积极组织企业参展参会，扩大对外经贸合作。四是抓好样本企业数据统计和信息上报，指导信诚商场、信利超市、市生产资料公司等商贸企业按要求上报各项主要消费品相关数据。五是加强废品回收市场和单用途商业预付卡的监督管理，对城区 140 多家废品回收站开展清理整顿行动，同时规范城区商业预付卡管理。六是集中开展商贸领域安全大检查和整改活动，确保全区商贸流通领域的安全生产。

（陈若谷、陈晓婷）

附　区经济和信息化局领导名单

局　长：游建雄

副局长：陈伟生

陈宏开

林永钟

外经贸与招商引资

【概况】 2013 年，城区外经贸局实际吸收外资金额 488 万美元，同比下降 92%。合同吸收外资金额 2306 万美元,同比下降 82.4%。外经贸出口 13581.55 万美元。

【外资企业的管理与服务】 1. 逆境求生，调整招商引资思路，创新引资方式。针对区工业用地暂时紧张的情况，调整招商引资思路，创新引资方式。利用各乡镇闲置厂房、仓库，成功引进 4 个外资项目。2013 年全区新批设立外商投资项目达到 4 个，同比 2012 年的 2 个，增长 100%，分别是：①汕尾岭峰休闲度假有限公司，投资总额 800 万美元，落户红草镇。②汕尾市城区景盛种养有限公司，投资总额 150 万美元，落户红草镇。③汕尾市凯杰光电有限公司，投资总额 150 万美元，落户东涌镇。该公司主要是承接信利半导体液晶触摸屏电子显示器的检测。④香港长有珠宝饰品加工厂，落户城区东涌镇流口村，投资 100 万美元。

2. 狠抓服务指导，促进企业正常生产经营。坚持做好企业的服务员，积极组织人员经常深入企业了解生产经营状况，认真做好企业思想工作，鼓励企业增强信心，鼓足勇气，积极应对金融危机。努力引导企业在巩固欧美及港澳传统市场的同时，积极开拓国际、国内新市场，抢接新客户订单，维持企业正常生产经营。

3. 加大工作力度，力促重点项目早日投产投建。积极采取有效措施，切实加强对一些洽谈未签约、已签约未投建、已投建未投产的项目进行动态跟踪，针对其存在的问题和困难,认真研究解决措施和办法，落实专人负责，积极加强协调理顺，全程跟踪，有针对性地抓好项目的落实，促使项目尽快建成投产，早出效益。2013年，经过重点跟踪服务的项目已有2个开工建设或续建。

1. 汕尾万盛房地产有限公司续建项目。该项目计划再投资5000万元，在原来已建成18000平方米的基础上扩大建设规模，增加商住楼及配套公共设施68000平方米，到是年底止已完成前期投资1000万元，进行基础建设。

2. 汕尾环兴塑胶制品有限公司。该项目计划投资2000万元，建设厂房及办公楼8000平方米，宿舍5000平方米，配套设施2000平方米。2013年完成投资1200万元，已建成厂房及办公楼4000平方米，其他配套设施也正在规划建设中。

【招商引资成效】 已征地，计划近期动工的项目

真牌珠宝（汕尾）国际珠宝项目。该项目已在新湖工业园区征地7万平方米，主要经营各式珠宝首饰制品。总投资5亿元人民币，是年底做好围墙、厂房的设计图纸，总建筑面积9万平方米，第一期围墙及厂房、科研大楼1万平方米，与施工单位接洽、签订施工协议，已投入资金5000万元人民币。

已签订投资协议，正在办理土地手续的项目

1. 汕尾市华德国际商贸物流城项目。该项目原征地约1180亩，计划总投资30亿元。第一期征地910亩，第一阶段300亩已征好土地，作物补偿基本完成，剩余610亩作物补偿已完成70%，尚欠的部分土地作物补偿正在加紧推进中。项目原计划是搞商业物流中心，经该公司的市场调研，结合汕尾的历史人文及本土产业特色，现定位为旅游、商贸、物流为一体的项目。该项目已办好了工商、税务、企业编码及银行开户等有关手续，组建了精英团队30人，开展粤东地区全方位的市场调查工作，及做好项目详细规划设计方案。公司前期运作资金已投入。

2. 汕尾“又一居”红星美凯龙项目。该项目总投资40亿元，其中第一期9亿元（美凯龙）作为家具广场，主要经营各类家具，此外，还作为专业陶瓷市场、洁具市场、灯饰市场、地板建材市场等。已办理好工商注册、税务、企业编码及银行开户等手续。项目计划征地总面积25万平方米，其中新增的15万平方米，已和村委签订了协议的有5万平方米，其余10万平方米作了调整。

3. 深圳“好日子”酒店项目。该项目为外资企业，计划总投资3.8亿港元，注册资金2亿港元，已投入资金3000万港元，已完成征地10万平方米。2013年，已完成了地上作物赔偿。

4. 汕尾骏兴投资有限公司奔驰“4S”店。该项目总投资3亿元，征地2万平方米。2013年，已征好土地，进入作物补偿阶段。

（刘志平）

附　区外经贸局局长、副局长名单

局　长：黎炳林

副局长：曾昭敏

　　　　林创龙

粮食工作

【概况】 区粮食局是区政府直属事业单位，赋予粮食行政管理职能。内设人事保卫股、购销股、储动加工股，下辖区直属粮食储备库，区国有粮油收储有限责任公司，区军粮供应站3个独立法人代表资格的企事业。2013年，区粮食局认真贯彻落实省、市粮食安全工作政府负责制精神，严格执行《汕尾市粮食安全责任考核办法》，围绕确保粮食安全中心任务，统一思想，转变作风，真抓实干，夯实保障粮食安全的基础，加强粮食宏观调控，强化粮食流通监督检查和依法管理，完善粮食应急预案，做好粮食应急机制建设，巩固和发展与粮食主产区的长期合作关系，确保全区粮食供需平衡和市场粮价稳定。

【粮食安全责任制考核】 2013年10月30日，市政府考核组对区粮食安全责任制进行届中考核，通过考核，区100%以上完成下达粮食播种面积、粮食总产量、粮食储备粮规模、粮食风险基金规模等各项考评指标，按照粮食安全责任书的要求，搞好粮食流通体制改革，巩固和发展与粮食主产区长期合作关系，做好粮食应急工作，抓好粮食流通基础设施建设，加强粮食法制建设，推进粮食产业发展，全面承担起辖区内粮食安全的责任，考核组对区粮食安全责任制的工作给予充分肯定。

【储备粮油规范化管理】 2013年，在开展粮油春秋两季普查工作中，全区地方储备粮油任务100%落实到位，数量真实，质量良好，粮情处于安全状态，粮食安全生产零事故发生。一是开展科学保粮，循序渐进推广和应用先进熏蒸技术，进一步提高科学保粮水平，延缓粮食陈化，降低粮温，采取自然通风和机械通风相结合的形式，有效确保粮食质量安全，使储备粮油管理真正走上制度化、规范化的轨道。二是适时做好储备粮油轮换工作，确保在库粮油推陈储新，严格执行储备粮油轮换制度，顺利完成储备粮油轮换任务。三是严格执行储备粮油各项规章制度，完善储备粮油管理办法，不断创新储备粮油的管理机制，加强储粮安全生产和化学药品制度管理，做到专人、专管、专账、责任明确，确保储备粮油安全。

【粮油市场宏观调控】 区粮食局抓好粮油宏观调控和应急体系建设。一是加强对粮油市场监测和分析。认真做好粮油市场价格月报工作，定期向市报送有关情况。加强对粮油批发商等市场主体的实地调查，掌握粮源品种、数量、价格等信息，及时分析粮油市场动态和价格变化情况。二是针对粮食购销工作中出现新问题，开展了稻谷收获，质量调查和品种测报工作，建立农户粮情调查点，社会粮食供需平衡调查。三是继续推进省际间粮食产销合作，调剂全区粮食余缺，确保总量平衡。四是落实粮食收购政策、规范购销行为，坚持常年敞开收购的政策，认真执行省有关部门制定的2013年早籼稻、晚籼稻最低收购价政策，根据市场粮食价格变化，合理定价，按质论价，创新收购方式，积极抓好粮源。

【军粮供应】 开展争当全省军粮供应管理工作排头兵活动，制定《争当军粮供应管理工作排头兵实施方案》，经省粮食局批准，把原城区军粮供应站迁到区粮食局办公楼楼下门市，在维修改造中，得到省财政的大力支持，拨款25万元。进一步改善工作环境和条件，方便驻汕武警、边防、消防、军队及海训部队购粮，提高服务质量，发展多种经营，军粮供应工作做到统一采购、统一包装、统一配送等工作环节，确保部队吃上“放心粮”，增强部队粮油供应保障能力，得到驻汕部队和省军粮办的肯定。

（何　璋）

附　区粮食局局长、副局长名单

局　长：何宏源

副局长：黄迪斯

　　　　蔡昌流

供销合作联社

【概况】 2013年，城区供销合作联社（简称区联社）秉承为农服务办社宗旨，紧扣新形势下的新任务，切实履行职责，继续推进社有企业的深层次改革，加快农民专业合作社发展和平价商店建设，着力构建新农村现代流通网络，着重完善农业生产资料经营服务，全面提升“三农”服务质量和整体效益，促进了城区域农业生产和农村经济繁荣发展。是年，全区供销社系统10家独立核算企业实现总购进4001万元，总销售4523万元，分别完成年度计划的102.6%和105.2%，比上年度减少0.5%和1.9%，经济总量保持基本稳定；剔除历史政策性亏损后汇总利润亏损9.2万元，比上年度减亏2.3万元，有力地遏制了亏损势头。

【农资经营服务】 区联社结合上级供销社重构新农村现代经营网络建设的有利契机，调剂筹集资金加大投入，在红草镇、东涌镇优化10多家重点农资供应站的硬软件建设，完善农资经营服务机制，发挥农资供应服务主渠道作用。严格化肥农膜经营许可制度，把好农资商品市场准入关；会同有关部门坚决查处假冒伪劣农资商品，杜绝坑农害农事件发生；坚决执行政府对重要农资商品的价格指导政策，严肃查处哄抬物价的不法行为，切实减轻农民负担；推广科学用肥用药知识和技术，指导农民辩劣识假，接受种植技术咨询等服务。据统计，全区供销社系统汇总实现农资销售800多万元，共供应各种化肥3000吨，比上年度增长11.1%，其中氮肥1360多吨，钾肥550多吨，磷肥520吨，复合肥570多吨，各种类型化学农药27吨，有力地促进城区域的农业生产。

【专业合作社发展】 区联社以发展农村经济、助农增收为着力点，以农民专业合作社为主要形式，采取“合作社+基地+农户”的经营模式，多领域与农民群众加强合作。兴办领办“绿农种养”“西湖生态”和“智博生态”等3家专业合作社，主要从事果蔬种植、家禽养殖、分拣分装储藏、销售等经营服务活动，种养面积650多亩，为社会提供30多个就业岗位，带动250多户农户走向创业致富，为农业发展创出新模式，发挥出一定的示范效应，促进了城区域合作经济组织的发展。

【平价商店建设】 继续贯彻落实《关于依托供销社和农民专业合作社建设平价商店稳定农副产品价格保障群众基本生活的意见》的文件精神，采取措施平抑由农副产品涨价引起的物价整体上涨，稳定市场。区联社积极整合社有优质资产资源，在重点乡镇（街道）居民集中地的经营站点通过改造、扩建和合作经营等方式发展平价商店。城区供销综合公司加强与广东省天润粮油集团合作，在市区扩建家家香粮油平价商店，在捷胜镇兴办诚诚农副产品平价商店。家家香粮油平价商店经省供销社审核合格，获得省级平价商店专项发展扶持资金。至年底，全区供销社系统已发展5家平价商店（平价专区），总经营面积约1650平方米，经营品种约40个，物价惠民示范效应初步显现。区联社加强指导和协调，积极实施“农超对接”建设，促使系统内8家专业合作社与5家平价商店的产销对接，农副产品直接进入平价商店销售，减少经营中间环节，农副产品价格比周边商场降低12%~15%左右，切实减轻人民群众生活压力，受到人民群众的一致好评，为城区平抑物价、稳定市场起到较好的示范带动作用。

【传统业务经营】 大力推进废旧物资回收业务属地管理，规范城区域60多个废旧物资回收站点的经营；针对废旧物资回收行业易“藏污纳垢”的特性，积极配合相关部门，清理废旧回收市场无牌无证经营，维护回收行业秩序，引导好回收市场的良性发展。积极组织系统自有经营站点开展烟花爆竹、土特产、日用品、副食品等传统业务，促使供销社经营站点经营商品质量好、品种多样齐全、便民利民，保持供销社企业的传统经营基础，维持占系统经济总量近40%的传统经营业务持续稳定增长。

【资产经营管理】 区联社严格执行资产经营管理制度，以市场为导向，促使资产经营效益实现市场价值最大化。至2013年年底，全区供销社系统20多个到期经营网点换届工作基本顺利完成，资产经营大局稳定，总体效益比上年度增长13%左右，维持保障了企业正常运作和再发展的经济基础。

【社有企业改革】 是年初，为继续深化社有企业改革促发展，卸轻人员和经济的压力，区联社组织城区日用杂品公司进行深层次改革。坚持以人为本做过细的思想政治工作，争取干部职工理解支持企业深化改革；除留守人员外，实行全员解除劳动合同关系；清产核资，盘活存量资产偿还银行贷款、职工工资和社保费等债务。是年，日用杂品公司深层次改革工作进展顺利，按要求完成，达到预期目标，与26名富余职工解除劳动合同关系，进一步减少人员压力和减轻经济负担，维持了企业正常运作。

（吴　静）

附：区供销合作联社领导名单：

副主任：洪向金（负责全面工作）

洪志隆

汕尾市城区年鉴 2014

SHANWEISHI
CHENGQU
YEARBOOK

财政·金融

CAI ZHENG JIN RONG

财 政

【概况】 2013 年，汕尾市城区财政部门团结一致、锐意创新、统筹兼顾、扎实工作，以科学发展为主题，以加快转变经济发展方式为主线，积极履行财政职能，继续实施积极的财政政策，更好地发挥财政政策在稳增长、调结构、促改革、惠民生中的作用，按照“稳中求进”的总基调，围绕中心、服务大局，狠抓增收节支，优化财政支出结构，增强财政保障能力，不断强化绩效理念，努力完善公共财政体系，不断开创财政工作新局面，促进全区经济持续健康发展和社会和谐稳定。2013 年，城区公共财政预算总收入完成 156492 万元，其中：城区公共财政预算收入完成 52223 万元，比上年增收 6337 万元，增长 13.81%；公共财政预算总支出 105406 万元，比上年增支 8213 万元，增长 8.45%。

【财政收入】 城区强化财源建设，完善征收机制，积极组织收入，确保财政收入持续增长。城区财税部门加强协作、联动，健全财政收入目标责任制，进一步加大财税政策扶持力度，加强财税综合服务，不断培育壮大新的收入增长点，强化税源监控，严格依法征管，提高征管质量和效率，有效促进税收收入快速增长，保证税收均衡足额入库；严格非税收入管理，确保非税收入及时足额入库，努力扩大财政收入总量；贯彻落实国家和省各项财政政策，积极向上级申报财政扶持项目，争取各项财政资金，2013 年上级共下达各项财政补助资金 53559 万元，提高了城区财力保障水平，促进了公共事业的发展。2013 年,城区较好地完成了全年财政收入任务，收入结构和质量得到明显改善，财政收入再创新高。

2013 年，城区公共财政预算收入完成 52223 万元，完成全年预算任务的 100.72%，比上年同期 45886 万元增收 6337 万元，增长 13.81%。其中：税收收入完成 33515 万元，同比增长 19.28%，占全年收入的 64.18%；财政部门完成 16645 万元，完成全年任务的 92.83%，同比增长 4.69%；非税收入完成 18708 万元，同比增长 5.17%，占全年收入的 35.82%。全区公共财政预算总收入完成 156492 万元，其中：本级公共财政预算收入完成 52223 万元，返还性收入 2989 万元，一般性转移支付收入 10490 万元，专项转移支付收入 51607 万元，上年结转及结余收入 38270 万元，转贷地方政府债券收入 910 万元，国债转贷资金上年结余 3 万元。全区政府性基金预算总收入完成 5103 万元，其中：政府性基金预算收入完成 447 万元，上级追加政府性基金补助 1603 万元，政府性基金预算上年结余收入 3053 万元。全区政府性基金预算总支出完成 1846 万元，收支相抵结余 3257 万元，全部结转 2014 年使用。

【财政支出】 2013 年，城区公共财政预算总支出完成 105406 万元，比上年增支 8213 万元，增长 8.45%。其中：完成公共财政预算支出 102508 万元（含区本级支出 59002 万元），地方政府债券还本支出 427 万元、转移性支出（上解上级支出）2471 万元。收支相抵结余 51186 万元（其中：专项资金结转 2014 年使用支出 51085 万元，净结余 98 万元，国债转贷收入结余 3 万元），全部结转 2014 年使用。

2013 年，为保障民生支出，进一步推行惠民政策，切实落实积极的财政政策，注重解决民生问题，努力构建机会均等、系统保障、覆盖城乡的民生保障机制，努力推进和谐社会建设。在财政资金运作上，突出保障和改善民生,将财政资金投向民生之根的农业、民生之基的教育、民生之本的就业、民生之保的卫生、民生之安的社保、民生之盾的维稳、民生之助的文化等社会事业。2013 年全区各项民生支出 79200 万元，占公共财政预算支出的 77.26%，比上年增长 9 个百分点。一是认真落实强农惠农政策，着力解决人民群众最关心、最直接、最现实的利益问题，推动和谐社会建设。2013 年全区“三农”投入资金 21884 万元,在加快转变农业发展方式，完善现代农业产业体系，提高农业综合生产能力，加快推进新农村建设等方面加大了投入。全年安排水利基本建设及小型水库除险加固资金 89 万元，景观林带和造林抚育支出 433 万元，农田基本保护支出 59 万元，农村基层组织保障支出 319 万元、农村低收入住房改造支出 256 万元，发放油价补贴资金 17082 万元，发放种粮直补资金 40 万元，农资综合直补资金 41 万元。二是支持教育优先发展，加大教育投入。全区教育支出 31691 万元，占公共财政预算支出的31.36%。其中，安排全区免费义务教育经费保障和农村困难家庭子女义务教育阶段生活费补助4659万元，发放中等职业技术学校国家助学金153.48万元。进一步优化教育支出结构，改善全区基础教育办学条件，促进城乡教育协调发展，使城区教育事业再上新台阶。三是着力完善公共卫生服务体系，努力提高公共卫生服务水平。全年医疗卫生支出10410万元，健全城乡基层医疗卫生服务体系，加强乡镇卫生院和村卫生站建设，全区所有乡镇卫生院和社区卫生服务中心全部实施国家基本药物制度。四是支持社会保障体系建设。全年社会保障和就业支出14663万元，其中：行政事业单位离退休支出5971万元，最低生活保障支出2104万元。按照“广覆盖，保基本，多层次，可持续”的原则，完善社会保障体系建设，建立低保补贴和“五保”供养标准自然增长机制，确保补贴水平稳定增长，低保资金及时足额发放到位，努力做到应保尽保，维护社会和谐稳定。五是支持公共安全体系建设。全年公共安全支出1860万元，增长12.12%。六是支持住房制度改革。全年住房保障支出245万元。七是推动文化事业繁荣发展。投入资金512万元用于文化事业发展，丰富了群众文化生活，为弘扬城区文化做出贡献。八是加大环境综合整治投入力度，努力营造宜居城区。财政投入1457万元，逐步提高市区环境卫生管理水平，市区面貌得到进一步美化亮化。九是积极做好强台风“天兔”灾后复产工作。先后投入760万元用于紧急救助、水利设施抢修、公共基础设施修复、灾后恢复生产、“全倒户”重建家园等。

【依法理财，改革创新】 坚持改革创新，推进财政精细管理，提高科学化精细化管理水平。一是推行依法理财，加强财政监督管理。加大财政专项资金、“收支两条线”、财政投资评审、财政支出绩效评价、政府采购、国有资产等方面的管理力度，进一步建立健全长效管理机制，提高监督效率，从制度上规范财经秩序，保证财政资金安全高效运转。二是调整优化财政支出结构，坚持量力而行，量入为出的原则，统筹兼顾安排资金，提高财政资金使用效率，从严从紧控制各项支出，全力保障民生等重点支出的需要，切实增强公共服务能力。三是进一步深化各项财政改革。扩大国库集中支付改革范围，规范财政资金用途，提高资金使用效益，积极推进国库集中支付改革和公务卡制度改革；拓展“收支两条线”管理的广度和深度，加大财政票据监管力度；推进财政支出绩效评价工作；完善政府采购管理制度，规范采购管理流程，不断提高政府采购效率和透明度；完善行政事业单位国有资产管理机制，规范单位资产处置行为，有效加强资产处置收入管理，不断提高资产使用效益。四是进一步加快推进“金财工程”建设，完善财政业务和网络平台系统，保障各项财政财务工作的有序运转和财政资金的安全运行，有效推进财政管理信息化，提高办事效率和服务水平。

（陈贵层）

国有资产监督管理

【国有资产监督管理】 2013年，城区严格按照制度要求，进一步加强国有资产监督管理工作，切实抓好国有资产年度统计评价和企业财务快报数据质量，强化国资监管基础性工作，有序推进企业清产核查、产权登记和国有资产评估管理工作。加强对企业国有资产事前、事中和事后监督，防止国有资产的流失。

【国有企业改革】 2013年度，从中央到地方对国企改革提出了更高、更细、更严的要求，城区国企改革任务艰巨，尤其是待改革企业历史包袱沉重，深层次问题和矛盾非常突出。城区财政局严格执行政策，把解决国企改制中的热点、焦点和难点作为工作重点，因企制宜，克难攻坚，积极引导，堵塞漏洞，逐个落实，经过大量艰苦细致的工作，稳步推进汕尾市城区国企改革。在以前年度粮食企业和国有四厂改革成功基础上，积极探索商业系统的改制工作，在区政府的领导下，组织相关部门对商业系统属下的各公司进行了资产情况、人员情况、人员社保、人员工龄等基础情况进行了调查摸底，初步掌握了各项基础数据，为下一步制订改革方案打下了坚实的基础。同时，对城区诚信拍卖行的改革工作，做好各方面的准备，制定了切实可行的改革方案，供区政府决策，为企业的进一步发展提供了有力的保障，保障了企业职工的合法权益。

【加强行政事业单位资产管理】 积极探索行政事业单位国有资产管理模式，行政事业单位的资产管理是个难点，城区严格执行《行政单位国有资产管理暂行办法》和《事业单位国有资产管理暂行办法》，并根据国家现行国有资产管理体制，结合汕尾市城区的实际，颁布了《汕尾市城区行政事业单位国有资产管理暂行办法》，明确了区国有资产监管的指导思想，原则和发展方向。对全区行政事业单位国有资产进行分层次管理，初步理顺了全区行政事业资产管理关系。通过加强行政事业单位的资产管理，维护了国有资产的安全完整、合理配置和有效利用，促进各项事业发展，建立适应社会主义市场经济和公共财政要求的行政事业单位资产管理体制。

【加强行政企事业单位的基础性管理工作】 一是全面开展了清产核资工作。根据《财政部关于开展事业单位公务用车清查工作的通知》，对全区的事业单位的公务用车进行了全面的清查，通过清查掌握了全区公务用车的基本情况，从而进一步加强了全区事业单位公务用车的管理。二是根据省市《关于开展县（区）级行政事业资产管理信息系统推广使用工作的通知》，按照省“金财工程”的工作要求，全面开展县（市、区）级资产管理信息系统推广使用工作。通过搭建财政部门—主管部门—行政事业单位三层管理架构，利用现代技术与手段实现对行政事业单位资产总量、分布情况及时准确地查询和分析，确保资产安全完整，提高资产使用效率，实现资产动态化、精细化管理目标。三是根据区政府的指示精神，结合城区的实际情况，印发了《汕尾市城区行政企事业单位土地房屋登记表》，对全区行政企事业单位的土地房屋进行了调查摸底，全面掌握全区国有土地房屋的分布情况和使用情况，为进一步加强土地房屋的使用和管理打下坚实基础。四是做好国有资产报废审批工作，促进国有资产有序管理，防止国有资产流失。

（陈贵层、陈昌源）

附　区财政局领导成员名单

局长、党支部书记：

吕丰民（党支部书记于2013年9月离任）

吴秋业（党支部书记于2013年9月任）

副局长：刘贵文

蔡奋雄

国　税

【概况】 2013年，城区国家税务局面对税源基础薄弱，缺乏可持续发展后劲的税收收入形势，城区局紧紧围绕省局、市局和当地党政的重大部署，坚持组织收入原则，始终把组织收入工作作为各项工作的重中之重，牢固树立“算好账、查漏缺、正认识、强措施、挖潜力、保完成”的工作思路，抓紧、抓早、抓实，多措并举、全力以赴抓收入，有效地提高税收收入质量，确保取得明显成效。全年共组织税收收入9.24亿元，首次突破9亿元大关，同比增收2.5亿元，增长37.15%，其中实现市县级收入2.02亿元，同比增收5885万元，增长41.06%，圆满完成省、市、区三级收入任务，实现满堂红，为地方经济发展做出应有贡献。

【依法治税】 始终把依法治税作为税收工作的生命线和灵魂常抓不懈，把依法行政作为规范行为的重大举措，以巩固依法行政示范单位创建活动取得成果为新的起点，以开展“守住平安国税底线”理念教育活动和推进“六五”普法工作为突破口。不断创新政务公开载体和办法，推进行政权力公开透明运行。坚持落实行政问责制，做到业务有规程、执法有责任、办税有公开、风险有监控、过错有追究，实现法治理念有效提升，制度质量明显提高，行政行为不断规范，监督制约切实有效，守住平安国税底线得到保障。

【税收征管】 着力抓好税源精细化管理，探索征管模式创新，提高管理质效。一是以抓好重点税源监控作为组织收入的根本保障。开展重点税源驻厂服务，提升管理和服务质效，稳住收入大头。二是以抓好税收征管目标化管理作为夯实税源管理基础、构建税收增长长效机制。制定《汕尾市城区国税局税收征管目标落实工作实施方案》，设定“2·2·3”管理目标（即：组织收入目标，以各责任区域基础税源为基数，税收收入增长幅度必须达到20%以上——必须达到地方政府要求的增长幅度；户籍征管目标，以各责任区域纳入管理个体户户数为参数，漏征漏管户数控制率必须控制在2%以下；个体定额目标，以各责任区域纳入管理个体双定户总户数为参数，起征点以上户比例必须达到30%以上），推动税收征管工作迈上新台阶。三是以抓好纳税评估作为促进规范、增加收入的有力举措。分解评估任务，应用“纳税评估模块”，提高评估质效。四是以抓好所得税管理作为重点税源强基之路。全年补缴所得税4004万元，规范非居民企业税收管理，进一步提升管理水平。五是以抓好进出口税收管理作为增加大头收入的突破口，提高管理精细化水平。全年实现免抵税额3.27亿元，同比增加1.13亿元，增长52.8%。六是以抓好个体税收管理作为强基础、增加收入的必要补充，征管效能有效提升。七是以抓好税源分析、比对作为税源跑、冒、滴、漏的防范举措。八是以抓好行业整顿作为规范管理、增加收入的重要手段。召开全区整顿税收秩序暨自查动员大会，有效规范行业税收秩序。九是以抓好发票管理作为以票管税的重要环节，进一步提升管理水平。十是抓好征管改革前期准备工作作为全面实施改革方案、为顺利推进改革工作奠定良好基础。十一是以抓好金税三期上线工作作为整合征管资源、提升信息管税水平的关键，确保顺利上线。十二是以抓好“营改增”扩围作为落实税收政策、为纳税人减负的实际行动，确保税制改革顺利进行。

【纳税服务】 坚持以纳税人需求为导向，简化办税流程，优化办事程序，规范服务行为，先后开通绿色通道，推行“一窗式”“一站式”首问责任制、一次性告知和预约服务、延时服务、提醒服务、网上办税、24小时自助办税终端等一系列便民措施。率先推出重点企业驻厂服务管理，同时，把24小时自助办税终端推广延伸到信利集团，为重点税源企业提供个性化纳税服务，进一步便利纳税人，实现“在服务中加强管理、在管理中优化服务”的目标，纳税人满意度和税法遵从度大大提升。

【文化建设】 制定《城区国税局推进国税文化建设实施方案》，建设完善“三大”文化建设平台，坚持做到精神文化、制度文化、行为文化、物态文化、廉政文化齐头并进，形成“股室有股训，人人有格言”的良好局面。依托十个兴趣小组，开展文体、志愿、帮扶等活动，成功举办道德讲堂“六个一加一”（即：看一部短片、讲一个故事、作一番点评、颂一段经典、作一个承诺、唱一首歌曲和办一场笔会）活动，参与“增强城市意识，提高道德素质”公民道德教育互动活动，得到当地党政的充分肯定。随着文化建设的深化，区局集思广益，精心提炼符合城区国税实际的文化理念，创建“风至人和，税正品高”的文化品牌，为税收工作注入文化的“精、气、神”和“黏合剂、润滑剂、催化剂”，充分发挥文化建设的特殊功效。

【队伍建设】 紧紧围绕“以人为本、教育为先、领导带头、严管厚爱、创先争优、激发活力”的原则，大力推进队伍建设。以加强领导班子建设，充分发挥“火车头”的带动作用；以加强教育培训，提高整体素质，增强岗位技能；以创先争优为着力点，有效增强队伍的凝聚力、战斗力、协作力、创新力、执行力。开展多种形式的公益活动，开展抵御强台风“天兔”来袭的应急抢险，积极参加“救灾复产”活动；成立学雷锋志愿服务队，慰问留守老人及军、烈属后代，为留守老人修缮受台风破坏的房屋，奉献爱心，进一步激发队伍活力，传播正能量。开展《没有任何借口》一书专题学习讨论活动，有效增强税务团队执行力、向心力、竞争力，增强做好工作的责任感。深化党风廉政建设，强化制度执行，严格落实中央“八项规定”和三中全会提出的新要求，认真查摆、严肃整改“四风”问题，取得较好成效。突出风险防范，完善内控机制，落实“一岗两责”“一书一卡”，推广使用省国税局税收执法风险防御（RED）系统，有效规避执法风险。区局继2010年、2011年之后再次荣获2013年度政风行风工作第一名。

【内部管理】 始终致力于“活力、平安、和谐”国税基层建设，着力做到“十个加强”。一是加强制度建设，不断完善规章制度，切实实现用制度管人、用制度管事。二是加强财务管理，科学编制预算，严格预算执行。规范政府采购行为，确保厉行节约；严格“三公”经费支出，推行公务卡使用制度，坚持按制度办事，提升开支规范程度。三是加强基建管理，确保各项基建工程项目顺利完工，为干部职工营造“整洁、有序、舒适”的办公和就餐环境。四是加强办公信息化建设，圆满完成税务综合办公信息系统上线任务，进一步提高办公效能。五是加强信息报送和税收调研，使上级领导和社会各界及时了解区局工作情况，营造浓厚的税收工作氛围。六是加强依法行政，着力打造“五大”政务信息公开平台（多功能一体机、LED 大屏幕、公告栏、网站、短信平台），提升政府信息公开水平，得到市、区政府信息公开检查组的充分肯定。七是加强税收宣传，建设传声、传影、基地、传授、传意、传情“六位一体”税宣工作体系，进一步提升宣传成效，增强社会税收意识。八是加强督察督办，提升干部执行力。九是加强涉税舆情管理，提高维稳工作能力。十是加强后勤保障，严格规范公车运行和公务接待；加强绿色机关建设，为全市公共机构节能工作做好表率。

（钟少钮、朱海文）

附 城区国税局领导名单

党组书记、局长：叶庆雄

党组成员、副局长：彭　毅（2013 年 2 月离任）

蔡锦涛

党组成员、纪检组长：林礼并

党组成员、副局长：吕小易

彭怡生

罗汉贵

2013 年汕尾市城区国税年纳税额 50 万元以上企业一览表

表 10　　　　单位：万元

纳税企业	纳税总额
信利半导体有限公司	35389.79
信利光电股份有限公司	30820.62
广东烟草汕尾市有限公司	4313.55
广东电网公司汕尾供电局	4070.84
信利电子有限公司	1918.61
汕尾市碧桂园房地产开发有限公司	1886.32
汕尾万盛针织时装有限公司	1644.07
汕尾德昌电子有限公司	1310.54
汕尾万盛房地产有限公司	1041.08
汕尾柏嘉玩具日用品有限公司	683.69
汕尾市红海大酒店有限公司	635.24
信利仪器（汕尾）有限公司	607.43
中国石油化工股份有限公司广东汕尾石油分公司	503.25
汕尾信联针织时装有限公司	349.14
汕尾雅泰隆食品有限公司	297.35
汕尾市供水总公司	278.81
广东岭峰包装印刷有限公司	264.97
汕尾高峰科特纸业有限公司	255.50
汕尾市恒业汽车有限公司	183.93
汕尾肉联厂	181.75
汕尾市信利广场贸易有限公司	173.78

续表 10

纳税企业	纳税总额
汕尾市国泰食品有限公司	162.24
汕尾市信诚商业连锁有限公司	159.38
中油碧辟石油有限公司汕尾分公司	149.79
汕尾恒威手袋有限公司	141.70
汕尾市汽车运输总公司	138.50
汕尾市二运汽车有限公司	137.75
安信证券股份有限公司 汕尾香洲西路证券营业部	131.70
汕尾市城区永盛针织时装有限公司	124.73
汕尾市城区雅都食品厂	109.39
广东银鹏动力设备有限公司	97.30
汕尾市苏宁云商销售有限公司	91.44
汕尾兴盛针织厂有限公司	85.95
汕尾市快捷通导设备有限公司	75.61
汕尾市红海船舶服务有限公司	75.51
汕尾市艺强科技工程有限公司	72.19
汕尾市安宏民爆物品有限公司	72.13
汕尾市汇能电力设计有限公司	64.28
汕尾吉发食品有限公司	63.54
广东省盐业集团汕尾有限公司	60.08
汕尾大参林药店有限公司	59.38
汕尾市小亚节能科技有限公司	58.69
广州屈臣氏个人用品商店有限公司 汕尾信利广场店	55.31
汕尾市翡翠湾房地产有限公司	53.19
汕尾嘉伦服装有限公司	52.41
汕尾市博远信息工程有限公司	50.98
汕尾市兴业混凝土搅拌有限公司	50.34

地　税

【税收收入】 2013 年，税收收入 97216 万元，同比增长 14.48%，增收 12294 万元。其中：中央级收入 6508 万元，同比增长 6.10%，增收 423 万元；省固定收入 4675 万元，同比增长 2.95%，增收 134 万元。省共享收入 14207 万元，同比增长 23.97%，增收 2747 万元；市区级收入 71826 万元，同比增长 15.87%，增收 9836 万元（其中区级 25381 万元，同比增长 9.64%，增收 2231 万元；市级 46445 万元，同比增长 19.58%，增收 7605 万元）。

社保费收入 54785 万元，同比增长 22.94%，增收 10223 万元。

【税收征管】 结合土地增值税清算对房地产企业进行深入的检查 参照往年的数据，房地产企业税收占城区地税收入60%~70%。对该行业的税收征收管理工作对完成税收收入任务起到了决定性的作用。对此，局组织了精干力量对全区未清算的房地产企业开展土地增值税清算工作。通过3个多月的努力，共清算房地产企业3户，已征土地增值税3073万元。

认真做好企业所得税汇算清缴及年所得12万元以上个人所得税自行申报工作 局严格贯彻执行关于“两个所得税”的各项制度、规定和要求，加强信息化应用，不断提高管理水平。一是全面完成2013年企业所得税汇算清缴工作。2013年参加汇算企业226户，截至11月底全区征收企业所得税1000多万元。二是在总结往年经验的基础上，充分认识做好自行纳税申报工作的重要性，明确任务，克服困难，突出重点，抓早抓实，市局2013下达给城区局的任务是716户，城区局在市局规定的期限内完成了1926户，占市局任务的269%，申报应纳税额1027516.10万元，在任务重和时间紧的情况下，率先和超额完成市局下达的工作任务,。三是认真做好个税系统的维护和管理，稳步推进个人所得税全员全额扣缴明细申报工作的开展。对经系统查询出的部分尚未申报的纳税人，落实分局进一步做好催报工作，做到应报的都进行申报。

发挥纳税评估作用 在实现组织税收收入的过程中，纳税评估分局发挥了很大的作用。2013年评估任务1040.95万元，1~11月份共评估企业6户(次)，共评估入库税款1055.31万元，占年度任务101.38%，其中按评估程序和流程入库的收入为573.14万元，占1~5月任务55.06%； 存量房交易税收总收入2589.26万元，本级收入1657.13万元。圆满完成了市局下达的评估任务，同时也实现“以评促改、以评促管、以评促查、以评促收”的工作目标。

结合“一清两打三加强”全面清理漏管漏征 9月份开始，城区局按照市局“一清两打三加强”的工作部署，认真制定整改措施，及时抓好整改落实，经过几个月的奋斗，取得初步成效：清理欠税户数145户、欠税额310.9万元，入库欠税户数94户、入库税额123.62万元；清理漏管户数174户；对逾期未申报纳税人落实限期申报整改措施户数251户，清理逾期未申报户数150户；出台《关于开展清理欠税、欠费专项检查的通告》（包括举报违法印制使用假发票、偷逃税部分）并在有关媒体进行宣传，积极与市地税局稽查局沟通协商，加强与国税、公安经侦等部门联系，形成合力；对未进行企业所得税汇算清缴的企业落实限期申报整改措施，补报户数24户；开展企业所得税重点核查，查补税款22万元。

【纳税服务】 将“连心桥”搭到受灾企业 2013年，汕尾市遭遇强台风“天兔”的正面袭击，给城区企业造成了严重的财产损失。城区地税局响应市局党组的号召，积极行动起来。在9月29日，将“连心桥”搭到受灾企业，各税源管理分局在区局党组的带领下，深入城区多家受灾企业走访、送法、送服务，主动关心服务纳税人，受到了各方的好评。在走访送法送服务的过程中，区局党组向企业详细了解了受灾情况，及时送去深切的慰问和诚挚的关怀，鼓励企业克服困难，尽快开展重建工作，早日恢复生产。同时，税收管理员对企业的损失进行了认真的核对登记，向企业进行了税法宣传，让他们掌握了解各种灾后税收优惠政策。为了方便纳税人，城区局还在各办税服务厅开辟了灾后恢复重建税收优惠“绿色通道”，实行专人跟踪服务管理，企业可以在短时间内轻松、高效地享受税收优惠政策的扶持。

多家受访企业负责人表示，企业的发展离不开税务部门的支持，在艰难时刻，税务机关送来关心和支持，增强了企业抗灾重建的信心，真正体现了税企一家亲。

广泛深入地开展税收宣传活动 利用宣传展板、咨询台、宣传材料、播放音频、宣传片、发放传单等形式，向公众深入宣传税收相关知识，解答公众有关涉税政策和常见问题。通过形式多样的宣传，争取让纳税人和广大群众全面知晓相关税收政策。同时，充分发挥办税服务厅、热线电话等服务载体的作用，及时为纳税人搞好税收政策服务。宣传月期间，通过开展税法进校园、进社区等多种形式，广泛宣传税收政策、发票知识，增强公民纳税意识，此举受到社会各界和广大纳税人的普遍欢迎。

【队伍建设】 加大学习教育培训力度 新形势下的工

作要求干部队伍必须具有较高的综合素质。首先，狠抓党组中心组理论学习制度的落实，广泛开展读书、学习活动，深入推进地税系统学习型机关、学习型党组织建设。使班子成员的学习能力不断提升、知识素养不断提高、先锋模范作用充分发挥，使党组织、领导班子的创造力、凝聚力、战斗力不断增强，进一步提高执政能力和工作水平。其次，实现学习方式转型，由封闭型学习向开放型学习转变，通过学习培训开阔了视野，丰富了经验，提高了干部职工的综合素质，增强了干部队伍的凝聚力和战斗力。另外，积极为干部职工提供学习机会、创造学习条件，激发学习热情，增强学习兴趣，培养学习习惯。鼓励干部职工积极参加学历进修、资格考试和职称评定。

认真开展岗位轮换工作　为进一步完善干部队伍建设，不断提高干部队伍整体素质和创新能力，提升工作效率，促进廉政建设，城区局 2013 全面开展轮岗交流工作，主要做到“三个注重”：

一是注重提高认识，求“通”。着重加强宣传交流轮岗对完善队伍建设、丰富干部阅历、激发工作热情的积极作用，让干部充分认识交流轮岗的重要意义，引导干部正确对待轮岗交流工作，鼓励干部在新的岗位开拓进取。

二是注重调查摸底，求“实”。为确保有的放矢，在交流轮岗工作实施前，积极开展干部谈话交流，认真比较干部的各方面信息和优缺点，逐一对心理素质、适应能力进行分析，了解群众对干部的真实评价。

三是注重合理配置，求“细”。城区地税局按照既定方案，并结合干部的要求和单位主要负责人的意见，确定交流轮岗对象及任职方向。力争将干部安排在最能促进工作开展，最有利于个人能力提高的岗位上。

【党风廉政建设】　全面覆盖，重点防控　每个人都结合各自的工作实际，对“两权”运行过程中存在的廉政风险进行全面梳理排查，进行一次“全面深入体检”，查清、查准、查全、查透各部门和个人及其岗位的廉政风险点。

完善制度，健全机制　在全面排查风险的基础上，有针对性的抓住重点，完善制度，配套和细化相关措施，努力构建科学、系统、完整的内控预防体系。结合岗责体系和工作流程，对各部门的权力事项，列出“权力清单”。

明确责任，狠抓落实　根据查找出来的存在问题，初步梳理了现有的工作制度，并对相关的内控措施进行评估，对内控措施不足的，及时进行了补充完善。领导带头制定落实防控措施。

提升机关作风建设水平　突出三个重点：重点整治“庸、懒、散”和“慢作为、不作为、乱作为”的不良风气。重点解决个别干部理想信念淡薄，不思进取，缺乏事业心、责任感等问题。重点检查工作日迟到、早退、无故缺勤、擅自离岗。

（罗声远）

附　区地税局局长、副局长名单

局　长：张家瑶

副局长：郭小平

卢金泉

林世洲（2013 年 4 月调出）

谢　戈

卓凌波（2013 年 4 月挂职）

李　河

2013年汕尾市城区地税年纳税额50万元以上企业一览表

表11　　单位：万元

纳税企业	纳税总额
汕尾市碧桂园房地产开发有限公司	11721.8
信利半导体有限公司	5827.7
信利光电股份有限公司	3186.9
汕尾市万业房地产开发有限公司	2390.0
中国银行股份有限公司汕尾分行	1665.6
汕尾市建安建筑安装工程有限公司	1498.9
中国工商银行股份有限公司汕尾分行	1413.0
中国移动通信集团广东有限公司汕尾分公司	1388.9
中国建设银行股份有限公司汕尾市分行	1183.6
广东电网公司汕尾供电局	1164.3
广东烟草汕尾市有限公司	968.4
中国电信股份有限公司汕尾分公司	945.1
中铁十一局集团第三工程有限公司	921.1
汕尾市红海大酒店有限公司	911.7
汕尾万盛房地产有限公司	854.2
汕尾市城区地产公司	702.6
中铁一局集团有限公司	559.7
中国太平洋财产保险股份有限公司汕尾中心支公司	479.9
信利电子有限公司	441.4
汕尾市翡翠湾房地产有限公司	415.8
汕尾市金海明珠房地产开发有限公司	400.0
中国安能建设总公司	372.3
中国农业银行股份有限公司汕尾分行	353.6
广东深汕西高速公路有限公司	332.5
中国人民财产保险股份有限公司汕尾市分公司	322.6
汕头市潮阳建筑工程总公司	319.0
华润电力（海丰）有限公司	314.6
中太建设集团股份有限公司	305.7
广东金粤建设有限公司	297.3
汕尾市振文实业有限公司	295.3
中国平安财产保险股份有限公司汕尾中心支公司	281.9

续表 11

纳税企业	纳税总额
誉福实业 (汕尾) 有限公司巴黎半岛酒店	280.1
中国邮政储蓄银行股份有限公司汕尾市分行	266.5
誉福实业（汕尾）有限公司	247.0
汕尾市艺强科技工程有限公司	229.4
汕尾德昌电子有限公司	225.2
汕尾农村商业银行股份有限公司	217.3
中华联合财产保险股份有限公司汕尾中心支公司	212.0
中铁十七局集团有限公司	186.0
汕尾市城区第一建筑工程公司	177.4
中国联合网络通信有限公司汕尾市分公司	173.4
汕头市建安 (集团) 公司汕尾分公司	167.4
汕尾市城区建筑安装总公司	163.8
广东省邮政公司汕尾市分公司	162.7
汕尾市公安局	159.3
汕尾市城区泰濠房地产开发有限公司	158.2
中国平安人寿保险股份有限公司汕尾中心支公司	151.4
汕尾市汇能电力设计有限公司	150.3
汕尾城区恒富实业有限公司	149.8
汕尾万盛针织时装有限公司	147.4
天安财产保险股份有限公司汕尾中心支公司	145.2
汕尾市城区天明房地产开发有限公司	135.9
中国农业发展银行汕尾市分行	135.8
华夏人寿保险股份有限公司汕尾中心支公司	134.1
广东省体育彩票管理中心汕尾分中心	119.4
中国人寿保险股份有限公司汕尾分公司	117.9
汕尾市汇能电力技术工程有限公司	113.4
汕尾市永业建筑安装工程有限公司	112.8
汕尾市汇能电力物业有限公司	110.7
待报解预算收入–地税税费归集户	102.9
杭州市市政工程集团有限公司	102.6
汕尾市统宇建设工程有限公司	102.3
安信证券股份有限公司汕尾香洲西路证券营业部	101.2

续表 11

纳税企业	纳税总额
汕尾港基房地产开发有限公司	100.9
汕尾市海珍实业有限公司海珍酒楼	98.9
鼎和财产保险股份有限公司汕尾中心支公司	94.8
中国石化销售有限公司广东汕尾石油分公司	91.1
广东省电信工程有限公司五分公司	87.6
泰康人寿保险股份有限公司汕尾中心支公司	86.4
汕尾逸挥基金医院	84.8
国基建设集团有限公司	83.1
汕尾高峰科特纸业有限公司	82.4
广东鸿安送变电工程有限公司	79.2
汕尾市信利广场贸易有限公司	74.2
汕尾市福利彩票发行中心	72.9
汕尾市城区豪都酒楼	69.5
汕尾柏嘉玩具日用品有限公司	69.2
汕尾市金保保安押运有限公司	68.6
汕尾市财政局	66.6
汕尾市泰林酒店有限公司	66.6
湖南省泓光建筑工程有限公司	65.0
汕尾市城区友谊大酒楼	64.9
湖南湘江电力建设集团有限公司	63.1
广州市云景净化空调专业有限公司	61.8
汕尾市供水总公司	60.9
中国电子系统工程第二建设有限公司	60.7
汕尾市小亚节能科技有限公司	59.0
汕尾市城区泰林金濠酒家	58.0
汕尾市富盛大酒家有限公司	58.0
汕尾市金港濠驾驶员培训有限公司	57.8
广东南方通信建设有限公司	55.8
百胜餐饮 (广东) 有限公司汕尾信利餐厅	55.6
汕尾市市政工程有限公司	55.2
汕尾市华厦物业管理有限公司	54.9
信利仪器（汕尾）有限公司	54.9

续表 11

纳税企业	纳税总额
江西赣东路桥建设集团有限公司	53.2
汕尾市信美装饰工程有限公司	52.7
汕尾市鸿润电气安装有限公司	51.9
汕尾市香洲房地产开发有限公司	50

金融业

【概况】 2013年，在市区共有银行类金融机构12家；保险类金融机构12家；证券类金融机构1家；另有4家小额贷款公司和1家担保公司。从而保证了辖区金融运行的总体平稳。

【金融基础设施】 2013年，实施完成四件主要工作。一是顺利完成汕尾辖区TCBS上线工作，加强国库监管，实现国库业务零差错，顺利完成第二代支付系统上线切换和ACS系统上线的各项准备和试运行保障性工作。二是推动地方征信中心建设工作，以征信中心建设为突破口，发挥人民银行人才技术优势，启动农村信用体系建设。三是改善辖区支付结算环境。加大银行卡助农取款服务的推广力度，促进银行卡助农取款服务实现从数量向质量转变。引导辖区金融机构推广电子商业汇票业务，以点带面，以重点行业和客户为突破口实现电子商业汇票在网点覆盖率、业务替代率、业务增长率、客户签约率等方面新突破。

【金融改革】 一是支持民间资本进入金融业，13家深圳、惠州汕尾商会及汕尾本地民营企业入股汕尾农村商业银行，入股资金8.64亿元，其中最大1家企业入股占比17%。二是支持外资银行入驻汕尾，办理汇丰银行（中国）有限公司汕尾支行加入人民银行金融管理和服务体系事宜。三是落实推进利率市场化改革的措施，按照《关于进一步推进利率市场化改革的通知》要求，全面放开辖区金融机构贷款利率管制。四是对辖区地方法人金融机构加入全国银行间同业拆借市场实行一对一帮扶，主动到金融机构介绍加入银行间市场意义、审批或备案程序、资料清单等，为辖区同业拆借等货币市场突破发展打下坚实基础。

（摘录上报市的资料）

城区农村信用合作联社

【概况】 城区农村信用合作联社（以下简称城区农信社）位于汕尾市城区城南路西小区22栋。于2008年12月统一法人，2013年辖内营业机构16个，贷款服务中心2个，分布在市区及各乡镇，在职员工246人。

【业务范围及实绩】 经中国银行业监督管理委员会批准，2013年，城区农信社的业务范围：吸收公众存款；发放短期、中期和长期贷款；办理国内结算；代理发行、兑付国库券业务和其他收付款业务；从事同业拆借；从事银行卡业务；经银行业监督管理机构批准的其他业务。2013年，城区农信社在原有全国通存通兑、跨行跨区汇款实时到账、通知存款、网上银行、手机银行、支付宝卡通、代理第三方存管、代扣电费、代缴社保费、代理电信充值缴费、“珠江平安卡”、“福农卡”等卡业务和农户贷款、农村青年创业贷款、妇女创业贷款、个人住房按揭贷款、消费贷款、自助循环贷款（卡贷宝）、中小企业贷款等贷款业务的基础上，开办了代理理财产品销售业务、代理保险业务。全省统一的96138电话客户服务中心。

是年年底，城区农信社各项存款余额10.98亿元，各项贷款余额4.64亿元。

【记事】 经广东省人民政府批准，2013年，城区农信社与红海湾开发区农信社启动合并改制工作组建汕尾农村商业银行。

2013年5月26日至6月12日，筹建工作小组开展原股金处置及征集汕尾农商银行发起人工作，确定了1164户投资者作为汕尾农商银行发起人，股本总额为3.496亿元。

2013年11月4日，银监会下发了《中国银监会关于筹建汕尾农村商业银行股份有限公司的批复》，正式批准筹建汕尾农村商业银行股份有限公司。

2013年12月27日，两家联社分别召开汕尾市城区联社第一届职工代表大会第四次会议和汕尾市红海湾联社第一届职工代表大会第四次会议，选举产生了汕尾农村商业银行股份有限公司第一届董事会职工董事和第一届监事会职工监事。

2013年12月30日，汕尾农村商业银行股份有限公司筹建工作小组组织召开了汕尾农村商业银行股份有限公司创立大会暨股东大会第一次会议，会议选举产生了第一届董事会和第一届监事会。

（曾文芳）

附　城区农村信用合作联社领导班子名单

理事长：冯　然

主　任：徐祥英

副主任：黄少楼

监事长：陈世武

处置地方金融风险

【概况】　城区处置地方金融风险办公室（简称区处置办）是挂靠区政府办公室的议事协调机构的办事机构，正科级。2013年，其内设机构有人秘股和办案股。人员编制7名。主要工作职责是：负责全区地方金融风险化解工作和地方金融机构服务、监管工作：包括调处全区民间标会工作，督促、指导、协调全区各类基金会的清理、追债和资产处置工作，配合政法机关处置民间借贷、民间非法集资工作，解决城市信用合作社遗留问题，组织、协调、监管小额贷款公司日常运转等。是年，区处置办重点做好区“城市信用社”的撤销退出市场工作。

【城市信用社撤销退出市场工作】　城区的城市信用合作社（简称城信社），于1998年5月停业关闭。1999年底，城区政府按照广东省处置地方中小金融机构和农金会金融风险“一揽子”方案要求，派驻城信社停业整顿工作组对其债权债务进行清理。2007年6月底，根据国家银监委广东银监局《关于撤销汕尾市城市信用合作社等19家城市信用合作社的通知》和汕尾银监分局《关于撤销汕尾市城市信用合作社的决定》精神，城区抽调处置办部分人员和城信社留守人员组成城信社撤销清算组（组长刘衡），代替停业整顿工作组，对城信社进行撤销清算。至2013年上半年，基本完成清产核资工作，并经汕尾市诚信合伙会计师事务所审计，取得《关于汕尾市城市信用合作社财务状况的审核报告》。撤销清算组根据《广东省停业整顿城市信用合作社撤销手册》的操作规程，向区政府上报《汕尾市城区城市信用社撤销清偿方案》和《留守职工分流安置方案》，区政府七届十五次常务会议原则同意通过（区政府常务会议纪要第十四期）。至此，城信社撤销清算工作告一段落，经汕尾市停业整顿城市信用社退出市场领导小组办公室和汕尾银监分局批准后即可退出市场（是年未批）。城信社的债权债务清偿收尾工作移交到区政府指定的区处置办进行管理。

（刘　衡、陈汉森）

附　区处置办领导人名单

主　任：刘　衡

汕尾市城区年鉴 2014

SHANWEISHI
CHENGQU
YEARBOOK

教育

JIAO YU

教育基本情况

【概况】 2013年，区教育部门紧紧围绕教育创强目标，加强领导，加大投入，真抓实干，形成了优先发展教育、争创教育强区的共识和合力，取得了显著成绩。一是教育经费保障水平不断提高。各级财政全年投入免费义务教育经费4659万元，受惠学生50743人；落实农村义务教育阶段家庭经济困难学生补助资金42.1万元，受惠学生1529人；落实普通高中国家助学资金174.3万元，受惠学生1162人；落实中等职业学校免学费金额120.5万元，受惠学生482人；落实中等职业学校国家助学资金39.9万元，受惠学生266人；学前教育资助政策也全面落实到位。二是教育“创强”工作加速推进。2013年，全区共投入创强资金约2093万元，2个申报2013年强镇（街道）验收的单位基本完成创建工作和申报工作。同时，进一步加快新一轮教育布局调整进程，完成马宫街道深渔小学、红草镇南汾小学等改造工作，加速推进教育创强工作。三是办学条件不断改善。区教育部门广筹资金，共投入资金1253万元在全市率先完成了多媒体电教平台进课室工程。在2013年秋季开学前，多媒体电教平台进入到全区所有公办中小学的每一个课室，100%班级配备多媒体互动教学平台。改造校舍9022平方米，完成投资695万元，并于是年完成马宫中学、马宫中心小学等薄弱学校的改造工作，完善基础设施建设，促进基础教育发展。四是教师队伍建设进一步加强。全年共公开招聘高中新教师50名。投入继续教育培训经费99.3万元，共9000人次参加了33个项目的培训。坚持培养、管理、监督并重，狠抓学校管理干部队伍建设，通过推进公开竞争选拔工作，充实了学校领导班子；通过加强队伍纪律教育、廉政教育，进一步提升教育行政管理队伍依法行政能力，同时加强队伍管理与监督，进一步规范办学行为。五是学前教育发展步伐进一步加快。认真实施学前教育三年行动计划，是年已建成2所规范化中心幼儿园，累计完成投资167.5万元。六是教育教学质量不断提高。2013年高考，区教育局、新城中学连续两年荣获市“高考优胜奖”的称号。

【义务教育和学前教育】 2013年，全区义务教育阶段学校100所（其中初中20所，小学80所）。全区初中、小学在校学生分别为18300人、26524人。全区初中、小学专任教师分别为1310人、1975人。小学适龄儿童入学率为99.99%、辍学率为0.19%；初中毛入学率为104.1%，辍学率为2.01%。全区各级各类幼儿园89所，在园幼儿7056人，入园率81.83%。

【高中阶段教育】 2013年，全区有全日制高中阶段学校7所，其中普通高中5所，中等职业技术学校2所；高中阶段户籍在校生23460人，其中普高11960人，中职11500人。

（施靖南）

附 汕尾市城区教育局局长、副局长名单

局　长：林泽树

副局长：吴义军

　　　　罗方辉

新城中学

【概况】 城区新城中学是一所公办全日制完全中学，占地面积117727平方米，建筑面积42658平方米，为广东省一级学校、广东省普通高中教学水平优秀学校，已通过广东省国家级示范性普通高中初期督导验收。2013年，有71个教学班（初中25个，高中46个），有学生4561人（初中1531人，高中3030人），教职工316人。

【科学的办学策略】 学校以“自强不息，明德砺志”为校训，树立“办具有高度科学精神和人文精神的现代化名校”的发展目标及“培养高素质现代文明人”的育人目标，办成“优化教育资源，优化教育质量，坚持教育改革和教育科学实验，坚持实验性、示范性、开放性、创造性”的特色学校。学校实施两级双线管理制度。实现管理的科学化、民主化、人文化、高效化。

【现代化的教学设施】 学校有现代化的教学设施设备，装配了物理、化学、生物实验室及计算机教学室各4间，语言教学室、劳动科技活动室各2间，多媒体专用教室、心理辅导室、历史室、地理室、美术室、音乐室、舞蹈室、生物标本馆各1间，多媒体课室75间（互动电子白板）。建立了校园网，教师办公电脑100余台，图书馆藏书15万册，报纸50种，杂志228种，电子读物15万多册。

【高素质的教师团队】 学校教师来自全国28个省区，有高中教师182人，初中教师115人。教师队伍中，有特级教师1名、国培对象7名、广东省基础教育系统“百千万人才”培养对象2名、省级骨干教师5名、“南粤优秀教师”5名、区以上学科带头人17名。研究生学历5人，高级教师84人，一级教师134人，教师学历100%达标。

【可靠的教学质量】 教学：学校推行“学做导合一”教学策略，是年，学校再次荣获“汕尾市教育局高考优胜奖”称号，参加高考人数1053人，第一批入围51人，第一批、2B、3A以上完成率均居全市各重点中学第一。洪俊宇同学英语139分获全市第二名，吴妍蒨、林南战、张丽珊三名同学英语138分并列获全市第三名，吴妍蒨、蔡宜静两名同学文科数学134分并列获全市第三名；中考全校总平均分508.65分，以绝对优势保持全区第一，高出全区第二名39.66分，城区前100名的考生中新城中学占57人。学校有六名学生考入北京大学。

该校代表队参加2013年汕尾市“仁荣杯”羽毛球锦标赛，荣获团体总分全市第二名，并获11个单项奖。

教研：学校教学教研活动扎实开展，2013年度汕尾市教育教学优秀论文（案例）交流评比活动，有33位教师论文获奖；刘冰宇、邱明君、卓彩贞、明松朋等老师的论文在《汕尾日报·教育周刊》发表；校长文学荣主持研究的广东省中小学教学研究“十二五”规划课题《“学做导合一”高效教学策略》顺利结题；学校申报的课题《翻转课堂背景下的语文教学设计模式与应用效果研究》（课题立项号133621448）（课题负责人：校长文学荣），经全国教育信息技术研究课题领导小组办公室专家鉴定组审定，确立为全国教育信息技术研究“十二五”规划2013年度国家级重点课题；学校申报的课题《学科教学与主体性德育渗透研究》（课题负责人：副校长刘武明），经广东省教育厅“中小学（中职学校）德育、心理健康教育课题领导办公室”组织专家评审，确立为2013年中小学德育课题省级重点课题。是年出版二期校内刊物《新城教研》，出版了教师专著《创新课堂文化》（中国轻工业出版社）。

2013年，汕尾市城区中小学多媒体教学课件制作竞赛，该校共有14件教师作品获奖。

汕尾市科协、市教育局、市科技局联合举办的第11届汕尾市青少年科技创新大赛，该校14件学生参赛作品获奖。

该校开展了“新城中学首届教师优秀家访案例评选”活动，本次活动共收到75份参评作品，洪辉嘉等12位教师的作品被评为优秀家访案例。

该校陈曼红老师荣获第八届全国中小学外语教师园丁奖荣誉称号。

该校教师温文清获“汕尾市优秀班主任”称号。

【崇高的社会声誉】 学校被评为广东省文明单位、广东省绿色学校、广东省安全文明校园、广东省中小学心理健康教育示范学校、广东省语言文字规范化示范校、广东省群众体育达标先进单位、广东省朝阳读书活动先进集体、广东省中小学校本培训优秀示范学校、广东省中小学知识产权教育试点学校、全国特色语文示范校、全国普通高级中学特色项目学校，是华南师范大学和广东体育职业技术学院教学实践基地、华南农业大学、广东工业大学、广东中医药大学、电子科大中山学院、南方医科大学优质生源基地、美国东洛杉矶学院姊妹学校。

（魏佩芬、刘东生）

附：城区新城中学领导成员名单

党支部书记、校长：文学荣

副校长：邱　斌

　　　　刘武明

　　　　叶丽萍

工会主席：卓孝义

汕尾中学

【概况】 汕尾中学是一所公办全日制完全中学，正科级建制，属城区重点中学。校训是：崇德、启智、强身、励志。确立了“科学决策、强化管理、改善条件、提高质量”的办学思路，提出了“合作共享最大资源，和谐共享最大快乐”的文化理念，以“培养心清气正、具有崇高精神境界和人格魅力的高素质青年”为育人目标，“把汕尾中学办成一所有特色、有校魂的国家示范性高中”的办学目标。

2013年，全校在职教职工276人，高中教师161人，初中教师115人，高级职称83人，中级职称107人。在校学生3906人，其中高中生2348人，初中生1558人；设58个教学班，初中部23班，高中部35个班。

【配套设施】 学校教育教学设施齐全。占地面积约37000平方米，建筑面积31300平方米。绿化覆盖率达76%。拥有教室59间，实验室5间，多媒体功能厅1间，多媒体教学平台60多个，语言实验室1间，电子阅览室1间；图书馆1座，图书阅览室1间，藏书量12.2万册，图书馆报纸杂志160余种，各种教参、工具书共200余种，学校设有10兆主干校园网，有电子阅览室，储藏电子图书25万册。拥有行政办公楼和学生宿舍楼各1幢，教师宿舍楼4幢共120套，行政办公楼、年组办公室、教研组活动室、党支部之家、教工之家、学生会活动室、史地室、音乐舞蹈室、美术室、卫生保健室、档案资料室、展览厅、生物室、心理健康教育咨询室等场室一应俱全；体育场15000平方米，配套300米环形跑道附设100米直跑道。

【奖教奖学】 2013年，学校增设了教研处、德育处。制定了《汕尾中学黎智常奖教金章程》《汕尾中学教师综合评价方案》，评选出2012~2013学年度“黎智常奖教金”获得者一等奖3人，二等奖5人，三等奖10人。同时，制订和完善学生奖学制度，发放“黄瑶奖学金和助学金”，奖励优秀学生，资助家庭贫困学生。学校荣获城区“安全文明校园”、汕尾市高考进步奖、广东省第八届教育教学成果奖二等奖、广东省“五好”基层关工委先进单位等荣誉称号。2013年，高考成绩显著，613人参考，一本21人、本科以上207人，三A以上388人，三条线均完成了区政府下达的任务。有8位教师获区以上表彰，有36位教师的论文获区以上奖励，其中国家级10人，省级12人；有8位学生获区“优秀学生干部”称号，12位学生获区“三好学生”称号，3位学生获市“优秀学生干部”称号，5位学生获市“三好学生”称号。

（王正国）

附　汕尾中学领导班子成员名单

党支部书记、校长：张竞能

副校长：颜维教

　　　　许伟东

　　　　蔡小然

工会主席：郭佩琴

田家炳中学

城区田家炳中学坐落于市区秀丽的品清湖畔，是一所公立的完全中学。学校始建于1995年，学校最初名为凤山二中，后来易名为新湖中学，1998年6月，正式更名为汕尾市城区田家炳中学。学校为“汕尾市一级学校”“广东省精神文明单位”和“全国教育科研先进学校”。2013年，学校占地82662平方米，建筑面积3.4万平方米，有容纳1000多个宿位的学生公寓，标准的400米塑胶跑道田径综合运动场1个。全校有83个教学班，在校学生5289人（初中生1894人，高中生3395人），在职教师372人（初中教师126人，高中教师246人），高、中级职称247人。学校以“尚德、笃学、无私、奉献”的校风，“团结、进取、务实、创新”的校训勉励师生。是年高考超额完成区下达的各项指标。前三批入围人数584人，总入围率为82.9%，名列城区第一。其中三A以上入围人数为366人，本科入围人数为77人，第一批入围3人，比区政府下达的奋斗目标分别超出104人、33人、3人；中考成绩名列全区前茅。

是年，该校教师倪步平、严春果、张志强分别获汕尾市教育局授予的“优秀班主任”“教坛新星”“高考先进个人”称号。

（王少贞）

附 田家炳中学校长、副校长名单

校　长：吴可业

副校长：蔡海棠

　　　　蔡笃雄

东涌中学

东涌中学是城区一所乡镇全日制公立完全中学，区一级学校。为副科级建制。学校坐落在城区东郊的东涌镇，前面是风光秀美的母亲湖——品清湖，比邻五星级豪华商住区——碧桂园，后面为新建的火车站。2013年，学校占地面积57000平方米，校舍建筑面积9500平方米。学校建有办公楼1栋、教学楼3栋、实验楼1栋、教师宿舍楼1栋、学生宿舍楼1栋、师生食堂1栋；配套了档案资料室1间、图书阅览室1间、理化生实验室共5间；配备了多媒体会议室1间、计算机室1间；联通了各办公室及功能室的宽带网络体系；装配了校门及校园内的监控系统；安装了全校各班级的多媒体教学设备并已投入使用。有占地面积8000平方米的操场、内有300米环形跑道的足球场1个、篮球场2个、排球场2个、羽毛球场4个、实心球训练场等，满足了体育教学和学生体育锻炼的需要，为学校的教育教学工作创造了条件。

2013年，全校有教学班40个（初中教学班22个、高中教学班18个），在校生2318人（初中生1326人，高中生992人），在职教师180人（初中教师106人，高中教师74人），其中高级职称16人，中级职称90人（初中教师55人，高中教师35人），初级职称74人（初中教师48人，高中教师26人）。

学校认真贯彻执行党的教育方针，坚持科学发展观，大力推进素质教育。以“面向全体学生，培养学生全面发展”为办学宗旨，以“尊师、守纪、团结、进取”为校训，塑造学生健全人格，促进学生全面、主动、和谐发展。2013年6月，高考三批A以上29人，上3A线和本科线学生均超额完成区政府下达的高考指标；中考成绩名列全区面上中学前茅。通过全校师生一年来的共同努力，于9月份争取专项资金用于学校体育场的平整、办公楼走廊及校道的修建，并已投入使用。切实美化了校园环境，增添了师生学习生活的乐趣。12月份成功举办了第八届校园文化艺术节，举行教工篮球赛、学生广播操比赛和师生书画展活动，活跃校园生活，拓宽学生视野，得到上级领导及学生家长的赞许，为学校发展高中艺体教育夯实了基础。

（张永聪）

附 东涌中学校长、副校长名单

校　长：林建好

副校长：刘东晓

　　　　梁金旦

文昌中学

文昌中学坐落于汕尾市城区捷胜镇西郊，是城区一所乡镇全日制公立普通完全中学，为副科级建制的区一级学校。2013年，学校占地3.5万平方米，校舍建筑面积约1.5万平方米，建有教学楼2栋，综合实验楼1栋，学生宿舍楼1栋，教师宿舍5栋38套；设有物理、化学、生物实验室、电脑室、多媒体电教室、图书室、美术室等20多间功能室。是年全校有初中教学班14个、高中教学班15个，在校生1606人（初中生740人，高中生866人），在职教师134人（初中教师65人，高中教师69人），其中高级职称6人，中级职称64人（初中教师29人，高中教师35人）。学校以“和谐、温馨、正直、文明”的校风，“崇德、敬业、团结、有序”的教风、“尊师守纪、拼搏进取”的学风和“笃行、善学、求实、创新”的校训，勉励着莘莘学子。是年6月，高考三批A以上18人，超额完成区下达的各项指标，获区高考备考优秀奖；中考成绩列全区面上中学前列。9月22日，超强台风“天兔”正面来袭，树木、门窗损毁严重。

（林位彬）

附 文昌中学校长、副校长名单

校　长：梁良晓

副校长：李让举

　　　　王　剑

　　　　何秀坤

汕尾市城区年鉴 2014

SHANWEISHI
CHENGQU
YEARBOOK

旅游·科技·文化·体育

LV YOU KE JI WEN HUA TI YU

旅　游

【概况】 2013 年年底，全区拥有旅行社 8 家，导游人员 86 人，从事旅游服务业人员 1.2 万人。有 30 个床位以上的社会旅馆 25 家，客房 3286 间，床位 6125 个，其中，星级饭店 6 家，（五星级 1 家，三星级 5 家）。景区（点）接待人数明显增加。投诉制度进一步完善，工作时间确保受理投诉电话，春节、国庆等旅游黄金周期间实行值班制度，及时受理游客投诉并处理问题。全年未发生有效的旅游投诉和旅游安全责任事故。

【经营】 全区 2013 年接待旅游人数 120 万人次，旅游总收入 7.1 亿元，比上年度增长 18.5%，占全区第三产业 GDP 比重的 16.3%。区旅游业的快速发展，已成为新的经济增长点。

【业务培训】 全年举办景区从业人员安全培训班 1 期，占在职员工应培训的 100 %。全区旅游业队伍稳步发展的同时，队伍的综合素质也不断得到提升。全区旅游系统各类人员 4500 人,其中大专以上学历 600 人，高中、中专学历 2200 人;有专业技术职称人员 230 人（高级职称 5 人，中级职称 30 人，初级职称 195 人）；技术工人 120 人（高级职称 12 人，中级职称 35 人，初级职称 73 人）。

【宣传促销】 2013 年，旅游局加大旅游宣传推介力度，通过网络、新闻媒体、发邀请信等多种方式播放旅游宣传口号及旅游歌曲。8 月份区旅游局参加广东旅游智慧博览会，大力开展推介活动。

【旅游管理】 1. 星级酒店复核和景区评级。以国家制定的《旅游饭店星级的划分与评定》为依据，对饭店的设施设备、维修保养、清洁卫生和服务质量等方面进行全面复核检查。同时积极配合市旅游局完成对泰林酒店三星级评定性检查复核工作。2. 旅游市场监管。为推动旅游市场良好环境的建立，旅游局在“三八”“五一”以及“中秋”“国庆”黄金周期间，联合工商、安监、消防以及省、市旅游部门对旅游安全、旅游质量等方面开展大检查，指导、督促旅游企业文明经营，营造了一个文明守法、和谐洁净安全生产的旅游市场氛围。专项行动以来，共出动执法人员 86 次，对辖区旅行社、景区、星级酒店等展开全方位、地毯式检查。3. 旅游质量监督及投诉。城区的旅游质量监督检查主要是由市旅游质量监督管理所统一部署，城区旅游局积极配合，只设立受理旅游投诉咨询电话和专职工作人员，及时受理旅游消费者的各项投诉，对不能处理的问题及时向市旅游质量监督管理所反映。2013 年全区实现旅游零投诉。

【主要景区景点选介】 1. 凤山祖庙旅游区。凤山祖庙旅游区位于汕尾市区东南面，三面环湖海，风景秀丽，环境优美，冬暖夏凉。凤山祖庙的主要景点：一是以妈祖为主题的古建筑群。二是汕尾市的标志性建筑妈祖石像凤仪台景区；还有三个地方特色的文化品牌：渔家风情文化、海陆丰稀有剧种脸谱文化和妈祖圣迹文化展区。旅游区有“汕尾八景”之一的“有凤来仪”景区。2. 品清湖。品清湖位于市区南面，是天然海洋潟湖，相当于 4 个杭州西湖，沿湖建有滨海大道、湖滨大道。开阔的湖面，水域壮观，毗邻凤山祖庙景区。3. 得道庵。得道庵位于城区捷胜文化古城西郊二公里处半山腰，距市区二十公里，交通便捷，背山面海，环境清幽，风景宜人。该庵建于明崇祯年间，有 370 多年历史。2013 年，庵堂建设初具规模，景区内基础设施比较完善。

【旅行社选介】 1. 假日国际旅行社。该旅行社是 2009 年经省旅游局批准设立的国内社，内设部门有行政部、计调部、外联部、地接部、财务部和办公室，负责开展国内旅游业务、入境旅游等业务。2013 年有在岗人员 10 人，其中国家级导游 15 人。近年来，旅行社业务开展情况良好，品牌深入人心，组接团量列居全市前列。2. 阳光国际旅行社。该旅行社是 2008 年经省旅游局批准设立的国内社，内设部门有行政部、计调部、外联部、地接部、财务部和办公室，负责开展国内旅游业务、入境旅游等业务。2013 年在岗人员 6 人，其中国家级导游 4 人。

【宾馆、酒店选介】 1. 新洲宾馆。该宾馆是汕尾市利信投资有限公司投资的一座以家庭式为主格局配以中西餐饮娱乐的三星级饭店，宾馆位于汕尾市区汕尾大道中段地处繁华中心区，周边交通、购物、饮食十分便利。宾馆共有客房总数98间，住宿有多种房型供旅居者选住，各项配置设施齐全，为广大旅居者营造了一个现代的、舒适的、幽静的客居环境。2. 蓝岛假日酒店。该酒店是一家绿色饭店，位于粤东地区的红海湾畔汕尾市区。地理位置优越、交通便捷，距广州270公里、距深圳180公里。酒店共有客房总数96间，各项配置设施齐全，客房、商务、超市、餐饮、娱乐、光纤无线接入等一应俱全，环境优雅、花团锦簇、车场宽敞，成为广大商务人士和游客青睐的综合性酒店。

【土特产选介】 *汕尾鱼丸* 汕尾饮食文化的重要组成部分，属于低脂食品，其口感脆嫩、鲜美，可通过多种方法烹饪食用，既可汤煮、炒食，也可炸、可涮、可烤……早在汕尾地区，就有“日食三餐不知厌”的说法。汕尾民间做鱼丸向来都是手工做。海里能游的鱼大多都能做鱼丸，但是上乘的材料当首推肉质松厚的马鲛鱼。“请客不做马鲛丸，十二大碗也不爱”，这是人们对马鲛鱼丸的赞誉之词。

菜粿 采用刚刚收成的新米磨成粉，在太阳底下晒干。制作时用温水搅拌，用手搓揉，成为很有弹性的垛皮。再以芹菜、蒜子、瘦肉鱿鱼丝、炒熟的芝麻和花生米为内馅，精制而成。一般来说，蒸熟便可吃，也有的人讲究一点，蒸后又煎。“菜粿”，嫩滑喷香，十分可口。这种点心最早的时候叫做菜包，寓意把“财”包起来。

（刘霭敏）

附 城区旅游局局长、副局长名单

局　长：郑　晓

副局长：陈楚雄

凤山祖庙旅游区

【概况】 凤山祖庙旅游区位于汕尾市区东南面，三面环湖海，风景秀丽，环境优美。凤山祖庙的主要景点，一是以妈祖为主题的古建筑群；二是汕尾市的标志性建筑妈祖石像凤仪台景区；还有三个地方特色的文化品牌：渔家文化、海陆丰戏剧文化和妈祖文化。

凤山祖庙旅游区是集民俗文化、宗教旅游，滨海旅游，名胜观光、特色旅游于一体的城市公园康体休闲场所。是政府形象工程和对外联系的桥梁和窗口。

凤山祖庙旅游区为汕尾市城区正科级事业单位；汕尾市文物保护单位；广东省中华文化传承基地；广东省妈祖文化科研基地；广东省民俗文化研究会会员单位；中华妈祖文化交流协会常务理事单位；2013年，申报国家AAAA级旅游景区。

【创“AAAA”活动】 凤山祖庙旅游区在2013年1月被列入国家AAA级旅游景区，在此基础上继续申报AAAA级旅游景区创建工作，区长刘闪星亲任组长，抓线领导副区长程书航督导，管理处领导班子团结一致，带领全体干部职工开展内强素质，外树形象，爱岗敬业，文明履职，优良服务的活动，提升硬件设施，投入100多万元，铺设4000多平方米水泥町，增设深汕高速，省国道等重点路口导引牌12面，优化景区中英文导引牌和改建凤仪台景区旅游厕所和内外广场厕所等配套设施，进一步提升旅游区档次。经广东省全国旅游质量评定委员评定，凤山祖庙旅游区国家AAAA级旅游景区标准达标，于2013年12月上报国家旅游质量评定委员会审批。

科　技

【概况】 全面贯彻落实科学发展观，把提高自主创新能力作为科技工作的出发点和落脚点，继续深化科技体制改革，加强科技创新环境建设，促进全区各行业和企业科学技术全面进步。2013年，专利申报量与授权量大幅增多。

【科技和知识产权工作积极推进】 1. 做好科技项目申报与统计工作。立足科技驱动发展，扩大宣传与深入调研，培育一批重点科技项目，争取科技项目立项。2013年，科技项目申报总量明显增多。申报省、市级科技计划项目1项；2013年城区在专利申请方面的数量103项，其中：发明专利1项，实用新型专利47项，外观设计专利55项；授权专利63项，其中：发明专利2项，实用型专利25项，外观设计专利36

项。申请量与去年同比增长106%,授权量与去年同比增长425%。

2. 完善科技服务体系。加强农村实用技术培训，切实提高广大农民的科技文化素质，促进城区社会主义新农村建设。结合“科技进步活动月”活动，开展科技专题活动，现场接受群众咨询2500多人次，发放技术资料4000多份；通过发放科技宣传资料、科普图片、挂图展示等活动形式营造良好的社会科技氛围。

3. 做好科技进步考核工作。局严格按照国家科技部、省科技厅、市科技局考核文件要求，牵头组织相关考核材料上报，据上级主管部门信息反馈，城区已通过了2011年度计划、2012年度党政领导推动科技进步工作考核。

4. 做好省级高新技术园区申报工作。开展园区企业摸底工作，收集有关资料，形成书面材料上报区高新技术园区工作领导小组办公室。协助完成了省级高新技术产业园区材料申报工作。

文 化

【概况】 围绕党政中心工作，以满足人民群众不断增长的文化需求为出发点，精心组织举办各种重大节日、重大纪念、庆典和专题的大型文艺活动。

【公共文化设施建设】 1. 镇（街道）综合文化站建设快速推进。全区共有7个镇（街道）文化站，到2013年为止已完成了新港、东涌、凤山、红草、捷胜5个综合文化站建设。马宫街道综合文化站已落实站址，20万元启动资金也已拨付到位，于是年动工建设；香洲街道综合文化站也正在抓紧择址中。

2. 村（社区）文化室建设任务按进度如期完成。局加强检查督促，各镇（街道）积极配合。是年，按建设计划完成了27个村（社区）文化室建设。

3. “二馆一场”建设正在积极推进。城区文化馆、图书馆和健身中心是文化强区基础组件，局按要求向区发改局申请办理和跟踪立项手续。

4. 广电设施建设任务基本完成。全区广播电视“村村通”工程按时全面完成，是年2月，城区广播电视“村村通”工程被省评为优秀奖；广播电视“户户通”，2012年至2013年，落实“广播电视渔船通”工程，完成176条24米以上长度的渔船安装渔船通设备，100%完成广播影视民生工程任务；已建成区级数字影院1个。

【文化惠民工程】 2013年，2月13日（农历正月初四）联合区委宣传部和市群艺馆在凤山妈祖广场举办“与民同乐--城区春节文艺演出”；在文化惠民活动月中组织送戏下乡进社区和企业活动，联合区委宣传部和区委在马思聪艺术中心举办“美丽汕尾”文艺晚会。据统计，是年全区共开展各种形式文艺活动44场次；各艺术团体下基层表演140多场次；共组织送电影下乡2054场次，观众达到40.54万人次，丰富了社区、乡镇群众的精神文化生活，受到群众的好评。

【文艺创作】 2013年，先后创作了一批民间民俗文化戏剧、歌曲等作品，如传统西秦戏剧《妈祖》《渔歌大联唱——娶新娘》《渔家新婚曲》，白字戏作品《海瑞平冤》《明宫双太子》，渔歌剧《默娘》等。大型渔歌剧《默娘》于是年年底上演，与观众见面。

【对外文化交流】 城区“赛梨春”民乐队2013年以来与周边兄弟县（市）进行文化交流活动3次，是年8月份，西秦、白字戏剧团参加市首届戏曲大赛分别获得民营组金奖2个，银奖1个，铜奖6个。5月份，城区选送《小海娃》参加广东省第九届少年花会比赛获得集体铜奖；11月份，城区汕尾渔歌传承基地表演队赴广州参加海陆丰商会成立仪式文艺演出，献演了《斗歌》，受到与会者的广泛赞赏。

【文化遗产保护】 1. 城区文物保护工作按照“保护为主、抢救第一”和“有效保护、合理利用、加强管理”的文物工作方针。进一步扩大政府保护与社会保护相结合的成果。发出《关于加强文物保护工作的意见》，切实加强对文物的保护管理。指导香洲街道做好《墩下城文物保护规划》和落实“四有”措施。加强对凤山妈祖、捷胜得道庵、长沙炮台等文物保护单位和名胜古迹的保护。

2. 文物保护措施及时到位。2013年3月7日

《汕尾日报》报道了墩下城附属文物《墩白公园记》碑刻被人为损毁一事，科技文体局高度重视，立刻会同市文物部门和香洲街道办事处相关人员到现场察看了解情况。经调查，证实该碑刻系“文化大革命”期间受人为破坏所致。随后，市、区文化部门和香洲街道办事处领导及时将调查情况向记者和撰稿人进行当面解释和通报，三级文物管理部门的工作作风和态度得到了他们的赞许和肯定，并及时在《汕尾日报》重新进行了报道。

3. 非遗调研工作深入细致。积极申报各级非遗项目，认真组织材料将汕尾渔歌申报为国家级非遗项目，已通过省专家组的评审，正上报国家文化部评审批准。

4. 省级非遗传承工作步入正轨。一是创新汕尾渔歌传承载体，是年，组织创作渔歌剧《默娘》，并在8月份开始培训、排练，在培训、排练的过程中，培养了一批年轻渔歌手；二是捷胜泥塑在省级传承人周仲富的努力下，培养了周贵舟、陈民、周贵彤等10多位传承人，并创作了一批新的工艺品。是年参与展出的活动有：6月，参加省非物质文化现场技艺展示；7月，参加汕尾市工艺精品展；11月，参加在广州举行的广东省民间工艺精品展，海陆风脸谱获得铜奖。

【软件正版化工作】 按照市版权局和区政府的工作部署，大力推进政府机关使用正版软件工作。到2013年9月底为止，全区97个单位（包括行政、事业、国有企业）有计算机1623台，已完成安装的正版操作系统软件1623套（其中微软操作系统软件270套，红旗操作系统软件1353套）。安装正版办公系统软件及360杀毒软件各1623套。全面按时完成全区推进使用软件正版化工作。

【文化市场管理】 全区2013年有文化娱乐经营单位167个（其中网吧32个、酒吧35个、电子游艺室22个、演出团体16个、印刷企业7个、音像店6个、书报摊8个、电影个体放映队41支个）。科技文体局严格按照区委区政府的工作部署，在市场规范管理和扫黄打非、打击非法侵权盗版、保护知识产权中做了大量的工作。不定期联合工商、公安等有关部门对市区网吧、酒吧、电子游艺室、音像店、书报摊等经营场所进行清理清查。一年来科技文体局共出动执法人员250多人次，出动执法车辆60多辆次，检查了书报摊12家次，音像店17家次，娱乐场所62家次，网吧65家次。收缴非法出版物翻盗版光碟一批。发出停止违法行为通知书29份。通过日常巡查加强文化市场管理，确保城区文化市场健康有序发展。

体育

【概况】 贯彻落实《全民健身条例》，以亲民、便民、利民为服务宗旨，按照省、市体育局的指示精神，从实际出发，在条件成熟的街道、乡镇完善各项体育设施。鼓励和支持社会力量参与全民健身活动。2013年，在社会各方的积极配合下，区体育事业蓬勃发展。

【体育和全民健身工作】 1. 国民体质监测工作。2013年度国民体质监测对象为3至69周岁的汕尾市城区市民，局组建国民体质监测小组，分头落实与各片区学校、企业和社区联系，分配监测对象，按要求分别对幼儿、儿童、青少年（学生）、成年人和老年人四个年龄段进行检测、统计和录入等工作，完成了监测样本量848人。

2. 加快乡镇农民体育健身工程建设。2013年是全省乡镇农民健身工程实施的第三年。第三批乡镇体育健身工程确定在城区捷胜镇镇府门前广场，总面积4350平方米，室内建筑面积720平方米，室外体育场地占地面积3840平方米，绿地面积150平方米。

3. 加大社会体育指导的培训力度。是年共培训三级社会指导员150人，在参加全省社会体育指导员，总结表彰大会和全省社会体育指导员技能展示大赛上取得好成绩。

4. 指导支持各体育团体开展活动。全区拥有6个协会：有老年人体育协会、围棋协会、象棋协会、乒乓球协会、信鸽协会、太极拳协会。是年，老年人体育协会有健身队32个，会员1400多人，先后组织了30个队700多人参加各项表演活动；太极拳包括太极功夫扇10个队,共有400多人，12个健身站点。2013年，区科技文体局组织各协会开展形式多样的竞赛活动，各类群众体育竞赛活动共计8次。其中，4月区老年体协联合市老年体协承办粤东五市第三届太极拳联谊交流活动，参加此次活动共1200多人。其中区老年人体协有400多人参加，并表演了大型群众舞蹈《健身舞》，场面壮观，气氛热烈。

5. 开展节日群众体育活动。春节期间，正月初一至初八日，城区分别在区文化广场、信利广场举行中国象棋赛、围棋赛、猜谜活动等。

6. 开展“体育节”活动。在体育节期间，城区按照省、市体育局的指示精神，积极开展形式多样的健身竞技活动。6月中旬至11月上旬，分别在奎山小学、文化广场举行全区性少年儿童围棋赛、太极拳表演赛及四种气功的表演。

7. 积极组织参与各类竞技活动。是年7月组织区业余体校跆拳道队参加韶关市武江区跆拳道邀请赛，获得1金、4银、4铜的好成绩。8月组织城区华威跆拳道馆参加广东省大众跆拳道锦标赛，获团体第5名、组织城区太极拳协会健身舞队参加全市首届千人广场健身排舞比赛获3等奖。9月组织区太极拳协会秧歌舞队参加广东省体育大会秧歌舞比赛获第三名。

（李武汉）

附　城区科技文体局领导名单

党支部书记、局长：郭乃坎

区科协主席、副局长：陈焕荀

副局长：邓丽娟

汕尾市城区年鉴 2014

SHANWEISHI
CHENGQU
YEARBOOK

医疗·卫生

YI LIAO WEI SHENG

医　疗

【概况】 2013年，是汕尾市城区卫生局全面贯彻落实十八大精神及全面深入推进医药卫生体制改革的重要一年。是年全区共有卫生医疗机构10个，其中医院1个，社区卫生服务中心4个，卫生院3个，妇幼保健院1个，慢性病防治中心1个；村卫生站60个，社区卫生服务站7个。卫生系统在岗人员共1275人，其中在编在岗人员831人，临时聘用人员444人，其中高级职称75人，初中级职称573人，全区病床数有967张。

【巩固基层医疗卫生机构综合体制改革】 一是继续推进用人机制改革。二是巩固基本药物制度。全面实施基本药物制度，开展药品、医用耗材阳光集中招标采购工作，实行网上阳光采购。是年，全区基层医疗机构集中采购药品总金额238.14万元,基层医疗机构始终执行基本药物零差率销售，直接让利群众30.96万元。三是进一步完善考核机制。于4月推行城区基层医疗卫生单位院长（主任）年度目标责任制管理考核办法，充分发挥考核的引导和激励机制。

【加强医疗卫生服务管理】 在医疗机构中推进“医院管理年”“平安医院”“三好一满意”和“优质护理服务示范工程”等创建活动，开展经常性的检查工作机制。全年，全区医疗卫生机构共诊疗人数445925人次；收治住院患者26222人次，门诊患者419703人次，出院诊断符合率97.7%，治愈好转率94%。加强对医务人员的技术培训，区局组织了520人参加继续医学远程教育，共有18人参加了住院医师规范化培训，安排3名医生参加了全科医师系统培训项目，完成全区101名执业（助理）医师报名审核，47名卫生高级职称的报名审核工作，50名护士首次注册，区受理医师的执业（助理）医师注册及变更注册96人，完成护士延续执业证书换证注册100多人份，并移交给市卫生局统一管理。为社区卫生和农村卫生提供人才支撑。对全区136家医疗机构进行2013年度校验及换证并录入医疗机构注册联网管理。通过组织卫生技术人员业务学习，加强医疗机构监管，不断提高医疗服务质量。

【切实做好公共卫生服务工作】 1. 认真实施公共卫生服务项目。全面实施国家十一大基本公共卫生服务项目，严格执行公共卫生服务规范，完善工作机制，加强资金管理和技术人员的培训，建立信息报告及发布制度。继续完善7所基层医疗卫生机构信息化建设，截至2013年年底，全区共建立纸质居民健康档案297312份，建档率82%。积极配合市卫监所、市疾控中心做好信息收集、上报等工作。是年7个基层医疗卫生单位选派14个协管兼职人员参加市卫生协管培训。积极开展健康教育讲座，各基层医疗卫生机构加强与各社区居委会、行政村的联系，根据居民需求合理安排进程，共举行各类健康教育讲座36场，参与人员9627余人次，发放宣传资料12种7万多份，及时发放了健教处方。

2. 做好免疫规划工作。开展了疫苗针对性疾病监测，无报告病例。切实规范冷链、疫苗和注射器使用管理。维持无脊灰状态成果，控制麻疹发病率。是年，共建立预防接种证4873人，疫苗强化免疫接种11.53万针次，应急接种7.41万针次，一类疫苗各单苗接种率均达95%以上，加强免疫单苗接种率达98%以上。

3. 加强传染病管理。认真落实重大疾病、传染病监测、报告制度，坚持预防为主、科学防治的原则，严格实行制度化、规范化、网络化管理，努力降低各种传染病的发病率，努力防止重大传染病的流行和蔓延。继续做好重大疾病防控，突出抓好不明原因发热、人感染H7N9禽流感、流感、手足口病等重大传染病防控工作，是年没有发生重大传染病疫情。

4. 加强卫生体系应急建设。加强了应急物资储备，举办院长、防疫医生应急培训班2期，培训100余人次。在发生台风“天兔”、H7N9禽流感、汕尾中学的学生甲流等突发卫生事件后，区各医疗卫生机构迅速启动卫生应急系统，积极开展医疗救治、灾后卫生防疫、防病宣传等工作。

【进一步完善医疗卫生服务体系】 一是加快重点项目建设。二是加强社区卫生服务站、村卫生站标准化建设，实行统一管理。是年共完成8家卫生院分设门诊基础上建设社区卫生服务站，统一标识、统一规格、规范名称，配备执业医生及兼职慢病管理人员，负责社区基本医疗及公共卫生服务项目工作。

【大力推进平价医疗服务建设】 是年，各医疗卫生机构在全区范围内开展义诊活动，义诊19400人次，参加义诊医护人员152人，指导帮扶医院手术10台，减免患者费用13.5万元，发放各类宣传材料约2万份。真正做到便民、惠民、为民。

（蔡佳真）

附　区卫生局领导名单

局　长：庄雄升

副局长：郑伟雄

　　　　吴沛峰

医药总公司

【概况】 区医药总公司是由汕尾市城区人民政府批准，编制委员会核定的区直副科级事业单位，人员定编10名，设总经理一名，人员经费自筹。2013年，区医药总公司以提高城区医药经济效益为中心，深化医药卫生体制改革，稳中求进、开拓创新，按照十八届三中全会要求，推进社会主义经济建设、政治建设、文化建设、社会建设、生态文明建设，实现城区医药经济持续健康发展和社会和谐稳定，努力完成区委、区政府的各项工作要求和目标任务。

【抓好企业依法经营、诚信服务】 区医药总公司承担着全区医药行业的监督管理职能，为政府排忧解难，管辖属下3家国有企业和30多间药店、门市，严格要求各企业药店、门市做到：1. 树立诚信意识、营造诚信环境、杜绝商业贿赂、接受群众监督。2. 严禁售假、销售假冒、伪劣产品，不损害消费者利益，严格按照法律、法规守法经营。3. 反对欺行霸市、弘扬公平竞争、互惠互利、自觉维护药品市场经营秩序，坚决反对恶性竞争，扰乱药品市场经营秩序，4. 坚持质量第一，建立健全企业质量体系，从合法渠道购进药品，销售合格药品，反对销售假冒、伪劣药品。5. 以群众健康为己任，反对欺骗消费者行为，反对片面追求经营利润、挣黑心钱。6. 建设诚信档案，使药品经营法制化、规范化，制度化，认真配合市食品药品监管部门、工商部门深入开展诚信建设，7. 建立诚信企业，常抓不懈，共同营造诚信氛围，完善医药行业法人治理结构，加强医药市场监管力度，坚决杜绝假、伪劣等药品流入医药市场，净化医药市场的社会环境，保障人民群众用药安全和人民群众生命安全。

【保密工作】 按区委保密局的要求，由领导亲抓、专人负责，对来往信件按保密程度分类存放，严格执行党的保密守则，保密人员定期参加区委保密局培训、熟悉保密工作。是年，没出现泄密行为。

【做好救灾复产、重建家园】 2013年，城区受19号超强台风“天兔”的正面袭击，按区委、区府、区工委的要求，及时召开党员、干部、群众动员大会，成立了汕尾市城区医药总公司救灾复产领导小组办公室，对医药总公司属下三家国有企业的药店、门市门前的树枝路障、杂物、路面淤泥、高空下的招牌、悬挂物等，组织专门队伍进行全面清理、清除，确保群众生活安全，进出药店方便，秩序井然，坚持以人为本，妥善处理和预防各药店、门市、仓库、危房的倒塌，领导小组成员各负其责，密切配合，全面排查，及时抢修，保障了人民群众安心恢复生产、重建家园，建设和谐、美丽城区。

（李启斌、崔建文、张佳丽）

附　区医药总公司经理名单

总经理：李小鸿

汕尾市第二人民医院（汕尾逸挥基金医院）

【概况】 汕尾市第二人民医院（汕尾逸挥基金医院）是由香港爱国同胞洪逸挥无偿捐资和政府出资兴建的一所公立医院，2011年升格为汕尾市第二人民医院，成功创建汕尾首家三级乙等医院，是汕尾地区集医疗、教学、科研为一体的三级综合医院。医院在全国最早推行新的管理体制和运行机制，尤其是公立医院法人治理结构的改革管理经验在全省医院交流推广。建院以来以医德医风立院，成功创建“无红包医院”，并获得汕尾市人民政府纠风办颁发

“无红包医院”称号。

2013 年，医院占地总面积 30000 多平方米，总建筑面积 40000 多平方米。职工总人数 848 人，专业技术人员 741 人，其中正副高职称人员 80 名，初中级职称人员 445 人。开放病床 500 多张，病床使用率 86%。内设有一级临床科室：内科、外科、妇产科、儿科、眼科、耳鼻喉头颈外科、口腔科、急诊科、重症医学科、肿瘤科、综合内科、麻醉科、皮肤科、康复理疗科等；设有二级专科：心血管内科、消化内科、呼吸内科、肾内科、内分泌科、神经内科、血液科、普外科、骨科、胸外科、泌尿外科、脑外科、儿内科、新生儿科、妇科、产科等。设有医技科室：放射科、药剂科、功能科（B 超、心电图、脑电图、经颅多普勒等）、检验科、输血科、病理科、消毒供应室、手术室、内窥镜室、介入室、血液透析、红光治疗室等。其中，心血管和骨科获得省级重点专科，心血管内科、急救医学科和中医脾胃病科获得粤东地区首个省级临床医学重点专科。医院拥有大、中型设备近 1000 台，后勤大型设备 100 多台，能适应医院的临床诊疗、教学、科研的需要。

【医疗教学与协作】 医院是汕尾市第一批社会保险和新型农村合作医疗定点医院,多家保险公司定点医院，是全市医疗卫生单位医护人员的培训中心。医院先后与中山大学孙逸仙纪念医院结成紧密型技术协作医院；与南方医科大学附属珠江医院肿瘤治疗中心、解放军武汉总医院等建立了技术协作；与中山大学研究生院联合举办了在职研究生班；与汕头大学医学院建立了联合办学教学点，填补了汕尾地区医学专科、本科在职教育的空白。至 2013 年，为汕尾地区各医疗卫生单位培养了近千名本科、专科医疗、护理人员。

【临床医疗】 医院急救设施齐全，急救中心拥有急诊科、急诊病房和 ICU，配有急救经验丰富的医护人员，实施快速、优质、高效的院前抢救和院内救治，急诊科实行 24 小时急诊应诊，对急诊的检查、治疗、手术等实行“绿色通道”，能完成各种创伤等急危重症的现场和运送途中的救护，能抢救各种急危重症病人。2013 年总诊疗量 34.8 万人次，比上年增加 1 万人次，增长 3.0%；收治住院病人 20907 人次，比上年增加 212 人次，增长 1.0%；住院麻醉手术量达到 4602 台次；总业务收入达 1.84 亿元，固定资产实现保值增值。

【医德医风】 医院始终坚持公立医院公益性，把社会效益放在第一位，并已取得良好的成效。医院重视文化建设，坚持医德医风立院，把医院文化根植在组织中并向深层次发展。在行业作风建设方面，尤其是“无红包”医院的建设方面的成功经验，受到国家卫生部和省卫生厅领导的高度评价，并被省卫生厅推广。

医院党政领导班子一向重视改革创新与科学管理，注重内涵建设，坚持以人为本，充分发挥技术优势，加强人才培养，改造就医流程，用现代医院管理的理念与方法管理医院。随着医疗卫生体制改革的不断深入，力争把汕尾市第二人民医院（汕尾逸挥基金医院）建设成为一个现代化的医疗中心。

（黄建军）

附 汕尾市第二人民医院（汕尾逸挥基金医院）院长、副院长名单

院　长：余健儿
副院长：洪浩波
　　　　曾　斌
　　　　彭俊锋
　　　　卓雅淑

妇幼保健

【概况】 城区妇幼保健院于 1989 年 1 月成立，属股级单位。2008 年 8 月 19 日升为副科级单位。地址设在市区园林西街 16 号，工作用房由二栋四层楼的商铺合并，建筑面积 360 平方米。2013 年在职干部职工 19 人，其中各类专业技术人员 16 人，（其中副主任医师 1 人、主治医师 5 人，正、副院长都是专业技术骨干）。退休人员 10 人。院内设置妇产科、儿科、保健科、检验室、B 超室、心电图室、阴道镜室、病理室、电脑信息网络办公室等多个功能科室。保健院主要的工作任务是负责城区（包括红海湾开发区）28 万妇女儿童保健工作，完成辖区内妇幼卫生信息的收集、统计、分析、质量控制和汇总上报，承担本辖区预防艾滋病、梅毒、乙肝母婴传播的技术指导、检查及人员培训、农村孕妇叶酸补服发放，负责开展辖区农村妇女“两癌”免费筛查，与区红十字会联合开展“生命远航——关爱重型地贫患儿”项目。指导基层开展妇幼保健适宜技术，对辖区内托幼机构进行卫生保健指导人员培训及幼儿健康体检，计划生育“四术”服务及其技术指导、开展住院分娩及妇科常见病的诊治、指导及协助各基层医疗单位建立孕产妇及儿童健康档案等工作。

【妇女儿童系统管理】 继续落实“一法两纲两规划”，全面提高妇幼卫生服务能力（即《母婴保健法》《中国妇女发展纲要》《中国儿童发展纲要》《广东省妇女发展规划》《广东省儿童发展规划》）。

通过落实“一法两纲两规划”，不断优化妇女儿童生存与发展的环境。

区妇幼保健院健全了各项规章制度、明确了工作职责、做到层层有人管、努力提升基层妇幼保健服务能力和水平。经常下乡到各镇（街道）卫生院，组织有关妇幼人员进行学习，同时指导她们如何加强母婴保健工作的管理。逐步建立健全母婴保健制度，使各镇（街道）卫生院在妇幼保健管理方面逐渐向规范化靠拢。根据市人口计生委《关于开展免费孕前优生健康检查项目的实施方案》，切实做好这一民生实事。通过下乡检查指导，进一步贯彻落实2013年最新的妇幼工作任务和新的妇幼保健信息统计，使大家在妇幼工作方面有更全面的了解，能更好地与上级妇幼机构配合，更准确地搜集妇幼保健信息，使广大妇幼卫生工作者医疗保健服务水平得到较大提高。根据卫生部有关要求，城区孕产妇均建立了健康档案，孕妇在孕早期即开始建立保健手册，系统地进行孕期保健，同时规范孕期保健系统管理工作，完善孕产妇分娩和急救转诊的绿色通道，进一步提高妇产科质量，对保障母婴安全发挥了重要作用。

1. 加强二个系统管理，积极推动住院分娩。城区2013年住院分娩产妇数8335人，建册率以及产前检查率均在91%以上，早孕建册率91%，产后访视率89.8%、高危产妇数2625人，高危率32.3%、孕产妇死亡0例，活产儿低体重数378人、占4.6%、新生儿死亡数6人，占0.75%。开展新生儿听力筛查430人，甲低、苯丙酮尿症筛查2000人。发现新生儿破伤风1例（系家庭接生，送逸挥基金医院治疗无效死亡）。在住院分娩工作进一步推动的同时，加强了妇幼保健员的管理，通过发给护送访视费，使她们自觉地负责辖区的产前宣教保健，产后访视以及护送孕产妇住院分娩等工作。使住院分娩得到进一步的推动，最大限度减少孕产妇及新生儿的并发症及死亡率。

2. 儿童保健规范化管理，也是提高儿童保健工作质量的重要环节。在5月8日“国际地贫日”举行“关爱地贫、携手同行”的宣传活动。是年，保健院着重抓了0—36个月儿童保健手册的建册和管理，家长凭儿童保健手册定期到院做检查。由医生监测生长发育状况，从而提高儿童健康发育水平。做好幼儿健康检查工作。2013年全区幼儿体检人数540人，检查过程发现龋齿数88人，约占16%，贫血17人，占30%，包皮包茎47人，占8.7%，轻度佝偻病6人，占10%，女幼儿小阴唇粘连和外阴炎6例，占10%，其他少数如咽炎、沙眼、近视、心脏杂音等。通过对全区幼儿体检，发现经济相对落后的人群聚集区域，龋齿、包皮包茎发生率较高，部分独生子女因偏食，营养不均出现贫血，体检过程还发现个别隐睾已建议其及时到上级医院诊治，处女膜粘连，即在该院得到及时的处理。对“重型地贫患儿、建立档案、救助重症患者”在进行常规体检时，对发现龋齿、沙眼、咽炎等，对他们作进一步的检查和指导。

【妇幼卫生保健服务】 1. 为农村孕前及孕早期妇女免费发放叶酸，并实施农村孕产妇住院分娩补助。2012年10月，由区卫生局牵头组织，城区妇幼保健院对全区举办了为期一天120多人参加的培训班，并将工作推广到辖区内各助产机构及各镇（街道）卫生院、乡村医生，妇幼保健员、区民政局等。通过培训，为2013年开展新的医疗工作，提高了工作人员的业务素质和能力，制定了项目实施方案，规范叶酸发放流程，加大了健康教育宣传力度。使群众的知晓率大大提升，现在很多孕前及孕早期妇女都能主动前来领取叶酸。2013年共发放叶酸5910人份。是年还发现2例神经缺陷产妇。并对此类高危产妇加大叶酸的补服和跟踪。

2. 阻断艾滋病、梅毒、乙肝母婴病毒传播。为最大限度阻断艾滋病、梅毒、乙肝母婴病毒传播，政府将此项目的实施作为推进医改的大事来抓，是国家实施的重大公共卫生服务项目，也是深化医药卫生体制改革，促进基本公共卫生服务均等化的重要内容。2013 年，孕妇在孕期和产期“三病”的检测人数共 8335 人。检测率 100%，检出艾滋病 0 人，梅毒 14 人，发病率 0.117%，乙肝表面抗原阳性 880 人，发病率 10.8%。区政府于 2013 年 11 月底已向各分娩机构免费发放检测“三病”的耗材和乙肝免疫球蛋白，使表面抗原阳性母亲所生新生儿得到及时注射乙肝免疫球蛋白，从而得到及时的阻断治疗，此项工作的落实，充分体现了政府对妇女儿童的关怀。对全面提升儿童健康水平具有重要的现实意义。2013 年 6 月 18 日，汕尾市电视台，2013 年 12 月 1 日，《汕尾日报》对城区开展这一工作进行采访宣传报道。

3. 大力开展城区农村妇女“两癌”（宫颈癌、乳腺癌）免费筛查。2013 年，城区对适龄（35~64 周岁）乳腺癌免费筛查总人数 2464 人，宫颈癌免费筛查总人数 11929 人。其中发现宫颈癌 3 例 、宫颈病变 98 例（其中：CIN1’85 例，CIN2’10 例，CIN3’3 例），乳腺癌 1 例。对检查发现 CIN 患者及时为其进行相关的化疗和指导，并通过妇联部门为 5 名患“两癌”的贫困妇女申请“粉色春天关怀基金”。2013 年 5 月 31 日，《汕尾日报》以《城区免费筛查农妇“两癌”》进行报道，2013 年 6 月 17 日，在《捷胜镇妇联开展“两癌”免费筛查》一文中，着重肯定开展这一工作得到区妇联、区卫生局，区妇幼保健院的大力支持和帮助。

4. 严格把好“出生证”的发放关，对出生证的管理工作做到有条不紊。严格按省、市有关文件精神做好补发工作。

【培养技术人才，开展新业务】 2013 年，举办了一期 80 多名社区保健人员参加的培训班。为 2013 年开展医改和新的业务提供了一批具有良好职业道德、敬业爱岗的优秀医务人员。完善医疗设备，在临床医疗、诊断及妇幼保健等方面提供优良技术服务，提高诊断率，进一步方便了群众。扩大业务范围，B 超室每天查询的妇女有 20 多人次，准确率高，且严禁非医学需要进行胎儿性别鉴定。

【配合做好计划生育工作】 城区妇幼保健院在做好妇女、儿童保健两个系统管理工作、妇幼卫生公共项目及妇产科疾病防治工作的同时，积极配合各级党委认真做好计生工作。把生男生女都一样的观点进行常规的宣教。是年“四术”（结扎、引产、人流、上环）手术质量有保证，无出现任何手术事故。同时积极认真配合区党委做好每次迎检工作。

【配合做好新农合作】 落实医疗保障制度实施基本药物制度，认真落实新型农村合作医疗政策，加大政策宣传力度，开展新农合即时报销，做到便民、利民。

（卓海激）

附 城区妇幼保健院领导名单

院　长：马如燕

副院长：卓海激

慢性病防治

【概况】 2013 年，城区慢性病站有医务人员 16 名。其中内科主治医师 2 名、中医内科主治医师 2 名、全科主治医师 1 名、临床执业医师 1 名、临床执业助理医师 1 名、检验师 2 名、放射技师 1 名、护理师 2 名、中药剂士 1 名、妇幼医士 1 名、其他人员 2 名。配备彩色 B 超、心电图仪、X 光机、全自动血球仪、全自动尿液分析仪、半自动生化仪等设备。

2013 年，城区慢病站重点做好麻风病防治、肺结核防治、性病监测、性病艾滋病高危人群综合干预、全区重性精神疾病网络管理工作和学生预防性健康体检。

麻风病防治 城区属麻风病老疫区、高发区。建区前麻风病患病率列全省第二位。1988 年建区时，登记在册有麻风病史患者 1088 例，其中现症患者 69 例，发病率 1.24 人/10 万。建区后，对有病史患者经常进行抽查复检，查实是否完全治愈，对现诊患者实施联合化疗和全程管理。到 1999 年，全区仅存现症患者 3 例，患病率为人口数 0.24 人/10 万。达到卫生部基本消灭麻风病标准。2000 年，经省考核验收，宣布全区基本消除麻风病。2013 年，全区仅存现症患者 1 例，患病率为人口数 0.2065 人/10 万。

肺部结核病防治 城区在 1994 年开始实施肺结核

病控制项目。对活动性肺结核患者实行全程病性监管，实施免费治疗，直至把患者治愈。2013 年全年全区共发现活动肺结核患者 294 例，已治愈的 290 例，治愈率 98.6 %。

性病监测　城区性病疫情报告情况：2013 年全年全区共报告性病 252 例，其中梅毒 190 例、淋病 13 例、尖锐湿疣 24 例、生殖道沙眼衣原体 16 例、生殖器疱疹 9 例。

性病、艾滋病高危人群综合干预工作　为控制性病、艾滋病的流行，城区从 2009 年起开展性病、艾滋病高危人群干预工作。为做好这项工作，区卫生局研究制定了《汕尾市城区开展性病、艾滋病高危人群干预工作实施方案》开展宣传和培训印制了有关表格，制作幻灯片，开展外展工作，在目标场所采取目标人员集中上课形式，现场讲解性病、艾滋病的预防和生殖健康等知识，2013 年共完成干预工作 25 次，干预不同场所 15 间，干预从业人员 359 人次，免费发放安全套 1140 份，宣传资料和健康教育手册 938 份，发放并收回有效调查问卷 273 份，举办健康讲座 6 次，发展、培养同伴教育员 8 人。免费进行艾滋病性病检测 359 人次，共检查出梅毒阳性 14 例，尖锐湿疣 3 例，淋病 2 例，生殖器疱疹 1 例，发现 HIV 阳性 1 例。

全区重性精神疾病网络管理　城区各镇卫生院，社区卫生服务中心重性精神病人报告情况：2013 年全年全区共报告录入重性精神病人 1252 例，其中马宫 80 例，红草 168 例，东涌 258 例，捷胜 233 例，凤山 203 例，新港 170 例，香洲 140 例。

学生预防性健康体检　检查项目包括视力、沙眼、龋齿、内、外科、血压、X 光胸透等各项指标。2013 年全年总受检学校间数为 98 所，受检总人数 4.6 万多人。体检中发现，相当部分学生视力下降、肥胖症患者有所增加。对这些患者，给予提出防治近视和纠正偏食的意见，建议增强体质锻炼。

（林培歆）

附　区慢性病防治站领导名单

站　长：林培歆

副站长：杨瑞璘

市区环境卫生管理

【概况】　2013 年，城区环卫局紧紧围绕区委、区政府提出的“为加快城区扩容提质，实现把城区建成高端产业创新区、宜居城市后起之秀”的工作部署，以“城市管理年”活动为契机，加强自身建设，推进环卫改革，建立长效机制，真抓实干，突出重点，整治“脏、乱、差”，扎扎实实做好市区环境卫生管理工作，为创造和谐优美的人居环境作出了应有的努力。

【环卫改革】　2013 年，根据市政府提出的关于深化环卫体制改革，将环卫作业置于市场化规则中运行的要求。城区环卫局按照政事分开、管干分离的原则，把市区约 321.5 万平方米的道路及公共场所的清扫保洁；约 37 万平方米绿化带的日常保洁；日均约 250 吨垃圾的压缩运输等环卫作业服务项目的作业规范、服务方案及考评标准等相关内容进行汇总，经多次反复研究论证后形成招标文件资料，于 2013 年 1 月 21 日委托广州采联采购公司进行公开招评标，经依法组成的评标委员会开标评审，最终确定综合得分第一名的广州市开物物业管理有限公司为该项目中标人。在 2013 年 5 月 20 日正式签订合同并移交。移交后，该公司及时增加新的机械清扫及运输设备和一线工人投入，经 7 个多月的运营，取得了一定的社会效益和环境效益，标志着市区环卫管理体制保洁市场化改革初步取得成功。

【抗灾复产，整治“脏、乱、差”】　2013 年 9 月 22 日，第 19 号台风“天兔”正面袭击汕尾，城区受灾严重。面对 40 年一遇的强台风，城区环卫局和广州市开物物业管理有限公司齐心协力、众志成城、迅速行动、全面发动、全力投入防风抗灾复产清理城区环境卫生大行动：从 9 月 23 日开始，区环卫局和公司所有干部职工一线工人全部出动，同时调动东风车、大钩臂车、大铲车、压缩车等所有环卫车辆，集中力量清理泥沙瓦砾、树枝树叶、破损的门窗玻璃、花盆杂物等大量堆积垃圾。由于垃圾量超多，人手不足，经联系相关部门支援，得到广州越秀区、惠州城管环卫部门的大力支持帮助，及时派出 30 多人、车辆设备13台，有力地支援了市区灾后清理作业。在这次大突击清理活动中，城区环卫局和广州市开物物业管理有限公司共出动人员5555人次，各种车辆8574车次，共清理垃圾杂物近3万吨，为人民群众生产生活快速恢复正常发挥了重大作用。

【环卫设施建设】 在完善环卫基础设施配套方面，城区环卫局积极争取城区政府的重视，主动协调相关部门，经过多次实地踏勘调研后，拟出改建新建垃圾转运站和垃圾池的方案：一是对市区原有3座垃圾转运站进行改造升级。是年，3座垃圾转运站改造的图纸设计、建设经费预算报告等前期工作已完成并报相关部门审核，等审核通过和建设资金到位后马上动工改建。二是计划新建3座垃圾转运站。其中位于东西区污水处理厂旁边的2座转运站，其红线规划图、图纸设计、经费预算等前期工作已基本完成。另外，田家炳中学旁边的1座转运站，已做好新建方案上报有关部门。是年，新建3座垃圾转运站的各项后续工作正在加紧跟进理顺中，争取尽快上马建设。三是为解决各居委（社区）的生活垃圾出路问题，确保垃圾不乱丢出路面，是年，计划新建10座垃圾池。其中凤山街道香洲社区已有4座垃圾池建成并投入使用，有效提高了居委（社区）的垃圾清运能力。

（蔡和家）

附 城区环卫局局长、副局长名单

局　长：蔡位群

副局长：卓永红

汕尾市城区年鉴 2014

SHANWEISHI CHENGQU YEARBOOK

社会生活

SHE HUI SHENG HUO

人口和计划生育

【概况】 2013年人口和计划生育工作在区委、区政府的重视下，在市人口计生局的指导和大力支持下，在区计划生育兼职成员单位的支持配合以及全区人口计生系统工作人员的共同努力下，创新工作思路，加强团结协作，完成了区委、区政府确定的各项目标任务，并取得了显著的成绩，人口和计划生育工作进入了一个新的发展时期。2013年，全区户籍人口405411人，已婚育龄妇女80304人，政策生育率为84.25%，自然增长率为6.53‰，婴儿出生性别比为106.06。征收社会抚养费912万元。上述指标均达到了目标任务要求。

人口分布密度受自然条件地理环境、政治经济、交通等因素影响差异较大，城区人口密度每平方公里1341人，人口文化程度越来越高。据全国第六次人口普查统计，城区小学以上文化程度人口比重为：研究生0.042%，大学生6.15%，高中生（各中专技术学校）19.91%，初中生44.5%，小学生29.40%。人口语言有福佬语（属闽南方言）、粤语、潮汕语、客家语、普通话，以福佬语为主。人口姓氏以黄、陈、林、张、刘、吴、何、李、蔡、曾、苏、王、徐、杨、罗、钟、郑、许、余、周等占多数。

【机构设置】 区人口和计划生育局内设人秘股、发展规划信息股、法规股、宣教股、科技股等5个股(室)，局直属机构有区计划生育协会、区人口和计划生育考核办公室、区综合治理出生人口性别比办公室、区计划生育服务站，至2013年不变。

【计生宣传】 区《今日城区》开辟《人口与计划生育》专栏，区政府网开辟人口计生工作动态专栏。发挥区、镇（街道）、村（居）委会婚育学校（分校）和计生宣传栏、公开栏、读报栏的阵地作用，全区投入宣传经费年人均33元以上。完善区、镇（街道）、村（社区）三级宣传硬件建设，制作一批大型宣传画幅及宣传品，开展多形式宣传创新活动。区级信息快讯报刊有5篇被省人口快讯专刊刊载报道。

【孕前管理】 是年，全区育龄妇女查环查孕67493人次，查环查孕率为98%，全年随访育龄群众4784人次，进行生殖健康普查39634人，查出患病12319人，治疗7320人。开展避孕节育知情选择，指导育龄群众选择适宜的节育措施，知情选择面达96%以上，落实节育措施的已婚育龄夫妇签订知情选择协议书率达94%以上。

【流动人口计生服务管理】 加大对流动人口计划生育工作管理服务。落实流动人口免费技术服务，在区域内落实查孕、查环、查病、治病全部实行免费服务。坚持把强化流动人口管理作为减少违法生育的重点，强化“一盘棋”管理服务机制，完善流动人口信息库和信息交换平台。2013年，流动人口流出33769人，流入8861人，全区流出已婚育龄妇女办证登记率达到100%，流入已婚育龄妇女查证建档率达到98.9%，流动人口计划生育政策知晓率达到100%，流入人口的政策生育率为88%，全员流动人口入库率达100%，100%的流入已婚育龄妇女享受国家规定基本项目免费技术服务。

【遏止出生人口性别比偏高现象】 贯彻《关于禁止非医学需要的胎儿性别鉴定和选择性别的人工终止妊娠的规定》，严厉处罚擅自引产的违法行为，针对出生人口性别比有所偏高的现象，采取举报非医学需要的胎儿性别鉴定和选择性别的人工妊娠专项行动。据2013年报数据统计，全区人口出生性别比为106.06。

【区计生协会】 区计生协会是党和政府联系人民群众的重要纽带，在计生工作中，彰显了生育关怀。据统计，2013年免费为700户计生家庭户购买意外伤害保险9万元；救助计生困难家庭伤残儿、生育关怀——救助贫困母亲、走访慰问计生困难户131户，发放慰问金6.5万元。积极推进计划生育村（居）民自治。在各级计生协会的努力下，城区计划生育村（居）民自治工作有效展开。

【区计生服务站】 推进优质服务。一是积极开展以“三大工程”为核心作用的生殖保健服务。积极推行避孕节育知情选择，开展妇科病查治，实施出生缺陷干预工程，强化生殖保健知识的宣传教育等等。是年，全区共查治妇科病37064人次，开展随访服务25308人次，群众对计划生育服务的满意率明显提高。二是认真落实免费孕前优生健康检查项目工作。城区按省、市要求，全面开展免费孕前优生健康检查，实施优生健康惠民工程，充分发挥城区“全国计划生育优质服务先进单位”的资源优势，大打优生优育品牌，围绕“预防出生缺陷，提高出生人口素质，促进家庭幸福”为主题，为全区符合生育政策的孕妇提供免费孕前优生健康检查，截至11月份，全区接受优生健康教育3350人次；病史询问2177人次；孕前医学检查1415人次。三是积极落实计划生育手术“并发症”扶助制度。区委、区政府把这个工作作为计生系统又一项民心工程来抓，按照《广东省计划生育手术并发症人员特别扶助制度实施办法》的规定，是年，全区有34例不同等级的并发症人员给予特别扶助，发放了特别扶助金58800元，帮助其解决生产、生活和养老等方面的困难和问题。

（林国贞）

附　城区人口和计划生育局领导名单

局　长：郑义钳

副局长：林庆和

　　　　冯少添

工会主席：曾招肯

人力资源·社会保障

【概况】 2013年，城区人力资源和社会保障局（以下简称人社局）以“惠民生、促发展、保稳定、明任务、强措施、抓落实”为目标，面对新局势真抓实干、攻坚克难，认真应对新任务、处理新情况、解决新问题，顺利完成人力资源社会保障各项指标，取得显著工作成效。2013年，城区被广东省授予城乡居民社会养老保险示范县区。

【内设机构】 人社局内设机构有：办公室、公务员管理股、专业技术人员管理股、就业促进股、工资福利股、社会保险股、劳动关系股、培训教育股、事业单位人事管理股、人才服务办公室、劳动监察股。2个下属单位：劳动就业服务管理中心、城乡居民医疗保险管理中心。

【社保工作取得新突破】 贯彻落实《中华人民共和国社会保险法》，按照广覆盖、保基本、多层次、可持续的原则，加大宣传力度，加快构建惠及每个城乡居民的社会保障体系。一是社会保障卡“一卡通”工作取得突破。社会保障卡是实现社会保障重要环节，为了让城区群众更方便、更快捷的享受社保待遇，人社局按照市人社局的安排，对社会保障卡进行了信息采集和发放工作，2013年共发行245458张，完成市下达任务的140.26%。二是做好社保扩面和基金征缴工作。是年市下达城区各项社会保险基金征收任务14072万元，其中企业养老扩面征缴任务8900万元。针对任务重，征缴难度大等问题，局采取多种措施，努力抓好此项工作。2013年全区参加企业养老保险21895人，完成任务的91.23%；城乡医疗保险306422人，完成任务的98.21%；失业保险12780人，完成任务的98.31%；工伤保险12818人，完成任务的78.16%；生育保险5227人，完成任务的88.59%；参加城乡居保人数82310人，完成任务的96.84%。全区征收各项社保基金12506.40万元，完成任务的88.87%，其中企业养老7225.54万元，完成任务的81.19%。城乡医疗保险3782.33万元，完成任务的103.80%；失业保险316.12万元，完成任务的70.25%；工伤保险149.63万元，完成任务的93.52%；生育保险42.45万元，完成任务的88.44%。三是加强基金监督管理，确保基金使用依法依规。四是按时发放离退休金，确保离退休人员的离退休金按时足额发放。五是做好下岗失业人员档案管理工作。认真做好全区各企业下岗失业人员的档案管理以及社保续保补保、退休、调动等服务工作。2013年，城区被授予“城乡居民社会养老保险示范县区”。

【民生就业工作新推进】 一是千方百计拓宽就业门路，提供就业岗位，鼓励下岗失业人员实现再就业。2013年，城镇新增就业5103人，完成任务的102.06%；新增转移农业劳动力6675人，完成任务的102.69%；职业技能培训8430人，完成任务的105.38%；农村劳动力参加职业技能培训4000人，完成任务的100%；城镇登记失业率2.49%，城镇下岗失业人员实现再就业人数2134人，完成任务的101.62%，就业困难人员实现就业人数305人，完成任务的101.67%，应届高校毕业生就业率95%；“双困”（经济困难、心理困难）高校毕业生就业率100%；二是积极做好院校毕业生就业服务工作。认真贯彻落实“三支一扶”（支农、支教、支医，扶贫）各项优惠政策，对2011年度“三支一扶”大学生进行了服务期满考核鉴定并及时发放了服务期满合格证书，对2012年度“三支一扶”大学生进行年度考核，接回2013年度参加汕尾市城区“三支一扶”大学生38人，并顺利安置到各服务单位；三是举办企业用工招聘会。2013年共举行大小型企业用工招聘会12场次，共提供岗位33252个，求职人数13415人，其中高校毕业生求职人数1856人，达成用工意向8446人，其中高校毕业生达成用工意向693人。深入推进“双转移”，加强劳务协作，缓解企业用工紧缺问题。同时为缓解春节后市区企业缺工状况，2013年3月6日至7日，人社局联合省、市三级人社部门在市区慈云山公园，举办“2013南粤春暖汕尾—深圳、中山、惠州劳务对接”企业用工招聘会，据统计：参加招聘会的企业有112家，提供就业岗位22067个，进场咨询、求职人数达16200人次，与企业达成用工意向的5286人，其中高校毕业生393人。同年8月23日，人社局在汕尾中学举办“2013年‘一企一岗·互济共赢’高校毕业生专场招聘会”，此次参加招聘企业共有85家，提供就业岗位5000多个，进场咨询、求职人数达6563人次，与企业达成用工意向的1421人，其中高校毕业生378人。

【人才队伍建设新实绩】 一是积极配合市局做好2013年公开招考录用公务员的各项工作。二是认真做好全区机关事业单位工作人员年度考核和政府行政任免的相关工作。参加2012年度考核的机关及参公单位工作人员955人，其中评为优秀等次146人，不定等次26人，不称职1人，基本称职1人。事业单位考核人数5390人，其中评为优秀等次824人，评为称职合格等次4566人。提请报请区人大、区政府任免的工作人员17人次，并做好公务员和事业单位工作人员日常管理工作。三是做好高校毕业生报到服务工作。是年至11月29日，接收到城区报到的应届毕业生1273人（其中硕士1人，本科304人，专科968人），接收应、往届毕业生人事档案共1733份，并归档录入信息系统。四是加强专业技术人才培训和职称评审初审工作。是年，城区组织培训专业技术人才和企事业单位管理人才4716人。审核中高级专业技术人员申报材料221人，其中高级91人，中级130人。五是认真做好工资福利业务工作。按时报送机关事业单位工作人员的工资统发数据，做好退休费、抚恤金和遗属生活困难补助费等核实、审批工作，做好职务晋升、人员调动和新参加工作人员工资核定等工作。六是积极稳妥推进人事制度改革。全面推行事业单位岗位设置和人员聘用、公开招聘制度。

【维权维稳工作新成效】 一是充分发挥劳动监察大队职能作用，强化部门协调，加大执法检查力度，及时化解劳资纠纷。2013年，人社局共受理信访案件62宗，其中，通过及时调解，处理了61宗，涉及人数193人，为农民工追回被拖欠工资192.92万元，尚有1宗受理时间较短，正积极处理中。检查用人单位148户，涉及劳动者18565人，督促补签劳动合同2313份，责令用人单位为劳动者购买社会保险785人。二是全面推进和谐劳动关系示范区建设。按照示范区“十个全面”的标准，加强了对示范点创建工作的指导。到2013年年底，已建立了红草镇、马宫街道、凤山街道以及针织行业、电子行业示范点5个，涉及企业总数135户，职工总数19800人。参加创建工程的企业达到了企业总量的50%，符合和谐劳动关系示范区创建标准的示范点达到了30%，基本实现全区和谐劳动关系示范区的目标任务，2家企业被省评为模范劳动关系先进企业。

【机关作风建设新提升】 以创建“讲学习、讲纪律、讲团结、讲效率、讲创新、树立风正人和”的机关形象为目标，抓好人力资源社会保障系统全体工作人员政治思想教育、纪律教育、廉政教育，提高全体工作人员的整体素质；制订完善了局首长问责制、工作人员守则、廉政建设规定等16个制度，确保各项工作规范有序运转，机关党建、行风建设、法治建设、数据统计、信息宣传、档案管理、后勤保障等各项基础工作均得到加强。

（余尚樾）

附 城区人力资源和社会保障局领导名单

局　长：余鸿群

副局长：陈春风

余立宗

蔡汉章

吴瑞能

社会保险

【概况】 至2013年年底，社保局市区分局设医疗股、关系股、核发股、综合股4个股室，在编人员10人，临时聘请13人。是年，城区社会保险工作整体进展情况良好，圆满完成了各项任务目标，重点工作和中心工作取得了重大突破，以“关注民生、保障民生、改善民生”为主旨，提升全区社保经办工作的水平，为参保对象提供优质、高效、便捷、安全的管理服务。

【参保人数和基金收支】 企业养老保险：2013年，参保人数31453人，其中企业养老26011人，征收企业养老金7240万元，支付7516万元，累计结余8078万元；征收机关养老金960万元，支付57万元，累计结余4420万元。

失业保险：是年，参保人数13005人，征收318万元，支付67万元，累计结余1494万元。

职工医保：是年，参保人数26004人，征收统筹基金1943万元，支付2956万元,累计结余负1407万元。

工伤保险：是年，参保人数16402人，征收基金148万元，支付116万元，累计结余685万元。

生育保险：是年，参保人数5901人，征收基金42万元，支付17万元，累计结余179万元。

新型农村社会养老保险：是年，参保人数81497人，征收新农保基金1400万元，累计发放待遇人数28611人，支付待遇2012万元，累计结余3141万元。

【社保待遇】 2013年，全区纳入社会保险管理发放的离退休人员有31453人，其中享受企业养老保险待遇5442人，享受城乡养老保险待遇26011人。全部人员待遇按时足额发放，同时社保市区分局与邮政储蓄银行等社会服务机构互相配合，完善社保待遇社会化发放的管理。按照《关于提前发放2013年2月份城乡居民养老保险待遇的紧急通知》的要求，高度重视，积极协调同级财政部门及时划拨资金，确保符合领取条件的参保人能及时领到养老金，过上一个欢乐、祥和的春节。根据《关于调整新型农村和城镇居民社会养老保险基础养老金标准的通知》规定，调整新型农村和城镇居民社会养老保险基础养老金标准，从55元/月/人提高至65元/月/人。工伤、生育等待遇按照《广东省工伤保险条例》《生育保险办法》等相关法律法规的规定支付。

【主要社会保险业务】 解决历史遗留问题　一是关于尿毒症病人多次到社保分局上访的情况，将相关的情况及时上报市社保局，在市社保局的指导下给予及时解决；二是针对社会保险非公有制单位及个体参保率低，城区大部分非公有制企业参保率平均在50%以下，离规定要求95%的参保率有很大的差距的问题，通过加大宣传，提高非公有制企业及个体的参保意识，加强向国有欠费企业的追缴力度；三是社会保险参保群体缴费比例低，职工医疗保险和企业养老保险当期出现收支不平衡，向政府建议困难国有企业改制转产，减轻政府负担。着力解决存在的历史遗留问题，从而积极发挥社保在社会的“稳定器”“安全网”的作用。

加强对定点医院和定点药店的管理　按照市社保局的安排，社保市区分局负责城区所属的医疗机构管理和城镇职工医疗保险费用的结算，从制度建设、业务经办、系统信息、运行结果等方面入手，注重环节管理，优化服务质量，努力做好城区所有药店的个人医疗消费结算。社保市区分局采取不定时、不定点的对医疗机构进行检查，一是检查是否存在挂床住院、顶名住院的情况，二是抽查病历档案，查看是否存在滥检查及小病大治等违规行为，减少欺骗行为的发生，切实管好用好老百姓的“活命钱”，对不规范的问题督促医院落实整改，确保基金的安全使用。

做好新农保工作　一是积极配合区人社局做好新农保基金的征收工作。二是按市局的统一要求规范业务办理流程，积极行动，任务细化到人，责任落实到人，做到内部管理严格有序，对外服务便捷高效。三是做好对账核查工作，保证账证相符、账账相符、账表相符，坚持“两个部门以上掌控”的原则，先由各相关业务部门收集资料，分别进行初审、复审，然后由分管的领导逐级签字审批，最后经基金管理科核对手续齐全无误后，方可支出。

做好社会保障卡的发行　按上级主管部门统一部署认真做好社会保障卡的发行工作，一是加快社保卡发放，确保城镇职工养老保险和城镇职工基本医疗保险的人员100%发放；二是加大社保卡发行宣传，积极推广社保卡的应用；三是及时解决社保卡发行、应用中存在的问题，为社保卡的发放、应用创造良好的环境。

做好档案管理工作　根据市社保局转发《关于加快推进全省县区级保险业务档案达标验收工作的通知》的文件要求，社保市区分局把档案工作列入重要议事日程，按照省局“落实制度措施、落实场地设施、落实专业人员、落实经费保障”的要求，积极做好业务档案管理工作，基本实现社会保险业务档案管理规范化、信息化、专业化。2013年12月30日，社保局市区分局被评为省特级档案综合管理先进单位。社保市区分局将以这次评审活动为契机，继续努力提高档案管理水平，提高工作效率。

做好离退休人员养老保险待遇调整工作　根据市人社局、财政局《转发关于2013年度调整企业退休人员基本养老金的通知》文件规定，对城区退休人员4179人的养老保险待遇进行调整。调整后每人每月增加养老金154元。

开展生存验证工作，切实维护职工权益　一是社保市区分局限定时间，集中精力，通知领取养老金的离退休人员到单位集中或到社保局验证，保证随到随验，做到准确无误。2013年5月，对领取待遇的城乡老人进行生存认证，认证人数高达27817人，认证死亡人数达643人，未通过认证暂停待遇26人；对于未通过认证的人员社保分局给予暂停发退休金。二是发送通知到各机关事业单位，由单位负责填写享受医疗保险个人账户划拨人员的生存情况，以规定时间完成验证工作。三是对行动不便的离退休人员进行上门慰问验证，方便参保群众。

认真做好社会保险信访维稳工作　社会保险工作，关乎国运，事关民生，工作好坏直接影响到群众切身利益，影响到社会和谐稳定，社保市区分局始终把内强素质，外树形象，切实加强服务，作为首要工作来抓，密切关注群众的诉求，认真处理群众的来信、来访，对上访人员进行耐心细致的解说，保证各类信访问题得到及时妥善解决，树立了社保工作在群众中的良好形象。

（林粉虹）

附　汕尾市社会保险基金管理局市区分局领导名单

局　长：蔡金为

副局长：方文瑜

基层政权与社区建设

2013年，全区94个村（居）委会，村（居）两委成员633人。

【创建民主示范村】　开展广东省村（居）务公开民主管理示范村（社区）创建活动。2013年城区共有13个村（社区）申报并被评为广东省村（居）务公开民主管理示范村（社区）。具体名单是：香洲街道东兴社区居委会、香洲街道梧桐村委会、新港街道新园社区居委会、凤山街道安美社区居委会、凤山街道联兴社区居委会、马宫街道长沙村委会、东涌镇新地村委会、东涌镇洪流村委会、红草镇南汾村委会、红草镇西河村委会、捷胜镇大流村委会、捷胜镇南门外村委会、捷胜镇西门社区居委会。

【推进社区建设】　根据省民政厅关于加强广东省城乡社区基础设施“六个一”工程建设的要求，通过争取上级民政部门的支持，在凤山街道文亭社区居委会、马宫街道深渔村委会建设社区公共服务站。公共服务站的建立，进一步强化和拓展社区服务居民的功能。为全面推进家庭服务工作，是年完成了向省申报香洲街道家庭服务中心建设项目，该项目总投资约60万元。

【完成区名命名及镇改街道前期工作】　认真开展区名

命名工作，通过动员部署，向社会进行公开征集，共有219位命名爱好者向领导小组办公室投送区名272个，为更名工作下一步开展提供了重要依据；拟定《汕尾市城区东涌镇、红草镇“镇改街”工作初步方案》上报区政府。

【做好村级换届选举准备工作】 配合人大、组织、纪委等有关部门，做好全区村级换届选举的前期调研和重难点村排查整治工作；完成调研报告撰写，为推进2014年换届选举提出有针对性的工作方法和措施；拟订选举工作方案，准备选举业务培训，为村（居）委换届选举顺利推进打好基础。

拥军优属

【落实优抚政策】 做好双拥工作。春节、“八一”等重大节日期间，组织对部分重点优抚对象、驻市、区部队进行走访慰问，送去了资金及物资价值约30万元；通过各种方式，大力宣传国防知识、征兵政策和有关优抚安置政策，深化双拥宣传教育，营造军民共建的浓厚氛围。

落实各项优抚政策。2013年，全区享受定期抚恤补助的对象1544人，全年发放抚恤金为925万元,比2012年增加67万元。积极推行以货币补贴为主要内容的安置改革，通过宣传和鼓励，使城镇退役士兵自愿接受货币补贴自谋职业，组织91名退役士兵免费参加职业技能培训，提高就业择业竞争能力，消除退役士兵后顾之忧。帮助解决优抚对象“三难”问题，解决医疗困难优抚对象453人（次），共34万元，发给“两孤”人员和六级以上伤残人员医疗补助金19万元，发给273名生活困难优抚对象一次性补助金26万元。

【加强烈士纪念工作】 清明节期间，组织隆重的扫墓仪式。为做好烈士纪念碑、亭的维修，充分发挥烈士纪念设施作为爱国主义教育和国防教育基地的作用，多方筹措资金，已投入资金80多万元，对区级管理的烈士纪念碑1座、镇级管理的烈士纪念碑、亭各1座进行了修复；为做好零散烈士纪念设施的维护管理，在市区陵园中划出5000平方米作为烈士墓园，集中安葬全区660穴零散烈士墓，是年已进入抢建中，争取2014年7月前完成各项工作。

【开展涉军维稳工作】 为化解社会矛盾，减少上访事件，区民政局通过约访、下访等一系列措施，为涉军人员讲解相关政策法规；对部分部队退役人员是否参战（涉核）身份暂未能确认的问题，依照有关政策规定，参照其他县（区）的做法，深入调研，研究处理办法，较好解决了参战（涉核）退役人员遗留问题，消除了上访隐患，切实维护了群众的合法权益，重大政治活动及节日间，没有发生涉及民政对象的越级上访、集体上访及群体性事件。

社会福利和社会事务

【落实特殊人群保障工作】 完成孤儿基本生活费发放工作，2013年全区孤儿数为208人，按社会散居孤儿每人月600元，集中供养孤儿每人月1000元的养育标准发放补贴资金，是年发放孤儿生活补贴151.2万元；为进一步完善区老年人社会保障体系，让老年人共享区经济社会发展成果，按照区政府有关批示精神及《汕尾市城区百岁老人长寿津贴发放暂行办法》，开始落实百岁老人津贴，各镇（街道）正进行有关材料的报送、审核工作。老年节期间，组织开展了老年人慰问活动。

【加强社会福利养老机构建设】 为进一步推进农村养老事业发展，按照广东省民政厅、财政厅《转发民政部财政部关于做好2013年度中央专项彩票公益金支持农村幸福院项目管理工作的通知》精神及工作要求，申报东涌镇东涌村、捷胜镇五爱村、红草镇青草社区石美村、新港街道新港村、马宫街道长沙村为2013年广东省农村幸福院建设项目。

殡葬管理

【创新殡改工作机制】 为落实殡改工作目标任务，在总结近年来殡改工作有效经验的基础上，局提出由林业、公安、民政、工商、国土、文化执法等职能部门组成汕尾市城区殡葬管理执法协调办公室，进一步明确了殡改执法主体、工作职责。为加强和规范殡葬突发事件应急管理，制定了《汕尾市城区殡改工作强制行动预案》，使全区殡葬突发事件得到有效预防和及时控制。

【坚持火化“一刀切”政策】 是年，区加大对殡改违规行为的打击力度，截至12月15日平均火化率98%，遏制了丧事大操大办，确保在全区范围内看不到浩大隆烈的送葬队伍，初步杜绝了乱埋乱葬的现象。区政府将是年4月作为全区开展植树绿化屏蔽统一行动月，通过集中植树绿化共清理屏蔽“三道两区”坟墓394穴，进一步美化了市容市貌。

救灾救助

【概况】 2013年，区民政局着眼保障困难群众的基本生活权益，不断加强社会救助体系建设，确保民生保障相关政策落实到位，使社会救助水平逐步提高。

【实现低保、“五保”提标】 2013年，全区列入低保救助4263户1.06万人，占全区总人口的2.6%，其中，城镇低保1376户3625人，农村低保2887户6975人。从是年7月份起，实现低保提标，城镇低保标准由每人月250元提高到275元，农村低保标准由每人月180元提高到185元，城镇人月均补差由160元提高到242元,农村人月均补差由95元提高到109元，比上年度分别提高51.2%、14.7%，全年共发放低保金2017.92万元。全区现有“五保”供养对象428户430人，其中集中供养50人，分散供养380人，是年10月份起，提高“五保”供养标准：集中供养每人月从450元提高到520元；分散供养标准每人月从390元提高到460元，比上年度约提高18%，截至12月份，共发放“五保”供养金229.32万元。按照低保相关政策落实配套措施,全区得到城乡医疗救助的困难群众有15202人次，支出医疗救助资金186.3万多元，有效缓解了低保对象、困难群众看病难的问题。

【救灾工作有序开展】 2013年，城区遭受“5·22”特大暴雨和台风“尤特”“天兔”等自然灾害，区民政局深入一线开展抗灾救灾工作，一是做好灾情核查工作，组成灾情核查组，采取领导包片，核查组包点，分级负责的方法，深入全区各镇（街道），逐村逐户对全倒户情况进行全面核实。二是组织好重建家园工作。及时制定重建方案，落实重建工作责任制，加大重建补助力度，给予全倒户每户3.5万元的补助资金，237户263间全倒户于2014年春节前搬进新居。认真组织救灾捐赠活动，“天兔”台风灾害后，由区民政局接收的救灾捐款1344.77万元、捐赠物资价值约60万元。

【临时救助力度加大】 2013年，全区共筹集下拨临时救灾、救济和医疗等救助金1078.75万元，帮助灾民、特困群众5.4万人（次）；春节、中秋节、乞巧节期间组织“送温暖、献爱心”活动，动员社会各界热心人士捐赠济困，共接受捐赠物资价值约48万元；为让困难群众平安过冬，区下拨专项资金4万元，用于购买冬令救济物资一批。

社会组织管理工作

2013年，全区有各类民间组织126个（是年度增加6个、撤销22个），其中社会团体25个，民办非企业单位101个。2013年，按照大力培育和加强监督管理并重的方针，主要抓好几项工作：一是严格把好年检质量关。按照《广东省民间组织年检暂行办法》有关规定，进一步落实以制度建设为重点的社会组织年检工作，同时，以做好社会组织年检工作为突破口，对全区社会组织进行全面清理，对两年以上未参加年检的22家民办非企业单位进行撤销登记处罚，对在年检中发现问题的，及时通知其进行清理整顿，限期整改，使区社会组织活动正常开展。二是加强社会组织党建工作。按照组织部“百日攻坚行动”的有关部署和要求，积极开展以“三看两提高”为主要内容的“百日攻坚回头看”活动，全区126家社会组织有中共党员73人，有党员单位37家，全区社会组织建立党支部8个，建立联合党支部1个，占应建立支部个数的100%。

老年人工作

为弘扬敬老、助老、养老精神，进一步完善区老年人社会保障体系，切实维护老年人合法权益，让老年人共享城区经济社会发展成果，按照区政府有关批示精神及《汕尾市城区百岁老人长寿津贴发放暂行办法》，开始落实百岁老人津贴，完成有关材料的报送、审核工作。老年节期间，组织开展老年人慰问活动。

表 12

2013 年城区百岁（含百岁）以上老人名表

姓　名	出生时间（年、月、日）	性别	籍贯	居住地
黄　氏	1913.11.07	女	东涌镇	东涌镇东涌东美村
徐　氏	1912.10.15	女	东涌镇	东涌镇东涌东美村
李赛容	1914.09.05	女	东涌镇	东涌镇东涌村
陈　婵	1911.03.13	女	马宫街道	马宫街道浪清星群二村
马细妹	1910.09.09	女	凤山街道	凤山街道滨湖小区五街一横巷 A1 栋 6 号
陈　凤	1912.02.03	女	凤山街道	凤山街道鱼铺后巷 36 号
林　娥	1912.04.24	女	凤山街道	凤山街道凤苑中片七直巷 11 号
高　安	1911.02.06	男	凤山街道	凤山街道市区盐町头头片六巷 34 号
江　萍	1909.07.07	女	捷胜镇	捷胜镇南门外三社七巷 111 号
魏　屡	1911.01.15	女	捷胜镇	捷胜镇牛肚村
林　逢	1913.02.03	男	捷胜镇	捷胜镇沙角尾村
林　氏	1913.11.05	女	捷胜镇	捷胜镇军船头村
何香荷	1908	男	捷胜镇	捷胜镇西门社区
李　彬	1913.12.16	男	香洲街道	香洲街道城内路西二十一巷 14 号
苏　氏	1912.05.04	女	香洲街道	香洲街道后径北六巷 8 号
黄　氏	1910.12.15	女	红草镇	红草镇拾和竹围村
彭　省	1908.10.12	女	红草镇	红草镇南汾三村
陈香莲	1913.10.06	女	红草镇	红草镇青草长乐街
曾　屏	1913.01.10	女	红草镇	红草镇青草石美社 85 号

（卢文霞、邹春怀、吴华勇、石道峰、黄舜佛、庄镇声）

附：区民政局领导班子成员名单

局　长：黄　超

副局长：颜杰凤

邱保国

陈义带(2013年9月免去代理副局长职务)

工会主席：陈建坤

扶贫工作

【概况】 2001年根据《汕尾市城区区级党政机构改革方案实施意见》设置区扶贫开发领导小组办公室（简称区扶贫办），与区革命老根据地建设委员会办公室（简称区老建办）合署办公，副科级，挂靠区农业局，编制3名。2004年3月增加编制1名，共4名，至2013年不变。

【主要职能】 贯彻执行国家、省、市和区委区政府扶贫开发的方针和政策；拟订全区扶贫开发的规划、政策；组织指导山区、贫困地区的扶贫开发工作；组织协调对口帮扶和挂钩扶贫工作；负责革命老区的建设工作；负责扶贫基金的管理、监督工作；负责老区建设资金的管理监督使用工作。

【扶贫工作】 2013年是实施新一轮（2013~2015年）扶贫开发“规划到户、责任到人”工作的第一年。是年6月7日召开全区新一轮扶贫双到工作会议，总结上一轮扶贫开发“双到”工作并部署新一轮扶贫开发“双到”工作。

是年，全区新一轮被省核定的相对贫困村9个，相对贫困户397户，相对贫困人口1780人，其中相对贫困村有劳动能力的贫困户351户，相对贫困人口1675人。深圳市对口帮扶城区4个相对贫困村，178户，811人。其中深圳市委办公厅帮扶东涌镇龙溪村，深圳市人大办公厅帮扶捷胜镇石岗村，深圳市政府办公厅帮扶捷胜镇联星村，深圳市政协办公厅帮扶捷胜镇沙角尾村；汕尾市直帮扶2个村，其中汕尾市人社局帮扶红草镇埔边村，汕尾市海洋与渔业局帮扶捷胜镇五爱村；城区区直机关对口帮扶3个村，其中区地税局帮扶东涌镇新民村，区国税局帮扶捷胜镇联安村，区检察院帮扶捷胜镇东坑村。通过镇、村和各帮扶单位的共同努力，取得了一定的工作成效，

领导重视，落实责任　一是区委领导对扶贫开发“双到”工作高度重视，精心谋划。多次召开专题会议，调整充实区扶贫开发领导小组，并对扶贫开发“双到”工作进行专门研究部署，制定了全区新一轮扶贫开发“双到”实施意见，明确了扶贫开发“双到”工作的指导思想、工作任务、工作要求、扶持措施和组织保障。二是落实扶贫“双到”工作责任制。明确各镇（街道）是扶贫开发的责任主体，党政主要领导为第一责任人，各帮扶单位“一把手”为该单位落实扶贫开发责任制的第一责任人，帮扶干部为落实贫困户脱贫责任制的直接负责人，把帮扶目标、任务要求分解落实到位，实行定点、定人、定责帮扶。各帮扶单位成立由单位分管领导任组长的帮扶工作组，全面开展帮扶活动。

开展帮扶工作　一是开展帮扶对接行动。区镇积极联系，各级帮扶单位主动对接，在6月10日前各帮扶单位按要求完成对接驻村开展工作。落实了对口帮扶责任人。二是开展调查摸底行动。各帮扶单位与镇村一起组成工作队，按照省扶贫办的通知要求，对帮扶贫困村、贫困户的基本情况、农村基础设施条件、群众的意愿等方面认真开展核查工作，严格政策界定，客观、全面、准确地核实贫困人口，张榜公示。三是实施结对帮扶。由帮扶单位派出工作组常驻帮扶点。9个单位挂钩帮扶9个贫困村，并落实397名帮扶责任人与397户贫困户实行“一对一”对接帮扶，并在所帮扶的贫困村中上墙列榜公布，接受群众监督。四是制定三年帮扶规划和建档立卡的工作。各帮扶单位与贫困村在深入调查摸底、征求意见的基础上，根据新一轮扶贫开发工作提出的目标要求制定措施可行的三年总体方案和年度工作计划，坚持“一村一策、一户一法”，做到单位帮扶到村、干部帮扶到户。同时，做好贫困村、贫困户建档立卡的工作，将贫困村、贫困户逐村逐户登记造册，建立《帮扶记录卡》，由村负责人、贫困户主、帮扶单位的责任人共同签名，作为评议的重要依据，，并录入电脑、存档、更新，建立帮扶动态档案，做到户有卡、村有表，镇、区有数据库。

找准帮扶项目，积极筹集资金 各帮扶单位根据各个贫困村的实际情况，采取“一村一策”的扶贫措施。积极从改善村民生活环境和增加村集体经济收入入手，想方设法，找准发展方向，帮扶发展项目，落实帮扶资金。一是找准帮扶建设项目。各帮扶单位领导及驻村工作组通过深入开展调查研究，摸清了各村、户的基本情况，经论证确定了各村的帮扶项目。全区9个贫困村，扶持发展项目68个，其中：生产经营类项目8个，基础设施类项目30个，民生类项目30个。二是积极筹集帮扶资金。各帮扶单位积极多方面筹集帮扶资金，采取帮扶单位自筹，各级财政资金的扶持、行业扶持、社会捐赠资金的扶持等形式，共筹集帮扶资金1942.1万元。其中到村资金1832.07万元，到户资金110.03万元。其中深圳市对口帮扶投入到村资金1345万元，到户资金56.09万元。为扶贫“双到”工作提供了资金保障，为贫困村和贫困户的脱贫目标打下了良好的基础。

落实技能培训，促进就业 各帮扶单位积极开展农村劳动力技能培训，通过抓好培训班，学习种养技术、计算器、电工维修等方面技能知识。使他们能够掌握一技之长，促进贫困户劳动力实现就业。2013年度累计组织贫困村有劳动力农民参加专业技能培训836人次，贫困户自我发展能力进一步提高。

贫困人口民生得到保障 贫困村贫困户按政策规定100%落实参加城乡居民基本医疗保险；贫困村60岁以上贫困老人按政策规定100%落实参加城乡居民社会养老保险；贫困村贫困户低保人口按政策规定100%纳入社会生活保障。是年，完成农村低收入住房改造任务405户。

加强组织建设，协助做好换届选举工作 各帮扶单位积极协助帮扶村做好村务公开工作，制作村务公开栏，做到扶贫项目、资金和效果“三公开”，自觉接受群众的监督;以加强村级党组织建设为重点，坚持扶贫开发与基层组织建设相结合，积极协助村委做好村级组织换届选举工作。

（黎友群）

附 区扶贫开发领导小组办公室主任名单

主 任：黎友群

民族宗教

【民族工作】 2013年5月，区委、区政府成立“汕尾市城区民族宗教工作协调领导小组”。4月，完成《全省城市民族工作会议前期总结调研（汕尾市城区篇）》，探索开展城市民族工作的新途径新办法。10月下发《关于调查全区外来少数民族从业人员基本情况的通知》，开展调查工作。此后，继续加强少数民族流动经商人员服务管理工作，促进少数民族群众与汉族群众和睦相处。

【宗教事务管理】 2013年1月，继续做好区水产供销公司拆建开发项目涉及宗教房产遗留问题引发基督教汕尾堂信徒上访事件的理性维权工作，按市政府办公会议决定，1月22日，由区政府牵头市国土、城规等部门强制封闭该工地。5月，天主教汕头教区黄炳章主教探访汕尾天主堂。6月，开展“宗教政策法规学习月”活动, 发放《宗教政策法规文件选编》等学习资料200多份、制作宣传栏2个，参加政策问答人数210人，张贴标语口号26条、组织座谈或辅导220人/次；开展创建“平安宗教活动场所”活动，推动全区宗教场所三年内达到创建标准。是年，汕尾天主堂等7处获首批“达标”称号。9月，指导宗教界做好强台风“天兔”防御工作，各场所多处建筑设施受损，幸无人员伤亡。

2013年在宗教事务管理中，有序地做好几项工作。一是依法加强宗教场所管理。指导基督教汕尾堂、得道庵、普照寺等5处场所通过民主协商推选方式调整管理组织成员，妥善化解历史矛盾，确保宗教场所管理正常有序。先后下发《开展以安全管理、财务监督管理和教风建设为重点的宗教活动场所管理工作方案的通知》《汕尾市城区宗教活动场所安全工作应急预案》等系列文件，提高场所管理水平。推动区基督教汕尾堂、汕尾天主堂等8处重点场所制定新《财务管理制度》并开设了银行单位基本账户，落实财务管理规范化。22名备案教职人员中养老保险、医疗保险参保率均达到100%。12月，会同市民宗局、公安局、消防支队组成检查组，对重点宗教活动场所建立、执行《消防安全》等七项管理制度的情况进行检查，不合格的，下发《整改通知》，责成各场所落实整改，累计投入资金近150万元，修缮险危房20多间800多平方米，构筑“防火带”5.8公里，购置灭火器36个，整改用电线路10万元，安装监控摄像头10个，消防警示牌56块，有效防止各类安全事故的发生。二是坚持宗教独立自主自办原则，与公安国保等部门加强合作与沟通，采取有效措施坚决抵御境外敌对势力利用宗教进行渗透。三是推动专项治理。出台《区开展涉及佛教寺庙、道教宫观管理有关问题专项治理工作实施方案》等文件，由区民宗局负责指导全区依法登记的佛道教活动场所开展排查整治工作，各镇（街道）负责对辖区内涉及三类突出问题非宗教活动场所情况进行全面排查整治工作，对排查出来的问题会同有关部门提出整改意见并整改期限。10月底，由民宗、监察等组成佛道教专项治理工作督查组对各镇（街道）辖区内的佛道教专项治理工作进行专项督查。四是加强专题调研增强履职实效。相继完成了省部署的《区宗教团体建设》《区民间信仰问题研究调研》《宗教场所法人地位》和市人大交办的《当前基层宗教工作情况专题调研》等专题调研。完成区网上办事大厅民宗类7个项目进驻工作。五是组织系列宗教慈善公益和服务社会活动，积极引导宗教与社会主义社会相适应。组织宗教界开展：“送温暖”等系列宗教慈善公益和服务社会活动。10月19日，在全市宗教界“同心助学金”颁发仪式上，区属中学33名贫困高中生每人获得第二学年助学金2000元，共发放6.6万元。据不完全统计，是年宗教界为社会公益事业捐资近24.6万元，受惠贫困群众1000多户/次。

（郑和悦　林鸿靖）

附　城区民族宗教事务局领导名单

局　长：郑和悦

汕尾市城区年鉴 2014

SHANWEISHI CHENGQU YEARBOOK

建制镇（街道）概况

JIAN ZHI ZHEN （JIE DAO） GAI KUAN

东涌镇

【概况】 东涌镇地处汕尾市城区东部，地理坐标北纬22°47′，东经115°24′，东与海丰县赤坑镇接壤，南与捷胜镇、红海湾经济开发区毗邻，西与汕尾市中心相连，北与海丰县陶河镇相邻，怀抱品清湖，距市中心区仅6公里，陆地面积103.58平方公里。东涌镇地势北高南低，海拔自0米至41米，东部和西部为平原，南部为修建于潟湖滩涂的盐田，中部为台地，从平原过渡到台地，局部分布有阶地，北部为岗地缓丘，羊古岭山峰为东涌镇的最高点，海拔527.6米。东涌镇属亚热带海洋性气候区。其特点是水、热，光资源丰富，气候终年温暖。境内矿产资源以非金属矿为主，有优质花岗岩体（安华村等），一定的沉积沙（沙海北沙滩）。

【历史沿革】 相传1000多年前，福建莆田县大井头等地居民移居到此，以种田晒盐为生计。最早的居民点在品清湖东边的河口处形成，而当地称海潮可达之河处为涌，涌处品清湖之东，故取名东涌。海丰方言“涌”与“冲”两字谐音，且“冲”易读易写，群众常将“涌”简写为“冲”，因此曾一度将“东涌”改为“东冲”。明清时代，东涌隶属海丰县，中华人民共和国成立后，东涌镇先后隶属红草区和汕尾区（五、七区）；1957年撤区建立高级社（并大乡镇），下设东涌、品清、流安三个乡；1958年将三乡合并成立东涌人民公社，1984年1月撤人民公社建立区公所；1987年4月改区为镇；1988年3月，汕尾市设城区，东涌镇隶属汕尾市城区，至2013年不变。

2013年年末辖新地、品清、新湖、东石、东涌、赤古、石洲、洪流、宝楼、新民、新安、龙溪、安华、民群、民进15个行政村和东涌社区，下设105个村民小组。

是年，辖区常住人口67187人。其中，男性33331人，占49.9%；女性33856人，占50.1%；均为汉族。2013年，人口出生率5.5‰，人口自然增长率5.5‰。

辖区山海风光兼备，历史文物众多，既有历史悠久的人文景观，又有风光旖旎的自然景观。特别是位于东涌镇西北侧的“湖田古刹”始建于明初，清嘉庆十七年（1812年）重修，原貌已改变，石匾额为重建时所竖。此外，还有清代建立的天主教堂（町前村、洪桥村、品清村等），品清乡的元朝古墓等。

【工业经济稳步增长】 东涌镇的新湖工业区、番禺（汕尾）产业转移园区是重要工业生产基地，初步形成了玩具、塑料加工、纺织、皮革、文具、珠宝为主的工业体系。2013年，社会总产值298330万元，工业总产值246020万元，比上年增长10%，占GDP的比重83%。规模以上工业企业7家，实现工业产值265881万元，比上年增加24.2%。规模以下工业企业个数293个，其中企业个数47个，个体工业246个。

【特色农业蓬勃发展】 东涌镇耕地面积14683亩，人均0.219亩（按总人口计算）；农产品主要有稻谷、番薯、蔬菜、荔枝、龙眼、青梅。2013年农业总产值36276万元，占GDP的比重的10%。

粮食作物以水稻、番薯为主。2013年，生产粮食5774吨，其中水稻4672吨，番薯1102吨。主要经济作物有蔬菜、花生、荔枝、龙眼等。2013年，蔬菜种植复种面积8908.5亩，产量19054吨；花生种植面积1860亩，产量147吨，荔枝种植面积2311亩，产量989吨；龙眼种植面积657亩，产量389吨。其中，名优特农产品有凤山红灯笼荔枝，洋葱、西兰花和姜，农民年均纯收入7810元。

畜牧业以生猪、家禽为主。2013年生猪饲养量35250头，年末存栏5377头；家禽饲养量38060羽。年产肉类2185吨，其中猪肉456.75吨；畜牧业总产值13147.23万元，占农业总产值的36.2%。2013年末，累计造林10340亩，其中生态林2.8万亩，林木覆盖率70%。

渔业以对虾养殖为主。2013年水产品总产量22066吨；渔业总产值10976万元，占农业总产值的30.1%；

说明：城区各镇、街道（含各村、社区）土地面积供参考，不作权属依据。

【重点建设项目加紧推进】 东涌镇以振兴粤东西北地区发展为契机，牢牢把握市区东扩的机遇，落实责任，攻坚克难，加大投入。其中：

占地约120亩的汕尾火车站于2013年12月28日正式通车，结束了汕尾不通铁路的历史；碧桂园民居二期工程完成征地，地面作物补偿等事项已着手洽谈；总投资5亿元的真牌珠宝厂已签订征地协议，基本完成附着物补偿工作；估算总投资1.3亿元的好日子酒店已全面完成征地工作，并进行土地平整，接下来可挂牌;信诚物流配送中心已完成土地平整，进行前期基建工作；占地约2万平方米的高瞻实业有限公司农产品冷冻厂基本完成基建，已投资7081万元；东涌镇卫生院续建工程完成住院综合楼1至2层基建；占地约884亩的“又一居”红星美凯龙已完成该地块的调查摸底，发布了预公告，其中红星美凯龙占地83亩，已签订了征地协议。

【基础设施逐步完善】 东涌镇是汕尾市总体规划(2003~2020）中规划的新城市中心。海汕公路、汕可公路、红海湾大道、品清湖环湖路等等级公路穿境而过，市区公共汽车直达镇内各村，全镇100%行政村通水泥路，自然村绝大多数也实现道路水泥化。2013年末，新铺设东涌村公路与品清村公路，镇文化广场路等。东涌镇有电信支局、邮政支局各一所，村村通邮。是年，拥有电话交接机总容量8000门。电话、移动电话、互联网普及化。

【基层党建工作扎实有效】一是整顿后进村和问题突出村，加快推进经济社会发展，提高村“两委”干部战斗力和凝聚力；二是开展“千名党代表走基层”活动，密切党与群众“鱼水情”，倾听群众所急所盼，了解人民最真实需求；三是完善党代表工作室制度，畅通群众诉求渠道，着力于把群众困难解决在家门口，将群众纠纷矛盾解决在萌芽状态；四是党员队伍不断扩大，是年发展党员28名，预备党员按期转正38名；五是全面开展普法教育工作，对全镇各村“两委”干部进行相关法律法规培训，下发了《村社政语》《法治村社》等法制宣传手册，大大提升了村干部的法律观念。

【文教卫工作富有成效】 东涌镇文化生活较为活跃，有优良的历史传统。有西秦戏、白字戏业余剧团，还有舞曲、唱曲等传统技艺。全镇建有村级文化室10个，建筑面积860平方米。特别是东涌村旅港企业家黄瑶个人投资近亿元，总建筑面积1.3万平方米的汕尾市东涌民俗文化馆。该馆的宗旨是继承源远流长之乡土文化艺术，展现乡民昔日之勤劳俭朴，和睦互助，尊老爱幼的传统美德，使其成为群众开展文化活动、启迪后辈追宗思远之场所。

加大教育资金投入力度，加强教师队伍素质建设，逐步改善教育基础设施，进一步巩固深化教育教学成果。至2013年，全镇共有小学19所，小学适龄儿童入学率100%，初中适龄人口入学率100%，小升初升学率100%。

全镇有卫生院1所，病床30张，专业卫生人员45人，其中执业医师8人，执业助理医师6人，注册护士8人。卫生院（门诊部以上）完成诊疗4.3万人次，出院病人760人次。

【其他社会事业有条不紊】 安全生产 坚持以人为本、安全发展的理念，全面落实了镇到村、到各单位、企业安全生产责任制，确保横向到边，纵向到底，不留“空档”“死角”，经常性地对辖区烟花爆竹、地质滑坡等高危行业（地段）进行清查，排除了安全隐患。2013年，全镇无一例重、特大安全事故发生。

综治信访 坚持“打防结合、预防为主”的方针，实施综治、信访、司法等部门集中办公，强化综治维稳力量，是年镇村两级共受理各类民间纠纷114宗，成功化解112宗，化解率达98.25%，共查处治安案件38起，刑事案件34起，实行领导包案制度，及时化解信访隐患，全年共受理群众来访案件17宗，结案15宗，办结率达88.24%，有效地维护社会稳定。

社会保障事业 牢固树立“亲民、爱民、为民”观念，想为群众所想，急为群众所急，切实解决群众生产、生活中的困难和问题，新型农村合作医疗参合覆盖率100%，实现所有自然村覆盖。积极落实城乡居民最低生活保障和重建家园、安居工程等惠民工作，2013年已纳入低保有788户1943人，全年发放救济金近230多万元，投入危房改造工程资金近186

万元，改造了124间危房。

计划生育　认真落实党政一把手亲自抓，创新工作机制，深入推进计划生育工作，强化督查考核。按照区的部署，积极开展集中服务月活动，做好计划生育层级动态管理工作。一年来，全镇落实“四术”646例，各项指标达到区下达的目标要求。

水利工程　2013年，东涌镇水利项目（在建工程）主要以示范镇建设为主，总投资1265.05万元，其中省级补助800万元，市区配套资金465.05万元，整个工程项目涉及的村委有安华、龙溪、新安、新民、宝楼、赤古等6个村委会，项目包括小山塘、小泵站、小堤围、小灌渠等。

（谢声送）

附　东涌镇领导成员名单

党委书记：许昌林
副书记：罗覃呈（2013年9月离任）
黄贤锐（2013年9月任）
委　员：罗绵龙
曾远通
骆盛林
刘焕庚
叶庆添
卢本召
曾冠中
曾昭钟
镇　长：罗覃呈（2013年9月离任）
黄贤锐（2013年9月任）
副镇长：罗绵龙
林汉扬
工会主席：余泽群

表 13

2013 年东涌镇各村、社区经济社会发展基本概况表

村（社区）	人口（人）		土地面积（平方公里）	低保人员（人）	集体收入（万元）	经济来源	基础设施	名胜文物建筑
	常住人口	外出人口						
东涌村	13214	3160	8.66	317	80.00	东涌镇商贸、餐饮业	通邮、通电、通水、交通便利，设有公共汽车站	民俗文化馆
新地村	3080	215	2.43	120	18.00	浅海捕捞、外出务工	通邮、通电、通水、交通便利，设有公共汽车站	
品清村	6800	500	2.97	56	60.00	餐饮、外出务工	通邮、通电、通水、交通便利，设有公共汽车站	
新湖村	5890	1300	11.53	135	15.00	以农业为主，外出务工，新湖工业区	通邮、通电、通水、交通便利	
东石村	3800	1450	8.61	101	5.60	以农业为主，外出务工	通邮、通电、通水、交通便利	
赤古村	2800	1260	3.98	98	8.50	浅海捕捞、外出务工	通邮、通电、通水、交通便利	
洪流村	1200	2700	6.00	122	5.00	以农业为主，种植果蔬	通邮、通电、通水、交通便利	
宝楼村	2563	1495	13.47	110	0.198	以农业为主种植水稻、荔枝	公共卫生良好，村通邮、通电、通水，交通方便，设有公交站	
石洲村	1650	625	1.12	56	37.00	外出务工	公共卫生良好，村通邮、通电、通水，交通方便，设有公交站	
新安村	2061	3800	3.12	123	5.50	种植农田、果树、餐饮	公共卫生良好，村通邮、通电、通水，交通方便，设有公交站	流口佛祖宫、古松两棵、青龙头古井一口
新民村	1500	1800	4.92	96	4.10	种植洋葱、花生等为主的经济作物	公共卫生良好，村通邮、通电、通水，交通方便，设有公交站	
龙溪村	2000	2640	2.71	124	0.20	以农业为主，种植经济作物	公共卫生良好，村通邮、通电、通水，交通方便，设有公交站	
安华村	4850	2580	7.79	120	0.23	以农业为主，种植经济作物	公共卫生良好，村通邮、通电、通水，交通方便	
民群村	500	3500	4.28	38	4.80	农田、养殖、种果树	公共卫生良好，村通邮、通电、通水，交通方便	
民进村	85	1243	5.88	73	1.80	种养	公共卫生良好，村通邮、通电、通水，交通方便	
东涌社区	3386	636	同东涌村合在一起	44	5.60		公共卫生良好，村通邮、通电、通水，交通方便	

说明：填报时间 2014 年 8 月。

红草镇

【概况】 红草镇位于广东省汕尾市城区北部，距市区中心约11公里，东接城区东涌镇，香洲街道，西靠长沙湾，北与海丰县陶河镇接壤，南临城区马宫街道，是城区政治、经济、交通、商贸、农业中心镇。全镇陆地面积69.73平方公里，海岸线13.6公里，下辖14个行政村和1个社区，共63个自然村，2013年总户数8455户，总人口42388人，其中外来人口4611人，从业人数22088人，其中外来从业人员4371人。

【历史沿革】 红草原称青草，1927年，海陆丰苏维埃政权成立后一度改称红草，后民国地方政府又改称青草。1957年，庆祝海丰苏维埃政权成立三十周年前夕，再改称红草。1969年，又改名东风（公社），1979年复名红草。

【基层党政建设】 红草镇下辖39个党组织，其中，村（社区）党（总）支部15个，机关（企）事业单位党支部16个，“两新”组织党支部8个，共有中共党员1076人。其中预备党员32名，占党员总数的2.97%。女党员155名，占党员总数的14.41%。35岁及以下的党员235名，占党员总数的21.84%。大专以上学历的党员178名，占党员总数的16.54%。

2013年，红草镇在村（社区）“两委”干部中开展“敢担当”活动，主要内容为村“两委”干部普法教育活动。活动开展初期，制作悬挂了50多条宣传大横匾，镇府大院内还专门制作了“敢担当”活动宣传栏，15个村（社区）也设置“敢担当”活动学习宣传栏，全镇建立了30多个微博。同时，各自然村也迅速行动起来，自觉加大宣传力度，充分利用宣传栏、小标语等营造浓烈的活动氛围。通过采用集中学习辅导等方式，组织村（社区）“两委”干部认真学习省、市、区关于加强基层组织建设的有关文件精神，围绕“讲担当、敢担当、会担当”这一主题展开大讨论，明确活动的目的意义和具体要求，自觉参与“敢担当”活动。一年来全镇已举办了32场次的集中法律法规培训辅导班，全镇镇、村干部撰写心得体会152篇。结合开展“敢担当”活动和党的群众路线教育实践活动，深入开展机关作风评议活动，制订完善干部职工上下班制度和请假制度。

【综合经济指标】 据统计，2013年全镇工农业总产值约67亿元，同比增长6.7%。其中，工业总产值65.4亿元，同比增长8.8%。2013年全镇固定资产投资约3.7亿元。

【工业】 红草工业园区位于海汕公路埔边至径口段两侧，园区规划总面积17平方公里，启动区建设面积4万平方公里，首期征地2500亩，涉及三和、径口、拾和等三村，其中三和片区2127亩已签订征地协议。作物及附着物的补偿已完成了715亩。其中，汽车城项目用地约80亩，现已完成约53亩。进驻红草镇埔边工业园区的主要工业企业有，国家粮食储备中心，德昌电子集团（超大型工业企业，员工人数超过10000人），岭峰印刷集团，五丰海产集团，银鹏柴油发动机有限公司，新华汽贸集团，广汽本田4S店，美顿食品有限公司，雅都食品有限公司，汕尾柏嘉玩具日用品厂。工业产品覆盖电子信息产业，机电产业，印刷产业，食品加工产业，汽车专卖，日化工业等等。

【农业】 按照“发展特色种养业，稳步推进农村经济产业化”的思路，2013年，红草镇不断加大对农村产业发展的政策扶持力度，促进农村产业多元化发展，有力地促进农民增收。一是粮食播种面积保持稳定。2013年全年农作物总播种面积达到27704亩，其中，粮食作物合计19319亩，主要农作物是稻谷、番薯。二是水果品种得到优化、效益得到提高。引导农户用良种、良法种植经济作物，优化品种结构，逐步提高种植效益。各类水果年末实有面积达到6572亩。三是畜牧业生产发展稳定。2013年年末，生猪存栏合计10617头，家禽年末存栏合计529580羽，家禽年末出栏合计408290羽。

【旅游】 红草镇历史悠久，民风淳朴，旅游资源丰富，拥有多处著名自然景观，神社庙宇，优美海岸线。辖区内有“南阳名胜亭”（明代）、“彰善义学”、“狮山书院”、“万福庵”、“真武庙”、“古墓”等旅游古迹，以及同顶山自然森林公园，长沙湾旅游度假村，民俗风俗文化中心等多处旅游好去处。

【基础建设】 农田水利设施完善，有山塘水库7个，总库容700万立方米，水源充足，排灌渠道畅通。深汕高速公路在红草镇埔边村设置出入口，海汕公路贯穿全镇，全镇15个行政村（社区），均已实现了公路水泥化，全面通电、通邮、通水、通有线电视、通电信等。

【科技】 红草镇深入贯彻落实科学发展观，坚持以农业稳镇，工业强镇，第三产业兴镇的经济战略，加快转变经济发展方式，着力引进一批效益型、基地型、税收型的大企业。埔边工业园区拥有德昌电子有限公司、银鹏发展有限公司、快捷通导设备有限公司等一批生产规模大、经济效益好、品牌知名度高的电子机械类的龙头骨干企业。据统计，红草镇电子机械类相关企业年产值达到33亿元，约占全镇工业产值53.2%。另外，红草工业园区正在积极申报省级高新技术开发区，电子信息产业将是高新区未来的主要支柱产业之一。随着高新区建设工作的进一步推进，红草镇的电子机械类企业将大量增加，产业规模也会越来越大。全镇的电子机械类特色产业产值已远远超过牡蛎养殖与加工产业产值。

【教育】 红草镇辖区有2所初级中学（红草第二中学，逸挥中学），1所职业中学（红草中职学校），14所小学，中小学在校学生人数9000人左右，教职工400多人。2013年，全镇基础教育得到优先发展。全镇初中学校在校生年辍学率控制在3%以下，小学阶段适龄儿童入学率达到100%，小学毕业生升学率达到100%，初中毕业生升学率达到85%。其中，适龄“三残”儿童少年入学率达到90%。

【文化体育】 红草镇文化生活丰富多彩，民间娱乐生活多姿多彩。西秦戏，白字戏，各种戏曲以及舞龙舞狮唱曲等传统戏艺皆有在节目里在各个村落上演。各村皆建设村级文化娱乐室，全镇文化娱乐室超过25家，建筑面积超过1000平方米。红草镇综合文化站位于文化底蕴深厚的青草社区，建筑面积约500平方米，项目建设预计投入资金40多万元，现已投入资金23万元，其中上级拨款8万元，镇自筹15万元，两层的框架结构建设已全面完工。建成后内设5个功能室，包括办公室、图书阅览室、多功能活动室、老年人活动室、教育培训室等，配套相关的办公设施、运动器材和图书等,配备专兼（职）管理人员3名。另外，体育活动也比较活跃，各个民间球队会不定期举行友谊篮球赛，羽毛球友谊赛等体育交流活动。

【卫生】 医疗卫生方面，是年，红草镇拥有红草中心卫生院1所，私人个体医疗站47家，专业卫生医疗人员超过70人，医用床位30个，农村医疗保险覆盖率100%，推行了农村新型社会养老保险。卫生院配备有与之适应的较全的医疗器械及具有诊断和治疗经验的医护队伍，各村的个体医疗站作为辅助型医疗，形成社区型配套医疗服务的覆盖体制。是年卫生诊疗状况良好。

【综治】 是年，综治信访维稳中心受理信访案件11宗，成功调解11宗；化解复杂矛盾纠纷1宗；即时办结13宗；接受法律咨询60多人次；红草镇各村（社区）综治信访维稳工作站受理案件56宗，调解成功54宗，调解成功率达96.4%；

【民心工程和社会保障】 2013年强台风“天兔”在汕尾市沿海登陆后，红草镇遭受严重影响，给各行业尤其是农业、养殖业造成了严重损失，全镇直接经济损失达79965.43万元，没有发生人员死亡。红草镇制定了《红草镇救灾复产工作方案》，在镇班子成员带领下，发动全镇干群近3000人，从24日开始连续几天对全镇范围内进行道路清障、交通恢复、电力维护、电讯抢修、生活供水等工作，在9月25日前完成了通路、通水工作，在9月30日前，完成通电工作，群众生活基本保障。组织救灾队伍协助民政部门配合各村（社区）对居住危险屋舍的群众及孤寡老人、“五保”户做好撤离和安置工作，对“全倒户”群众进行安置转移，认真落实临时避险场所，并积极做好发放救灾物资工作，共发放大米400条1万公斤，食油400瓶。据统计，区、镇、村共投入救援人员180多人，转移群众575人到逸挥基金学校安置点，救助受困群众25名。全镇全倒户18户。红草镇人民政府民政办公室共发出自然灾害临时救助款近6万元，危房改造达85户，投入改造资金将近127.5万元。

【扶贫工作】 2013年红草镇由民政室发出低保、“五保”款将近170.00万元，对孤儿发出21万元，残联3万元。

（彭协夫）

附 红草镇领导班子成员名单

党委书记、人大主席：王建忠
党委副书记：陈伦腾
韩如沛
委　员：张永宜
秦友家
许捷华
王伯待
余少杰
骆志雄
洪向泊
镇　长：陈伦腾
副镇长：张永宜
人大副主席：秦友家
工会主席：许　吟

2013年红草镇各村、社区经济社会发展基本概况表

表14

村（社区）	人口（人）		土地面积（平方公里）	低保人员（人）	集体收入（万元）	经济来源	基础设施	名胜文物建筑
	常住人口	外出人口						
梧围村	1262	1531	6.4	48	33.7	以农业为主，兼渔业，是红草镇主要产粮区之一	全村实现巷道水泥化，通信、通电、通水、交通方便，设公交车总站。	
海梧村	1592	1100	5.8	46	49.5	以农业为主，兼渔业，渔业鱼塭养殖为主，是镇渔业养殖基地之一	全村实现巷道水泥化，通信、通电、通水、交通方便	
径口村	1320	815	3.3	89	73.0	以农业为主，兼渔业和海水养殖。渔业以鱼塭养殖为主，林业以发展水果（荔枝）和种植马尾松为主，有镇“三高”农业的荔枝生产基地	全村实现巷道水泥化，通信、通电、通水、交通方便	
拾和村	3417	968	7.1	101	76.3	以农业为主，兼小量鱼塭养殖、林业和商业服务业，林业以种植马尾松和发展荔枝种植为主	全村实现巷道水泥化，通信、通电、通水、交通方便	狮山书院
青山村	1330	888	6.5	78	6.4	农业为主，兼以林业。林业以栽培马尾松和发展水果种植项目为主	全村实现巷道水泥化，通信、通电、通水、交通方便	
南汾村	6909	1435	8.5	128	61.8	以农业为主，兼以海水养殖业，以虾蟹、牡蛎等为主要海水养殖项目，有镇“三高”农业项目的荔枝基地	全村实现巷道水泥化，通信、通电、通水、交通方便	城隍庙石马
红草社区	4261	782	8.0	135	52.7	是原红草镇人民政府驻地，主要有商业、服务业、工副业等，兼以养殖业，盛产泥蚶（血蚶）、牡蛎、对虾、膏蟹等优质海产品	全村实现巷道水泥化，通信、通电、通水、交通方便	中共海丰县第八区旧址
新村	888	265	4.2	27	38.5	以侨汇、农业为主，兼以鱼塭养殖。果树种植为该村的传统副业，出产的杨桃远近闻名	全村实现巷道水泥化，通信、通电、通水、交通方便，环境优美	柳亚子避居处

续表 14

村（社区）	人口（人）		土地面积（平方公里）	低保人员（人）	集体收入（万元）	经济来源	基础设施	名胜文物建筑
	常住人口	外出人口						
晨洲村	1590	408	2.6	39	87.6	以海水养殖为主，兼以浅海捕捞及农业，素以牡蛎养殖闻名，晒制明蚝（蚝脯）是该村的传统手工副业	全村实现巷道水泥化，通信、通电、通水、交通方便	
亚洲村	226	148	0.7	22	13.4	以海水养殖为主，兼营农业。生产牡蛎、膏蟹、对虾、涂鱼等名优产品	全村实现巷道水泥化，通信、通电、通水、交通方便	
光明村	373	85	0.8	35	5.1	以农业为主，兼以林业、林业以栽培马尾松，发展水果生产为主要项目，并有蔬菜基地	全村实现巷道水泥化，通信、通电、通水、交通方便	
五雅村	989	456	4.5	77	18.2	以农业为主，兼以林业，林业以水果种植和马尾松为主	全村实现巷道水泥化，通信、通电、通水、交通方便	
三和村	1907	1695	6.5	78	190.97	以农业为主，兼渔业、林业，渔业以鱼塭养殖为主，林业以种植水果为主	全村实现巷道水泥化，通信、通电、通水、交通方便	
埔边村	2685	400	6.3	75	32.53	以农业为主，兼以商业、服务业等，是红草政治、经济、文化、教育、卫生、商贸、电信等所在地，设有工业园区	公共卫生良好，巷道水泥化，通信、通邮、通电、通水，设有高速路出入口，交通方便	“南阳名胜”亭
西河村	2013	695	4.0	63	84.5	以农业为主，兼有少量鱼塭养殖。其中桥头村是红草镇三高农业的水果（荔枝）基地	全村实现巷道水泥化，通信、通电、通水、交通方便	

说明：填报时间 2014 年 8 月。

捷胜镇

【概况】 捷胜镇地理坐标北纬22°43′至22°44′，东经115°23′至115°24′，位于汕尾市区东南侧的红海湾畔，距市区18公里。辖地东与红海湾经济开发区毗邻，西与新港街道大华半岛接壤，北与东涌镇连接，南濒临太平洋。海域中分布有菜屿岛、龟龄岛等，明石暗礁盘踞。境内西北有大伯山、虎洞山，西南有烟墩山，中有云山。自东向西错落有石狗湖、双石湖、沙坑湖、东坑湖等四湖朝海。陆上被九伯岭分隔为两部分，中部地势略高，旱地居多，耕地多为沙质土，有少量淤泥，适耕性较强。

【土地、人口】 全镇辖区陆地面积约49.48平方公里，海岸线长12公里。有耕地面积约11250亩，其中水田4439亩，旱地约6811亩，人均耕地面积0.21亩。2013年全镇户籍人口54213人，其中男29067人，女25146人，有农业人口42268人，渔业人口4736人，非农业人口7209人。

【历史沿革】 明洪武二十八年（1395年），朝廷为保沿海安全，命“千户”侯良择地捷琅埔建筑城防。城刚建成，倭寇来犯，吏民倚城英勇抗击，大败来犯之敌，大功告捷。为纪念此役，取“捷琅埔”之“捷”字，后加战胜之“胜”字，故名“捷胜”，沿用至今。明清年代捷胜城设城所、镇武司、吏目厅等官方机构，故有“捷胜所城”之称。军事上属陆丰碣石卫管辖，行政上隶属海丰县金锡都。民国2年（1913年），捷胜属海丰县第七区署，民国34年（1945年），撤区设镇。1949年捷胜解放，属海丰县第七区。1953年改称捷胜区。1958年成立捷胜人民公社。1984年撤社设区。1987年改区为镇。1988年3月建市设区后，设立汕尾市城区捷胜镇人民政府，隶属市城区管辖。2013年，辖东门、西门、南门、北门4个社区（30个居民小组），联安、联星、大流、五爱、埔尾、前进、石岗、石头、南门外、东坑、沙坑、牛肚、沙角尾、军船头14个行政村（32个自然村）。

【人文特点】 捷胜镇建城六百多年，人文历史、文化积淀、文化遗风、诗书画艺术等源远流长、底蕴深厚，素有“文化古城”之称。

捷胜地处偏壤，海角天涯。恶劣的自然环境、清贫的物质生活，造就了捷胜人勤劳精明的求生本领，熏陶出捷胜人乐天知足的性格以及极为丰富充实的精神崇拜和宗教信仰。寺庙林立、神宫遍地，是捷胜镇自古以来的另一特色。

捷胜有悠久延续的人文积淀。首先，捷胜城建成以后，成为周边乡村政治、经济和文化的中心，改变了传统的单一的小农生产结构，百工诸业随之兴起。其次，建置之后，屯军戍守，有部分官兵留居捷胜，生息繁衍（现全镇姓氏达86个）。驻捷官兵多来自中原、东部各省，他们各自带来了当地的才识、技艺和习俗等文化。数百年来，内外文化相互交融，共同促进，并积淀成比较深厚的颇具包容性的文化底蕴。再次，重视兴学育才。城里的内文阁和城郊的外文祠，是古城作为集中培训应科举考试的学子处所。各大姓氏在自家的祠堂亦都办起了私塾。城里各社区利用公共场所，在东、西、南各城楼设塾，城外各村亦设有村塾。明清以来，该镇在文学艺术，教育科技等领域中，出现了许多取得重大成绩的人士。

白字、西秦、正字等地方戏剧有浓厚的群众基础。清末起，当地群众自办戏班，代代传承，还先后为海陆丰其他地区输送了不少演员，后来成为闻名的艺人。有西秦老生罗益才、西秦名丑何念砂、西秦名伶罗宗满、乌面名伶刘妈倩，正字“活曹操”林友平、正字名伶张细抱、正字戏名丑赖佛良、著名鼓师刘彩，白字戏何纯禧、赖一心等。民国时期有被鲁迅誉为“最有战斗力的版画家”何白涛，有擅长画竹（国画）的林大蔚，画梅（国画）的许兆寅，被当地群众称为“林厝竹”“许厝梅”。捷胜作为文化艺术之乡，有着悠久的文化艺术脉络。为继承发扬这种传统，建区以后，1994年成立“捷胜诗词社”，现有会员70多人。至2013年年底已出版《捷胜诗词》47期。1996年捷胜成立书画社，今会员近100人，出版期刊约32期，其作品交流海内外。2003年成立群众乐器组织“群乐社”，经常开展活动，其宗旨是挖掘、整理稀有剧种、传承地方戏曲文化。

清末以来，捷胜古建筑、贝雕、木雕、石雕、泥塑等以其独特的风格而享誉海陆丰。尤以捷胜泥塑等传统工艺颇具特色。捷胜泥塑，历史悠久，以简洁、夸张、传神为特点，具有海洋特色古韵的传统工艺。

捷胜是一个革命老区。为纪念在第一、二次国内革命战争时期、抗日战争时期、解放战争时期牺牲的革命志士。1956年经海丰县人民政府批准，建造了革命烈士纪念碑。位于捷胜镇北门外，占地面积1000平方米，建筑面积828平方米，分大小两个纪念碑，大碑有108位烈士英名，小碑为革命烈士李劳工之碑。

【自然资源】 捷胜自然资源丰富，风光秀丽。南面海岸对开海面3公里处有一岛屿，状似海龟，名龟龄岛，面积0.24平方公里，周边有牛皮洲、赤腊、鹰屿、青屿、芦苑屿五个小岛。岛上建有一座妈祖庙和高约30米的妈祖石雕像。还有形象逼真的风景地貌：南天门、羊回头、卧佛、蘑菇石等。该岛三面岩岸，西北侧沙岸，可泊大小船只数十艘，避9级以下大风。

【水产资源】 捷胜水产资源丰富，盛产鱼类、贝壳类和藻类。其中鲍鱼、龙虾、石斑、海胆、角螺、蚌蚝、紫菜等水产品以其质优驰名中外。

【矿产资源】 12公里的海岸沙滩中贮藏有玻璃矿砂和钨矿（储量未探明）。岛屿山坵中花岗石储量较多。

【名胜古迹】 捷胜名胜古迹名闻遐迩。它有距今六千年至三千多年的新石器时代中晚期的沙坑北、沙坑南、东坑南、牛肚南、沙角尾等遗址；还有唐宋元时期的海底城寨、大石牯古村落及茅埔墟镇等遗址。城西东坑村有建于南宋末期的白石庵；城内有建于明代初年的观音堂、古城址和具有建城标志的城隍庙、五土四社稷；城西和城南有建于明崇祯年间的云山寺、云海寺；石厝村山岗有明末清初爱国志士廖天佐和刘锷隐居的天然石室"黎明洞"，其摩崖石刻文是汕尾市重要文物古迹之一；牛肚西南的海滩有建于明末为抵御敌寇而牺牲的"七老将"祠；南海岸东西两处还有建于清代的烟墩遗址；西门近郊有建于清光绪年间仿西式建筑造型的天主教堂，该教堂是当时海丰县中心教堂之一；北郊的狗地埔有为纪念第一、二次国内革命战争时期至解放战争时期牺牲的革命志士而建的革命烈士纪念碑，这些文物古迹是汕尾市有名的旅游胜地。

【重点基础设施建设】 2013年，全镇投入资金324万元，实施南清坑排污环保整治工程。该项目从埔尾村至石狗湖口，铺设排污管道1507米，护坡面积2267平方米，清淤9042立方米及其他配套等。该项目的实施，实现全镇主要污染物减排目标，改善环境空气质量，从而创造良好的投资环境和宜居环境。2013年，投入资金38万元，购置老派出所办公大楼作为捷胜文化中心综合楼，为打造文化名镇提供阵地。投入资金近70万元，新建一栋面积近210平方米三层综合大楼，切实解决了镇人力资源社会保障服务所、镇计生服务所以及职工食堂等单位的办公、就餐环境，打造优质服务窗口。2013年，全镇投入资金920万元，铺设村（社区）行政路道4450米；整治环境卫生场地12处；安装路灯650盏；兴建文化活动广场2500平方米；文化活动室1个，230平方米；新建村头小公园3个。

是年，石岗村在扶贫挂驻单位深圳市人大办公厅的支持下，投入资金34万元，铺设古井山至大淋村长500米，宽5米的村道水泥路面，解决了群众行路难的问题。

东坑村采取"上级支持，群众捐资"的办法，集资110万元，铺设沙坑至东坑（国防路）行政村长2000米，宽3.5米的道路水泥路面，实现全线贯通，确保群众驾车安全行驶和海训部队海训演习的方便。

在社会各界人士的支持下，集资近50万元，实施捷胜公路（马格路口段）改造工程，消除了驾车的安全隐患。

【基层党政建设】 2013年，捷胜镇党委增强"主业"意识，多措并举，切实加强基层党建工作。

着力抓基层建设，为发展夯实基础 根据区委和组织部的工作部署和要求，捷胜镇以"抓基层、夯基础、强素质、提能力、惠民生、促发展"为主线，以"守法、为民、担当"为主要内容，重点抓好村（社区）"两委"干部法制教育，提高村（社区）管理科学化、法治化水平，增强村（社区）"两委"干部依

法行政、化解矛盾、维护稳定、推动发展的水平和能力，切实解决农村中财务管理混乱、土地管理凌乱和“三务”公开不及时等问题。1.抓好法律法规学习。全镇以区“送法下乡”为契机，组织全镇村（社区）“两委”干部听取市律师方振宏所作的法制教育课，组织村（社区）“两委”干部参加区法律培训，观看《村官犯罪警示录》教育片；全镇党政领导班子带头学法、用法、普法。通过深入调研，掌握案例材料，以相关法律法规为依据，分别深入各村（社区），为“两委”干部上法制教育课18场次，依法依规协助解决村（社区）矛盾纠纷18宗，其中：涉及土地管理案件4宗，依法处理土地纠纷1宗，涉及财务管理案件2宗，房屋纠纷案件1宗，坟墓纠纷8宗，依法调解家庭婚姻案件2宗，进一步维护了社会稳定。2.开展“四查”抓整改。深入开展查自身法律知识的掌握情况好不好，查日常工作中有没有按章办事，查“三务”公开是否及时透明，查工作中是否存在违规违法行为的“四查”活动。查找出问题25条，制定整改方案18个；全镇18个村（社区）委都建立规章制度。3.抓承诺，推动民生实事落实。全镇继续开展“敢担当”活动，推行承诺工作制，把落实民生实事作为“敢担当”活动的出发点和落脚点，作为“两委”干部履职为民，担当实干，推动发展的重要考量。据统计，2013年，全镇各村（社区）完成为民办实事项目70件，实际投入资金904.89万元。此外，抓好建章立制，加强制度建设，规范执法行为，完善“三务”信息管理等。捷胜五爱村委会，沙坑村委会被区委评为2013年度“敢担当”活动先进单位。

着力抓党建工作，为发展提供保障 1.抓理论学习促提高。以镇党委理论中心学习组为载体，组织全镇党员干部认真学习中共十八大精神和新《党章》，继续深入开展创先争优活动和“亮承诺，抓落实，促发展”活动，落实书记创新项目；抓好党代表工作室接访工作等。组织全镇党员干部开展“汕尾兴衰我有责”的专题组织生活会，开展“向西融珠（珠三角）加快干，我是党员怎么办”的大讨论，教育引导党员干部牢固树立“汕尾发展舍我其谁”的主人翁意识和“心系汕尾，责无旁贷”的责任意识，全力以赴投身到“汕尾理想助圆中国梦”的实践中。2.抓基层支部的整顿。认真制定好整顿方案，着力开展整治。3.抓好党员远程网络教育。以领导班子挂驻村为重点，坚持领导带头学带动党员群众学，全镇开机率达100%。4.抓“两新”组织建设。全镇在抓好基层组织建设的同时，重视“两新”组织的党建工作。为更好发挥党组织在“两新”组织中的政治核心作用和政治引领作用，捷胜镇高度重视“两新”组织党建工作。2013年6月，市委常委、市组织部长苏茂荣到捷胜镇新雅地毯制造有限公司进行“两新”组织调研，并为该公司党支部成立揭牌。全镇有非公企业9家，符合建立党支部党员数标准的6家非公企业分别成立党组织，其他的非公企业建立联合党支部1个，覆盖率达100%。5.抓关注贫困党员。2013年“七一”前后，区直挂驻单位会同各村（社区）党支部开展走访基层慰问老党员和困难党员的活动，全镇慰问老党员和困难党员150多人次，送去慰问金17000多元。6.抓作风建设。组织全镇干部职工，认真学习贯彻中央“八项规定”，以“面向基层，整顿作风，服务群众”为主题，针对干部队伍中存在“慵、懒、散、奢”“四风”等不良习气，认真开展干部作风的整顿。全镇建立干部职工上班签到制度，班子成员下乡驻队工作制度，下基层调研制度，重点项目建设责任分工制度，党廉建设制度等。通过作风整顿，营造风清气正，干事创业的环境，以作风的转变推动经济社会大发展，为科学发展提供动力。

【综合经济指标】 2013年度，全镇社会总产值148635万元；工农业总产值111319.95万元，同比增长5%；其中工业总产值85419.95万元，同比增长10.5%；农业总产值25900万元，同比增长3.8%；渔业产量6625吨，产值7256万元；社会固定资产总投资27247.05万元，社会消费品零售总额10068万元；农村人均年纯收入6780元，同比增长3.2%。

【工业】 2013年，全镇规模以上工企业有5家，规模以下工企业50家，个体经营162家，工业总产值85419.95万元，同比增长10.5%。

【招商引资】 2013年，捷胜镇在抓好新雅地毯厂等企业灾后复产、做强做大的基础上，促使投资600万元的汕尾市红卫渔具厂在捷胜落户，是年已建好办公大楼和厂房，安装设备，进行招工。

【农业】 2013年，全镇投入600多万元，开展山塘水库除险加固工程、南北排洪和农田水利排灌系统的整治，确保农业生产旱涝保收。全镇农业总产值25900万元，比2012年增长3.8%。

【科技】 2013年，捷胜镇坚持科技兴农，积极推广科普知识，提高群众科技意识，引导群众科学种养，有效促进了农业增效，农民增收。

【教育】 2013年，全镇有完全中学、初级中学各1所，11所小学（前进、天宝小学因生源不足停办）。全镇在校小学生1876人，学龄儿童入学率99.5%；全镇初中在校生1414人，入学率98.2%；高中在校生650人，毛入学率86%。全镇有中小学教师351人，其中中学教师185人，有高级职称10人，中一职称80人，中二职称44人，未定职称51人；全镇小学教师166人，有高级职称151人，小一职称12人，未评职称3人。2013年度，文昌中学普通高考参考学生230人，本科入围8人，3A入围18人。

【文化体育】 捷胜文体活动丰富多彩。是年大年初一至初三，捷胜镇文化站、捷胜灯谜社和捷胜诗词社联合新春灯谜会，精心制作汇聚生活常识、历史常识、成语故事等内容的灯谜1200多条，同时集资1万元，购置丰富小奖品。灯谜会吸收了大批群众参加，有10岁左右的小朋友，也有70多岁的老人。开展活动期间，台上锣鼓声咚咚，台下叫猜声接连不断。

春节期间，捷胜书画社举行了甲午迎春笔会暨年度艺术颁奖典礼。近100多位捷胜籍书画家、书画爱好者共庆新春佳节，交流创作心得，商谋捷胜书画事业的发展。笔会上，老、中、青书画家或交流创作心得，或观摩品评作品，或现场挥毫创作，整场笔会弥漫着浓浓的祥和、健康的文化气息。笔会现场还为2012年度在国家级、省级等书画展赛中入展、获奖的周雄、何世新、陈古、周仲富等社员颁奖，总奖金4万多元。其中，当年周雄加入了中国书法家协会。

此外，还举行为期三天的春节篮球比赛。

【卫生】 2013年，全镇致力整治村容村貌和乱、脏、差的现象，组织专门队伍，对镇辖区公路两边和交通要道等乱倒垃圾杂物以及建设杂土等进行全面的清理整治。2013年“9·22”台风“天兔”对捷胜正面袭击，环境卫生一片狼藉。镇卫生院开展防疫工作，出动医务人员84人次，对重大市场、学校、街道等进行喷药消毒，确保全镇大灾之后无大疫。全镇出动干部职工，海训部队官员2600多人次，清理灾后垃圾杂物近百吨，确保群众正常生活秩序。

【综治维稳】 发挥综治信访维稳中心平台作用，加强社会治安综合治理的组织领导，坚持综治、信访、维稳、公安、司法、调解等“六位一体”工作平台，深入开展平安建设，做好“五项”工作台账。落实领导干部“五包”案件责任制；完善区、镇大接访机制；加大社会矛盾纠纷调处力度，严厉打击违法犯罪行为；开展外来人口专项整治活动；整治治安混乱地区和学校周边环境；开展“黄赌毒”专项行动，维护社会和谐稳定。据统计，2013年，全镇共接处警138宗，出动警力752人次，受理治安案件25宗，查处22宗，立刑事案件10宗，破案6宗，查处违规违法32人，逮捕犯罪嫌疑人4人，行政处罚28人，社区戒毒6人，强制隔离戒毒20人；排除矛盾纠纷67件，成功调处67件，成功率100%。

【民心工程和社会保障】 全镇投入资金126.13万元：其中争取上级支持资金13.565万元，扶助残、孤、寡和特困家庭。市政协慰问单亲20户，资金1.2万元；区扶贫办改造危房2户，资金2万元；省妇联发放贫困儿童营养包13包，资金0.52万元；省、市、区妇联援建单亲母亲安居房2户，资金4.2万元；区妇联慰问孤儿38户，资金0.95万元；区妇联组织爱心人士慰问东门居委孤寡老人、单亲母亲99户，资金4.455万元；省妇联给贫苦母亲送爱心邮包12户，资金0.24万元。同时，区妇联、区卫生局、区保健院和捷胜卫生院免费为500多名妇女开展“两癌”检查服务。全镇实施农村危房改造99户，投入资金99万元。

【扶贫工作】 2013年，广东省新一轮“扶贫双到”工作正式启动。捷胜镇石岗村委会、联星村委会、沙角尾村委会分别得到深圳市人大、深圳市人民政府、深圳市政协的结对帮扶。有五爱村委会、埔尾村委会、联安村委会、大流村委会等得到市区有关单位的结对帮扶，帮扶从2013年至2015年，时间为3年。

【先进荣誉称号】 2013年度，捷胜镇武装部被市军分区评为2013年度先进基层武装部。文昌中学教研处主任刘建业获2013年省总工会“五一”劳动奖章。

【上级领导视察活动】 2013年6月6日，市委常委、组织部长苏茂荣一行到捷胜镇新雅地毯制造有限公司进行“两新”党建工作调研，了解该公司成立党支部的情况，参观党员活动室和厂房，与公司相关人员进行座谈，并为公司党支部成立揭牌。陪同调研的有区委常委、组织部长卢学军、捷胜镇党委书记刘克敏、副书记叶朝阳、组织委员曾昭极。

是年7月，在喜迎建党92周年来临之际，城区挂驻捷胜镇区直单位区妇联、区外经贸局、区武装部、区住建局、区经信局、区交通局、区检察院等领导干部一行走访基层，心系党员，深入捷胜镇挂驻单位，走访党员，送去节日的问候和慰问金。据统计，区直挂驻单位共慰问老党员近百名，送去慰问金13000多元。

7月16日，深圳市人大常委会党组成员胡利群率领有关干部一行，专程到捷胜镇扶贫挂驻点石岗村委开展扶贫调研活动。在石岗村村委会办公室，听取该村经济社会发展情况，深入了解民生状况，探讨该村集体经济扶贫开发项目；并深入石岗、南门岗、双湖、大淋四个自然村，了解社情民意和民生状况，还对部分困难家庭开展慰问、送上慰问金。随后，胡常委等一行，深入双湖沿海滩涂，实地察看和了解投资开发集体经济项目情况。陪同参加的有区长刘闪星、副区长何秀滔、镇委书记刘克敏、镇长曾昭好等。

8月22日，由市检察院牵头、市海事局、市环保局和中国人民财产保险股份有限公司汕尾分公司等领导组成工作组，到捷胜镇开展扶贫开发调研活动，与捷胜镇党政班子成员共商扶贫开发发展大计。

8月23日，由区行风评议团团长林友识、副团长陈显长带领的区行风评议团一行，到捷胜镇召开行风评议座谈会，对城区教育、卫生等18个单位在履行职责、依法行政、服务质量、办事效率、廉洁从政以及解决群众关心的热点、难点问题等方面提出意见和建议。

8月27日，区委常委、组织部长卢学军带领区组织部、区人大、区财政局、区民政局等单位的有关领导，到捷胜镇就2014年村（社区）“两委”干部换届选举前的相关工作进行调研。

9月3日，市政府副秘书长蔡水镜率市民政局、市林业局、市国土局、市公安局及中华保险公司等有关领导到捷胜镇开展殡葬管理工作的督查。陪同市领导的有副区长何秀滔、民政局局长黄超、林业局局长林楚城，还有捷胜镇党政领导等。

10月11日，深圳市人大办公厅副秘书长率扶贫“双到”工作领导小组一行，到捷胜镇石岗村开展专题帮扶项目调研。陪同此次调研活动的有市委常委、区委书记陈少荣，区人大副主任邝文泉，副区长何秀滔，驻石岗村的区法院领导以及镇委书记刘克敏等。

工作组一行实地考察石岗村海边沙滩及双湖、黎明洞、学校和村民生活基础设施、文化设施、农田水利设施及拟发展村集体经济项目等情况，并充分交换了建议和意见。工作组一行表示在近期投入100万元的资金，建设一栋两层360平方米的村综合楼和铺设一条600米村道，落实47户贫困户的帮扶工作，帮助20户危房改造。同时引进深圳市某实业有限公司帮助该村解决路道建设、环境卫生、绿化、亮化、美化和解决群众用水难的问题。对发展集体经济“造血”项目也进一步进行了研究和探讨。12月底，投入资金34万元铺设古井山至大淋村路道长500米，宽5米的水泥路面，已竣工验收。

10月25日，省老促会副会长郑木胜率队到捷胜镇开展革命老区建设情况调研活动，陪同调研活动的有副区长何秀滔、区老促会会长吕子春，镇委书记刘克敏等。

老促会一行到捷胜镇石岗、沙角尾等地视察，并瞻仰捷胜镇革命烈士纪念碑。

11月7日，深圳市人大常委会主任白天率领常委会领导一行到捷胜镇扶贫“双到”挂驻点石岗村开展考察调研活动。市委常委、区委书记、区人大常委会主任陈少荣，区长刘闪星，区人大常委会副主任陈境炉，区委常委许昌林，区人大常委会副主任邝文泉，副区长何秀滔，区扶贫办主任黎友群以及捷胜镇党、政班子领导等陪同。

主任白天一行考察了捷胜镇双湖海滩、古井山至大淋自然村国防路建设项目、石岗村综合楼项目、黎明洞公园等，并到石岗低保户林惠一家慰问。

随后，在石岗村办公室召开座谈会，听取石岗村支部书记周贵谋介绍基本情况及“双到”工作进展情况，镇委书记刘克敏、区委书记陈少荣等先后发言，白天主任作了重要讲话。

12 月 12 日，深圳市政协主席王穗明率领该机关领导班子成员一行 20 多人到捷胜镇沙角尾村开展调研和慰问贫困户活动。陪同参与活动的有汕尾市市委常委、区委书记陈少荣，市政协副主席刘概，区长刘闪星，区政协主席吴大集，区委常委许昌林，副区长何秀滔，区政协副主席邵银洲，区扶贫办主任黎友群，捷胜镇党委书记刘克敏，镇长曾昭好，副镇长邝学武以及区、镇扶贫办等人员。

是日上午，深圳市政协领导带来大米、食用油等生活物资在沙角尾村委办公楼门口前举行慰问贫困户捐赠仪式，党委书记刘克敏主持。深圳市政协主席王穗明及政协各位领导向沙角尾村贫困学生代表捐赠书包，向该村贫困户代表捐赠棉被、大米、花生油和社保卡，同时还为该村“农家书屋”捐赠科普图书等。然后分成若干组走访 46 户贫困户，开展慰问活动，分别送上大米、棉被、花生油和书包等。随后，深圳市政协领导一行深入该村田间地头，对该村集体自留地、种植项目开发和农田水利灌溉、排污系统改造、农林种养业、老学校改造、开发旅游项目等进行调研和视察。与市、区、镇党政领导和“两委”干部召开座谈会，一起相互交换意见和看法，共商扶贫致富大计。

【记事】 2013 年 9 月 22 日，第 19 号强台风“天兔”正面袭击捷胜镇，风力达 14 级以上，狂风巨浪暴雨之大，实属历史罕见。捷胜镇灾情极其严重。全镇受灾达 5750 户，受灾人口 25450 人，转移人口864 人，全镇无出现伤亡事故；全镇“全倒户”房屋 47 间，严重受损 596 间，一般受损 770 间；损害农作物 7685 亩；海淡水养殖损失面积 3505 亩，种养户损失 35 家；果木受损面积 3568 亩，林业损失 14250 亩，畜牧业损失有耕牛 58 头，生猪 3070 头，三鸟25735 羽；工企业是这次损失的重灾区，全镇大小工企业损失近 20 家，其中新雅地毯厂损失设备及地毯成品近千万元。水利设施、交通运输、公共设施、旅游资源等都损失惨重。据不完全统计，全镇直接经济损失达 2.2 亿多元。

（王立新）

附 捷胜镇党委、政府领导成员名单

党委书记、人大主席：刘克敏

副书记：曾昭好

叶朝阳（2013 年 9 月底调出）

委员、纪委书记：何世海

委　员：邝学武

黄晓玲

曾海生（2013 年 9 月底调入）

刘锦林（2013 年 9 月底任）

吴　峰(2013 年9 月底任)

镇　长：曾昭好

副镇长：邝学武

范远途

武装部长：陈德伦（2013 年 9 月底调出）

人大副主席：何秀国

工会主席：曾昭极（2013 年 9 月底离任）

2013年捷胜镇各村、社区经济社会发展基本概况表

表15

村（社区）	人口（人）		土地面积（平方公里）	低保人员（人）	集体收入（万元）	经济来源	基础设施	名胜文物建筑
	常住人口	外出人口						
东门社区	2142	2350	3.4	123	3.50	以农业为主，是捷胜镇商贸、餐饮、水产品交易中心	全社区实现道路水泥化，通邮、通电、通水、交通方便	
西门社区	1565	620	2.1	169	2.50	以农、工、商为主，是商贸主要场地	全社区通邮、通电、通水，交通方便	
南门社区	2022	1000	1.4	84	3.12	以农为主，是商贸所在地	公共卫生整洁，实现街道水泥化，社区通电、通水、通信、交通方便	
北门社区	3306	3130	4.3	217	10.3	以农业为主，是捷胜政治、经济、文化、教育、卫生、商贸、电信等所在地，是工业聚集地	公共卫生良好，街道水泥化，社区通信、通邮、通电、通水，设公交车总站，交通方便	李劳工烈士碑 革命烈士碑 捷胜古城墙一角
南门外村	2428	485	1.6	136	1.13	以经济作物为主，兼捕捞、养殖	全村实现巷道水泥化，通信、通电、通水，交通方便	
石头村	2077	520	1.4	93	8.12	以潜捞为主，农业为副	全村实现巷道水泥化，通信、通电、通水，交通方便	
联星村	1107	705	1.9	54	1.33	以农业为主，商农并茂，设立捷西市场，农贸市场	全村实现巷道水泥化，通信、通电、通水，交通方便	捷胜得道庵
五爱村	2630	450	2.2	97	2.8	以农作物种养为主	全村实现巷道水泥化，通信、通电、通水，交通方便	
石岗村	644	1540	2.5	99	0.47	以农业为主，渔业为副	全村实现巷道水泥化，通信、通电、通水，交通方便	黎明洞
沙角尾村	1868	1100	3.2	102	4.30	以渔业为主，农业为副	全村实现巷道水泥化，通信、通电、通水，交通方便	
联安村	1212	1800	3.2	94	0.80	以农业为主，渔业为副	全村实现巷道水泥化，通信、通电、通水，交通方便	
大流村	2227	1600	2.8	115	0.30	以农作物为主，种植经济作物	全村实现巷道水泥化，通信、通电、通水，交通方便	

续表 15

村（社区）	人口（人）		土地面积（平方公里）	低保人员（人）	集体收入（万元）	经济来源	基础设施	名胜文物建筑
	常住人口	外出人口						
埔尾村	2185	1350	1.8	103	3.60	以农业为主，建筑业为副	全村实现巷道水泥化，通信、通电、通水，交通方便	
牛肚村	445	1300	2.0	73	0.40	以农业为主，渔业为副	全村实现巷道水泥化，通信、通电、通水，交通方便	
前进村	700	2500	4.8	95	2.80	以农业为主，种植经济作物	全村实现巷道水泥化，通信、通电、通水，交通方便	
沙坑村	612	1300	1.6	86	13.60	以农业为主，渔业为副	全村实现巷道水泥化，通信、通电、通水，交通方便	
东坑村	930	2950	10.2	186	22.30	以农业为主，种植经济作物	全村实现巷道水泥化，通信、通电、通水，交通方便	白石庵
军船头村	1204	950	1.80	123	2.60	以农业为主，种植经济作物	全村实现巷道水泥化，通信、通电、通水，交通方便	

说明：填报时间 2014 年 8 月。

马宫街道

【概况】 马宫街道地处红海湾畔、汕尾市区西部，东与红草镇及汕尾市区接壤，西北隔长沙湾与海丰县石安半岛相望，西、南两面濒临红海湾，属亚热带海洋气候，一年四季气候温和，阳光充足，雨量充沛，2013年平均气温22.7℃，年平均降雨量2066.2毫米。面积22.63平方公里，海岸线15公里，常住人口33852人，其中户籍人口20081人，华侨、港澳台同胞5974人。下辖7个村（社区），分别是马宫社区、深渔村、盐町村、浪清村、新北村、长沙村、金町村。

【历史沿革】 明万历三年（1575年）于马鬃山下建成天后庙（贯称“妈祖宫”）。“妈祖”显威名，慕名至者众多，清中叶该地成集镇，先以马鬃山得名“马鬃镇”，后因妈祖宫名盛易称“马宫镇”一直沿用。清代隶属惠州府海丰县金锡都，辛亥革命后几经归属。中华人民共和国成立初，马宫属海丰县第五区，曾与红草镇合称“青马镇”，1959年4月从红草公社析出，设马宫镇人民政府。1988年3月设汕尾市，马宫镇划属市城区，2002年12月，经省民政厅批准，马宫镇更改为马宫街道，区域不变，2005年正式挂牌。

【自然资源】 马宫街道自然条件优越，资源丰富，滩涂广阔，渔场临近，盛产鱼、蟹、虾、蚶、牡蛎等。2013年年底，全街道有海水养殖面积1242公顷，有渔船453艘。马宫三面环水，交通便利，水路由马宫港可通汕尾、汕头、广州、香港等地港口，陆路有深汕高速公路过境并在长沙村设有互通口，厦深铁路过境马宫，汕马公路、海马公路联通汕尾市区、海丰县。马宫拥有妈祖庙、普照寺、倚壁虎炮台、长沙炮台、浪清烟墩、浪清蚝石栏、碑刻等丰富的人文景观，也有白沙浮、南湖海、金町湾等吸引众多游客的旅游资源。

【基层党政建设】 2013年，马宫街道大力推进党的组织和作风建设，进一步夯实党的执政基础，开展了系列活动。以“创新党员管理”为主要内容的“书记项目”，进一步健全党员管理监督机制，充分发挥了广大党员先锋模范作用和支部战斗堡垒作用。继续开展村（社区）两委干部“敢担当”活动，切实提高“两委”班子凝聚力和战斗力，干部事业心和责任感明显增强。有序推进党代表工作室，搭起民意“连心桥”，凝聚民心民力，促进经济社会和谐发展。充分运用远程教育平台，经常性地对党员干部进行教育，有条件的支部还通过举行专题活动，提高党员的思想认识和觉悟。继续完善村（社区）“三老”人员关怀机制，进一步做好村（社区）“三老”人员调查摸底工作，及时将“三老”人员补贴发放到各人，让老党员、老干部感受到组织的温暖。针对村级组织软弱涣散、村务管理混乱、经济社会发展滞后及存在的突出问题、矛盾和平时工作表现等进行排查，大力推进基础设施建设和改善群众生产生活条件，重点解决金町村群众“行路难、饮水难、看病难、读书难、灌溉难”等问题。加强农村党员干部远程教育平台的管理和督促，加强对各站点远程教育设备的检测和维护，对有问题的设备进行报修和更换。2013年下半年，街道组织部门谋划好2014年村级组织换届选举工作，对各村“两委”情况进行调查摸底和分类定级，并制定了村级组织换届选举工作方案，为村级组织换届选举工作的顺利完成奠定了坚实基础。有序推进党风廉政建设工作，在实施过程中全面跟进农村“三资”监管工作，制定职责和各项制度，确保村级账务、资金“委托代管”有章可循。在规范运转的同时，认真做好农村党风廉政信息公开平台建设工作，完善健全党务公开工作，并切实开展整治机关作风活动。

【综合经济指标】 2013年，马宫街道完成工农业总产值166492万元，其中工业总产值125551万元，（其中规模以上工业产值100530万元，完成年度计划的100.3%；规模以下工业产值25021万元），农业总产值40941万元，与2012年比增3.8%，占年度任务的93.9%；渔业产量41985吨，比2012年同期增长1.28%，渔业产值37831万元；社会固定资产投资额36686万元，与2012年比增9.9%；社会商品零售总额10533万元，与2012年比增1.8%。

【重点项目建设】 金町湾旅游度假城土地储备项目是

市、区重点建设项目，项目总征地面积115万平方米，其中一期征地56万平方米，二期征地59万平方米。至2013年年底，完成了一期工程“两规”、土地测量、土地分界、签订了征地协议，并分别于2012年2月和2013年10月张贴了征地预公告和《汕尾市人民政府征收土地和补偿安置方案公告》，通过了被征地农民社会养老保障方案。特别是2013年11月27日在区委、区政府统一指挥下，依法清理了征地户10户，使作物补偿工作取得了阶段性的突破。

【工业】 马宫街道初步形成了船舶修造、渔业加工、玩具、皮革等为主的工业体系。2013年工业总产值125551万元，比上年增长19.5%，占GDP的比重75.4%。规模以上工业企业4家，实现工业产值100530万元，比上年增加25.5%。规模以下工业企业个数163个，其中企业个数32个，个体工业131个。

【招商引资】 2013年，万聪实业发展有限公司投资1200万元，购进设备；汕尾红海船舶服务有限公司投资1500万元，购进设备；南湖度假村有限公司，投入1000万元建设蓝色港湾婚纱摄影基地。

【农业】 马宫街道农产品主要有稻谷、番薯、蔬菜、荔枝、龙眼。2013年农业总产值40941万元，占GDP的比重的24.6%。

粮食作物以水稻、番薯为主，2013年，生产粮食776吨，其中水稻646吨，番薯130吨。主要经济作物有蔬菜、花生、荔枝、龙眼等。2013年，蔬菜种植面积806亩，产量1084吨；花生种植面积107亩，产量18吨；荔枝种植面积2277亩。

畜牧业以生猪、家禽为主。2013年生猪饲养量4792头，年末存栏672头；家禽饲养量49985羽，年末存栏10385羽。2013年产肉类502吨；畜牧业总产值1026.96万元，占农业总产值的2.5%。至2013年年末，造林1800亩，其中生态林15285亩，林木覆盖率39.12%。

渔业方面，2013年水产品总产量41985吨，渔业总产值37831万元。

【马宫渔港】 马宫渔港位于长沙湾出海口，渔港2700米护岸蜿蜒形成耳型半湾，口门朝西敞开，宽1.2公里，港池面积18.6平方公里，水深4至6米，是一个天然的优良渔港，现是国家二级渔港，广东省重点渔港。渔港有两个千吨级船坞、小型修造厂、制冰厂、冷冻库、供油站、网具等后勤配套设施基本齐全。马宫渔港已经获得2011年省十一届人大四次会议代表提案，省海洋与渔业局已将马宫渔港列入“广东省2011年~2015年规划建设渔港建议名单”，并全力支持将马宫渔港列为全国渔港建设“十二五”规划。

【基础设施】 2013年，辖区内完成了金町村新厝村至桃园村水泥路、长沙村村内路在内的村道建设；马宫入口路建设完成修建；马宫至汕尾环海大道纳入市区交通建设规划。全街道行政村100%通水泥路，自然村绝大多数也实现道路水泥化。

【教育、文化、体育】 教育　全街道有小学6所，在校生750人，专任教师85人，小学适龄儿童入学率100%；初中1所，在校生302人，专任教师42人，小升初升学率100%，九年义务教育覆盖率达100%。截至2013年年底，马宫街道“教育创强”工作稳步进行，确定了学校布局调整工作，加强校园安全隐患排查，同时继续加强中小学校硬件和软件建设：中心校铺修了混凝土操场，更换了电风扇和全新磁性黑板，配套了讲台和课桌椅，设立了多媒体教室、语音室、藏书阅览室、音乐舞蹈室，装修了两间办公室，改造了行政功能室等，校园硬件建设日臻完善。中小学校引进了部分年轻优秀教师，充实了教师队伍，加强教师培训，不断提高教育水平和教育质量。

文化　是年，加快马宫综合文化站建设进程，完成择址定点工作；完善村级文化室建设工作，申报浪清村、新北村列入省文化室建设项目，正在筹备扩建工作；完善村、学校体育设施配套，为各村配套篮球架3套、室外乒乓球台4套；加强文化市场监督管理，查处违规经营场所5家，责令整改3家，补办经营许可证2家，收缴盗版光碟80多张、非法出版物100多册。

体育　2013年，组织舞蹈和体育爱好者参加城区的舞蹈培训班，马宫有妇女舞蹈队4支；开展送电影下乡活动500多片次，白字戏80多场次；成立了马宫业余健身操队，在国庆“南粤幸福活动周”举办了健身操表演活动；丰富了老年人体育协会活动，多次与区老年体协联合举办了联欢会，丰富老年人生活；组织街道业余文艺宣传队，在春节、元旦、国庆、中秋等节日举办各种文艺演出等，丰富群众业余文化生活。是年年底，马宫村级文化室有7个，覆盖全部行政村。

【卫生】 马宫街道有卫生院1所，病床24张，专业卫生人员15人，其中执业医师2人，执业助理医师3人，注册护士3人。村级卫生站7个。2013年卫生院完成诊疗12000人次，出院病人536人次。是年法定传染病报告为13例，农村安全饮用水和农村卫生厕所得到普及。

2013年，新农合参合率100%，城镇居民医保参保人数17635人（90%居民参加新农合），实现了应保尽保、病有所医的要求。

马宫街道积极组织开展农村清洁工程、环境综合整治工程等专项活动。配合城区“美丽乡村，环卫先行”农村清洁工程专项活动和“大清洁、乡村美”农村清洁工程，确定长沙村为卫生保洁示范村，并以示范村为基点，联同相邻行政村确定一个保洁示范片，通过实施连片整治，发挥示范带头作用，全面推动农村生活垃圾处理工作；健全保洁机制，加快街道垃圾中转站的建设和自然村垃圾收集点的改造升级。采取“户收集、村清运、街道中转”的运作模式，聘请固定的卫生保洁员负责村内公共区域的清扫与保洁，落实卫生保洁“门前三包”责任制，维护收集点周边环境卫生，引导村民自觉遵守环境卫生公约，保证农村生活垃圾管理和收运常态化。

【综治维稳】 综治信访维稳中心工作认真落实“五个重在”：一是重在加强领导。街道党工委、办事处切实履行维护社会治安综合治理的职责，落实一把手负总责管理机制，党委书记任街道综治委主任、街道主任任第一副主任、分管副书记任常务副主任，切实提高组织协调能力和工作有效性。二是重在整合资源。综治维稳中心整合了政法、信访、司法、法律服务、民政、经管、安监、城建、劳保等单位集中联合办公，切实形成大综治大调解工作格局。三是重在健全运行机制。综治维稳中心建立健全了“五联”工作等六大项工作运行机制，改进完善各项工作制度和办事纪律，切实提高了自身运作和管理服务水平。四是重在增强队伍素质。按照配强人、用强人的思路，优中选优，落实了中心专（兼）职工作人员6名，组成了强有力的领导机构和办事机构。五是重在化解矛盾。把中心的落脚点定位在为群众办实事、解难题上，不当“二传手”，将问题转给其他职能部门解决，着重在排查矛盾、化解纠纷、解决问题上下功夫、花力气，切实把问题解决在基层和萌芽状态，最大限度地做到“小事不出村、大事不出街道、矛盾不上交”，进一步创建平安和谐的社会环境。建立和运行“六联”，即：1. 矛盾纠纷联调；2. 社会治安联防；3. 重点工作联动；4. 突出问题联治；5. 平安创建联创；6. 社会管理联抓。中心还按照“四个一”（即一个窗口服务群众、一个平台受理反馈、一个流程调解到底、一个机制考核落实）的运作方式，为群众提供一站式和高效率的服务。以人民调解、行政调解、司法调解为手段，实行综治办、信访办、司法所集中办公一体化运作，相关职能办公室（站、所、队）为中心工作成员单位，各职能部门既能各司其职，各负其责，又能协调联动，从而大大提高了化解社会矛盾纠纷的水平，做到小事不出村，大事不出街。是年共受理来访6批次，17人次，办结6件；区交办1件，正在办理中；村（居）综治信访工作站受理矛盾纠纷及信访案件共32宗，办结32宗，调处成功率达100%。努力把矛盾化解在基层，解决在萌芽状态，实现中心工作“六提高、六减少”（抓矛盾排查化解，提高维护稳定水平，减少不稳定因素；抓严打整治工作，提高群众安全感，减少案件发生率；抓防控体系建设，提高快速反应能力，减少社会管理死角；抓社会管理创新，提高社会管理服务水平，减少群众办事折返率；抓队伍建设，提高工作执行力，减少内部工作能耗；抓典型宣传活动，提高营造良好舆论氛围主导力，减少非主流、非正能量舆论干扰社会正能量引导）的工作目标，有力维护社会稳定和促进了社会和谐发展。同时，还加强村级综治信访维稳工作站建设，制定《马宫街道巩固提高平安马宫街道活动实施方案》，全面实行“四个纳入”（即把治安综治工作纳入领导干部特别是村（居）委会干部任期目标责任制及政绩考核的重要项目；纳入党委考核使用干部的必备条件；纳入百分制目标管理考核的重要内容；纳入评先评优的必备条件），建成了“四大防控体系”(即街道办事处所在地防控体系，公路沿线防控体系，街道直单位、学校防控体系，村级防控体系)，坚持领导干部挂驻包村负责治安综治工作制度；坚持定期召开综治情况分析会和治安情况通报会制度；坚持责任追究制度，坚持领导接访制度，加强社会防范和控制，完善应急处置预案。是年，全街道未发生有较大影响、危害严重的恶性案件，刑事案件，治安案件的发案率明显下降，未发生重大火灾、重大交通事故及其他重大安全责任事故，未发生较大的群体性上访事件。是年，全街道共立刑事案件 12 件，破获 11 件，破获率 91.7%；受理治安案件 26 起，查处 26 起，查处率达 100%，治安拘留 24 人。

【实施民心工程】 2013 年，马宫中心校及浪清小学饮水工程、南湖海堤抢险工程、鲤鱼笼水库加固工程完成建设；人力资源和社会保障服务大厅建设项目完成修建，已投入使用；马宫环境综合整治工程完成一期工程；马宫入口路完成建设；浪清村鱼肉菜市场项目、马宫文化活动中心工程项目、马宫集镇路灯亮化工程项目、二十二米大道扩建工程项目均抓紧筹集资金和与相关部门协调，推进项目的建设。

【社会保障】 2013 年，全街道新农合参合率达 100%，新农合共办理患者住院 272 人，报销总额达到 4419810 元，实际报销总额 1765356.76 元。新农保参保人数 3380 人（其中 60 周岁以上 2165 人，占应参保 60 周岁以上城乡居民的 98%）。对符合政策条件的贫困户落实最低生活保障，确保老有所养、病有所医、应保尽保。是年共发放临时救济款、救灾款 156850 元，解决因各种特殊原因造成基本生活困难群众 227 户 764 人；发放优抚优待抚恤及定补款 434982 元。落实了 44 户危房改造工程，共拨付省危房改造补助资金 41.2 万元，基本实现贫困户居有其所的目标。是年全街道开展劳动用工大检查 3 次、局部检查 4 次，就地就近及转移就业 550 人，参加职业技能培训 500 人，企业职工办理劳动合同 288 人、参加社会养老保险 201 人，办理社保卡 12579 人，调解处理劳资纠纷 4 宗，追回被拖欠工资 26000 元，新增劳动力登记入库 780 人。

（陈泽聪）

附　区马宫街道党政领导名单

党工委书记：刘学深
副书记：陈昌利
　　　　彭少华（2013 年 10 月离任）
　　　　施培良（2013 年 10 月任）
委　员：芮耀枢
　　　　陈海湖
　　　　罗建寅
　　　　林鸿政
　　　　刘立全（2013 年 10 月任）
　　　　黄辉忠（2013 年 10 月任）
人大联络室主任：叶朝阳（2013 年 10 月任）
办事处主任：陈昌利
副主任：陈海湖
　　　　冯生杰（2013 年 10 月离任）
工会主席：林奋杰

2013 年马宫街道各村、社区经济社会发展基本概况表

表 16

村（社区）	人口（人）		土地面积（平方公里）	低保人员（人）	集体收入（万元）	经济来源	基础设施	名胜文物建筑
	常住人口	外出人口						
马宫社区	5763	650	5	105	15.00	海捕、养殖、农业	公路、水电、学校	妈祖庙、普照寺
深渔村	2026	662	1	115	6.20	渔业捕捞、渔业后勤分配	公路、水电	
新北村	863	900	1.89	110	1.00	农业、养殖业	公路、水电	
金町村	1540	1610	2.59	129	10.00	种养	公路、水电	白鹤寺
长沙村	1550	2693	2.5	138	24.00	渔业养殖、浅海作业	村道水泥化、公园、卫生院	城仔古炮台
浪清村	1924	300	4.2	70	10.00	养殖业	村道水泥路	
盐町村	900	550	1.3	127	5.00	农业、渔业、服务业	公路、水电	

说明：填报时间 2014 年 8 月。

凤山街道

【地理位置】 凤山街道位于北纬 22°37′40″ 至 23°38′35″，东经 14°54′至 116°13′24″，地处广东省汕尾市区东南部，东面濒临品清湖，西面与汕尾大道连接，南面与新港街道毗邻，北面为市汽车总站和芦列坑村。街道总面积为 21.09 平方公里，街道办事处驻设于市区四马路口。

【建制沿革】 凤山街道成立于 1989 年 2 月，辖原汕尾镇的第一至第五居委（社区）及盐町头、奎山、香洲、新林、卫东、革新等 6 个管理区（行政村）。1993 年 7 月增设凤苑社区居委会。1995 年 2 月芦列坑管理区从香洲街道析出划归凤山街道管辖。1997 年 4 月增设滨海社区居委会。1999 年 3 月 30 日盐町头、奎山、香洲、新林管理区改为社区居委会；同年卫东和革新管理区合并设为卫东渔业村，2002 年 11 月改为小岛渔业村。同时，第一至第五社区居委会依次更名为联兴、文亭、凤照、安美和凤翔社区居委会。至 2013 年，街道辖 11 个社区（含 119 个居民小组），2 个行政村（含 18 个自然村）。

【人文特点】 2013 年，全街道户籍人口 78003 人，其中男 39841 人，女 38162 人；在总人口中，农业人口 4251 人，渔业人口 2336 人，非农业人口 71416 人；外来人口 8796 人，外出人员 5733 人。居民中汉族人口占 99.9%，有少数民族 76 人。是年人口出生率 10.4‰，自然生长率 5.92‰，政策生育率 85.18%。由于地缘靠近珠江三角洲和港澳地区，当地居民，特别是年轻一辈，文化方面既保持着海陆丰传统习俗又受港澳大都市文化影响。

【自然资源】 凤山街道辖区主要以平地为主，气候温暖，年平均气温为 21℃~33℃，水稻安全生长期 260 天左右，境内雨量充沛，年平均降雨量为 1800~2400 毫米，气候温和宜人。辖区内集“三山一湖”（凤山、鼎盖山、屿仔山、品清湖）为一体，人文景观和自然景观甚多，吸引众多海内外旅游者。主要旅游景点有刻载着汕尾港埠发展史的“关帝庙前街碑记”、革命烈士纪念碑、凤山祖庙、关帝庙，其中市级文物 1 个，区级文物 2 个。明末清初兴建的凤山祖庙、安美妈祖庙和关帝君庙，其建筑技艺集中体现了清代粤闽文化在这里的传承。凤山妈祖庙布局错落有致，前后宫殿建造风格，古香古色，具有传统建筑艺术特色，一座 16.83 米高，重 1000 吨，468 块福建惠安优质花岗岩石构成的妈祖艺术石雕像，屹立于凤山之巅，凤山祖庙旅游区已成为粤东旅游黄金海岸的重点景区。区内海域水产资源丰富，盛产海虾、海蟹和多种鱼类。

【基础设施建设】 辖区内商贸活跃，建立了较为完善的市场体系和市场网络，二马路、三马路、四马路、联兴街、掇鸟街、工联街等商场（店铺）接连无间，形成了以服装、金银首饰为主的特色街；有奎山鱼肉菜综合市场、经贸市场、香洲市场、新林市场、荣泰市场、凤苑市场、友谊市场、东辉批发市场，文明路的建材、维修、小五金配套的专业性市场，形成批发与零售，专业市场和综合市场协调配套的市场网络。

按照《汕尾市区建设总体规划》的要求，街道重点改造老市区、扩建新市区，使道路、公共设施、商业场所、民居等区域环境均出现大变化。2013 年，辖区内新建的基础设施项目主要有六个：1. 奎山社区投资 105 万元，改造奎山老片区自来水管道，铺设水泥路面和清理地下排水沟；2. 新林社区筹资 100 多万元，铺设林埠、新墟道路，架设路灯，疏通地下排污沟；3. 盐町头社区筹集 60 多万元铺设排污管道、自来水管道；4. 凤翔社区集资 12 万元整治 300 多米的花井横巷以及公园巷的地下水沟及原公厕门口垃圾场；5. 安美社区整修 130 米菜园仔、佛庙两条巷；6. 凤照社区多方筹资 28 万元整修新兴街。这些举措解决了群众“饮水难”“行路难”等问题，优化了社区居民生产生活环境。

【基层党建工作】 做好党员发展工作。2013 年，共发展入党积极分子 22 名，培养党对象 45 名，吸收预备党员 12 名，转为正式党员 22 名，为党组织汲取了新鲜血液。加强班子建设。街道重视支部建设，吸收年轻干部，使基层组织建设不断加强。“两新”组织党建工作深入开展。是年街道 46 家非公企业中，独立建立党支部的有10家，有12家建立1个联合党支部，全面完成了上级下达的任务。推进基层党支部的规范化建设，健全民主集中会议制度及党支部的三会一课制度，不断增强基层党支部的战斗力和凝聚力。

【综合经济指标】 2013年，全街道完成工农业总产值49.12亿元，增长8.9%，其中工业总产值48.25亿元，增长12.28%（规模以上工业产值30.97亿元，增长11.9%；规模以下工业产值17.28亿元，增长12.98%）；农业总产值0.87亿元，增长5.6%。完成全社会固定资产投资6.4亿元，社会商品零售总额25.38亿元，同比增长18.96%。

【工业和贸易业】 民营经济是街道的支柱产业，对经济增长起着十分重要的作用，街道十分重视民营经济的发展。针对企业用工难、融资难的实际，想方设法为企业排忧解难，为企业发展提供服务保障，帮助企业做强做大，从而拉动了街道经济的稳步发展。2013年2月，街道配合市、区人社局在辖区慈云山公园举办企业用工招聘会，为企业解决用工难的瓶颈问题。街道还积极帮助企业协调解决与市、区经信、科技、国土等部门的相关业务事项，在招商引资项目涉及征地问题时，千方百计做好群众思想工作，为企业的投资扫除思想障碍。

【重点项目建设】 2013年，街道实行领导班子挂靠项目责任制，加强跟踪管理，扎实推进项目建设。一是奎山社区群众保障性住房项目。总建筑面积28000平方米，建设23层保障性住房一栋，计划总投资4000万元，是年已投入资金1250万元。二是香洲社区下村“三旧”改造项目。占地22000平方米，楼高十八层，总投资4500万元，已交付使用。三是万盛银湖湾房地产项目。占地13万平方米，建筑面积40.4万平方米，计划总投资15亿元，是年已投入资金4亿元，项目正在建设当中。四是金海明珠房地产项目。该项目占地26700平方米，建筑面积17万平方米，四栋裙楼高二十九层的建筑，计划总投资3亿元，是年，项目正在建设当中。五是世纪豪庭房地产项目。建设面积6.7万平方米，计划总投资1亿元，项目正在建设当中。六是黄金海岸大酒店，计划总投资3亿元，是年已完成主楼建设，正在装修当中。七是泽润种养专业合作社。该项目位于芦列坑村，占地约200万平方米，总投资2亿元，是年已投产使用。八是俊兴奔驰4S店。占地2万平方米，计划总投资3亿元，正在建设当中。

【农业】 2013年，街道拥有耕地497亩，旱地167亩，山坡地8500亩，其中粮食作物播种面积655亩，总产量206吨；蔬菜播种面积681亩，产量1090吨；水果种植面积1100亩，产量1900吨。渔用机动船306艘，渔业养殖面积80公顷，海水产品总产量10436吨，其中海水养殖9371吨，海洋捕捞1065吨。街道继续巩固农业发展基础地位，充分发挥芦列坑近万亩宜林、宜牧、宜果山坡地的地缘优势，积极引导有经济能力的专业户兴办果场、养殖基地等，拓展特色经济。

【科技】 凤山街道坚持科学发展观，以扩大科技应用为出发点，以提高农民科技素质为突破口，以产业结构调整为途径，以发展经济有利于农民增产增收为目的，应用和推广科学技术。在水产养殖方面加大投入，依靠科技使水产品加工结构进一步加快调整，促进了整个行业加快发展。主要做法：一是加强养殖户的队伍组合，沟通合作，加大生产资金融合，进一步做强做大。二是加大资金投入，更新水产品加工的设备。延续至2013年，共投入深加工的设备资金2000万元，更新了从养、收、产、销“一条龙”所有设备达到了产品出口的加工标准。三是构建养殖文化氛围。多次邀请国家、省、市各级有关专家，深入生产场地进行科技授课，深化了水产品养殖文化。四是加快水产品养殖及加工结构调整步伐，优化产业结构及产品结构。组织引导一批骨干企业进行体制创新，鼓励有实力的养殖企业实行跨地域，跨企业联合，实行企业上规模；淘汰一批规模小、素质差、收益低的小企业，实现优胜劣汰，并重组，形成合理资源配置，提高企业资源的整体效益。

【教育】 街道大力推进义务教育学校布局调整，积极促进区域内义务教育阶段学校的均衡可持续发展。在区教育局的帮助和指导下，2013年，全街道学校管理逐步规范，办学条件不断改善，安全德育工作得到加强，素质教育得到提升，义务教育进一步巩固，适龄儿童入学率达100%。

辖区内有汕尾市技工学校、广播电视大学、体育学校、田家炳完全中学、初级中学3所（凤山中学、凤翔逸挥基金中学、田家炳中学香洲学校）、小学7所（凤山中心小学、第四小学、继彭小学、盐町头小学、奎山小学、林伟华小学、园林小学）、幼儿园14所。其中区一级中学2所（凤山中学、凤翔逸挥基金中学）、市一级小学1所（凤山中心小学）、区一级小学3所（第四小学、奎山小学、林伟华小学），实现全街道学校楼房化，教学电教化。现有在职中小学教职工841人，在校学生12798人。

【文化体育】 2013年，街道以满足人民群众基本文体需求为目标，加快推进公益性、多层次、多元化、广覆盖的公共文化服务体系建设。一是大力推进公共文化设施建设。2013年，街道完成3个文化室建设，现14个社区（村）共有8个文化室，6个（社区）村设立了文化活动场所和休闲小公园，小岛村、文亭社区、盐町头社区、香洲社区、奎山社区5个社区（村）开设“农家书屋”，收藏图书2.5万余册，丰富了群众文化生活。二是积极开展群众性文体活动。街道有4个全民性健身广场，7个简易篮球场，3个足球场，有广场舞、太极队、狮队、腰鼓舞等6支健身队伍。街道多次在慈云山公园和妈祖广场举行全民健身活动大型表演，演出人员达上千人，有广场健身舞、太极表演、民乐、气功表演等多个集体演出节目。每逢节假日，街道组织开展象棋、猜谜、乒乓球、篮球等形式多样的文体活动，丰富了群众的精神文化生活。

【卫生】 街道辖区内有汕尾市人民医院、汕尾市中心血站、汕尾市妇幼保健院、汕尾市疾病预防控制中心、凤山卫生院等5家大中型医疗机构，医护人员约1300多人。其中凤山卫生院为街道下属医院。街道还拥有3家社区服务站和3家卫生站，基本上满足了街道的卫生防疫、诊病、治疗的需求。

凤山卫生院位于汕尾市区文明中路左14号，是一所集医疗，预防，保健，康复，健康教育，计划生育为一体的社区综合性医院，全院干部职工84人，病床22张。医院内设：内科，外科，妇科，五官科，中医科，理疗科，功能康复科等临床科室和B超，心电图，放射，化验，等医技科室。妇科更是医院的特色科室。医院经过多年的发展，医疗技术不断提高，对地方病，常见病，多发病的诊疗积累了丰富的经验。医院有彩色及黑白B超机，三通道全自动电图机，400豪安X光机，生化仪，尿液分析仪，全自动血细胞分析仪等医疗设备，开展各项临床检查，能满足群众的各种医疗需求，为辖区公共卫生事业做出了很大贡献。

【综治维稳】 为防止大规模群体和暴力上访等突发事件，街道配好配强综治信访维稳中心工作人员，对上访群众认真接待，安抚群众情绪，详细了解矛盾缘由，对上访群众进行劝解和法律法规、政策解说，引导群众以合理方式反映合理诉求。一是加大矛盾排查调处。2013年，街道推进维稳工作源头治理，前端防范，加强排查调处各类矛盾工作力度，有效把矛盾化解在基层，问题解决在萌芽状况，实现了街道辖区和谐稳定，经济社会协调健康发展。妥善解决和顺村与新地村品清湖区域问题，小岛村集体土地出租问题。二是加强信访工作。坚持街道班子成员和党工委书记、主任接访日制度，落实信访领导责任包案销案制度，切实为群众排忧解难。是年接待群众来信15件、来访12批116人次，实现了到省、京零上访。三是加大打击违法犯罪力度。2013年共打击假冒伪劣商品100宗，打击涉恶势力1宗，打击欺行霸市16宗，解决突出问题2宗。通过重典整治，优化市场环境和社会环境。是年，街道共查获各类刑事案件106宗，抓获犯罪嫌疑人13名，查处治安案件267起，查处黄赌毒案件42起，增强群众安全感，以良好的社会秩序保障了街道经济社会发展。

【民心工程和社会保障】 街道坚持以人为本，认真抓好民心工程和社会保障工作，让群众得到实惠。一是民生工作落到实处。是年为复员军人烈属、残疾人员等178人，发放优抚款95.9万元；为低保“五保”对象1713人，发放低保款478.8万元；落实16万元为农村低收入困难户，改造危房16间；为生活困难的群众发放8.3万元的临时救济。2013年，城乡居民医保参保42001人。二是稳妥处置突发事件。是年自然灾害发生强度大，损失重，总体形势异常严峻，防灾抗灾任务十分艰巨。5月9日和5月22日，街道二次受到特大暴雨袭击，9月22日超强台风“天兔”正面袭击汕尾市，给人民群众生产生活造成了严重影响。街道以灾情就是命令的责任感迅速投入抗灾抢险救急工作，启动抢险应急机制，做好群众转移安置工作。灾后，街道组织应急队伍协助职能部门对树枝路障和垃圾杂物等进行清除，确保群众出行安全、交通畅通无阻。在上级的部署下，发放救灾物资，妥善安置灾民，对财产损失进行核实登记，采取有效的措施推进灾后复产重建工作。三是大力为群众办好事实事。是年，街道组织30多名渔民参加初级职业培训，并联系厂家，安排20多名浅海渔民到工厂就业；奎山社区和凤照社区组建了治安巡逻队，保障了社区治安状况的稳定。2013年街道团委、民政组织青年志愿者慰问贫困户30多户，给他们送去温暖。团委还组织了义诊，送药下乡等活动。四是计生工作扎实推进。围绕创“国优”这一目标，落实层级管理工作责任制。2013年，辖区人口出生率10.4‰，政策生育率85.18%，完成四术811例，其中结扎227例，其他“三术”584例，征收社会抚养费143.3万元。五是殡改工作取得新的成效。2013年度遗体火化数达338具，完成上级下达的任务100.6%。六是教育事业优化发展。街道不仅认真做好学生“防流控辍”工作，还努力提高教学质量。如街道中心小学，以提高教学能力为着力点，不断完善教研制度，支持教师参加各类培训和继续教育，坚持举办教学开放周、党员教师示范课等活动，通过“请进来，走出去”活动，积极与其他学校进行学术交流，提高教师队伍的职业道德和教学能力。

【其他】 2013年，街道征兵41人，圆满完成上级下达的征兵任务。是年，凤山街道武装部林俊浩被汕尾市军分区评为“优秀专武干部”，凤山街道盐町头社区林小强被汕尾市军分区评为“优秀民兵营长”，凤山街道奎山社区民兵营被城区武装部授予“先进民兵营”称号。

（邵奕东）

附 凤山街道办事处领导成员名单

党工委书记：钟东鸿（2013年4月任，12月离任）
副书记：刘宗棍
　　　　林悦钊
委　员：凌巧雅
　　　　韩如初
　　　　何文学
　　　　陈响友
　　　　陈德伦（2013年9月任）
　　　　施培良（2013年9月离任）
　　　　吴锦新
　　　　黄进英
办事处主任：刘宗棍
副主任：韩如初
　　　　连清荣
　　　　邱小健
　　　　林莉莉（2013年1月任）
人大联络室主任：凌巧雅

2013年凤山街道各村、社区经济社会发展基本概况表

表17

村（社区）	人口（人）		土地面积（平方公里）	低保人员（人）	集体收入（万元）	经济来源	基础设施	名胜文物建筑
	常住人口	外出人口						
联兴社区	4368	1512	0.12	168	19.83	属于汕尾市区老区范围，以商业、服务业为主，商铺林立，是凤照街道的商贸中心	全社区实现道路水泥化，通邮、通电、通水，教育、卫生、餐饮等生活配套设施齐全，交通方便，主要道路有二马路、联兴街	关帝庙、太阳星君庙
文亭社区	12952	3260	0.70	255	19.30	属于汕尾市区老区范围，以商业、服务业为主，商铺林立，是凤照街道的商贸中心	全社区实现道路水泥化，通邮、通电、通水，教育、卫生、餐饮等生活配套设施齐全，交通方便，主要道路有三马路、四马路、友谊路、凤山中心小学坐落其中	千金妈祖庙
凤照社区	6818	3486	0.13	212	26.56	属于汕尾市区老区范围，以商业、服务业为主，商铺林立，是凤照街道的商贸中心	全社区实现道路水泥化，通邮、通电、通水，教育、卫生、餐饮等生活配套设施齐全，交通方便，主要道路有凤照街、友谊路	凤山祖庙旅游区
安美社区	8904	389	0.90	197	13.47	属于汕尾市区老区范围，以商业、服务业为主，商铺林立，是凤照街道的商贸中心	全社区实现道路水泥化，通邮、通电、通水，教育、卫生、餐饮等生活配套设施齐全，交通方便，主要道路有二马路、掇鸟街，凤山卫生院、荣泰市场坐落其中	安美妈祖庙
凤翔社区	7102	1986	0.30	160	30.60	属于汕尾市区老区范围，以商业、旅游业为主，渔业为辅	全社区实现道路水泥化，通邮、通电、通水，教育、卫生、餐饮等生活配套设施齐全，交通方便，主要道路有海滨大道、凤翔中学、汕尾市人民医院坐落其中	汕尾革命烈士纪念碑
凤苑社区	7969	1821	0.70	52	9.46	属于汕尾市区老区范围，以商业、服务业为主，商铺林立，是凤山街道的商贸中心	全社区实现道路水泥化，通邮、通电、通水，教育、卫生、餐饮等生活配套设施齐全，交通方便，主要道路有湖滨大道、四马路、凤苑街，凤山中学、凤苑市场坐落其中	
滨海社区	5067	1124	1.80	36	12.89	以商业、服务业、餐饮业、房地产业为主，环境优美，宜业宜居	全社区实现道路水泥化，通邮、通电、通水，教育、卫生、餐饮等生活配套设施齐全，楼盘立林，交通方便，主要道路有香城路、五马路	
盐町头社区	7981	543	0.57	76	27.56	属于汕尾市区老区范围，以商业、服务业为主，商铺林立，是凤山街道的商贸中心	全社区实现道路水泥化，通邮、通电、通水，教育、卫生、餐饮等生活配套设施齐全，交通方便，主要道路有四马路、文明路	

续表 17

村（社区）	人口（人）		土地面积（平方公里）	低保人员（人）	集体收入（万元）	经济来源	基础设施	名胜文物建筑
	常住人口	外出人口						
奎山社区	5774	471	1.2	173	65.05	以商业、服务业、餐饮业、房地产业为主，环境优美，宜业宜居	全社区实现道路水泥化，通邮、通电、通水，教育、卫生、餐饮等生活配套设施齐全，楼盘立林，交通方便，主要道路有文明路、奎山公园、奎山小学、奎山市场、汕尾市体育馆坐落其中	
香洲社区	5887	521	4.0	128	36.96	以工业、商业、餐饮业、房地产业为主，环境优美，宜业宜居，企业有：万盛针织厂	全社区实现道路水泥化，通邮、通电、通水，教育、卫生、餐饮等生活配套设施齐全，楼盘立林，交通方便，主要道路有红海东路、腾飞路、和顺路、田家炳香洲学校、市技工学院、崇文学校、和顺市场坐落其中	
新林社区	2989	73	6.6	111	19.05	以工业、商业、餐饮业、房地产业为主，企业有：信利电子厂、兴盛针织厂	全社区实现道路水泥化，通邮、通电、通水，教育、卫生、餐饮等生活配套设施齐全，楼盘立林，交通方便，主要道路有工业大道、东城路	
小岛村	1022	312	0.34	33	51.06	以渔业、旅游为主	全村实现道路水泥化，通邮、通电、通水，村容整洁，交通方便，主要依靠小岛渡口轮渡往返市区	
芦列坑村	421	826	7.2	44	30.05	以林业、农业为主	全村实现道路水泥化，通邮、通电、通水，村容整洁，环境优美	

说明：填报时间 2014 年 8 月。

香洲街道

【概况】 香洲街道位于汕尾市区西南方，属城区人民政府的派出机构。街道依山临海，东连东涌镇、凤山街道，南邻新港街道，西接马宫街道，北与红草镇交界。

1989年5月，经汕尾市人民政府批准，撤销汕尾镇，分为香洲街道、凤山街道、新港街道。香洲街道下辖东兴、中区、园林、后径、城西、新兴、西兴、新区、新瑶、城南、新城、兴祥12个社区居委会以及梧桐、西洋2个村委会。办事处设党政办公室、社会事务办公室、经济发展办公室、计划生育办公室4个办公室。

2013年，全街道完成工农业总产值423620万元，占年度计划的110%，与2012年比增10.3%。其中工业总产值415520万元，占年度计划的110%（规模以上总产值389520万元，占年度计划的100%），农业产值8100万元，占年度计划的100%；固定资产投资71000万元，占年度计划的102%；社会商品零售总额183250万元，比增16%。

【面积与人口】 香洲街道辖区总面积18.57平方公里。户籍总人口76253人，外来人口34136人。

【交通】 香洲街道位于汕尾市区中心，是市、区两级党政办公所在地，也是全市、全区政治、经济、文化、商贸、教育、医疗中心。人口密集，水陆交通方便，辖区内道路基本完成硬底化改造。主要路道有汕尾大道、通航路、通港路、城南路、城内路、香城路、红海路。

【工业】 街道以“以情招商，以诚招商，以亲招商”的理念，引进了一批科技含量高、有实力、重环保的经济项目。2013年度全街道规模以上工业企业有万盛针织厂、国泰食品有限公司、维明生物科技有限公司、海饶冷冻厂、林记食品厂、西兴饲料厂等6家，其中国泰食品有限公司是国家农业产业化重点龙头企业。2013年，全街道规模以下工业企业84家，其中新增5家,个体工商户494家，其中新增10家。规模以下工业企业年产值26000万元。

2013年，香洲街道经济建设项目共11个。一是协助红海西路建设。计划总投资10000万元，已投入资金1290万元。街道已做好宣传、登记、核实等工作。二是华师附中汕尾学校征地补偿扫尾，对剩下三穴坟墓迁移工作加紧推进。三是国泰食品有限公司增资扩产，总投入资金1500万元，更新部分设备。四是国泰食品有限公司海洋商业中心和科研综合楼建设，总建筑面积2500平方米，总投资4500万元，已于2013年9月份完成。五是维明生物科技有限公司增资扩产，总投入资金1350万元，建设库房600平方米并增添一批设备。六是林记水产有限公司增资扩产，总投入资金2200万元，建设库房1000平方米，并添置一批设备。七是海润冰厂冻库扩建，总投入资金5700万元，建设库房1200平方米，安装了冷冻设备。八是墩下城城墙保护，委托省考古研究所制作的总体规划已基本完成，成立了管理机构，开展日常管理工作。九是莲塘综合楼，总投入资金6000万元，建设商住楼十八层共1万平方米。十是汇港豪庭，计划总投资1.5亿元，2013年投入资金7499万元，累计投入资金1.4亿元，建设商住楼二十三层共4万多平方米。十一是汕尾理工职业技术学院，是市重点项目，初定选址在西洋村至马宫街道金町村，计划总投资54000万元，占地面积约10万平方米。

【商业】 香洲街道商业繁荣，辖区内有巴黎半岛酒店、豪都酒楼、海珍酒楼、信诚商场等，有新楼、奎山、永昌、新兴、西门等农贸市场。贸易业的快速发展，成为香洲街道发展经济的新动力，2013年，全街道限上贸易业24家，总销售额达47418万元，比增8%。新增限上贸易业是：东方酒店、见牌电脑办公设备有限公司。

【农业】 街道一直重视农村农业工作，着力解决“三农”问题。由于受台风“天兔”袭击，产量受到影响，呈回落态势。2013年，全街道粮食种植面积1266亩，总产量265吨，产值73.94万元；水果种植面积1595亩，总产量1052吨，年产值550万元；蔬菜种植面积3192亩，总产量3163吨，年产值975万元；花卉种植面积18亩，年产值358万元。

【教育】 街道坚持“以人为本，教育优先”的发展理念，重视文化教育工作。华师附中汕尾学校落户香洲街道，成为粤东地区文化教育品牌。辖区内共有公办义务教育阶段学校15所，学生9217人。其中小学8所，学生4667人；初中2所，学生1950人。民办小学5所，学生2600多人。

【文化】 香洲街道文化底蕴丰厚，最早可追溯到新石器时代的埔上墩遗址。明代“墩下城城墙”是全国两座保存最完整的明代海防城池之一，也是广东省至今保存最好的一处明代建筑，属省级文物保护单位。经省考古专家多次考察，完成了城墙保护总体规划。埔上墩新石器时代遗址具有较高的考古价值。辖区内创建了7个社区文化室。

【环境卫生】 街道辖区内设有1个垃圾中转站，位于阳光花园旁边，5个临时垃圾堆放点。辖区内主干道两侧进行了绿化，改造了排污设施，整治了盐仕、新楼等地饲养场所“脏乱差”现象，环境卫生得到改善。

【计划生育】 2013年，街道以科学发展观为指导，深入贯彻落实《中华人民共和国人口与计划生育法》《广东省人口与计划生育条例》和市、区有关会议精神，继续完善计生层级动态管理，稳定低生育水平，深入开展集中服务活动，落实“四术”措施，加大对计生对象的帮扶力度，完善全员信息系统数据。全街道总育龄对象17053对，总出生840人（其中一孩662人，二孩154人，三孩或多孩以上24人），出生率10.77‰，政策生育率85.20%，死亡率5.1‰，自然增长率5.24‰。

【社区服务】 街道坚持“以人为本，强化服务”的工作宗旨，切实做好社区建设服务工作。2013年，辖区内安全生产工作坚持“安全第一、预防为主、综合治理”的基本方针，落实“一岗双责”，开展大排查大整治活动，大力整顿消防安全隐患。全年累计共出动人员460人次，检查企业单位61家，易燃易爆场所7家，“三小”场所182家，排查隐患1处，发出整改通知书1份，整治率达95%，有效地遏制安全事故发生。2013年度辖区内没有发生重特大消防安全事故。全街道低保对象485户1290人，每月发放低保金265260元；“五保户”46人，每月每人460元；孤儿31人，每月每人600元；优抚对象63人，每月总发放金额38394元；伤残军人17人，每月总发放金额13778元；60岁以上退役军人35人，每月总发放金额1990元；义务兵优待金88人发放总额168000元；全年临时救济款84755元。下发大米、食油、棉被、食物、日常用品等救灾物品一批，基本解决了困难群众和受灾群众生活急需问题。切实做好信访综治维稳工作，街道以“强综治、创平安、促发展”为目标， 每月召开综治工作会议和综治信访维稳联席会议，街道坚持每周召开一次例会和排查矛盾纠纷，每月开展一次研判会，重大节假日实行每日一查一报和即查即报制度，全面排查辖区内的矛盾纠纷和存在问题，及时准确掌握情况。每月配合区委开展区委书记大接访活动。是年，全街道共排查各类矛盾纠纷186宗，成功调解矛盾纠纷183宗，成功率达98%。

【旅游】 街道历史悠久，旅游资源丰富，有墩下城遗址、关帝庙、琉璃径岭、埔上墩官道等旅游胜地，美丽的海边沙滩是游乐观光的好去处。休闲场所有奎山公园、大鹏山公园、沙滩公园。

【社区（村）委会简介】 东兴社区居委会：居委会办公地址位于莲塘莲兴四街A1号，辖区范围东至荷包岭，南至汕尾大道，西至红海中路，北与后径社区接壤，总面积3.5平方公里。

中区社区居委会：居委会办公地址位于市区香城路东海大厦小区内，辖区范围东至汕尾大道，南至香城路，西至城南路，北至奎山公园路，总面积0.8平方公里。

园林社区居委会：居委会办公地址位于园林东区杨鲜培英学校宿舍楼202，辖区范围东至文明路，南至翠园街，西至汕尾大道，北至香城路，总面积0.5平方公里。

后径社区居委会：居委会办公地址位于本村后山头，辖区范围东至新楼村，南至城内村，西至盐仕村，北至鼎顶山，总面积2.4平方公里。

城西社区居委会：居委会办公地址位于西门街1

号，辖区范围东至中区社区和新区社区，南至城南社区和新城社区，西至兴祥社区和新兴社区，北至后径社区，总面积2.8平方公里。

新兴社区居委会：居委会办公地址位于吉祥路下段，辖区范围东至城西社区，南至兴祥社区，西至西兴社区，北至后径社区，总面积2.0平方公里。

西兴社区居委会：居委会办公地址位于汕马路旁霞洋村，辖区范围东至大祯祥村，南至海边，西至梧桐村，北与红草镇交界，总面积1.5平方公里。

新区社区居委会：居委会办公地址位于通港路中段食品宿舍楼下，辖区范围东至巴黎半岛，南至城内路口，西至城内路280号，北至城内花园，总面积0.4平方公里。

新瑶社区居委会：居委会办公地址位于新瑶街五巷，辖区范围东至文明路、翠园街，南至二马路（大新酒楼），西至永兴街下段，北至永兴街上段，总面积0.8平方公里。

城南社区居委会：居委会办公地址位于阅海西街，辖区范围东至通港路，南至通航路，西至城南路，北至城西社区，总面积0.5平方公里。

新城社区居委会：居委会办公地址位于城南路中段西侧，辖区范围东至城南路，南至通航路，西至兴祥社区，北至城西社区，总面积0.3平方公里。

兴祥社区居委会：居委会办公地址位于红海新村十五巷八号，辖区范围东至吉祥路，南至红海西路、通航路，西至金鹏路，北与新兴社区交界，总面积0.7平方公里。

梧桐村委会：村委会办公地址位于梧桐村前面，辖区范围东至埔上墩，南至海边，西至西洋村，北至红草镇，总面积2.6平方公里。

西洋村委会：村委会办公地址位于西洋村边，辖区范围东至梧桐村，南至海边，西至马宫街道，北至红草镇，总面积2.0平方公里。

（张桂嘉）

附　城区香洲街道办事处领导名单

党工委书记：吴城池

副书记：詹胜聪
　　　　刘　槐

委　员：林木利
　　　　刘高舟
　　　　何世群
　　　　林悦彬
　　　　冯立家
　　　　曾海生（2013年9月离任）
　　　　曾昭极（2013年9月任）
　　　　李小燕（2013年1月任）
　　　　封　瑜（2013年9月退休）

办事处主任：詹胜聪

副主任：冯立家
　　　　曾俊锋（2013年6月离任）
　　　　蔡慧敏
　　　　江海航（2013年9月任）

人大联络室主任：林木利

纪工委书记：吕业群（2013年1月离任）
　　　　　　孙振江（2013年9月任）

工会主席：刘楚瑜

2013年香洲街道各村、社区经济社会发展基本概况表

表18

村（社区）	人口（人）		土地面积（平方公里）	低保人员（人）	集体收入（万元）	经济来源	基础设施	名胜文物建筑
	常住人口	外出人口						
东兴社区	11232	500	3.5	62	5.00	以商贸为主，设有果蔬农贸批发市场和肉菜市场	村容村貌整洁，主要交通要道通畅，通电、通水、通信，全村实现巷道水泥硬底化，园林绿化程度高	
后径社区	3000	250	2.4	70		农工商相结合	村容村貌整洁，全村实现巷道水泥硬底化，通电、通水、通信，交通便利	
城西社区	6823	280	2.8	35	4.50	种菜、商贸，设有肉菜市场	主要道路两侧建筑整齐，村内巷道建设较为薄弱，排泄设施不足，内涝较重	明代墩下城--省级文物保持单位
新兴社区	4500	400	2.0	60	3.00	农工商相结合	基础设施建设薄弱，交通较为拥挤，存在内涝现象	
西兴社区	2000	300	1.5	50	20.00	农工商结合，海产品深加工业发达，有国泰海产加工、海饶瓷冷冻厂等企业	主要交通要道畅通、交通便利，村道实现水泥硬底化，村容村貌整洁，自然风光优越，	
梧桐村	2253	500	2.6	45	30.00	水稻种植、果蔬大棚种植和养殖业	村容村貌整洁，公共卫生较好，实现通信、通水、通电，村道实现水泥硬底化	
西洋村	1300	250	2.0	42	10.00	以水稻种植为主，办有果蔬种植专业合作社和农家山庄	公共卫生较好，村容村貌整洁，村道实现水泥硬底化，实现通信、通水、通电	
中区社区	14575	2086	0.8	44	3.00	以商贸为主	村容村貌整洁，巷道整齐，交通畅通，园林绿化程度高	翰林公祠
园林社区	6000	900	0.5	51	6.00	以商贸为主，设有协兴商场和信利商场等大型商场	村容村貌整洁，巷道整齐，交通畅通，园林绿化程度高	大王公庙
新区社区	6123	208	0.4	50		以商贸为主，五星级巴黎半岛酒店	村容村貌整洁，巷道整齐，交通畅通，实现“三通”，绿化程度较高	
城南社区	7600	870	0.5	25	4.00	以商贸为主，设有大型超市和肉菜市场	村容村貌整洁，巷道整齐，交通畅通，实现“三通”和道路水泥硬底化	
新城社区	3831	330	0.3	63	11.00	以商贸为主	村容村貌整洁，主要道路交通畅通，实现“三通”和道路水泥硬底化	
兴祥社区	3893	420	0.7	28	3.00	以商业和简易加工业为主	主要道路交通畅通，村容村貌相对整洁，基本实现“三通”和道路水泥硬底化，巷道相对狭小	
新瑶社区	6350	300	0.8	53	15.00	以商贸为主	主要道路交通畅通，村容村貌相对整洁，基本实现“三通”和道路水泥硬底化，老区巷道相对狭小	

说明：填报时间2014年8月。

新港街道

【概况】 新港街道成立于1989年2月，辖区范围以二马路、通航路、汕马公路为界，沿汕尾港南北两岸分布，陆地面积17.03平方公里。下辖5个村委会（芳荣、新港、红卫、前进、东风）和5个社区居委会（海滨、海港、立新、新园、金海）。2013年，设27个党支部，总人口52573人，其中渔业人口23540人。

海港社区居委会位于汕尾市区老区中心地段，北起二马路，西以广场路为界，南接海边街，东与海滨居委为邻，面积0.3平方公里，下辖6个居民片，16个居民小组，人口5518人。

金海社区居委会原是新园社区居委会的一部分，于2000年3月经汕尾市城区人民政府批准成立。居委会位于汕马公路西段，东起联检路西至新能源发电厂，与马宫接壤，社区下辖5个居民小组，总人口1380人，面积0.35平方公里。是建市后的新移民区。由于地缘优势较弱，经济欠发达。是年居委会有干部6人，支部有党员23名。

海滨社区位于市区靠海繁华地段，东起汕尾市人民医院，西至友谊路，北靠二马路，总面积约0.06平方公里。辖区内有五个居民小组，1所小学，总人口4391人，支部有党员21人，居民代表19人，社区干部5名。

新园社区居委于1985年3月成立，位于汕尾市区靠海繁华地段，东起城南路，西与金海居委相邻，北接通航路，总面积1平方公里。居委下辖五个居民片，2013年，人口5622人。

前进渔业村位于汕尾市城区新港街道渔村上厂内，东与东风村委相邻，西接新园居委，辖区居住地面积0.1平方公里。下辖区5个片，总人数8361人。前进村历来与东风村委合称为渔村，靠中海捕捞渔业为主。

芳荣村位于对面海，东与捷胜东坑接壤，北与东涌沙海为邻，西与新港村相濡，南面临海，总面积14.036平方公里，属汕尾市城区新港街道一个沿海山区。芳荣村辖有大华、五福、新寮、石角、银牌、温寮、旗杆七个自然村。

红卫村委位于市区大马路，汕尾市城区新港街道红卫村是一个从事深海捕捞作业的渔业村委，建于20世纪50年代，村民来自五湖四海，据统计有广东、广西、海南3个省23个县市，主要是珠江三角洲，粤西一带以及汕尾当地的流动渔民，部分村民方言为粤语，当时在汕尾港捕鱼落户，组建红卫大队，80年代行政管理体制改革改为红卫管区，1999年改为红卫渔业村民委员会。红卫村民居住分散，由于是渔民，流动性大，村民住在汕尾市区的各个街道村（居）委，村的管辖区域只有一个有主广场小区，其余大部分村民住在市区其他街道居委会。村划分为4个责任片，长期以来，实行“插花”管理。

新港村委会位于汕尾市区对面半岛，面积约3平方公里，下辖5个自然村小组，2013年，总人口2320人，是新港街道较为偏远的村委会之一。新港村与市区之间有2公里海域相隔，交通只能靠轮渡，地缘优势较弱，村民主要依靠农业耕作或近海渔业，经济基础差，属贫困革命老区。

东风渔业村系1999年由原中渔管区改制设立，位于汕尾港畔，辖区范围东至广场路和立新社区相接，西以通港路和前进村相接，北是二马路与香洲街道相邻，南面为汕尾港。是典型的“城中村”，总陆地面积0.096平方公里。自古以来村民都以海洋捕捞为生，汕尾港养育了一代又一代的“渔人”。一般在海南至东沙海域生产，主要作业方式有：拖网、刺钓、灯光、杂业四种。

立新社区居委会位于市区海边街中段，面积约0.018平方公里，辖区分为5个居民小组。社区居委会辖区路道宽阔，交通方便，地处市区海滨大道面临海边，环境卫生清洁，绿化优美，是居民群众休闲舒适及锻炼身体的文体活动场地。

【渔歌文化】 汕尾渔歌是新港渔民独创的民间文化表现形式，是渔民出海、回港或渔民女子在家守望时创造出来的独特的艺术形式。它源远流长、内涵丰富、形式多样，是先民们众口相传的一份宝贵文化遗产。汕尾渔民来历虽不可确考，然而渔歌在汕尾至少有数百年的历史。新港渔村多属疍民，历代所形成的传统习俗较为独特，历史悠久，源远流长。尤其是渔歌，旋律优美，曲调动人，渔歌在民间虽流传了数百年，但一直处于自然未开放状态。

汕尾市城区委提出拯救渔歌行动后，新港街道专门成立有关领导小组，着手重组渔歌队工作，物色新人，购买乐器，组建配乐队，并在社区服务中心二楼腾出一间房间，专门设为训练基地。

为保护和发展好渔歌的文化遗产，自1996年开始，该街道牵头一些老渔歌手组成渔歌队，由于受经费制约和街道工作事务影响，渔歌队一度偃旗息鼓。为使渔歌队健康发展，更好保护和传承渔歌，2006年，该街道再三考虑，决定借助社会力量组建民间业余渔歌队伍，采取以队养队方式，推向市场，走向社会。该街道动员有文化、有组织协调能力和热心渔歌的年轻人士牵头组建渔歌队，在市群艺馆指导下，渔歌队健康发展。区委宣传部高度重视渔歌文化，投入了大量的人力、物力。邀请知名作曲家和文化人士编写渔歌，使汕尾渔歌推陈出新，适应时代。渔歌队邀请了汕职院的文艺老师长期驻队辅导培训，培养了队员的歌唱和表演才能，使渔歌队重新从幕后走向前台。近年来，新港渔歌队多次参加省级大赛，并获得多项奖项。

【扎实推进党建工作】 2013年，该街道认真抓好发展党员工作及党费收缴工作。针对当前基层党员队伍中存在年龄老化、文化程度偏低现状，本着素质优良、结构合理、规模适度、作用突出的原则，严格发展党员程序。突出政治优、年纪轻、文化高、致富强的重点，把致富能手、工作骨干培养发展为党员，2013年，发展新党员15名，培养入党积极分子18人，建党对象18人。加强流动党员管理。随着社会发展和改革开放的进一步深化，外出务工、经商流动党员人数逐年增加。街道共有150名党员外出。针对出现的流动党员教育管理问题，该街道继续强化建立外出前教育、专人联系、定期汇报等制度，保持同流动党员经常性联系，及时掌握和了解流动党员的思想、学习、工作情况，确保流动党员离家不离党，经常受教育。

该街道严格按照《干部选拔任用条例》提拔干部。对选拔任用干部工作的每个环节实施全程监督，将全过程置于全体干部群众的监督之下，选拔任用工作公开透明、严密有序。2013年，该街道提拔了1名副股级干部。

该街道严格执行中心组学习制度，中心组共学习了5次，党委班子成员坚持参加，出勤率为100%。充分利用远程教育平台的作用，提高党建工作水平。该街道贯彻执行党风廉政建设责任制，形成良好的党员干部作风 。

【开展综治维稳工作】 2013年，新港街道综治信访维稳中心严格按照“中心工作线路图”，采取“统一受理、部门分流、联合调处、领导督办”的方式，受理本辖区群众来电来信来访投诉、举报、求调和反映情况。中心保持每天1名党政领导带班（主要以当天值班领导为主），3名工作人员当班，主要工作流程是：受理群众诉求后，由带班领导签批意见呈报中心处理，中心专职副主任核查情况后拟出初步意见报中心主任，主任根据群众反映的情况类型签署意见，通过交办单分流到相关职能部门办理。

2013年，该街道综治信访维稳中心共接待来访群众64人次，受理矛盾纠纷49件，成功调解48件，其中中心直接受理的15件，成功调解14件，村（社区）工作站受理34件，调解成功34件，平息群体性闹事苗头2起，制止群体性上访事件2起。

2013年，该街道成立了创建平安新港工作领导小组并制定下发了《2013年新港街道创建平安新港工作方案》，街道每周还组织相关单位人员召开维稳信访研判会，发现问题立即处理，形成了齐抓共管共创平安的局面。

2月，该街道在海边街西段、大马路中段、文明南路等地分别设立“创平安街道、平安村（社区）”的宣传栏，同时还利用横幅、手机短信、宣传单等形式大张旗鼓地向群众进行宣传，做到家喻户晓，人人皆知。

据统计，2013年该街道立刑事案件108宗，破41宗，与去年同比上升21%和上升13.8%；查处治安案件171宗96人，与去年同比下降7%和下降39%；立“两抢一盗”案件68宗，与去年同比下降19%；收戒吸毒人员122名，完成是年下达任务98%。

【贯彻落实安全生产】 2013年年初，新港街道召开了该年度安全生产工作会议，在全面总结去年工作的基础上，对是年的工作进行了周密部署，并根据实际情况调整了街道安全生产领导小组的成员。该街道从各部门、各村（社区）委会抽调精壮力量30余人，成立安全生产消防应急队伍，制订应急队伍值班制度，特别是在火灾隐患高发期和重大节假日，实行24小时待命，极大地提高了应急处置的能力，保护辖区居民的生命财产安全。该街道与辖区各村（社区）签订《2013年安全生产、消防安全责任书》，各村（社区）与所属区域内的重点企业签订了《安全生产责任书》，并且坚决贯彻落实安全生产“一岗双责”。结合该街道的实际情况，从年初开始，积极开展安全生产“打非治违”专项行动，重点对渡口、酒吧、网吧、学校、工地等进行安全生产突击检查。1~12月，街道开展安全生产、消防检查200多人次，共检查企业22家、学校和幼儿园6所、娱乐场所11家、建筑工地3处、渡口1个、燃气销售点1家，发现灭火器过期、消防通道乱摆乱占、易燃物品管理不规范、电线杂乱无章等安全隐患，并责令当场整改，隐患整改率达100%。一年来，该街道共深入社区、企业宣传30余次，发放宣传挂图40余幅，设立宣传栏10个，印发居民消防安全生产一封信3000多份。同时，为提高企业的安全生产业务水平，该街道组织辖区内部分重点企业参加市、区举办的安全生产业务培训会，并号召企业订阅《广东安全生产》杂志。

【积极推进各项民生事业】 2013年，该街道重点抓好社会保险覆盖、街道环境卫生整治、卫生村创建工作等民生实事。通过努力，街道城乡居民医保面进一步扩大，完成参保人数约6万人。环境卫生整治工作扎实推进，街容街貌明显好转。“双拥”工作开展较好。文化事业逐步推进，基础设施进一步完善。至2013年，该街道已建成4家农村书屋、7家文化活动室。

是年，该街道共发放低保金、“五保”、危房改造资金、养老金、大病医疗补助等惠民资金200多万元。访贫问苦工作进一步加强，“五一”前后，街道牵头，与金海、新港、芳荣等村（社区）的党员干部一起，深入他们辖区开展访贫问苦活动，为困难群众送蚊帐、电饭煲、电风扇、大米等一批价值近2万元的慰问物资，并帮助个别困难户修缮了房子，赢得了群众好评。抗灾救灾成效显著，特别是在抗击15级超强台风“天兔”的过程中，各项抗灾措施全面到位，安置转移群众9000多人；台风过后的救灾复产工作忙中有序，迅速有效，短期内群众的生产生活基本恢复正常。

【出色完成应急管理工作】 2013年，该街道共悬挂横幅12条，组织街道、村（社区）干部参加市组织的应急演练。给村（社区）发放《广东省应急知识宣传手册》《公众应急手册》《应急管理法律法规汇编》等书籍共计30余册。在街道各个学校开学第一个学期，必须让每个学生参加2节课时普及应急知识讲座，努力实现教育一个学生，带动一个家庭，影响一方群众的目的。真正做到应急管理知识家喻户晓、人人皆知。逐步形成了应急管理工作由政府主导、部门配合、全民参与的工作格局。该街道先后制定了《新港街道森林火灾应急预案》《新港街道防风防雨应急预案》《新港街道社会治安突发事件应急预案》等应急预案。并要求各村（社区）建立和完善各项安全应急预案，在各学校组织开展地震和火灾应急演练3场次，提高学生应急自救能力。2013年台风期间，通过电话、短信向渔船发出回港避风的台风信息共2400次，使渔船100%及时回港避风，港内养殖人员100%安全上岸。

2013年12月3日上午9时许，市渔政支队接报，粤汕尾12313渔船在汕尾对开海域捕鱼时，船体发漏进水逐渐下沉，船上有9人，请求救援。新港街道接到信息后，由党工委书记牵头组织部分班子成员、渔业办负责人以及前进村干部到市渔政支队总指挥室，会同区、市领导了解该船的情况，研究指挥救援工作的具体措施。该出事船位于北纬21°5′，东经115°27′，船头已大量进水、海面风力6级，船体已接近沉没，总指挥部指挥附近的本港渔船12272号，12274号立即使向该出事船地点救援，要求做船员工作弃船保生命，当天10时44分，9名船员全部上到12272号船安全返回。

2013年，该街道及时解决各类突发性事件5起，其中因涉法涉诉进京上访1起，因吸毒控制引爆煤气瓶1宗1人，安全生产事故1宗4人，扑救森林火灾1宗，救援遭强台风“天兔”断锚的渔船1艘。采取应急措施预防台风暴雨期间安全隐患危房946间、转移人员5130人，渔船回港安全避风2400船次。

【强化殡改工作】 2013年，该街道认真贯彻落实上级有关文件规定，成立殡改工作小组，负责全街道殡改工作。继续完善殡改目标管理责任制，与各村(社区)签订了目标管理责任书，将火化任务分解到村(社区)，明确各村（社区）的包片干部为该片殡改工作第一负责人，各村（社区）支部书记、主任对本村(社区）殡改工作负总责。

2013年，该街道殡葬工作能认真贯彻城区政府有关殡葬工作的要求，对全街道的殡改力度进一步加大，完成任务在全区名列前茅。通过采取一系列措施，该街道殡改工作取得了较好效果，大操大办、燃放鞭炮等现象已经得到有效控制。

【强化计划生育工作】 2013年，该街道健全完善党政“一把手”亲自抓、负总责的人口和计划生育目标管理责任制，把领导小组成员单位履行计生工作的职责情况纳入领导班子和领导干部实绩考核重要内容，实行计划生育“一票否决”，切实落实工作职责。加大对街道、村（社区）两级计生干部的培训力度，采取以会代训、集中培训等方式，先后举办各种培训班十余期，累计培训干部100多人次，使广大计生工作人员对政策的理解、责任意识、服务管理能力和依法行政、文明执法水平都有了明显的提高。加强宣传工作，充分利用宣传栏、横幅标语等宣传计生政策法律法规，潜移默化群众的生育观念。

2013年，该街道为群众发放了一大批避孕药具。街道人口与计生管理目标责任制全面达标。自然增长率达到7.06‰，全面达到计生工作预期管理目标，并通过市、区的计生考核。

【教育、文化、卫生事业长足发展】 2013年，街道先后建设文化活动中心1个，文化室7个，农家书屋4个，组建文娱队伍1支，建设小广场1个，拥有花园式活动长廊（海滨大道）约3万平方米。新港半岛开通了互联网络“村村通”工程和广播“村村响”工程。拥有省级非物质文化遗产1个。街道设文化站1个，工作人员1人。全街道活动广场、文化室等文化活动设施占地面积有30600平方米，文化站、文化室、农家书屋等藏书12800册，订阅各种报刊860份。

2013年，新港街道新农合工作在上级业务部门的指导下，在街道党工委、办事处的领导下，通过各级工作人员的努力，新农合工作组织到位、措施到位、资金到位，圆满完成了新农合的各项工作任务。2013年参加医疗保险44679人，实现群众应保尽保。

（曾彦森　江翠萍）

附　新港街道办事处领导成员名单

书　记：李树荣
副书记：彭少华（2013年9月任）
　　　　彭希流
　　　　邓　强
委　员：侯燕玲（女）
　　　　许永斌
　　　　庄剑锋
　　　　李　利
　　　　曾彦森
　　　　施辉胜
　　　　陈寿华（2013年9月任，兼港口派出所所长）
办事处主任：彭少华（2013年9月任）
办事处副主任：许永斌
　　　　　　卢友聪
工会主席：余敏玲（女，2013年9月任）

2013年新港街道各村、社区经济社会发展基本概况表

表 19

村（社区）	人口（人）		土地面积（平方公里）	低保人员（人）	集体收入（万元）	经济来源	基础设施	名胜文物建筑
	常住人口	外出人口						
前进村	8361	390	0.1	146	10.00	以渔业为主	城中村基础设施薄弱，农房破旧	
东风村	10529		0.096	138	10.00	以渔业为主	城中村基础设施薄弱，危房较多	
红卫村	4295	545		59	50.00	以深渔捕鱼业为主	没有辖区	
芳荣村	2774	1000	14.036	25	3.00	农业养殖业相结合	村容村貌整洁，公共卫生较好	
新港村	2320	1950	3.0	45	3.00	以农业为主	村容村貌整洁，主要交通道路畅通	
海滨社区	4391	278	0.06	29	2.00	以商业为主	主要道路畅通，绿化较好	中共海陆丰中心县委旧址
海港社区	5518	693	0.3	45	2.00	以商业为主	主要道路畅通，园林绿化较好	
立新社区	7383	303	0.018	31	2.00	工商业结合	道路通畅，公共卫生较好，园林绿化较好	
新园社区	5622	715	1.0	22	1.00		巷道整齐，交通便利，通水、通电，通信	
金海社区	1380	530	0.35	31	1.00		道路畅通，交通便利	

说明：土地面积为大约数据，填报时间 2014 年 8 月。

汕尾市城区年鉴 2014

SHANWEISHI
CHENGQU
YEARBOOK

荣誉奖项

RONG YU JIANG XIANG

表 20　　2013 年获国家部委以上表彰先进集体

获奖单位	评定单位	荣誉称号	授予时间
汕尾市城区	全国普法办	全国法治城市、法治县（市、区）创建活动先进单位	2013.01

表 21　　2013 年获省委、省政府、省总工会表彰先进集体

获奖单位	评定单位	荣誉称号	授予时间
汕尾市城区司法局	中共广东省委	广东省依法治省先进单位	2013.12

表 22　　2013 年获国家部委以上表彰先进个人

姓名	工作单位	评定单位	荣誉称号	授予时间
陈曼红	新城中学	中国教师发展基金会 国家基础教育实验中心 外语教育研究中心	第八届全国中小学 外语教师园丁奖	2013 年 9 月

表 23　　2013 年获省委、省政府、省总工会表彰先进个人

姓名	工作单位	评定单位	荣誉称号	授予时间
刘建业	捷胜文昌中学	广东省	“五一”劳动奖章	2013 年